제2판

아동안전관리

이성한 · 김경승 · 김미진 · 변수정 · 이윤정 · 하연희

창지사

머리말

유치원에서의 영유아의 안전교육은 안전한 놀잇감과 바르게 이용하는 방법 알기, 안전한 놀이 장소 알기의 내용으로 구성된다. 표준보육과정(제3차)의 목표는 0~1세는 건강하고 안전한 일상생활을 경험하는 것이며 2세는 건강하고 안전한 생활습관의 기초를 마련하는 것이다. 3~5세 누리과정에서는 안전하게 놀이하기, 비상시 적절히 대처하기, 놀이기구나 놀잇감, 도구를 안전하게 사용하기, 안전한 장소를 알고 안전하게 놀이하기, TV, 인터넷, 통신기기 등의 위해성을 알고 바르게 사용하기 등이다.

최근 개정된 「영유아보육법 시행규칙」에서는 2016년부터 보육관련 교과목 중 아동안전관리를 필수교과목 중의 하나로 지정했다. 2016년 보육사업안내에 의하면 어린이집 보육교직원은 영유아의 실내·외 활동 시 안전을 위해 영유아를 보호 감독해야 하며 원장은 영유아에 대한 물리적 환경과 인적 환경에 대한 안전확보를 위해 시설 및 환경을 조성하고 관리해야 한다.

이 책은 국내대학 소속 관련학과 6인의 교수들이 힘을 합쳐 저술한 것이다. 대학소속으로 아동관련 연구를 하면서 아동안전관리의 중요성을 느껴오던 바 뜻을 모으고 시간을 투자했다. 본문 작성에는 2019 개정 누리과정 해설서와 3차 어린이집 평가인증 통합지표 및 새로운 법률과 규정을 참고하고 가능한 한 최신의 통계자료를 인용하고자 노력했다. 구성은 영유아 안전관리의 이해, 발달적 특성과 안전, 영유아 교육기관에서의 안전, 가정에서의 안전, 교통안전, 화재안전, 놀이안전, 대인관계안전, 재해안전, 식품안전, 약물오남용안전, 응급처치에 이르기까지 다양한 관점과 장면에서의 아동안전에 대해 기술했다.

아동의 건강한 성장과 미래를 위해 투자를 아끼지 않으시는 창지사의 대표님께 진심으로 감사를 드립니다. 좋은 저서를 개발하고자 아이디어를 최대한 제공하시는 이상대 전무님 감사드립니다. 완성도를 높이는 편집에 심혈을 기울여 준 편집부의 이초롱 에디터님께 감사의 마음을 전합니다.

아동안전의 중요성을 기술해 가면서 마음속으로부터 감사의 느낌이 흘러나왔다. 이 저서가 대학의 학생들과 현장관계자들에게 작은 도움이 되기를 바란다.

끝으로 미래사회 우리나라 아동들의 건강하고 안전하고 행복한 발달을 기원한다.

2020. 2.

저자대표

차 례

Chapter 01

영유아 안전관리의 이해

최근 우리 사회는 크고 작은 여러 가지 안전사고의 발생으로 인하여 큰 문제를 겪고 있다. 세계적으로 물질·경제적 측면에서 급격한 성장을 이루어 생활 수준의 향상과 질병으로부터의 해방을 가져왔지만 급격한 산업화와 도시화는 환경의 파괴와 더불어 과거 전통사회에 존재하지 않던 유아의 성장 환경을 악화시키고 안전 위해 요인을 증가시켰다(Beak, Gidden, & Lash, 1994; 곽은복, 2004에서 재인용). 또한, 우리 사회의 안전의식은 과거에 비해 높아지기는 했으나 여전히 세계에서 아동사고율과 사망률이 높은 불명예를 안고 있으며, 우리 사회의 안전에 대한 시민들의 인식도는 5년 전에 비해 더 위험해졌다고 생각하는 응답이 46.6%, 5년 후에도 변화가 없거나 더 위험해질 것이라고 생각하는 응답이 70%라고 조사되기도 했다(뉴스, 2015). 즉, 우리 사회는 특히 신체기능의 발달이 미숙한 영유아들에게 안전한 터전을 마련해 주지 못하고 있음을 의미한다.

대부분의 안전사고가 사전에 예방할 수 있다는 것을 인식하고 안전사고에 대한 올바른 이해와 예방하고 대처하는 자세를 익힌다면, 영유아의 건강한 삶과 우리 사회의 밝은 미래로의 초석을 제공할 수 있을 것이다. 이 장에서는 영유아 안전관리의 개념을 정립하고 그 중요성과 필요성을 알아보고자 한다.

1 안전관리의 개념 및 필요성

'안전(安全)'은 영유아기 때부터 그 생을 마감하는 순간까지 지속되며, 삶의 가장 중요한 문제로 대두되고 있는데, 매슬로우(Maslow)는 인간의 기본적인 욕구에 대해 설명하면서 가장 기초적 문제인 생리적 욕구 다음으로 안전의 욕구를 설명하고 있다.

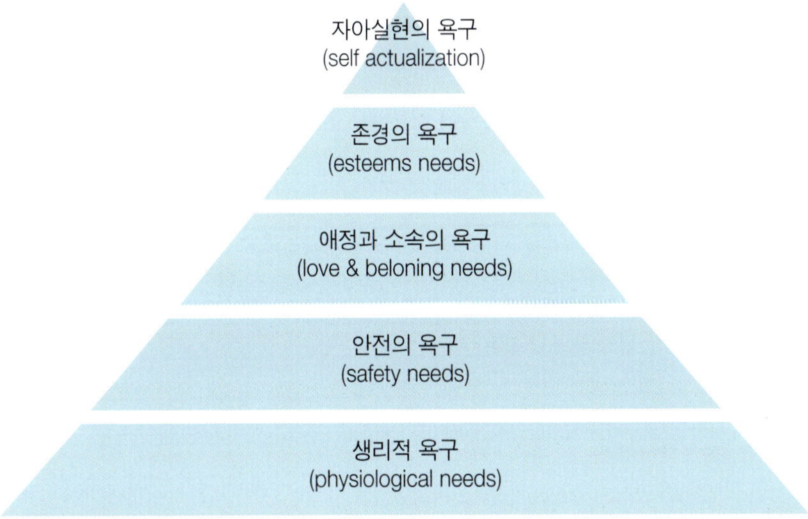

[그림 1-1] 매슬로우의 욕구단계

국어대사전에서는 안전을 "위험이 생기거나 사고가 날 염려가 없이 편안하고 온전한 상태" 또는, "그러한 상태를 유지하는 일"이라고 정의하고 있으며, Marland(1973)는 안전에 대해 "인간의 행동수정에 의해 만들어진 조건이나 상태 또는 위험 가능성을 줄일 수 있도록 물리적 환경을 고안함으로써 감소시키는 것"이라고 정의하기도 한다. 이러한 정의를 바탕으로 안전교육의 개념을 정리하면, 안전교육이란 위험 가능성을 줄일 수 있도록 인간의 행동 및 태도를 바람직한 방향으로 바꾸는 교육이라 할 수 있겠다. 이러한 안전교육은 유아가 앞으로 건강하고 생산적인 삶을 살아가는 데 매우 중요한 열쇠가 된다. 유아기에 올바르게 형성된 안전한 행동 태도와 가치들은 그대로 성인기에 반영된다. 그러므로 유아들이 건강하고 안전한 삶을 유지할 수 있도록 정보를 제공하고 기술을 습득할 수 있도록 도와주는 것은 매우 중요한 일이다.

영유아의 안전교육의 내용은 위험을 인식하고 이를 방지할 수 있도록 행동함으로써 안전사고율을 낮추고 그 피해를 줄이기 위한 방법으로 구성되어야 한다. 영유아의 안전에 대한 인식과 실제 행동에 변화를 가져오기 위해서는 적절한 자기방어 및 대처방법, 문제해결 능력을 기를 수 있는 안전지식 교육과 위험요소를 예측함으로 안전사고를 예방하고 신중히 행동할 수 있도록 하는 안전태도 교육, 안전하게 행동할 수 있게 하는 안전기술 교육이 함께 이루어져야 한다(신현정 · 신동주, 2007).

〈표 1-1〉 영유아 안전교육의 내용

교육 내용	개념	실제
안전지식	안전에 관련된 모든 내용을 아는 것으로 안전한 상황에 대해 이해하고 기본적인 안전규칙과 안전한 상황의 특징 및 잠재적 위험성에 대해 아는 것	· 교통표지판 이해, 교통안전규칙 알기
안전태도	일관성 있게 반응하는 경향을 반복연습을 통해 습득하여 내면화하는 마음가짐으로 기본적인 지식과 기술을 바탕으로 안전하게 행동할 수 있는 능력 및 그에 따른 운동능력을 기르며 습관화하여 몸에 배게 함으로 자기통제력을 익히는 것	· 찻길이나 도로와 인접한 곳에서 놀지 않는 태도가지기 · 교통기관을 안전하게 이용하는 습관 가지기
안전기술	알고 있는 지식을 토대로 행동으로 실천함으로 안전능력을 배양하며 안전한 상황의 정보를 적절히 인지하고 처리할 수 있는 능력 및 그에 따른 운동능력을 가르는 것	· 길을 건너기 전 횡단보도 앞에 멈춰 좌우를 살피고 건너기, · 달려오는 차를 확인한 후 차가 지나가고 다음 차가 오지 않는 것을 확인 하고 길을 건너기

출처: 김영실 · 윤진주 · 김정주(2013). 영유아 안전관리에서 재구성

유아기는 발달 특성상 주변의 사물이나 환경에 대한 호기심이 많고 탐구하려는 충동이 강한 반면 신체 기능의 발달은 미숙하며 판단 능력과 자기조절 및 상황에 대한 인식 능력이 부족한 시기이므로 그 어느 시기보다 안전사고의 위험성이 높은 시기(Allshouse & Eichelberger, 1993)라고 볼 수 있다. 이러한 유아가 안전한 환경에서 성장하려면 유아에게 안전에 대한 올바른 인식을 심어 주고 예방을 위한 철저한 안전교육을 해야 한다.

안전사고란 예기치 않은 흔한 사고로 정신적, 신체적 손상을 입어 편안하지

못한 상태가 되는 것을 의미한다. 이 말은 원래 '안전부주의로 인한 사고' 라는 말로 사용되었으나, 현재는 "안전교육의 미비 또는, 부주의로 인한 사고(국립국어연구원, 1999)"를 뜻하기도 한다. 안전사고는 미연에 예방하는 것이 최우선이지만 모든 사고를 예방한다는 것이 쉽지 않은 현실상황에서 유아를 돌보는 양육자나 유아교사들은 안전한 환경을 제공하고 아동을 보호하는 데 항상 주의를 기울여야 한다. 영유아는 미래의 우리 사회를 이끌어 갈 중요한 존재이며 안전한 환경에서 심신이 건강한 시민으로 자라나야 할 권리를 가지고 있다. 우리나라는 OECD 가입 회원국 가운데 교통사고를 비롯하여 아동 상해 및 사고 사망률이 세계 1위라는 불명예를 안고 있다(중앙일보. 2002. 5. 3). 2014년 4월 16일 진도군에서 발생한 세월호 사건을 통해 안전관리와 안전교육의 중요성을 통감하고도 되풀이되는 2014년 10월 17일 성남 공연장 전복 사고, 2015년 9월 5일 돌고래호 전복사고 2017년 12월 충북 제천의 스포츠센터 화재, 2018년 1월 경남 밀양의 세종병원 화재 사고, 2018년 12월 강원도 강릉의 펜션 사고 등을 통해 현재 우리가 사회의 안전부주의에 대한 경각심을 일깨우고 개선할 필요가 있음을 보여 준다.

즉, 유아 주변의 안전하지 못한 환경과 유아의 인식부족이나 성인의 안전지도 부족으로 발생할 수 있는 유아들의 안전사고를 예방하여, 유아들에게 안전한 삶의 터전을 마련해 주는 것은 보호자, 유아교육기관, 우리 사회가 모두가 함께 협력하여 이루어가야 하는 것이다.

영유아기 안전교육의 필요성

- 영유아기 안전사고의 증가
  - 질병에 의한 사망률은 감소하나 사고에 의한 사망률은 증가
  - 영유아의 생활환경 주변에서의 발생사고 빈번
- 영유아의 발달 특성
  - 신체조절 기능이 미숙하여 균형 유지 능력이 떨어짐
  - 낮은 눈높이로 인한 제한적인 시야
  - 상황에 대한 판단 및 자기조절력 미숙
  - 풍부한 호기심과 탐구하려는 강한 충동성
  - 자기중심적 사고
- 사회변화
  - 취원연령 하향화
  - 유아교육기관 운영시간의 증가
  - 안전사고 유형의 다양화

태국의 푸켓 해안에서 지진해일이 오는 것을 주변 사람들에게 알려 미리 대피할 수 있도록 한 영국 소녀 틸리 스미스의 사례를 통하여 안전교육의 중요성을 인식하고, 강조할 필요성이 있다.

틸리 스미스는 2004년 12월 26일 아침에 태국의 푸켓 해안을 걷고 있던 중 바닷물이 프라이팬에서 기름이 튀듯 부글거리는 것을 보고 이와 같은 현상은 지진해일의 징조임을 알아차렸다. 틸리 스미스는 부모와 그가 묵고 있던 호텔 관계자들에게 급히 이를 알려 조기경보를 내리게 함으로써 이 해안에 있던 100여 명이 재빨리 대피하도록 한 공을 세웠다.
런던 남쪽의 작은 마을 옥쇼트에 살고 있는 틸리 스미스가 이 같은 공을 세울 수 있었던 것은 그녀가 태국으로 여행 가기 2주 전 학교에서 지진해일에 대하여 안전교육을 받았는데, 마침 배운 내용과 똑같은 상황이 발생하여 이를 미리 알릴 수 있었다고 하였다. 스미스의 대처 덕분에 이 해안에서는 단 한 명의 사망자나 중상자도 발생하지 않았지만 태국의 다른 해안과 섬에서는 5,400명이 숨졌다.

출처: 안전행정부(2012).

우수대응사례

2015년 3월 25일 수요일

세상을 올바르게 세상을 따뜻하게 이데일리

울산 어린이집 화재... 1분 만에 유아 27명 대피시킨 보육교사들에 소방관 감탄

침착한 대응으로 불이 난 어린이집에서 아이들을 무사히 구한 보육교사들의 소식이 훈훈함을 전하고 있다.

3월 24일 SBS '8시 뉴스'의 보도에 따르면 지난 20일 울산의 한 **어린이집 주방에서 화재**가 발생했다. 당시 불길은 보육교사들과 아이들이 있던 **교실 창문 너머까지** 치솟았다. 어린이집은 금세 회뿌연 연기로 뒤덮였다.

그러나 보육교사들은 당황하지 않았다. **불길에 막힌 현관 대신 밖과 연결된 창문으로** 아이들을 재빨리 대피시켰다. 보육교사들은 교실과 창문 밖에 서서 신속히 움직였으며 놀란 아이들을 달래는 침착함까지 보였다.

걷지 못하는 영유아를 포함한 원생 **27명**을 무사히 대피시키는 데 걸린 시간은 **불과 1~2분**이었다.

울산 동부소방서 측은 "보통 사람들이 생각하기에는 '에이 그걸 누가 못 해' 하지만 실제로 화재가 나면 정말 당황스럽다"며 "(보육교사) 선생님들이 대피를 아주 잘 하셨다"고 말했다.

보육교사들은 아이들을 대피시키는 한편 진화에도 힘을 보탰다. 이들은 **소화기를 정확히 사용해 초기에 불길을 거의 잡았으며** 소방차가 도착하기 전에 대부분의 불을 끈 것으로 전해졌다.

출처: 2015-03-25 이데일리

2 안전사고의 원인

1) 사고 원인

일상생활에서 길을 걷다가 또는 차를 타고 내리면서 혹은 집 안에서 무수히 작은 사고를 경험하게 되지만 이와 같은 사고를 큰 사고의 잠재적 원인이라고 생각하기보다는 단순한 실수로 간과해 버리기 쉽다. 이에 대하여 50,000건의 사고통계를 분석한 하인리히(Heinrich, 1980)의 연구결과에 따르면, 상해가 없거나 극히 미미한 사고가 중·경상해를 합친 사고보다 10배나 더 많다는 것이다. 이를 '사고의 피라미드 모형'으로 설명하면 적어도 300번 이상 아슬아슬한 불안전 행동을 반복하던 사람이 경상해나 중상해를 입게 되고, 심하면 사망에까지 이르게 된다는 것이다.

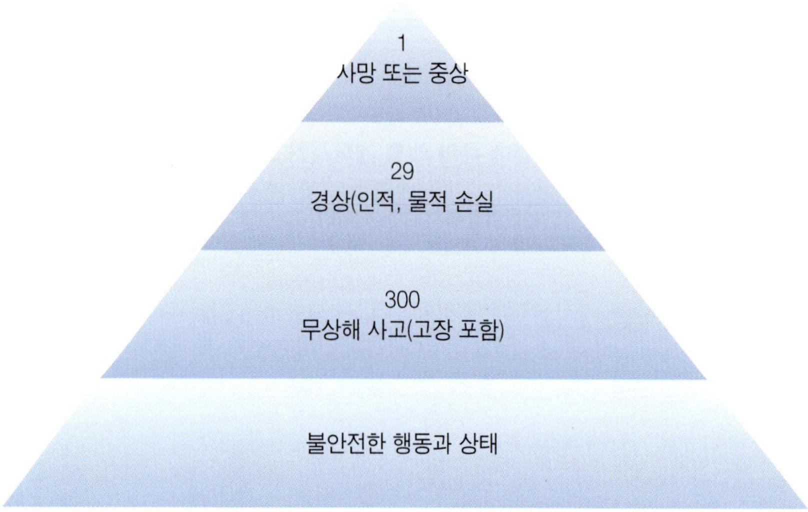

출처: Heinrich, H. W.(1980). Industrial accident prevention.

[그림 1-2] Heinrich의 재해 발생비율

또한, 맥켄지(Mackenzie, 1982) 등의 연구에 따르면, 예기치 못한 사고로 인한 손상은 삶의 질을 저하시키며 저하된 삶의 질은 사고발생 후 7년 정도까지 지속된다고 하였다. 따라서 만일 어떤 순간에 사고와 접했지만 다행히 상해를 입지 않았다면, 운이 좋았다고 넘길 것이 아니라 그 잠재적 원인을 규명하여 같은 특성의 사고가 발생하지 않도록 대비하여야 한다. 사고 발생의 원인을 알아볼 때, 원인이 하나인 경우는 거의 없으며, 일반적으로 여러 원인이 복합적으로 작용하게 된다. 이를 크게 구분하여 인적 요인(연령, 성별, 태도 및 심리적 상태, 행동특성), 물적 요인(기계의 결함, 설비 부족), 환경적 요인(날씨, 도로 환경, 작업장 환경)으로 구분할 수 있다.

그중 사고의 88%는 인적 요인에 기인하고 나머지 10%가 불안전한 물적 요인에 의한 것이며, 불가항력으로 인한 환경적 요인에 기인한 것은 단지 2%에 불과하다. 이에 따라 안전교육을 통하여 사고발생의 인적 요인인 불안전한 행동을 수정하면 88%의 사고는 예방될 수 있다.

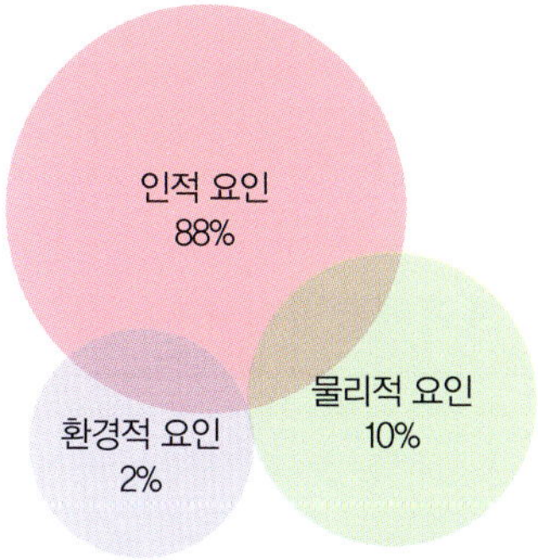

출처: 안전행정부(2012). 안전생활 길잡이.

[그림 1-3] 사고 발생의 원인

(1) 인적 요인

① 연령

사고에 있어서 위험한 연령은 사고의 종류에 따라 다르나, 전체적으로는 5세 이하의 연령군과 75세 이상의 연령군을 들 수 있다. 그런데 이 두 연령군의 인구 증가율은 최근 빠른 상승 추세를 보이고 있으므로 이들에 대한 안전교육은 매우 중요하다. 그리고 일반적으로 15~24세의 연령층은 사고로 인한 사고사망률이 높은 연령층으로, 이들은 사고에 대한 두려움이 없고 모험을 즐기며 안전교육에 대하여 부정적인 시각으로 접근하는 경향이 있다. 그리고 이 연령층에서는 약물과 음주로 잘못된 판단을 하기 쉬워 사고가 많이 발생한다.

그러나 안전에 관한 지식과 태도를 특히 젊은층에게 습관화시켜 주는 것은 쉬운 일이 아니다. 왜냐하면 그들은 사고나 사망에 아주 쉽게 노출될 수 있다는 자체를 이해하지 못하는 경우가 흔하기 때문이다. 따라서 이 연령층에는 사고로 연결될 수 있는 태도에 대한 안전교육이 철저히 요구된다고 하겠다.

② 성별특성

일반적으로 남성의 사고비율은 전체사고의 2/3 이상이며, 15~24세에서는 5건의 사고 중 4건은 남성에게서 발생한다.

③ 태도 및 심리적인 상태

개인의 태도는 사고의 가장 중요한 요인 중 하나이며, 특히 교통사고의 경우에는 더욱 중요한 요인이다. 운전이나 다른 일을 수행할 때, 긍정적 태도성향을 가지는 것은 가장 효과적인 사고예방법이다.

④ 행동특성

계속적으로 반복되는 행동은 습관이 된다. 개인이 어떤 일을 하며 습관이 형성될 때는 그 일에 대해서 다소 자동적으로 반응하게 된다. 올바른 습관은 안전한 상태를 만들고, 올바르지 못한 습관은 사고로 이어진다. 따라서 어린이들에게 올바른 습관이 형성되도록 안전교육을 시키는 것은 매우 중요하다. 시작부터 좋은 습관을 들이는 것이 고정된 올바르지 못한 습관을 고치는 것보다 쉽다. 예를 들면, 운전면허증을 취득하기 이전에 모든 학생들에게 바른 운전자교육을 실시하는 것은 교통사고를 예방하기 위하여 가장 필요한 교육이라고 할 수 있다.

사고와 관련된 행동특성으로는 흡연, 음주, 약물남용, 안전띠 착용 등을 들 수 있는데, 흡연은 화재사고의 가장 중요한 원인으로 작용하고 있다.

(2) 물적 요인

사고에 있어 물적 요인이 단독 요인으로 작용하여 사고를 내는 예는 거의 드물지만, 우리는 사고가 난 뒤에 흔히 어떤 물적 요인의 부족에 의하여 사고가 발생하게 되었다는 비판을 한다. 예를 들면, 비행기 엔진 고장에 의한 사고라든가 자동차의 기계적 결함에 의한 사고의 경우 물적 요인의 책임에 대하여 논의하게 된다. 이를 방지하기 위해서는 기술적, 공학적 발전과 지속적인 자체검사 수행에 의해서 기계를 안전하게 생산·관리하는 것이 중요하며, 소비자 운동으로 리콜제도를 활용하는 것이 바람직하다.

(3) 환경적 요인

환경적 요인은 매우 많은데, 자동차에 있어서는 도로 사정이나 비 혹은 눈이 오는 날씨 등이 사고와 관련된 환경 요인이다. 작업장이라면 미끄러운 바닥이라든지 초고속의 장비 등이 환경적 요인이 될 수 있다. 환경적 요인은 인적 요인, 물적 요인과 더불어 사고를 발생시키는 데 있어서 촉매 역할을 하기도 한다. 다수의 사고가 인간의 불안전한 행동에서 직접적으로 기인된 것이라고 할 수 있지만 불안전한 환경에서도 비롯된다. 따라서 사고에 대비하여 안전한 환경에 대한 올바른 교육과 관심, 안전한 기계와 장비의 사용, 그리고 환경관리는 사고를 감소시키는 효과적인 수단이 될 수 있다.

2) 영유아 안전사고의 원인

영유아에게 발생하는 안전사고는 복합적인 여러 가지 원인들에 의해 일어난다고 볼 수 있다. 이를 신동주(2016) 등은 영유아 안전사고의 요인을 물리적 요인과 인적 요인으로 설명하고 있다. 영유아 안전사고의 물리적 요인은 각종 건축시설과 그 안에 포함된 설비, 영유아가 사용하는 모든 물품 등이 포함된다. 인적 요인은 영유아의 발달적 특성과 부주의한 행동, 교사의 안전에 대한 인식 및 지식과 부주의한 행동, 영유아와 시설물에 대한 안전관리 소홀 등과 같이 사고 상황에 이르게 한 영유아와 성인들의 행동을 의미한다.

또한, 영유아의 안전사고는 물리적 환경과 밀접한 관련이 있으므로 영유아의 안전을 위해 영유아가 자신뿐 아니라 다른 영유아에게도 피해를 입히지 않으며 자유롭게 활동할 수 있는 환경을 제공하는 것이 중요하다.

(1) 영유아가 사고에 취약한 이유

영유아가 포함되는 아동기의 사망 원인 중 2위가 안전사고로 조사되고 있는데, 이러한 영유아가 안전사고에 취약한 이유에 대해 김일옥(2013) 등은 다음과 같이 설명하고 있다.

① 발달의 미숙

인지 수준, 근육조절 능력, 행동기술, 판단 능력 및 상황에 대한 대처방법의 미숙 등이다.

② 성인 중심의 생활환경

급격한 산업화와 도시화로 안전한 놀이 공간 축소, 사회적 시설과 설비들이 거의 성인에 맞게 구성되어 있다.

③ 경험과 안전교육의 부족

성인에 비해 경험이 부족하고 가정에서의 안전교육이 부족할 뿐만 아니라 영유아 보호시설 및 학교에서의 체계적인 교육이 부족하다.

④ 안전 불감증과 낮은 준법 수준

사회 전반에 안전 불감증이 뿌리박혀 있으며, 법이 있어도 지키지 않는 성인들을 아동들이 모방하고 학습한다.

이상과 같은 영유아가 사고에 취약한 이유를 고려하여 물리적 요인에는 시설의 철저한 점검과 관리로, 인적 요인에는 안전교육을 강화하여 실시함으로써 안전사고를 예방하는 데 힘써야 한다.

(2) 영유아 안전사고의 요소

영유아에게 일어날 수 있는 안전사고에 대비하는 것은 영유아에게 자주 발생하는 안전사고의 유형에 대해 이해하며, 영유아의 안전을 도모하기 위해 영유아에게 제공되는 환경 및 영유아의 행동을 조절하고 감독하며 영유아에게 안전교육을 실시하는 것을 포함한다. 이렇듯 영유아의 안전을 도모하기 위해서 교사는 영유아에게 일어날 수 있는 안전사고의 유형, 상황, 원인, 장소 등에 대해 이해하는 것이 필요하다. 이를 위해 영유아와 안전사고와 관련된 내용인 영유아 안전사고의 요소를 Robertson(2002)은 다음과 같이 제시하고 있다.

〈표 1-2〉 영유아 안전사고의 요소

유형	상황	원인	장소
자동차 사고	· 안전벨트나 안전좌석의 부재 · 운전자의 부주의	· 안전장비 사용의 중요성에 대한 부주의	자동차 안
차와 자전거 충돌	· 차 앞으로의 돌진	· 부주의 · 두려움 결핍 · 원인과 결과 파악 미숙 · 서두름	집이나 학교 근처
추락	· 불안전한 시설 · 능력시험 · 탐구	· 안전지식의 결핍 · 능력의 부족 · 원인과 결과 파악 미숙 · 모방	실외 놀이터, 실내 활동실
사물과의 충돌	· 능력시험 · 탐구	· 환경적 위험 · 능력의 부족 · 원인과 결과 파악 미숙 · 모방 · 서두름	모든 곳
독극물 중독	· 탐구 · 능력시험	· 환경적 위험 · 원인과 결과 파악 미숙 · 모방 · 문해 능력 미숙	주방, 욕실, 침실, 창고, 거실, 마당
질식	· 탐구	· 환경적 위험 · 원인과 결과 파악 미숙	모든 곳
화상	· 안전장비 결핍 · 능력시험 · 탐구	· 원인과 결과 파악 미숙 · 모방 · 연기 탐지기 부재 · 매우 뜨거운 물 · 불에 근접	욕실, 주방 외 모든 곳
익사	· 능력시험 · 탐구	· 원인과 결과 파악 미숙 · 모방 · 능력의 부족 · 환경적 위험 · 사전 경고의 부재	욕조, 수영장 외 물이 있는 모든 곳
학대	· 부모 · 낯선 사람 · 영유아가 아는 사람	· 학대의 순환 반복 · 가난 · 기능 장애	모든 곳

출처: Robertson, C.(2002), 신동주 외(2016), 재인용.

3 영유아 안전사고의 현황

영유아의 안전사고를 예방하고 이를 위한 교육 및 관련 프로그램을 개발하고 정책을 수립하기 위해서는 영유아의 안전사고 발생 현황에 대한 올바른 이해가 선행되어야 한다. 이를 위해 최근 발표된 영유아 안전관련 주요 통계지표와 조사 연구 등을 통해 현황을 살펴보기로 한다.

1) 영유아 안전사고의 현황

(1) 영유아 안전사고의 현황

한국소비자원[1]이 2016년까지 소비자위해감시시스템(CISS)을 통해 수집한 14세 이하 어린이 안전사고를 집계한 결과, 어린이 사고 발생건수는 매년 감소하였지만 전 연령층 사고건수 중 어린이 사고가 차지하는 비중은 30% 이상으로 여전히 높아 보호자들의 주의가 필요한 것으로 나타났다.

우리나라 어린이 안전사고 비중은 총 인구 대비 어린이 인구비중(13.7%)이나 미국의 어린이 사고비중(27.3%)에 비해서도 높은 수치로서 우리나라의 어린이가 안전에 취약한 것으로 풀이된다.

또한 최근 5년간(2014년~2018년) 소비자위해감시시스템(CISS)에 접수된 여가·문화·놀이시설에서 발생한 만 14세 이하 어린이 안전사고는 총 7,603건이다.

〈표 1-3〉 접수 현황

단위: 건, %

구분	2014년	2015년	2016년	2017년	2018년	합계
여가 · 문화 · 놀이시설	2,243	1,479	1,177	1,395	1,309	7,603
전년대비 증감률	–	△34.1	△20.4	18.5	△6.2	–

1) www.kca.go.kr

우리나라의 아동 안전사고 사망률은 최근 크게 줄었지만 사고로 다치는 아동들은 점차 늘어나는 추세여서 대책이 시급하다는 지적도 나오고 있다. 한국보건사회연구원에 의하면 인구 10만 명당 아동 안전사고 사망자 수는 2008년 6.01명에서 2014년 2.93명으로 가파르게 감소하고 있는 반면, 아동 손상 발생 건수는 2014년 10만 명당 751명으로, 2006년 10만 명당 439명과 비교해 71.1%나 늘었음을 보고하였다. 그 원인에 대해서는 "우리나라의 아동 안전정책이 사망 감소에만 초점을 두었기 때문"이라며 "정책의 기조가 바뀔 필요가 있다."고 제언하고 있다.

소비자위해감시시스템(CISS)의 2017년 소비자위해정보 동향 및 통계 분석에서 연령별 위해사례 분석결과 '만 10세 미만'이 23,279건(32.8%)으로 가장 많았고, 다음으로 '30대' 9,699건(13.7%), '40대' 8,096건(11.3%), '만 60세 이상' 7,249건(10.2%) 등의 순으로 나타났다. '10세 미만'에게 발생한 위해사례는 연령대별로 볼 때 매년 가장 많은 비중을 차지하고 있어, 환경 개선과 안전 교육 등 영유아 및 어린이 안전사고를 예방하기 위한 대책 마련이 요구된다고 보고하고 있다.

〈표 1-4〉 위해다발 연령대 순위

순위	2015년	2016년	2017년
1	10세 미만	10세 미만	10세 미만
2	60세 이상	30대	30대
3	30대	60세 이상	40대
4	50대	40대	60세 이상
5	40대	50대	50대
6	20대	20대	20대
7	10대	10대	10대

출처: 한국소비자원(2018). 2017년 소비자위해정보 동향 및 통계 분석.

원인별로는 전체 손상 중 가장 많은 32.6%가 교통사고로 인해 발생했고 추락이나 미끄러짐으로 인한 사고가 22.6%로 집계됐다. 집 안이 가장 안전하다고 생각하는 통념과는 달리 집이나 주거시설에서 벌어진 사건·사고로 인한 손상이 40.3%로 가장 많았고, 도로·교통 지역(28.4%)이 뒤를 이었다.

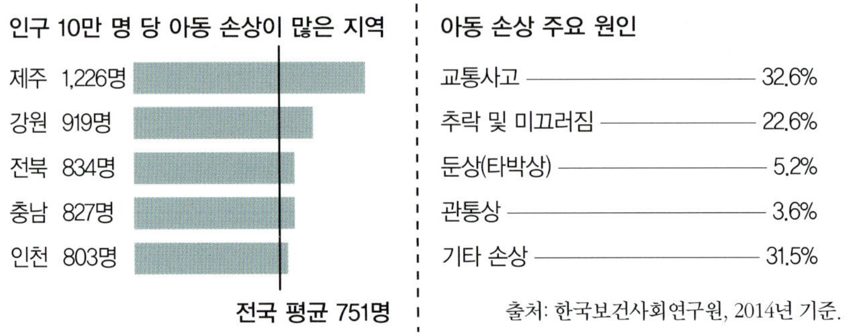

[그림 1-4] 한국보건사회연구원의 '국민 건강과 안전을 위한 아동 안전전략 구축방안'

(2) 성별 현황

영유아의 성별 사고 현황을 살펴보면 여아에 비해 상대적으로 활동량이 많은 성향을 보이는 남아의 안전사고가 지난 3년간(2012~2014년) 45,371건(60.8%)으로 여아의 29,040건(38.9%)과는 확연한 차이를 보이는 것을 알 수 있다.

〈표 1-5〉 성별 현황

단위: 건, (%)

구분	남아	여아	미상*	합계
2012년	13,890 (60.6)	8,851 (38.6)	166 (0.7)	22,907 (100.0)
2013년	14,726 (60.6)	9,581 (39.4)	5 (0.0)	24,312 (100.0)
2014년	16,755 (61.2)	10,608 (38.7)	18 (0.1)	27,381 (100.0)
합계	45,371 (60.8)	29,040 (38.9)	189 (0.3)	74,600 (100.0)

* 미상은 국내언론, 해외정보 등 불특정 다수에 대한 정보 또는 남녀 구분이 어려운 경우에 해당

또한 2016년까지 3년간 발생한 어린이 안전사고 총 75,078건의 성별은 '남아'의 비중이 61.6%(46,269건)로 '여아' 38.4%(28,786건)보다 20%포인트 이상 높았으며 최근 5년간(2014년~2018년) 소비자위해감시시스템(CISS)에 접수된 여가 · 문화 · 놀이시설에서 발생한 만 14세 이하 어린이 안전사고는 총 7,603건 중

'남아'가 4,617건(60.7%), '여아'는 2,985건(39.3%)으로 '남아'의 비율이 21.4%p 높았다.

〈표 1-6〉 성별 현황

단위: 건, (%)

구분	건수(비율)	
남아	4,617	(60.7)
여아	2,985	(39.3)
미상	1	(0.0)
합계	7,603	(100.0)

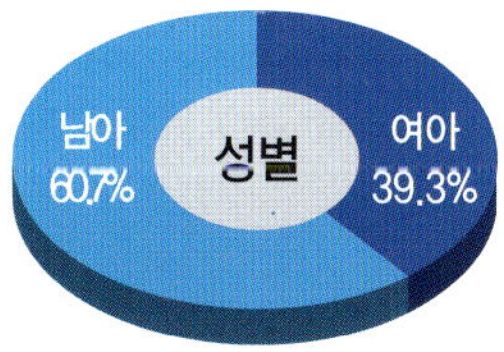

(3) 연령별 현황

지난 3년간(2012~2014년) 접수된 어린이 안전사고 74,600건을 연령대별로 살펴보면, 걸음마를 시작해 끊임없이 움직임이 많아지는 1~3세(걸음마기)가 절반(37,273건)을 차지하여 다른 연령에 비해 사고 발생 비율이 높았다. 이어 4~6세(유아기)가 21.5%(16,069건), 7~14세(취학기)가 20.0%(14,891건), 1세 미만(영아기)이 8.5%(6,367건)로 나타났다.

〈표 1-7〉 연령별 현황

단위: 건, (%)

구분		남아	여아	미상	합계	비율*
취학전	1세 미만(영아기)	3,476 (54.6)	2,754 (43.3)	137 (2.2)	6,367 (100.0)	(8.5)
	1 ~ 3세(걸음마기)	22,368 (60.0)	14,890 (39.9)	15 (0.1)	37,273 (100.0)	(50.0)
	4 ~ 6세(유아기)	9,881 (61.5)	6,175 (38.4)	13 (0.1)	16,069 (100.0)	(21.5)
	소계	35,725 (59.8)	23,819 (39.9)	165 (0.3)	59,709 (100.0)	(80.0)
취학	7 ~ 14세(취학기)	9,646 (64.8)	5,221 (35.1)	24 (0.2)	14,891 (100.0)	(20.0)
합계		45,371 (60.8)	29,040 (38.9)	189 (0.3)	74,600 (100.0)	(100.0)

* 최근 3년간 전체 어린이 안전사고 중 해당 연령의 비율(%)

또한 2016년까지 3년간 발생한 어린이 안전사고 총 75,078건 중 막 걷기 시작하는 '1~3세 사이 걸음마기'가 전체의 절반 가까운(49.9%) 37,419건을 차지해 가장 많았다. 이어 '4~6세 유아기' 21.6%(16,245건), '7~14세 취학기' 19.5%(14,636건), '1세 미만 영아기' 9.0%(6,778건)의 순으로 나타났다.

이 외에 최근 5년간(2014년~2018년) 소비자위해감시시스템(CISS)에 접수된 여가 · 문화 · 놀이시설에서 발생한 만 14세 이하 어린이 안전사고는 어린이 발달단계 중 '유아기'가 2,691건(35.4%), '학령기' 2,537건(33.4%), '걸음마기' 2,323건(30.5%) 순으로 나타났으며, '영아기'가 52건(0.7%)로 가장 적었다.

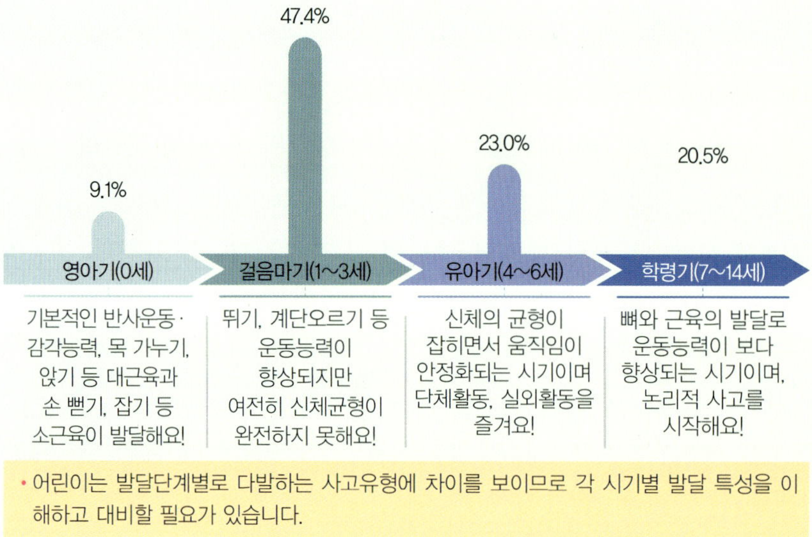

[그림 1-5] 발달단계별 안전사고 구성비(2017년 가준)

출처: 한국소비자원(2018). 어린이 안전사고 예방가이드.

- 영아기(0세)9.1%
  - 기본적인 반사운동 · 감각능력, 목가누기, 앉기 등 대근육과 손뻗기, 잡기 등 소근육이 발달한다.
- 걸음마기(1~3세) 47.4%
  - 뛰기, 계단 오르기 등 운동능력이 향상되지만 여전히 신체균형이 완전하지 못하다.
- 유아기(4~6세) 23.0%
  - 신체의 균형이 잡히면서 움직임이 안정화되는 시기이며 단체활동, 실외활동을 즐긴다.

  → 발달단계별로 다발하는 사고유형에 차이를 보이므로 각 시기별 발달 특성을 이해하고 대비할 필요가 있다.

(4) 장소별 현황

안전사고가 가장 많이 발생하는 곳은 '가정'으로 전체 사고의 67.5%(50,364건)를 차지하였고, '여가 및 문화놀이 시설' 8.1%(6,006건), '교육 시설' 7.6%(5,692건) 등이 그 뒤를 이었다.

〈표 1-8〉 사고 발생장소별 현황

단위: 건, (%)

구분	2012년	2013년	2014년	합계
0.75	15,055 (65.7)	16,564 (68.1)	18,745 (68.5)	50,364 (67.5)
여가 및 문화놀이 시설	1,610 (7.0)	2,022 (8.3)	2,374 (8.7)	6,006 (8.1)
교육 시설	1,800 (7.9)	1,801 (7.4)	2,091 (7.6)	5,692 (7.6)
상업 시설	1,147 (5.0)	1,409 (5.8)	1,455 (5.3)	4,011 (5.4)
교통 시설*	676 (3.0)	663 (2.7)	1,107 (4.0)	2,446 (3.3)
스포츠/레저 시설	472 (2.1)	565 (2.3)	562 (2.1)	1,599 (2.1)
의료서비스 시설	227 (1.0)	120 (0.5)	140 (0.5)	487 (0.7)
기타**	1,920 (8.4)	1,168 (4.8)	907 (3.3)	3,995 (5.4)
합계	22,907 (100.0)	24,312 (100.0)	27,381 (100.0)	74,600 (100.0)

* **교통 시설:** 도로/시설 모두 포함

** **기타:** 자연, 주거 시설, 공공 시설, 농수축산업지역, 산업 및 건설지역, 발생장소가 명확하게 명시되지 않은 경우를 포함

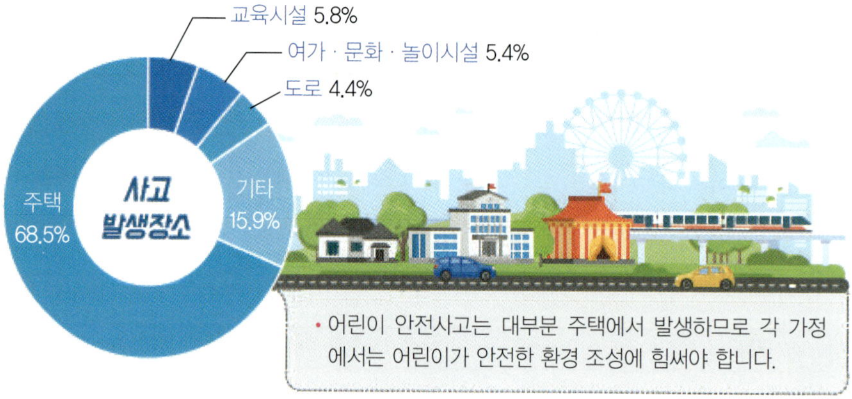

[그림 1-6] 사고발생장소 현황 (2017년 기준)

출처: 한국소비자원(2018). 어린이 안전사고 예방가이드.

(5) 위해 부위별 현황

영유아가 사고로 인해 다친 부위는 눈·귀·입 등을 포함한 얼굴 부위가 23,478건(31.5%)으로 가장 많았으며, 머리 부위도 23,049건(30.9%)을 차지하였다. 특히, 머리와 상체 부분이 하체에 비해 무거워 신체적 불균형이 심하기 때문인 것으로 분석된다. 이렇듯 1세 미만의 영아기에 머리 부위를 다치는 사고 건수가 3,037건(47.7%)으로 다른 연령층에 비해 월등히 높았는데, 이렇듯 머리, 얼굴 부위는 성장기 어린이가 위험에 노출되기 쉬우므로 보호자의 지도와 각별한 주의가 필요하다.

〈표 1-9〉 위해 부위별 현황

단위: 건, (%)

위해 부위	1세 미만	1~3세	4~6세	7~14세	합계
얼굴/눈/귀/입/코	1,296 (20.4)	13,671 (36.7)	5,057 (31.5)	3,454 (23.2)	23,478 (31.5)
머리	3,037 (47.7)	12,111 (32.5)	4,690 (29.2)	3,211 (21.6)	23,049 (30.9)
손/손가락/손목	655 (10.3)	4,423 (11.9)	1,633 (10.2)	2,135 (14.3)	8,846 (11.9)

위해 부위	1세 미만	1~3세	4~6세	7~14세	합계
다리/무릎/발	95 (1.5)	1,480 (4.0)	1,119 (7.0)	1,719 (11.5)	4,413 (5.9)
목/어깨	191 (3.0)	1,178 (3.2)	780 (4.9)	966 (6.5)	3,115 (4.2)
내부기관	386 (6.1)	1,310 (3.5)	648 (4.0)	687 (4.6)	3,031 (4.1)
팔/팔꿈치	43 (0.7)	888 (2.4)	953 (5.9)	1,052 (7.1)	2,936 (3.9)
치아	28 (0.4)	380 (1.0)	246 (1.5)	323 (2.2)	977 (1.3)
생식기	2 (0.0)	151 (0.4)	178 (1.1)	148 (1.0)	479 (0.6)
허리/골반	10 (0.2)	107 (0.3)	101 (0.6)	222 (1.5)	440 (0.6)
가슴/등	17 (0.3)	82 (0.2)	103 (0.6)	134 (0.9)	336 (0.5)
배	3 (0.0)	49 (0.1)	62 (0.4)	85 (0.6)	199 (0.3)
전신	18 (0.3)	55 (0.1)	31 (0.2)	40 (0.3)	144 (0.2)
기타*	586 (9.2)	1,388 (3.7)	468 (2.9)	715 (4.7)	3,157 (4.2)
합계	6,367 (100.0)	37,273 (100.0)	16,069 (100.0)	14,891 (100.0)	74,600 (100.0)

* 기타에는 미상, 해당없음 포함

(6) 위해발생 품목별 현황

위해발생 품목별로는 바닥재가 8,336건(11.2%)으로 가장 높게 나타났고, 그 다음으로 침대 5,140건(6.9%), 놀이터 및 놀이기구 5,035건(6.7%), 출입문 3,040건(4.1%) 순으로 나타났는데 이는 가정 내에서 발생한 안전사고의 주요 품목인 것으로 분석된다.

〈표 1-10〉 상위 50위 위해발생 다발 품목

단위: 건, (%)

순위	구분*	건수	비율	순위	구분	건수	비율
1	바닥재	8,336	(11.2)	26	애완견	507	(0.7)
2	침대	5,140	(6.9)	27	수영장	475	(0.6)
3	놀이터 및 놀이기구	5,035	(6.7)	28	쇼핑카트	412	(0.6)
4	출입문	3,040	(4.1)	29	유아용 미끄럼틀	401	(0.5)
5	의자	2,469	(3.3)	30	문구용 가위	394	(0.5)
6	자전거	2,247	(3.0)	31	엘리베이터	393	(0.5)
7	계단	1,995	(2.7)	32	공중목욕탕	385	(0.5)
8	탁자	1,970	(2.6)	33	기타 조리식품	370	(0.5)
9	책상	1,630	(2.2)	34	기타 약품	357	(0.5)
10	기타 완구, 인형	1,597	(2.1)	35	욕조	348	(0.5)
11	소파	1,577	(2.1)	36	동전	347	(0.5)
12	기타 승용물	1,326	(1.8)	37	기타 음식관련 서비스	341	(0.5)
13	식탁	1,095	(1.5)	38	필기용구	336	(0.5)
14	기타 어패류 등	967	(1.3)	39	가정용 칼	329	(0.4)
15	가구용 무빙 디스크	813	(1.1)	40	가구세트	322	(0.4)
16	서랍장	794	(1.1)	41	정수기	288	(0.4)
17	유아용 침대, 아기놀이터 등	743	(1.0)	42	고등어	288	(0.4)
18	공	725	(1.0)	43	롤러스케이트 등	285	(0.4)
19	운동용 트램폴린	704	(0.9)	44	유치원	280	(0.4)
20	초·중·고등학교	700	(0.9)	45	전기밥솥	275	(0.4)
21	어린이집(놀이방)	608	(0.8)	46	콩류	264	(0.4)
22	유모차	591	(0.8)	47	장난감 무기	258	(0.3)
23	구슬	581	(0.8)	48	텔레비전	252	(0.3)
24	화장용품 세트	559	(0.7)	49	애완곤충	248	(0.3)
25	문구용 칼	516	(0.7)	50	책장	245	(0.3)

* 구분

- 놀이터 및 놀이기구 : 놀이터용 미끄럼틀, 놀이터, 체조봉 또는 평균대, 놀이터용 그네, 놀이터용 기어오르기 시설, 기타 놀이장비, 놀이터용 시소, 놀이터용 의자 포함
- 자전거 : 어린이자전거, 일반자전거, 기타 자전거, 산악용 자전거(MTB) 포함
- 공 : 축구공, 야구공, 농구공, 배구공, 배드민턴공 또는 셔틀콕, 핸드볼공, 골프공, 소프트볼용 공, 연습용 공, 테니스공, 탁구공 포함
- 바닥재 : 석재 또는 타일바닥재, 목재마루재, 비닐바닥재, 옥외바닥재 포함
- 출입문 : 목재문, 금속문, 유리문, 회전문, 자동문 포함
- 계단 : 콘크리트계단, 강철계단, 나무계단 포함

2) 연령별 주요사고 유형

(1) 연령별 주요사고 유형

연령별 주요 사고 유형을 살펴보면, 1세 미만은 보호자의 부주의 등으로 침대 · 소파 등에서 추락하는 사고, 1~3세는 거실·방에서 넘어지거나 미끄러지는 사고가 많았다. 4~6세 역시 침대·소파 등에서 추락하는 사고가 많았는데, 1세 미만의 추락사고와 달리 다양한 움직임이 가능해지면서 침대, 소파 등에서 뛰거나 놀다가 추락해 다치는 것으로 분석됐다. 취학기인 7~14세 연령에서는 자전거, 스케이트 등의 스포츠 활동 중 부딪히거나 넘어지는 사고가 많았다.

특히 어린이가 심각한 상해를 입을 수 있는 중독, 화상, 삼킴 사고 등은 1~3세에 가장 많이 발생하는 것으로 나타났다. 전체 연령 중 중독사고가 59.9%(601건), 화상 사고는 54.9%(1,253건), 삼킴 사고는 51.7%(3,730건)가 걸음마기에 발생했다. 한편 최근 3년간 14세 이하의 '삼킴사고'는 7,219건이 접수되었으며, 완구의 부속품 등을 삼킨 사례가 11.6%(836건)로 가장 많았고, 다음으로 구슬 8.0%(574건), 동전 4.8%(346건) 등이 뒤를 이었다.

'골절사고'는 3,539건으로 놀이터 및 놀이시설에서의 골절사고 비율이 37.3%(1,320건)로 가장 높았다. 특히 골절사고는 야외활동이 많아지는 7~14세 연령대에서 가장 많이 발생하는 것으로 나타났다.

'화상사고'는 2,284건이 접수되었는데, 전기(압력)밥솥 증기에 의한 화상사고가 15.9%(364건)로 가장 많았고, 이어 정수기 12.3%(282건), 불판 5.6%(127건) 등의 순으로 많았다.

마지막으로 '중독사고'는 1,004건으로 의약품 25.7%(258건), 살충제 6.7%(68건), 표백제 6.4%(64건) 등 가정에서 쉽게 접할 수 있는 의약품 및 화학제품에 의해 발생하는 것으로 나타났다.

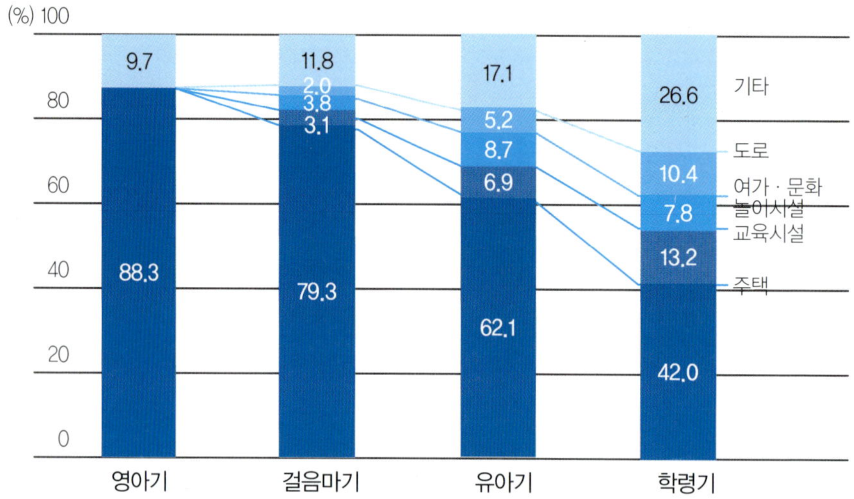

• 발달이 진행될수록 주택의 비중은 점차 줄어들지만, 교육시설, 여가시설, 도로 등에서 발생하는 안전사고는 증가합니다. 보호자 및 어린이 스스로 장소별 안전사고 예방법을 숙지해야 합니다.

[그림 1-7] 발달단계별 사고구성장소 구성비(2017기준)

(2) 연령별 주의사항

1세 미만 영아기

- 침대 추락사고가 가장 많이 발생하므로 영아를 성인용 침대에 혼자 두지 않는다.
- 작은 부품이 있는 완구나 물건, 생활소품 등은 아이 주변에 두지 않도록 주의한다. 특히, 단추형 전지나 강력 자석은 단시간 내 장내 손상 및 사망 등 위해를 유발할 수 있으므로 전지 및 전지사용 제품의 관리에 주의한다.
- 유모차로 이동 시에 반드시 안전벨트를 채워 아이가 떨어지지 않도록 주의한다.
- 압력밥솥, 냄비와 같은 뜨거운 물건을 아이들의 손이 닿는 바닥에 놓지 않도록 한다.

1~3세 걸음마기

- 방, 거실 등에서 넘어지거나 미끄러지는 사고가 가장 많이 발생하므로 가정에서 가급적 맨발로 생활토록 하고 바닥의 물기를 제거한다.
- 가정용 화학제품, 의약품 등은 아이의 손에 닿지 않는 곳에 보관한다.
- 고데기, 헤어드라이어, 전기압력밥솥, 다리미 등 고온의 제품 사용 시 아이가 접근하지 못하도록 하고, 사용 후에는 아이의 손이 닿지 않는 곳에 보관한다.
- 엘리베이터와 자동문 이용 시 손이 끼이거나 문에 부딪힐 수 있으므로 반드시 보호자와 함께 이용한다.
- 창문·방문 등에 손 끼임 방지 보호대 및 경첩 끼임 방지 장치 등을 설치하여 아이들의 끼임 사고를 예방한다.
- 작은 부품이 있는 완구나 물건 등을 삼키지 않도록 주의하고, 사용연령에 맞는 장난감을 구매하여 사용한다.

4~6세 유아기

- 이 시기의 아이들은 호기심이 많고 통제가 잘 되지 않아 침대, 의자, 식탁, 소파 등에서 추락하는 사고가 다발하므로 아이들이 가구에 올라가서 놀지 못하도록 한다.
- 베란다에 가구나 발판 등 아이들이 딛고 올라갈 수 있는 물건을 놓지 않는다.
- 작은 부품이 있는 완구나 물건 등을 삼키는 사고가 다발하므로 아이들이 가지고 노는 완구 등이 안전기준에 적합한지 여부를 반드시 확인하고 놀게 한다.
- 마트 등에서 어린이를 쇼핑카트에 태울 때에는 추락으로 인한 뇌진탕 등 사고 예방을 위해 반드시 보호자가 카트 가까이에 있도록 하고 어린이가 카트 안에서 일어나지 못하게 주의시킨다.
- 에스컬레이터 이용 시 긴 옷이나 신발끈, 샌들 바닥 등이 에스컬레이터 틈새에 끼이지 않도록 주의하고, 반드시 노란색 안전선 안에 보호자와 함께 이용하도록 한다.

7~14세

- 트램펄린, 키즈카페 등 실내 놀이시설 이용 시 안전수칙을 준수할 수 있도록 지도하고 시설의 보험 가입 여부 및 상태 등을 꼼꼼히 살핀 후 이용한다.
- 스케이트보드, 자전거 등 이용 시 안전모와 무릎보호대, 팔꿈치 보호대 등 보호장구를 꼭 착용하도록 한다.
- 애완동물 특히 애완견 등이 아이를 물지 않도록 유의한다.
- 학교 및 학원 등 교육시설에서의 안전사고 예방 수칙을 잘 지키도록 교육한다.

출처: 한국소비자원(2015).

[그림 1-8] 가정 내 영유아 안전장치 설치유형

· 손 끼임 방지 보호대, 경첩 끼임 방지창지, 도어체크		
· 유리문에 붙이는 비산방지용 필름, 테이프		
· 방 · 거실 · 부엌 · 화장실 등 보관함 · 서랍의 안전걸쇠 · 잠금장치		
· 추락사고 예방을 위한 창문난간 보호대, 안전망		
· 충돌 시 충격 완화를 위한 가구 모서리 완충 용품	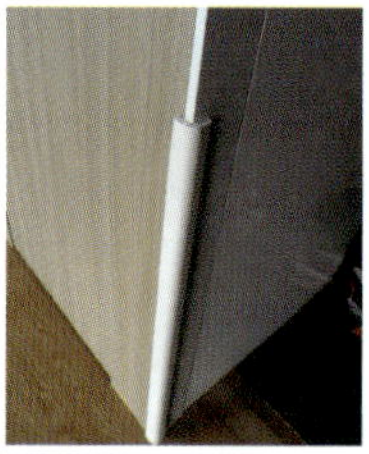	
· 감전사고 예방을 위한 콘센트(안전커버, 안전 콘센트, 안전 멀티탭)	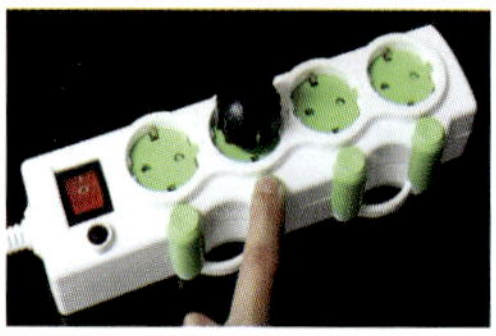	
· 가정용품이 앞으로 넘어지지 않도록 고안된 안전 브래킷		

〈표 1-11〉 2015년 하반기 어린이놀이시설 안전사고 분석결과 총괄표

(조사기간: 2015. 7. 1 ~ 2015.12. 31, 조사대상 : 6만 6311개소)

구분	분석 결과(요약)
성별	남자 어린이(57.5%)가 여자 어린이(42.5%)보다 많음
연령	학령기(만 7~14세) 아동(65.0%)이 미취학 아동보다 많음
설치장소	사고발생 장소는 주택단지(36.9%), 학교(23.1%), 도시공원(20.0%) 순이었으며, 전체 시설개소수로 대비해 볼 때는 놀이제공영업소(0.9%)가 가장 많았음 전체시설 수로 대비할 때는 놀이제공영업소(0.9%), 학교(0.6%), 식품접객업소(0.5%), 도시공원(0.4%), 주택단지(0.2%), 유치원(0.1%) 순으로 나타남
발생시간	사고발생 시간대는 12~13시(17.5%)가 가장 많았고, 다음으로 18~19시(14.4%), 17~18시(11.9%) 순으로 나타남
사고지역	사고지역을 보면 경기도(46.9%)가 가장 높게 나타남
놀이기구	조합놀이대(39.4%), 그네(15.6%), 흔들놀이기구(8.1%), 건너는기구(7.5%), 기타(6.9%), 미끄럼틀(6.9%), 오르는기구(3.8%) 순이며, 바닥재(모레, 고무매트, 포설)에서의 부상(6.9%)도 확인되었음
손상내용	골절(66.3%)이 가장 높은 비율을 차지하였고, 베임상처/열상(13.8%), 기타 (6.9%), 치아손상(4.4%), 타박상/좌상/부종(3.8%), 찰과상(3.1%), 뇌진탕(1.3%) 등의 순으로 나타남
사고형태	추락(58.8%)이 가장 높았고, 다음으로 충돌(15%)과 넘어짐(15%), 기타(5.0%), 얽매임(3.1%), 미끄러짐(1.9%), 긁힘/찔림(1.3%) 등의 순으로 나타나 추락이 놀이시설 사고의 가장 흔한 형태로 파악됨
사고원인	어린이의 놀이활동 중 놀이기구를 잘못 이용하거나 부주의(97.5%)로 인해서 대부분의 사고가 발생됨

출처: 국가안전처(2015).

Chapter 02

영유아의 발달적 특성과 안전

현대 산업사회의 급속한 변화 양상으로 인하여 사회적, 문화적, 경제적 생활에 편리함을 더해 주었지만 판단 능력이 충분치 않은 영유아들은 과거에는 존재하지 않았던 심각한 유형의 안전사고에 노출되어 있고 이로 인해 생명까지 위협받고 있다. 영유아들이 일상의 삶을 영위하는 가정과 교육기관, 그리고 지역사회에서 벌어지는 각종 사고들로 인하여 한 해에도 수 없이 많은 영유아들이 상해는 물론 사망에까지 이르고 있는 실정이다(이재연·윤선화, 2001).

영유아의 연령에 따른 발달적 특성과 안전사고의 유형에 대해 아는 것은 영유아를 안전사고로부터 보호하기 위해서 매우 중요하다. 부모와 교사가 아동의 각 발달단계별 인지, 운동, 사회성 및 정서 발달 특성의 차이를 인식하는 것은 영유아가 안전사고에 노출되는 것을 예방하는 첫걸음이 되는 것이다.

영유아의 안전은 생명과 직결되는 매우 중요한 문제이므로 부모와 교사는 영유아의 발달 특성과 안전사고와의 관계를 이해하여 안전지도 방법을 모색할 필요가 있다. 이 장에서는 영유아의 안전사고와 관련된 주요 발달 특성과 자주 발생하는 안전사고의 유형을 살펴보고자 한다.

1 영아기(만 0~1세)의 발달 특성과 안전

영아기는 출생에서 1세까지로 생애 중 가장 활발한 성장이 이루어지는 시기이다. 성인의 보호에 의존하고 점차 기고, 앉고, 서고 이동할 수 있게 된다. 몸에 비해 머리의 크기가 크며, 신체 각 부분의 협응력이 부족하여 신체적 균형을 잡기가 어렵다. 이 시기의 영아는 사물에 대한 호기심으로 주변 대부분의 물건을 만지고 입으로 탐색하기 시작한다.

영아의 신체발달은 크게 머리에서 시작하여 팔, 다리방향으로 진행되는 원칙(the cephalo-caudal principle)과 몸의 중심에서 바깥쪽으로 진행되는 원칙(the proximo-distal principle)을 따른다. 즉, 머리 부분이 다른 신체 부분보다 먼저 발달하고 몸체가 팔, 다리보다 먼저 발달하게 된다. 영아의 신체발달을 살펴보면, 신생아는 전체 키에서 머리가 차지하는 비율이 1/4에 달하고, 1세 된 영아의 뇌는 성인 뇌 무게의 70%이며, 신체 조정능력 등은 성인에 비해 훨씬 덜 발달되어 있다(장휘숙, 1991). 이러한 발달 특성으로 인해 일어날 수 있는 신생아 및 영아기의 주된 안전사고 유형과 그에 따른 위험요소를 살펴보면 다음과 같다.

1) 질식사고

질식이란 순환혈액 속에 산소가 부족하고, 이산화탄소가 과다하게 되는 현상을 말한다. 영아에게 발생하는 질식사고의 원인은 이물 흡입으로 인한 기도폐쇄, 호흡기 압박, 공기 중의 산소 부족 등 다양하다. 이 시기의 영아들은 호기심이 많기 때문에 주변 환경에 대한 탐색활동이 활발해진다. 그러므로 주변에 있는 유아용품 등을 입으로 가져와서 덮거나 가리게 되면서 질식사고를 일으킬 가능성이 많은 시기이다.

질식사고는 이산화탄소 과다로 혈액 속의 산소가 부족하여 발생할 수 있는 사고이다. 질식사고는 기도 폐쇄, 호흡기 압박, 익수, 공기 중의 산소 부족, 호흡 곤란 등 다양한 원인에 의해 발생할 수 있다. 이 시기에 질식사고를 초래할 수 있는 유형은 다음과 같다. 첫째, 엄마가 수유를 할 때 젖가슴에 눌려서 호흡기에 압박이 가해진다거나 둘째, 가구나 식기세척기, 오븐, 냉장고 등의 빈 공간에 영아가 혼자 들어가서 문이 저절로 닫혀 밀폐된 공간에 들어가 있게 되거나 셋째, 푹신한 침구에 엎어서 재울 경우 영아가 내뱉는 이산화탄소가 다시 영아의 호흡기를 통해 들어가 혈액 속의 산소 부족을 일으키는 경우이다. 그러므로 이 시기에 질식사고를 초래하지 않으려면 수유 시 젖가슴이 영아의 호흡기를 압박하지 않아야 하며 밀폐된 빈 공간에 영아가 혼자 들어가지 못하도록 주의하고 푹신한 침구에 엎어서 재우는 것을 삼가야 한다.

2) 이물질 흡입사고

이물질 흡입사고의 가장 큰 피해자는 영아들이다. 영아는 본능적으로 손에 닿는 모든 물체를 잡아 입으로 가져가 탐색하려는 경향이 강하기 때문이다. 한국소비자 보호원의 조사에 따르면 2007년을 기준으로 삼킴 사고의 피해 대상 연령은 만 1세 미만이 전체의 10.8%, 만 1세가 20.7%에 달해 결국 만 1세 미만아가 전체의 31% 정도가 된다고 보고되고 있다. 영아는 자신의 행동이나 느낌을 언어로 적절하게 표현하지 못하므로 사고가 발생했을 경우 부모나 교사는 영아가 어떤 이물질을 삼켰는지 알지 못하여 그 위험이 커지기도 한다. 따라서 이물질이 눈에 잘 보이지 않거나 꺼내기 어려운 경우에는 잘못 건드리면 상황을 더욱 악화시킬 수 있으므로 가까운 병원을 찾는 것이 안전하다(이기숙 외, 2011).

이 시기의 영아들은 호기심이 많아 손에 잡히는 모든 물건을 입으로 가져와서 탐색하고자 하는 욕구가 강해 중독사고가 빈번하게 발생한다. 이러한 사고는 대부분 가정 및 실내에서 발생하므로 부모나 교사들은 영아의 손이 닿지 않는 곳에 보관하는 등의 특별한 주의가 필요하다(전남련 외, 2010).

이물질이 기도로 들어가게 되면 매우 위험하다. 이물질의 크기가 아주 작을 경우에는 하부기도에 들어가서 기관지염이나 폐렴을 일으킬 수 있고, 이물질의 크기가 조금 더 큰 경우에는 기도를 막아 질식을 일으킬 수 있다. 이 시기에 흡입할 수 있는 것들은 단추, 구슬, 동전, 땅콩, 콩, 건포도, 껌, 알사탕, 찢어진 풍선조각, 과일조각, 알약, 액세서리, 작은 돌멩이, 담배꽁초 등 다양하다. 영아가 이물질을 삼켜서 기도로 넘어갔을 경우 답답해서 숨을 들이쉬게 되면 이물질이 더 깊이 들어갈 수 있으며 건포도나 콩 같은 경우는 시간이 지나면서 부풀어 올라 점점 크게 되어 기도를 폐쇄시킬 수 있다. 이때는 영아를 성인의 팔 위에 올려놓고 60° 정도로 머리를 기울이고 성인의 손바닥으로 영아의 양쪽 어깨뼈 사이를 5회 정도 세게 쳐서 이물질을 토하게 할 수 있다. 그래도 효과가 없을 경우에는 인공호흡을 하면서 병원 응급실로 간다.

3) 추락 및 충돌사고

추락 및 충돌사고는 영아가 걷기를 배우면서 넘어지고 부딪치는 매우 일상적인 일이다. 문제는 영아들이 머리와 상체가 무거워서 균형 감각이 부족하고 이로 인해 단단한 바닥이나 모서리 등에 부딪쳐 머리가 다칠 우려가 있다는 것이다(이명환·김은숙, 2009). 영아는 두개골이 딱딱하지 않아 머리를 부딪쳤을 경우 뇌손상의 위험이 있으므로 만약 머리를 부딪친 후 토하거나 기운이 없고, 잘 놀지 못하는 등 평소와 다른 모습을 보이면 즉시 병원에 가서 의사의 진단을 받도록 해야 한다(이기숙 외, 2011).

영아가 생후 6개월경이 되면 뒤집기를 시작하는데, 이때부터 추락사고가 빈번하게 일어난다. 뒤집기를 하면서 안전사고를 초래할 수 있는 경우는 영아를 성인용 침대에 재웠을 때 잠에서 깨어나면서 뒤집기를 할 경우 많이 나타나며, 생후 약 7개월경이 되어 기어 다닐 수 있을 때는 소파와 의자, 침대에서 추락하는 경우가 많다. 그러므로 주양육자는 이 시기의 추락 사고를 예방하기 위해 영아를 혼자 두고 다른 일에 집중하지 말아야 하고, 부서지기 쉬운 가구나 장난감을 영아 주변에 두지 말아야 하며 계단이나 추락할 가능성이 있는 곳은 안전한 차단문을 설치하거나 보호울타리를 계단에 설치하여야 하고, 영아가 힘으로 밀어서 넘어뜨릴 수 있는 의자나 탁자 등은 벽 쪽에 붙여서 배치해야 한다.

4) 중독사고

영아들은 호기심이 많아 손에 잡히는 모든 물건을 입으로 가져와서 탐색하고자 하는 욕구가 강해 중독사고가 빈번하게 발생한다. 이러한 사고는 대부분 가정 및 실내에서 발생하므로 부모나 교사들은 영아의 손이 닿지 않는 곳에 보관하는 등의 특별한 주의가 필요하다(전남련 외, 2010). 이 시기의 영아들의 안전사고를 예방하기 위해서는 영아의 손이 닿는 곳에 독성물질을 두지 말아야 하고, 놀잇감에 페인트칠을 하거나 납 성분이 포함되어 있는 것은 주지 말아야 한다. 또한, 가정 비상약 통에 알약을 넣어 놓았을 경우 중독사고의 위험에 노출될 수 있다. 영아가 모기향을 빨거나 씹을 경우, 세탁용 표백제를 입에 넣었을 경우, 화초용 살충제나 농약, 비료 등을 먹을 경우에도 중독사고를 유발할 수 있기 때문에 이러한 위험이 있는 물건들은 영아가 만지거나 열지 못하도록 철저한 관리를 해야 한다.

5) 화상사고

영아의 피부는 매우 약하고 체중에 비해 체표피부의 면적이 넓기 때문에 화상을 입게 되면 성인보다 훨씬 더 빨리 위험에 빠지게 된다. 영아를 욕조에 담근 채 뜨거운 물을 틀 경우, 식탁보가 깔린 식탁 위에 뜨거운 음식을 놓아 영아가 식탁보를 당겨 음식물이 쏟아질 경우, 영아를 곁에 두고 다림질을 하다 영아가 다리미에 손이 닿아 화상을 입을 경우, 전자레인지나 오븐에서 막 꺼낸 음식으로 인해 화상을 입을 경우가 그러한 예이다. 그러므로 이 시기에 뜨거운 음식이나 물건을 영아 주변에 놓거나 취급하는 일이 없어야 한다. 영아를 곁에 두고 다림질을 하거나, 식탁보, 커튼, 천 등이 닿아서 뜨거운 물건과 접촉하는 일이 없도록 해야 한다. 또한, 오븐이나 전기밥솥 주변에 보호막을 설치하거나 뜨거운 증기를 주의해야 할 것이다(전남련 외, 2010). 전선이 바닥에 방치되어 있을 경우 영아가 입으로 빨거나 씹을 위험이 있으므로 함부로 방치하지 말고, 콘센트는 반드시 안전 인증을 받은 제품을 사용한다.

6) 영아돌연사증후군

영아돌연사증후군(SIDS : Sudden Infant Death Syndrome)이란 “외적으로 보기에 건강한 영아가 갑자기 사망한 채로 발견되며 사망에 이를 만한 과거의 병력이 없고 일상적 부검으로 사인을 분명히 밝힐 수 없는 경우”를 말한다(이기숙 외, 2011). 영아돌연사증후군은 1~5개월 사이의 연령에서 가장 많이 발생하고, 95%

가 생후 6개월 전에 발생한다. 또한, 가을과 겨울철에 더 많이 발생하는 것으로 알려져 있고, 6:4의 비율로 남아에서 많이 발생한다. 이를 예방하기 위해서는 아기를 재울 때 엎어 재우거나 모로 재우지 말고 바로 눕혀 재우도록 해야 하며, 아기를 너무 감싸서 체온이 올라가지 않도록 해야 한다. 또한, 산모의 흡연이나 난산으로 상태가 나빴던 아기의 경우 이러한 사고를 당할 가능성이 높으므로 임신 중에는 절대 흡연을 삼가고 정기적으로 진찰을 받아야 한다(이명환 · 김은숙, 2009).

그러므로 이 시기에 영아돌연사를 예방하기 위해서는 생후 6개월 미만의 영아는 엎어서 재우지 말고, 등을 바닥에 대고 재우거나 옆으로 뉘여서 재우는 것이 좋다. 또한, 영아를 위한 침구는 너무 푹신한 것보다는 단단한 것을 사용하는 것이 좋으며 이불 등 침구류가 얼굴을 덮지 않도록 주의하여야 한다.

발달단계별 어린이 안전사고 분석

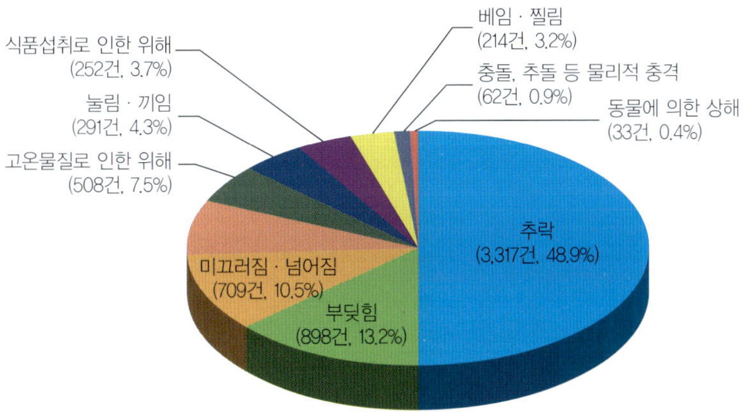

[그림 2-1] 영아기 주요 사고유형

출처: 한국소비자원(2017. 06. 28.). 보도자료 재구성.

〈표 2-1〉 영아기 주요 사고발생장소

구분	건수	비율
주택	6,212건	(91.6%)
여가 · 문화 및 놀이시설	34건	(0.5%)
교육시설	13건	(0.2%)
스포츠/레저시설	4건	(0.1%)

출처: 한국소비자원(2016. 06. 30.). 보도자료.

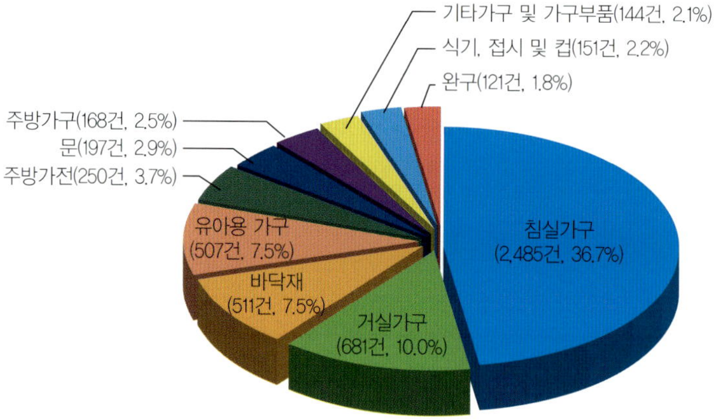

[그림 2-2] 영아기 주요 위해품목

출처: 한국소비자원(2017. 06. 28.). 보도자료 재구성.

* 영아기(만 1세 미만) 행동특성

출생 후 급격한 성장이 시작되며, 목 가누기, 앉기 등의 기본적 대근육 발달 및 잡기, 쥐기 등의 소근육 발달이 이루어진다. 영아기 시기에는 신체움직임이 자유롭지 못해 침대에서 추락하는 사고도 중상으로 이어질 수 있어 보호자의 세심한 주의가 필요하다.

출처: 한국소비자원(2017. 06. 28.). 보도자료.

* 영아기 안전사고 예방을 위한 가이드라인

- 영아기에는 침대 추락사고가 가장 많이 발생하므로, 아이를 침대에 혼자 두지 않아야 하며 침대안전가드 등을 설치한다.
- 아이가 작은 물건 등을 삼킬 우려가 있으므로, 손이 닿 을만한 장소에 크기가 작은 물건을 두지 않는다.
- 유모차, 카시트를 사용할 때는 반드시 안전벨트를 채워서 이용한다.
- 압력밥솥, 뜨거운 냄비와 같이 화상의 위험이 있는 주방용품 등을 아이의 손이 닿는 곳에 놓지 않도록 한다.

출처: 한국소비자원(2017. 06. 28.). 보도자료.

영아기 안전사고 사례

[사례 1] 2014. 1. 정ㅇㅇ(남, 11개월)는 유모차가 넘어지면서 바닥으로 떨어져 뇌진탕을 입음
[사례 2] 2014. 3. 이ㅇㅇ(남, 7개월)는 서랍장 모서리에 이마를 부딪혀 열상을 입음
[사례 3] 2016. 2. 홍ㅇㅇ(여, 9개월)는 거실에서 미끄러져 넘어지면서 아령에 이마를 부딪혀 타박상을 입음

2 걸음마기(만 1~3세)의 발달 특성과 안전

걸음마기의 영아들은 보행이 가능해지고 다양한 이동운동 능력과 신체조절 능력이 발달하여 주변 환경에 대한 탐색 범위가 넓어지면서 안전사고의 위험도 높아진다. 특히 이동운동 능력의 발달은 이 시기의 영아들로 하여금 추락 및 낙상, 충돌사고 등이 빈번히 일어나는 요인이 되기도 한다. 동시에 인지적 변화가 일어나 2세가 되면 주어진 상황에서 문제를 스스로 해결하고자 노력한다. 즉, 주변 환경에 대한 호기심으로 탐색활동이 증가하나 그 위험에 대한 인식 능력이 아직 부족하며 새로운 일에 대한 도전과 시도, 모방 및 또래와의 상호작용이 증

가하면서 발생하는 위험상황에 대한 대처능력은 여전히 부족하여 비안전행동이 수시로 나타나게 된다. 한국소비자보호원의 안전사고 유형 조사결과에서도 만 1~3세까지 발생하는 안전사고는 0~14세 안전사고의 45.7%에 달해 다른 어느 시기보다 안전사고에 가장 취약한 시기임을 알 수 있다(이기숙 외, 2011).

한편, 쾌감이나 불쾌감 등 정서적 분화가 활발히 이루어져 놀이를 하다가 화가 난 영아는 상대방을 물거나 물건을 던져 다치게 할 수도 있다. 걸음마기에는 놀이에 의한 안전사고가 가장 많이 발생하는 만큼 이에 대한 적절한 보호와 교육이 절실히 필요하다. 아울러 언어발달을 획득해 가는 시기이나 위험을 신속하고 정확히 전달할 수 있는 능력이 부족하기 때문에 교사는 위험 요소를 제거하고, 사고의 가능성에 만전을 기울여야 한다. 한국소비자원의 사고 접수에서도 나타난 바와 같이 이 시기는 다른 영유아 시기보다 사고 발생률이 높다. 영유아기가 전적으로 성인의 보호에 의존하는 시기라면 걸음마기는 위험 요인에 대한 행동이나 체험을 통해 가르치면서 보호해야 하는 시기이다. 즉, 걸음마기는 성인에 의존하던 영아기에서 점차 독립적으로 행동을 익히고 수행하려고 하는 과도기적인 시기이므로 적절한 안전교육이 필요하다.

이러한 발달 특성으로 인해 일어날 수 있는 안전사고는 놀이로 인한 사고가 가장 많이 발생한다. 영아기가 전적으로 성인이 보호해야 하는 시기라면, 걸음마기는 무엇이 위험한지 행동이나 경험을 통하여 가르치는 동시에 적절히 보호해야 하는 시기라 할 수 있다. 즉, 완전한 의존적 존재로부터 독립적인 존재로 이행해 가는 과도기적 시기로서 다음과 같은 안전교육이 필요하다(이기숙 외, 1997).

1) 놀잇감 안전

걸음마기는 놀이의 내용과 방법이 확대되고 다양해지기 때문에 놀이 안전교육이 필요하다. 장난감뿐만 아니라 주변에 있는 사물들을 놀이에 이용하고, 새로운 방법으로 놀이방법을 변화시키기도 한다. 예를 들어, 부엌 싱크대 보관장에서 냄비나 부엌기구 등을 꺼내 포개 보고, 굴려도 보고, 흔들고 두들기면서 나는 소리도 들어 보는 등 일상 기구를 놀이로 확장하는 것을 즐긴다. 걸음마기 영아들은 이동능력이 발달하면서 밑으로 기어들어가거나 뛰어넘어 보는 등의 공간에 대한 탐색활동도 적극적으로 시도하게 된다. 문과 서랍 등을 열고 닫아 보며 그 안에 있는 것들을 꺼내기 좋아한다. 따라서 영아들의 손이 닿는 모든 공간과 가구들은 놀이장소나 기구가 될 수 있기 때문에 그 안에 날카로운 기구나 용품을 보관하지 말아야 한다.

2) 놀이시설 안전

미끄럼틀, 시소, 그네 등 대근육 활동을 도와주는 놀이시설을 즐기기 때문에 놀이시설 안전교육이 필요하다. 다양한 놀이시설을 이용하여 기어오르고, 미끄러지고, 매달리는 활동을 하면서 신체운동 능력이나 신체 각 부분 간의 협응능력은 물론 적극성을 기를 수 있으며 또래 친구와 어울리면서 사회성도 발달시킬 수 있게 된다. 놀이시설은 충돌이나 추락 등의 상해를 유발할 수 있으므로 놀이시설의 계단 폭, 미끄럼틀의 경사나 높이, 그네의 받침대와 가로대의 굵기 등이 모두 걸음마기 영아의 신체적 크기에 알맞게 설계된 것을 선택한다. 또한, 그네나 미끄럼틀 등 움직임이 큰 놀이기구는 충격흡수 상태, 놀이시설 간의 간격, 놀이기구 간의 동선 등을 고려하여 설치함으로써 안전사고를 예방하여야 한다. 부모와 교사는 걸음마기 영아에게 놀이시설을 이용할 때 올바르게 이용하는 방법을 알려 주고 지도하여 적극적인 놀이 활동이 이루어지도록 돕는다.

〈표 2-2〉와 같이 걸음마기의 안전사고와 위험 요소는 놀잇감 및 놀이시설 안전사고뿐만 아니라 모든 영역에 걸쳐 있음을 알 수 있다. 아직은 성인의 보호가 필요한 시기이므로 부모와 교사는 위험 요소를 제거하고 안전사고를 예방해야 한다.

〈표 2-2〉 걸음마기의 안전사고와 위험 요소

사고의 유형		위험 요소
생활안전	추락 및 충돌	· 책상, 의자 등 오를 수 있는 가구에서의 추락 · 베란다, 계단, 창살 없는 창문 등에서의 추락 · 걷고 뛰다가 가구나 선반 모서리, 영아끼리 충돌 · 문틈이나 자동문 끼임 사고 · 목욕탕에서 미끄러짐 · 무빙워크, 에스컬레이터 끼임 사고
	화상	· 뜨거운 물, 증기로 인한 화상(정수기 온수, 온수, 수도꼭지, 가습기) · 식탁에서 뜨거운 음식으로 인한 화상 · 가스레인지, 오븐 등의 조리기구에 의한 화상 · 다리미, 난로, 전기밥솥, 콘센트 등 전열기구에 의한 화상
	질식 및 익사	· 작은 물체를 삼킴으로 인한 기도 폐쇄 · 잠자기 직전 음식의 섭취로 인한 질식(특히 떡) · 생선가시로 인한 질식이나 목걸림 · 약품 및 유해물질 흡입으로 인한 사고 · 비닐, 끈, 풍선 등으로 인한 질식 · 양치질 도중 칫솔로 인한 기도 폐쇄 등의 사고 · 목욕탕에서의 익사 · 옷장 및 냉장고 속에서의 질식
	동식물 관련 사고	· 애완동물로 인한 피부염 등 감염 · 애완동물에게 물리거나 할퀴이는 등의 사고 · 야외활동 등에서 벌에 의한 사고 · 독성 및 가시가 있는 화초나 식물 등에 의한 사고
	미디어 관련 사고	· TV, 비디오 등 미디어의 과다 노출로 인한 애착 장애 · 스마트폰, 휴대용 PC의 과다한 사용 및 폭력적 내용에의 노출 · 시각, 청각 손상 · 전자파의 과다한 노출
놀이안전	놀이사고	· 미끄럼틀, 시소, 그네 등 실외놀이기구 등에 의한 사고 · 날카롭고 뾰족한 장난감에 의한 사고 · 공과 같은 둥근 장난감에 의한 미끄러짐 · 바퀴 달린 놀잇감에 의한 사고 · 불량 놀잇감으로 인한 유해물질 노출
교통안전	교통사고	· 카시트 미사용으로 인한 사고 · 자동차 문의 오작동 · 길이나 주차장 등에서 노는 경우 · 등·하원 차량 사고
대인안전	대인사고	· 물림, 할퀴임, 꼬집힘 · 실종 및 유괴 · 학대 및 유기

걸음마기의 안전교육 내용

- 도로에 접한 문은 항상 닫아 둔다. 계단, 복도 등에 안전대를 설치한다.
- 영유아의 손이 닿는 곳에 뾰족하거나 날카로운 기구나 용품, 화상 염려가 있는 물건을 두지 않는다.
- 약품이나 유독물질은 영유아의 손이 닿지 않는 곳에 보관한다.
- 반짇고리는 높은 곳에 올려놓는다.
- 단추, 구슬, 동전 등 작은 물체, 크기가 큰 사탕이나 과자 비닐, 비닐봉지, 끈이나 가는 실 등에 항상 유의한다.
- 가구 모서리와 같은 뾰족한 부분은 모서리 보호 장치를 한다.
- 창가나 베란다 주변에는 딛고 올라갈 수 있는 물건이나 상자를 두지 않는다.
- 각종 전기기구는 사용 후 플러그를 뽑고 안전보조기구로 막아 둔다.
- 난로, 다리미, 가스레인지 등 전열제품의 화상에 주의한다.
- 가스레인지 위의 냄비는 손잡이를 안쪽으로 둔다.
- 욕실은 바닥에 미끄럼 방지를 위한 조치를 하며 욕조에 물을 받아 두지 않는다.
- 놀잇감은 독성이 없고 날카롭지 않으며 견고해야 한다.
- 놀이기구의 사용방법을 미리 알려 주어 몸에 익히게 한다.
- 위험에 대해 이야기해 주고, 혼자 가서는 안 되는 곳을 알려 준다.
- 성인의 보호 없이는 얕은 물도 위험 요인이 될 수 있음에 유의한다.
- 성냥이나 라이터를 영아 가까이에 두지 않고, 불의 위험을 영아에게 알려 준다.

발달단계별 어린이 안전사고 분석

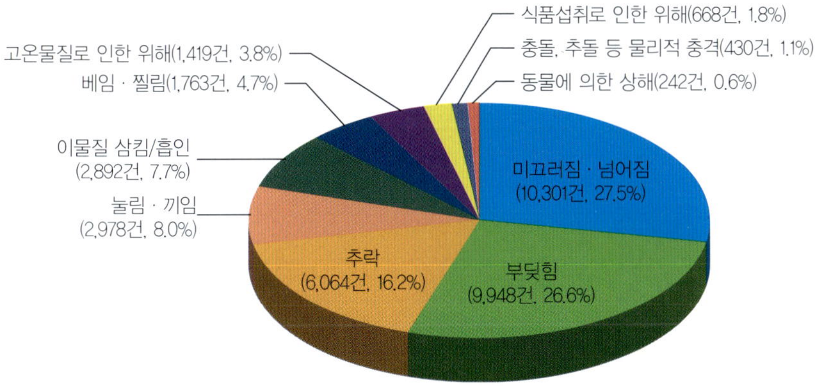

[그림 2-3] 걸음마기 주요 사고유형

출처: 한국소비자원(2017. 06. 28.). 보도자료 재구성.

〈표 2-3〉 걸음마기 주요 사고발생장소

구분	걸음마기(1~3세)	
주택	30,071건	(80.4%)
여가 · 문화 및 놀이시설	1,434건	(3.8%)
교육시설	1,267건	(3.4%)
스포츠/레저시설	150건	(0.4%)

출처: 한국소비자원(2017. 06. 28.). 보도자료.

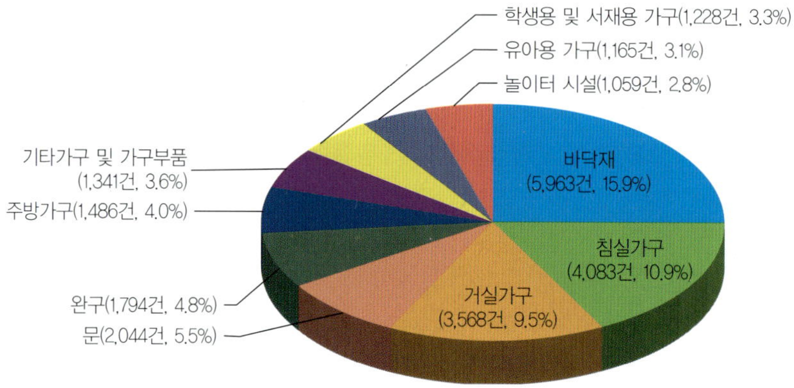

[그림 2-4] 걸음마기 주요 사고유형

출처: 한국소비자원(2017. 06. 28.). 보도자료 재구성.

* 걸음마기(만 1세~3세) 행동특성

이전시기보다 전체 신장 중 머리의 비중이 작아져 신체균형이 발달하고 안정적인 자세를 유지하며, 신체를 스스로 조절할 수 있는 능력이 발달한다. 이 시기의 어린이들은 호기심이 많아 주변의 사물을 탐색하는 과정에서 안전사고가 발생하므로 보호자의 각별한 주의가 필요하다.

출처: 한국소비자원(2017. 06. 28.). 보도자료.

* 걸음마기 안전사고 예방을 위한 가이드라인

- 가구나 문 모서리에 보호대 및 완충장치를 설치하거나, 모서리가 둥근 가구를 사용한다.
- 실내에서의 미끄러짐 · 넘어짐 사고를 예방하기 위해 미끄럼 방지 바닥재를 사용하거나 미끄럼 방지용 매트, 스티커를 사용한다.
- 현관문, 방문 등에는 손 끼임 방지 보호대나 경첩 끼임 방지장치 등을 설치한다.

출처: 한국소비자원(2017. 06. 28.). 보도자료.

걸음마기 주요 사고사례

[사례 1] 2016. 1. 송ㅇㅇ(여, 만2 세)는 방에서 넘어져 눈썹에 1.5cm의 열상을 입음
[사례 2 2016. 9. 장ㅇㅇ(여, 만 1세)는 TV선반에 부딪혀 귀에 열상을 입음
[사례 3] 2016. 9. 박ㅇㅇ(여, 만 3세)는 집안 내 실내 미끄럼틀에서 떨어져 뇌진탕을 입음

3 유아기(만 3~5세) 발달적 특성과 안전

유아기는 영아기나 걸음마기에 비해 양적 성장률은 감소하나 몸의 균형이 잡히는 시기로, 균형감각과 협응력이 발달하면서 모험놀이와 적극적인 대근육 활동이 증대된다(서울특별시, 2004). 몸의 무게중심이 점차 아래쪽으로 이동하면서 서 있는 자세가 안정되어 가고, 뛰거나, 점프하기 등과 같은 걸음걸이의 속도와 리듬을 변화시킬 수 있는 이동능력이 가능해진다. 혼자 놀기 보다는 여럿이 친구들과 어울려 함께 놀이하기를 좋아한다. 그 과정에서 빠르게 움직이다 충돌한다든지 높은 놀이시설에서 떨어지는 등 놀이사고의 빈도가 높아진다. 따라서 이 시기에는 놀이기구나 시설을 안전하게 이용하는 방법과 놀이 규칙을 안내해주고, 이를 지키는지를 지속적으로 관찰하며 지도해야 한다(전남련 외, 2010).

신체적 발달 특성과 함께 유아기는 Piaget의 지능발달 단계에서 전조작적 단계에 해당되는 시기로 그들 주변에 있는 환경에서 접하게 되는 여러 사물과 대상에 대하여 상징(symbol)과 심상(image)을 사용하는 능력이 증가하는 시기이다. 또한, 언어나 그림을 이용한 상징적 사고가 가능해지므로 행동 대신 언어로 표현하고 이해하게 되면서 환경과 보다 효율적으로 상호작용할 수 있게 된다(이기숙 외, 2011).

유아는 양심의 발달과 더불어 선과 악, 옳고 그름에 대한 가치기준을 배우며, 부모의 행동을 모방하고, 부모의 지시에 잘 따르며, 자기가 속해 있는 환경에 숙달되기 위해 노력한다. 또한, 뜨거운 물건이나 날카로운 기구, 높은 곳 등 잠재적 위험에 대한 인식이 이전 발달단계보다 증가하기 때문에 안전사고 예방교육에 가장 적절한 시기이기도 하다. 그러나 상상의 발달과 자기중심적 사고성향으로 특정 사건에 대한 인과관계를 이해하는 데 어려움이 있고, 안전사고 예방교육을 학습할 수 있는 능력은 있지만, 이를 다양한 상황에 적용하는 데 한계가 있다. 아울러 행동반경이 확대되면서 주변 환경에 대한 탐색 기회가 증가하기 때문에 교통사고나 동물에 물리는 사고가 흔히 발생한다. 따라서 이 시기 아동 역시 안전과 잠재적 위험에 대한 적절한 보호와 감독이 필요하다.

유아는 신체 조정 및 운동능력이 현저하게 발달하기 때문에 이전 발달단계 아동에 비해 낙상의 위험은 감소한다. 유아는 성인의 지시에 잘 따르고, 잠재적 위험상황을 인식할 수 있으나, 행동반경의 확대로 주변 탐색 기회가 증가하기 때문에 교통사고, 놀이 시 안전사고, 동물에 물리는 사고 등이 흔히 발생한다. 특히 성인의 행동을 모방하는 시기이므로 올바른 안전 생활 습관이 형성될 수 있도록 성인의 각별한 주의와 모범이 요구되는 시기이다. 만 3~5세 유아의 발달특성에 따른 위험 요인과 안전수칙은 아래 〈표 2-4〉에 제시하였다.

〈표 2-4〉 만 3~5세 유아의 발달 특성에 따른 위험 요인과 안전수칙

<table>
<tr><th>발달 특성</th><th>위험 요인</th><th>안전수칙</th></tr>
<tr><td rowspan="6">· 주변을 탐색함
· 물체 위로 기어오르기
· 세발자전거 타기
· 성인의 시야 밖으로 쉽게 벗어남
· 성인의 행동을 모방함</td><td>가재도구</td><td>· 안전한 장소에 보관하고, 잠금 장치를 해놓는다.
· 조리기구의 안전한 사용방법에 대해 교육한다.</td></tr>
<tr><td>중독, 화상</td><td>· 약물, 세제, 성냥 등은 안전한 곳에 잠금 장치를 하여 보관한다.</td></tr>
<tr><td>낙상, 상해</td><td>· 놀이 장소에 위험 요인이 없는가를 점검한다.</td></tr>
<tr><td>익사</td><td>· 물놀이 안전과 위험에 대해 교육하고, 수영교육을 시작한다.</td></tr>
<tr><td>교통사고</td><td>· 교통안전과 위험 요인에 대한 학습 기회를 제공한다.
· 유아에게 적절한 자동차용 안전시트를 사용하고 벨트는 항상 채우도록 한다.</td></tr>
</table>

유아기에 쉽게 발생할 수 있는 사고의 유형을 살펴보면 다음과 같다.

1) 교통사고

유아의 안전사고로 인한 사망 원인 중 65% 이상이 교통사고에 의해 발생한다. 따라서 교통사고 예방교육은 유아기 전반에 걸쳐 지속적, 반복적으로 실시해야 하며 성인의 각별한 주의와 관심이 요구된다.

유아기에는 버스나 승용차 등의 교통수단을 이용하여 이동하는 기회가 많아질 뿐만 아니라 자전거 등을 스스로 이용할 수 있게 된다. 유아에게 흔히 발생하는 교통사고는 보행 중에 차와 충돌하거나, 탑승 시 사고, 자전거나 인라인스케이트를 타거나 길에서 놀다가 차와 충돌하는 경우, 달리는 차 속에서 사고를 당하는 경우 등이 있다.

달리는 차 속에서 발생하는 교통사고를 예방하려면, 유아를 차에 태울 때 항상 자동차 뒷좌석에 유아의 연령과 체중에 맞는 자동차 안전시트를 장착하고 유아를 안전하게 고정한 후 이동해야 한다. 체중이 18~36kg, 키가 145cm 이하의 아동은 무릎 윗부분과 어깨 고정용 벨트가 장착된 자동차 안전의자를 사용한다. 무릎 윗부분을 고정해 주는 안전벨트는 아동의 둔부와 대퇴부를 지나가도록 고정하고, 어깨 고정용 벨트는 아동의 어깨를 지나가야 하며, 목 부분을 지나가지 않아야 사고 시 아동을 안전하게 보호할 수 있다. 또한, 유아기에는 순간적으로 발생하는 교통사고에 대처할 수 있는 능력을 기대하기는 어렵다. 따라서 이 시기에는 성인의 지속적인 보호와 함께 교통규칙을 바르게 습관화하도록 교육해야 한다. 교통사고는 앞서 언급한 내용처럼 유아들의 사망 가운데 가장 많은 비율을 차지하기 때문에 다양한 상황에서 교통사고의 위험을 인식하고 대처할 수 있는 방법을 구체적이고 반복적으로 교육해야 한다.

교통사고 예방을 위한 안전수칙

- 아동을 차에 태울 때에는 뒷좌석에 어깨와 무릎 위를 지지할 수 있는 안전벨트가 장착된 자동차 안전의자를 반드시 사용한다.
- 유아 스스로 위험을 인식하고 대처할 수 있도록 보행 안전규칙과 안전한 보행요령을 반복하여 교육한다.
- 옥외놀이 시에는 성인의 지도와 감독이 필요하다.
- 횡단보도를 건널 때에는 반드시 유아의 손을 잡고 성인과 함께 건넌다.
- 유아는 키가 작아 운전자의 시야에 유아가 들어오지 않을 수 있다. 따라서 횡단 보도를 건널 때에는 운전자가 유아를 볼 수 있도록 한쪽 손을 높이 들고 가급적 횡단보도의 우측으로 건너도록 아동에게 교육한다.
- 신호등의 색깔과 의미, 교통 수신호의 의미를 유아에게 교육한다.
- 서 있는 차량 뒷부분에서 놀지 않도록 주의를 주고, 차량 후진 시에는 경적을 울리거나, 차에 후진 카메라를 장착하는 것도 안전사고 예방에 도움이 된다.
- 차도 근처에서 공놀이, 세발자전거 타기를 하지 않도록 한다. 만약 세발자전거를 타는 경우에는 운전자가 뒤쪽 창문을 통해 충분히 보이는 높이의 밝은 색상의 깃발을 세발자전거에 부착하는 것도 도움이 된다.

2) 놀이 및 스포츠 안전사고

유아는 가정 내 놀이보다는 옥외놀이가 증가하는 시기이다. 시소나 미끄럼틀과 같은 옥외 놀이기구와 자전거, 인라인스케이트, 킥보드 등 다양한 운동기구를 사용하여 스포츠를 즐기기 시작하는 시기이기 때문에 이로 인한 안전사고가 흔히 발생한다. 따라서 이 시기의 유아들은 다양한 스포츠를 즐길 수 있는 기본적인 기능을 익혀야 하며, 또한, 스포츠를 안전하게 즐길 수 있는 안전수칙을 처음부터 배우고 지키도록 해야 한다.

자전거는 아동의 신체에 적절한 것을 선택해야 안전사고 발생을 예방할 수 있다. 유아가 자전거 안장 위에 앉았을 때 유아의 손이 자전거 핸들에 닿아야 하고, 양발은 바닥에 닿을 수 있어야 유아가 자전거를 타다가 갑자기 중심을 잃었을 때 추락하거나 상해 입는 것을 어느 정도 예방할 수 있다. 자전거의 정지 장치는 자전거 핸들에 부착되어 손으로 조정하는 것과 자전거 페달을 진행 방향의 반대 방향으로 돌리면 정지하는 두 가지 종류가 있다. 5세 이전의 유아는 발달 특성상 손으로 조정하는 자전거 정지 장치보다는 페달을 반대 방향으로 돌리면 정지되는 자전거 정지 장치를 더 익숙하게 사용할 수 있어 훨씬 안전하다.

유아가 자전거나 인라인스케이트를 탈 때는 낙상으로 인한 머리 손상 및 신체 손상을 예방하기 위해 헬멧과 무릎 및 팔꿈치 보호대 등과 같은 안전보호장구를 항시 착용하도록 교육해야 한다.

유아가 5세가 되면 수영 강습을 받기에 적절한 시기이다. 수영을 할 때는 사전에 충분한 준비운동을 하고 물에 처음 들어갈 때에는 발부터 천천히 담그도록 교육한다.

유아의 심장 높이보다 깊은 물속에 들어가지 않도록 주의하고, 수영 안전사고 예방수칙과 수영방법에 대해 반복 교육이 필요하다. 또한, 물살이 센 곳에서는 수영하지 않도록 교육한다. 유아가 수영을 하거나 물놀이 시에는 항상 성인의 보호와 감독이 필요하다. 부모와 교사는 응급 시에 대비하기 위해 심폐소생술을 사전에 익혀 두도록 한다.

3) 가정 내 안전사고

만 3~5세 유아는 맛을 구분하는 능력이 발달하지만 완전하지 않아 중독사고가 흔히 발생한다. 중독사고 예방을 위한 안전수칙은 다음과 같다.

- 비타민이나 다른 알약을 사탕이라고 얘기하며 먹이지 않는다.
- 위험한 액체가 들어 있는 용기는 원래 용기에 넣어 유아의 손이 닿지 않는 곳에 보관한다. 또한, 유아가 자주 먹는 음료수 용기에 덜어 두지 않는다.
- 세제, 화장품, 제초제 등 잠정적으로 해가 되는 물질은 잠금 장치가 되어 있는 캐비닛에 보관한다.
- 약물은 유아가 열 수 없는 뚜껑이나, 특수 장치가 되어 있는 용기에 보관한다.
- 만 3~5세 유아는 수도꼭지를 돌려 물을 나오게 할 수 있고, 스스로 손을 씻을 수 있다. 가정 내 온수의 온도가 너무 높게 설정되어 있으면 아동 혼자 온수를 틀다가 열화상을 입을 수 있으므로 온수 온도를 지나치게 높게 설정하지 않도록 한다.

한편, 담배 연기로 인한 간접흡연은 유아의 중이염, 호흡기 감염 발생의 위험을 증가시키고, 천식 증상을 악화시키는 원인이 된다. 따라서 유아가 함께 있는 폐쇄된 공간에서 흡연하지 않도록 하고, 유아 또한 간접흡연에 노출되지 않도록 유의한다.

발달단계별 아동 안전사고 분석

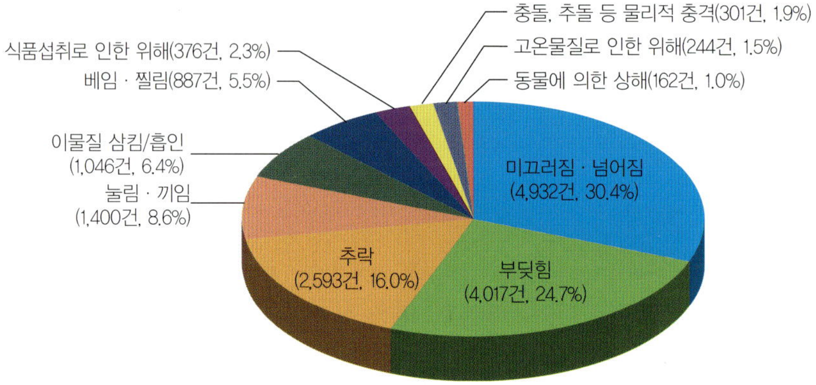

[그림 2-5] 영아기 주요 사고유형

출처: 한국소비자원(2017. 06. 28.). 보도자료 재구성.

〈표 2-5〉 유아기 주요 사고발생장소

구분	유아기(4~6세)	
주택	9,955건	(61.3%)
여가 · 문화 및 놀이시설	1,701건	(10.5%)
교육시설	1,280건	(7.9%)
스포츠/레저시설	374건	(2.3%)

출처: 한국소비자원(2017. 06. 28.). 보도자료.

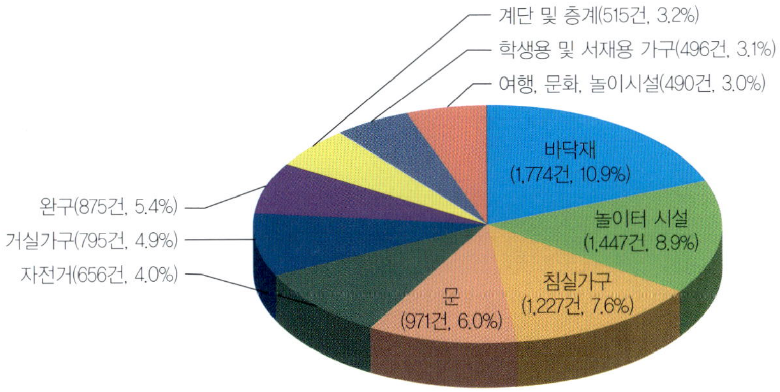

[그림 2-6] 유아기 주요 위해품목

출처: 한국소비자원(2017. 06. 28.). 보도자료 재구성.

* 유아기(만 4세~6세) 행동특성

신체 움직임이 더욱 안정되어 운동능력이 향상되고 활동범위가 넓어지지만 어린이는 위험상황을 쉽게 인지하지 못하므로 보호자는 어린이가 혼자서 위험한 상황이나 환경에 놓이지 않도록 해야 한다.

출처: 한국소비자원(2017. 06. 28.). 보도자료.

* 유아기 안전사고 예방을 위한 가이드라인

- 베란다에 가구나 발판 등 아이가 올라갈 수 있는 물건을 놓지 않는다.
- 계단에서는 추락 · 낙상 사고의 위험이 있으므로 유모차, 보행기, 자전거 등 바퀴가 달려있는 제품은 계단을 이용하지 않도록 한다.
- 삼킴사고의 우려가 있는 완구나 장난감을 갖고 놀지 않도록 주의하고, 제품 구매 시 안전기준 적합 여부 및 권장 연령대에 유의한다.

출처: 한국소비자원(2017. 06. 28.). 보도자료.

유아기 주요 사고사례

[사례 1] 2016. 7. 박ㅇㅇ(남, 만 5세)는 킥보드를 타던 중 뒤로 넘어지면서 머리에 열상을 입음
[사례 2] 2016. 9. 엄ㅇㅇ(남, 만 6세)는 아파트 난간에 입을 부딪혀 잇몸 주위에 열상 및 출혈이 발생함
[사례 3] 2016. 9. 최ㅇㅇ(여, 만 5세)는 놀이터 구름사다리에서 놀던 중 떨어져 팔 골절을 입음

출처: 한국소비자원(2017. 06. 28.). 보도자료.

어린이 안전사고, 발달단계별로 사고유형 차이 나

– 영아기는 '침대 추락', 취학기는 '자전거' 안전사고 많아 –

– 어린이 발달단계 및 다발사고 특성에 맞는 사고예방 조치 필요

한국소비자원(원장 한견표)이 2016년까지 최근 3년간 소비자위해감시시스템(CISS)[1)]에 접수된 만 14세 이하 어린이 안전사고 동향을 분석한 결과, 어린이 사고 발생건수는 매년 감소하였지만 전 연령층 사고건수 중 어린이 사고가 차지하는 비중은 30% 이상으로 여전히 높아 보호자들의 주의가 필요한 것으로 나타났다.

* 어린이 안전사고 건수(비중): '14년 27,381건(40.8%) → '15년 25,152건(37.0%) → '16년 22,545건 (32.7%)

우리나라 어린이 안전사고 비중은 총 인구 대비 어린이 인구비중(13.7%)[2)]이나 미국의 어린이 사고비중(27.3%)[3)]에 비해서도 높은 수치로서 우리나라의 어린이가 안전에 취약한 것으로 풀이된다.

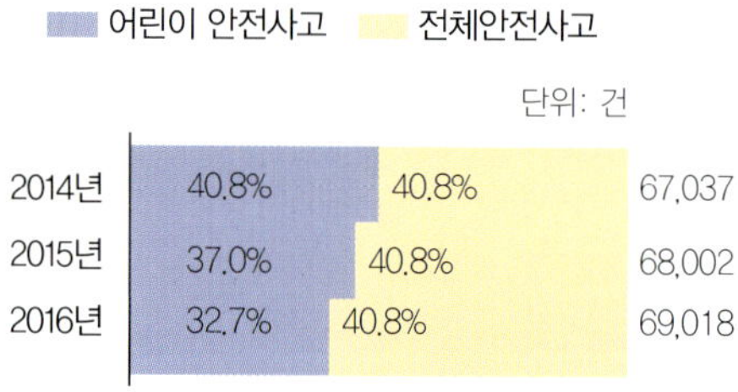

[어린이 안전사고 동향]

1) 「소비자기본법」에 따라 전국 62개 병원, 18개 소방서 등 80개 위해정보제출기관과 1372 소비자상담센터 등을 통해 위해정보를 수집하고 분석 · 평가하는 시스템(CISS, Consumer Injury Surveillance System)
2) 통계청 유소년 인구기준에 맞춰 0세부터 만14세를 '어린이'로 분류했고, 인구 비중은 2016.7.1. 기준이다.
3) 미국 CPSC(소비자제품안전위원회)에서 운영하는 전미위해감시시스템(NEISS) 통계(2016년 기준)

■ '남아'가 '여아'보다 많고, '1~3세 걸음마기'에 가장 사고 빈발

최근 3년간 발생한 어린이 안전사고 총 75,078건*의 성별은 '남아'의 비중이 61.6%(46,269건)로 '여아' 38.4%(28,786건)보다 20%포인트 이상 높았다. 발달단계별로는 막 걷기 시작하는 '1~3세 사이 걸음마기'가 전체의 절반 가까운(49.9%) 37,419건을 차지해 가장 많았다. 이어 '4~6세 유아기' 21.6%(16,245건), '7~14세 취학기' 19.5%(14,636건), '1세 미만 영아기' 9.0%(6,778건)의 순으로 나타났다.

* 성별미상 · 해당없음 23건

■ 영아기에 '침대 추락' 사고 많고, 연령대 높을수록 '실외 품목' 증가

움직임이 적고 항상 보호자의 감독 아래 실내에서 주로 머무는 '영아기'에는 몇 가지 상위품목에 의한 안전사고가 주로 발생하지만, 연령대가 높아질수록 운동능력과 행동반경이 확장돼 위해품목과 사고유형이 다양해지므로 이에 유념할 필요가 있는 것으로 나타났다.

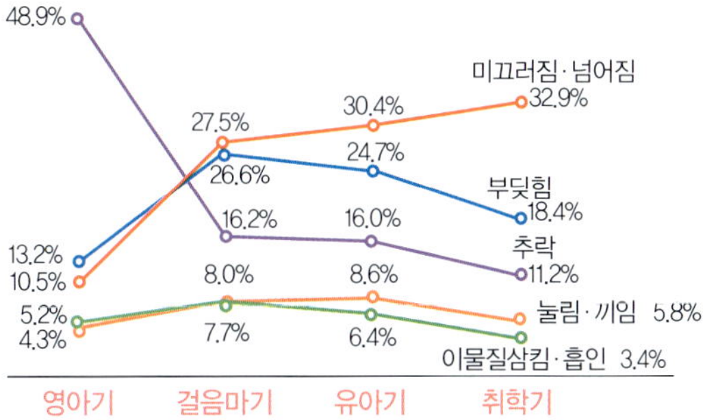

[발달단계별 주요 사고유형 추이]

발달단계별 주요 위해품목 분석결과, '영아기'에는 '침실가구'에 의한 사고가 36.7%(2,485건)로 가장 많았는데, 특히 침대 등의 '추락' 사고 유형은 영아기 사고의 절반 가까운 48.9%를 차지했다.

[발달단계별 주요 위해품목 현황]

순위	1	2	3
영아기	침실가구 (36.7%/2,485건)	거실가구 (10.0%/681건)	바닥재 (7.5%/511건)
걸음마기	바닥재 (15.9%/5,963건)	침실가구 (10.9%/4,083건)	거실가구 (9.5%/3,568건)
유아기	바닥재 (10.9%/1,774건)	놀이터 시설 (8.9%/1,447건)	침실가구 (7.6%/1,227건)
취학기	자전거 (10.6%/1,553건)	놀이터 시설 (10.0%/1,457건)	바닥재 (5.4%/791건)

막 걷기 시작하는 걸음마기에는 '추락' 사고가 감소하는 대신 '미끄러지거나 넘어지는 사고'가 급증하기 시작해 '바닥재'[4] 사고가 15.9%(5,963건)로 가장 많았다. 활동공간이 실내에서 실외로 확장되는 유아기부터는 점차 실외품목으로 인한 사고비중이 증가해 '취학기'에서는 '자전거'가 위해다발 품목 1위(10.6%/1,553건)로 꼽혔다.

4) 주택, 아파트, 보육시설 등 사람이 거주, 체류하는 건축물 내부 바닥에 사용하기 위해 제조된 장판, 시트, 타일 등을 의미함

안전사고 유형 중 '신체 눌림 · 끼임' 사고는 보다 적극적으로 주변을 탐색하고 활동하는 '유아기'에 가장 높게 나타났으며, **질식을 유발할 수 있는 '이물질 삼킴 · 흡인' 사고는 영아기부터 꾸준히 발생하기 시작**해 호기심이 많아 손에 잡히는 물건을 입이나 코 등으로 가져가는 행동을 자주 보이는 **'걸음마기'**에 가장 많았다.

■ 어린이 발달특성 및 다발사고 유형을 고려한 시설점검 및 안전교육 필요

한국소비자원은 금번 분석결과를 토대로 어린이가 있는 각 가정이나 관련 시설 · 교육기관은 어린이의 발달특성 및 사고 발생유형을 정확히 이해하고, 시설점검이나 안전교육 등 적절한 사고 예방조치를 취할 필요가 있다고 강조했다.

또한, 어린이 눈높이에 맞는 안전교육을 위해 EBS의 인기 캐릭터인 '강철소방대 파이어로보'를 주인공으로 제작한 안전교육 애니메이션 DVD를 2017년 5월 중 전국 초등학교에 보급하였고, 스마트컨슈머(http://www.smartconsumer.go.kr)를 통해서도 제공하고 있다며 널리 활용할 것을 당부했다.

출처: 한국소비자원(2017. 06. 28.). 보도자료.

〈표 2-6〉 영유아 시기별 발달 특성에 따른 사고 유형과 사례

연령	발달특징	일어나기 쉬운 사고	안전 사고 사례
1~3개월 (주로 누워서 생활하는 시기)	하루 종일 젖을 먹고 잠을 자며 지내고, 머리와 손발을 잘 움직일 수 있게 된다. 스스로 이동하거나 자세를 바꾸지 못하므로 위험이 다가와도 피할 수 없는 무방비 상태이다. 아이 자신이 위험을 유발하는 경우는 거의 없으며, 부모의 부주의가 주된 사고 원인이 되므로 주의해야 한다.	· 부모가 아이를 안고 있다가 떨어뜨리는 사고 · 베개나 이불에 질식하는 사고 · 먹은 젖을 토하여 질식하는 사고 · 목욕 중에 물에 빠지는 사고 · 뜨거운 물이나 분유에 의해 데이는 사고	· 생후 14일 된 영아가 베개에 얼굴이 덮여 질식하여 사망 · 생후 2개월 된 영아가 전기장판의 고열로 화상을 입고 사망
4~6개월 (뒤집는 시기)	아이가 뒤집기를 하게 되면 뒤집기를 반복하여 이동할 수 있다. 하지만 장애물에 부딪치게 되면 울기만 할 뿐, 위험을 피하는 동작은 하지 못한다. 가까이에 있는 것에 손을 뻗어, 입에 넣어본다. 하지만 무엇이 위험한지를 아직 모르므로 주의해야 한다.	· 침대 등에서 굴러 떨어지는 사고 · 주위의 물건에 충돌하는 사고 · 작은 물건 등의 이물질 흡입으로 인한 사고 · 좁은 부위에 신체부위가 끼는 사고	· 4개월 된 여아가 침대에서 떨어져 팔이 골절 · 6개월 된 여아가 부모가 자리를 비운 사이 욕조 안의 튜브전복으로 익사 위기에 처함

연령	발달특징	일어나기 쉬운 사고	안전 사고 사례
7~9 개월 (기고 일어서는 시기)	팔을 써서 전진을 시작하면 곧 길 수 있게 되고, 앉기, 붙들고 일어서기 등의 행동으로, 짧은 기간 동안 빠르게 행동 발달이 이루어진다. 손도 자유로이 쓸 수 있게 되므로, 주변의 물건을 만지고 탐색한다. 또한, 문을 밀거나 열어 보고, 높은 곳에 기어올라갈 수 있다. 하지만 혼자 높은 곳에서 내려올 수 없다는 점을 유의하도록 한다. 이 시기의 아이는 아직 위험을 판단하지 못하고, 말로 주의를 주어도 이해하지 못한다.	· 동전이나 작은 장난감 등의 이물질을 흡입하는 사고 · 욕실이나 현관에 굴러 떨어지거나 계단으로부터 굴러 떨어지는 사고 · 물에 빠지는 사고 · 난로나 선별기에 의해 데이는 사고 · 잡고 일어서다가 넘어지는 사고	· 7개월 된 남아가 동전을 삼켜 구토 및 소화기장애 발생 · 9개월 된 남아가 장난감 블록에 눈을 찔려 시력장애 입음
10~12 개월 (걷는 시기)	이제 혼자 서서 걷기 시작한다. 불완전하지만 혼자서 걸을 수 있게 된 아이는 천천히 계단을 오르내리기도 한다. 손은 물론 손가락으로 물건을 잡을 수 있고, 좁은 구멍이나 틈에 관심을 나타낸다.	· 콘센트 장난으로 인한 감전사고 · 좁은 공간에 신체부위가 끼는 사고 · 칼 등 주방용품에 의한 사고 · 무거운 물체에 눌리는 사고 · 의자에서 떨어지는 사고	· 10개월 된 여아가 공작용 가위를 입에 물고 있다가 혀를 1cm 베임 · 11개월 된 남아가 두 갈래로 길라진 전기선을 깨진 플러그에 꽂아 감전으로 사망
13~18 개월 (달릴 수 있는 시기)	아이는 더욱 활발하게 행동하게 된다. 눈에 띄는 것, 손에 닿는 것은 무엇에나 흥미를 보이며, 신체적으로는 계단을 오르고, 달릴 수 있다. 반면, 아직 균형을 잡거나 신체를 잘 조절하지 못한다.	· 걸려 넘어지는 사고 · 의자나 테이블에서 떨어지는 사고 · 비닐봉지에 의한 질식사고 · 무거운 물체에 눌리는 사고 · 세제 등을 섭취하는 사고	· 16개월 된 남아가 식탁 위의 끓여놓은 라면을 엎어 오른 팔 전체에 3도 화상 입음 · 17개월 된 여아가 세정제를 뒤집어 써 눈 충혈 및 통증 발생
19~24 개월 (움직임이 많아지는 시기)	아이는 더욱 활발하게 행동하게 된다. 이제는 아무것도 잡지 않고 문턱을 넘고 계단을 오르며, 쓰러지지 않고 달릴 수 있다. 또한, 무슨 일이든지 자기 스스로 하고 싶어 하는 시기이다. 하지만 이렇게 움직임이 활발해짐에 따라 부딪치고 떨어지는 사고도 많이 일어난다.	· 계단이나 베란다 등에서 떨어지는 사고 · 의자나 테이블에서 떨어지는 사고 · 비닐봉지에 의한 질식사고 · 무거운 물체에 눌리는 사고	· 20개월 된 남아가 집 앞 난간에 머리가 끼어 질식위기에서 119구급대에 구조됨 · 23개월 된 여아가 아파트 계단에서 넘어져 계단의 날카로운 부분에 찔려 15바늘을 꿰맴

연령	발달특징	일어나기 쉬운 사고	안전 사고 사례
3세 (호기심이 많은 시기)	아이는 비교적 오랜 시간 혼자 걷기도 하며, 높은 곳에 오르고, 달리다가도 갑자기 멈출 수 있는 등 자신의 신체를 조금씩 조절해 나가지만, 주변의 위험을 알아차리고 행동하지는 못한다.	· 계단이나 베란다 등에서 떨어지는 사고 · 의자나 테이블에서 떨어지는 사고 · 서랍이나 문틈에 끼이는 사고 · 비닐봉지에 의한 질식사고	· 3세 남아가 안방에서 놀다 커튼 조절 줄에 목이 감겨 병원에서 치료 중 사망 · 3세 여아가 부모가 집을 비운 사이 10층 베란다에서 놀다 창문 아래 화단으로 떨어져 사망
4세 (균형이 잡히는 시기)	머리에 비해 몸통과 다리부분의 성장이 빠르게 이루어져 신체의 균형이 잡히고 자세가 안정되어 간다. 하지만 자신의 입장에서만 사물을 보고 생각하는 사고의 특성 때문에 사고에 취약하다.	· 음식물에 데이는 사고 · 가구에 부딪치는 사고 · 좁은 공간에 신체부위가 끼는 사고 · 뛰다가 넘어지는 사고	· 4세의 남아가 집에서 놀다 넘어져 철재 가구 모서리에 부딪혀 턱에 열상 입음 · 4세의 남아가 라이터로 장난치다 니트 옷에 불이 붙어 손이 오그라지고 전신 화상 입음
5세 (모험을 즐기는 시기)	운동과 조정능력이 향상되고, 주의력이 생기며 어른의 지시를 잘 따르게 되어 여러 가지 사고 위험이 줄어든다. 하지만 활동반경이 넓어지고 자신의 능력을 시험하고 모험적인 행동을 하다가 사고를 경험하게 된다.	· 날카로운 물건에 베이는 사고 · 가구에서 떨어지고 부딪치는 사고 · 뛰다가 넘어지는 사고 · 물에 빠지는 사고	· 5세 남아가 가위를 가지고 장난치다가 왼쪽 손가락에 3cm 열상을 입고 봉합수술을 받음 · 5세 남아가 드럼세탁기에 들어갔다가 갇혀 질식하여 사망

출처: 아동안전캠페인 홈페이지(www.safehome.or.kr).

Chapter 03

영유아 교육기관에서의 안전

1 영유아 교육기관에서의 안전관리의 필요성 및 현황

1) 영유아 교육기관에서의 안전관리의 필요성

최근 여성들의 사회진출이 증가하면서 유치원이나 어린이집을 이용하는 영유아 수는 점점 증가하고 있으며 이로 인해 영유아가 기관에서 보내는 시간이 늘고 그 연령 또한 하향화되고 있다. 이에 따라 영유아들이 많은 시간을 보내고 있는 보육기관과 교육기관의 안전은 매우 중요한 문제로 대두되고 있다. 영유아는 주변환경에 대한 호기심과 흥미를 가지고 활발하게 탐색하고 반응하면서 발달하므로 유아교육기관의 물리적인 환경은 매우 중요하게 다루어져야 한다(NAEYC, 2006). 영유아의 발달 특성상 안전에 대해 강조하여도 안전사고로부터 자유로울 수는 없으나 영유아 교육기관의 실내·외 제반 시설 및 설비, 놀잇감 등을 사전에 점검하여 영유아들에게 안전사고의 원인이 될 수 있는 요소를 제거하고 안전을 위협하는 요인을 철저히 관리하며 지속적으로 점검하여 안전에 대한 민감한 태도를 가지고 안전한 환경을 제공하도록 노력한다면 많은 사고를 예방할 수 있다. 이에 교육부는 유아발달 및 안전을 고려한 바람직한 유치원 환경조성을 위해 「고등학교 이하 각급학교 설립·운영 규정」과 「유아교육법 시행규칙」 개정안을 입법 예고하였다(교육부, 2016).

영유아 교육기관에서의 안전관리는 영유아가 일상생활을 하기위한 안전관리에 대한 지식, 태도, 기술 등의 능력을 길러주기 위한 일상생활 안전교육은 물론 유아교육기관에서 발생하는 크고 작은 안전사고를 신속하고 정확하게 처리하여 영유아의 피해를 최소화할 수 있는 사고처리까지 포함된다. 영유아들에게 일단 사고가 일어나면 그 상태가 어떠하든지 영유아들에게는 신체적·심리적 고통과 함께 장·단기적 손상이 초래된다. 이러한 손상의 치유과정에 들이는 시간과 에너지, 경제적인 손실도 초래되므로 영유아 교육기관은 영유아와 관련된 시설 및 설비, 교재, 교구로 인한 사고의 원인을 사전에 제거하고 점검하여 안전이 보장된 환경을 제공할 필요가 있다.

영유아 교육기관에서 발생하는 안전사고는 유아교육기관의 설비 자체에서 오는 구조적인 문제, 유아교육기관의 안전 장치의 부족, 영유아에게 부적절한 물리적 환경 등의 요인, 교사들의 안전에 대한 이해와 안전의식의 부족, 감독 소홀 등이 있다(어린이집 안전사고 공제회, 2010). 한국소비자원(2016)은 어린이 안전사고는 안전의식 제고를 통해 사전에 예방할 수 있는 경우가 대부분이므로 사고를 줄이기 위한 보호자의 적극적인 노력이 필요하며, 더불어 어린이 스스로 위험한 상황으로부터 자신을 보호할 수 있도록 어릴 때부터 안전에 대한 인식과 습관을 심어 주는 지속적인 안전교육이 무엇보다 중요함을 강조했다.

그러므로 영유아들에게 안전관리는 사회구성원으로 자라나기 위해 자신에 대한 보호뿐 아니라 타인의 안전을 존중하는 인간 개개인의 존엄을 배우고 타인과의 관계를 형성하는 데 필요한 교육인 것이다.

최근 교육부(2017)는 누리과정을 공통 적용하고 있는 유치원과 어린이집에 대한 통합평가를 위해 유치원과 어린이집의 공통 교육과정 및 환경 · 교직원 근무 여건 등 전반적 영역에 걸쳐 통합평가지표 적용하여 2017~2019까지 4주기 유치원 평가를 실시한다. 특히 유아의 **교육**, **건강 · 안전** 등과 관련된 기본사항은 유치원과 어린이집 모두 **동일한 평정기준**을 적용하되, **각 기관의 특성**을 **반영**하여 평정하도록 **매뉴얼**에 제시하며 유아교육기관의 안전관리에 주의를 기울이는 등 영유아 교육기관 안전관리의 필요성을 강조하고 있다.

〈표 3-1〉 4주기 유치원 평가 통합지표의 건강 · 안전 영역 비교

제3주기 평가('14~'16년)			제4주기 평가('17~'19년)		
영역(배점)	평가지표(배점)	평가요소	영역(항목수)	평가지표	항목 수
Ⅲ. 건강 및 안전 (15)	6. 유아의 건강관리 및 지도의 적절성(10)	3	Ⅲ. 건강 · 안전 (15)	3-1. 실내외 공간의 청결 및 안전	4
				3-2. 급 · 간식	3
				3-3. 건강증진을 위한 교육 및 관리	3
	7. 유아의 안전관리 및 지도의 적절성(5)	3		3-4. 등하원의 안전	2
				3-5. 안전교육 및 사고대책	3

출처: 교육부(2017). 4주기 유치원 평가 중앙연수.

2) 영유아 교육기관에서의 안전사고 발생현황

한국소비자원은 어린이는 위험한 상황에 대한 인식과 대처 능력 부족으로 안전사고를 당하기 쉬우므로 보호자들의 각별한 주의가 필요하며, 최근 2011년부터 2014년까지 한국소비자원의 소비자위해감시시스템(Consumer Injury Surveilance System)의 조사에 의해 14세 이하 어린이 안전사고 건수가 3년 연속 증가(한국소비자원, 2015)하였다고 보고하였다.

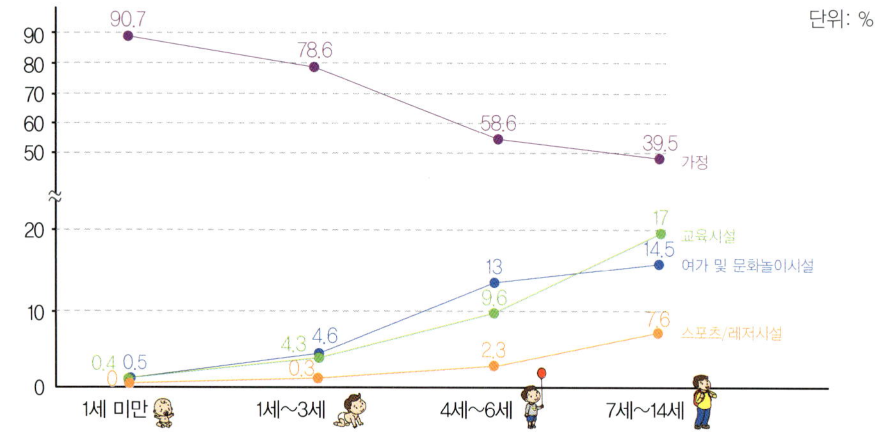

출처: 한국소비자원(2015).

[그림 3-1] 위해 발생 주요 장소별 어린이 안전사고 비율

위해발생 주요 장소별 사고 비율을 살펴본 결과, 연령대가 높을수록 가정에서의 사고 비율은 감소하는 반면, 교육시설·여가 및 문화놀이시설·스포츠/레저시설에서의 사고는 증가하는 것으로 조사되었는데, 이는 영유아의 연령대가 높아질수록 활동 범위가 넓어지면서 가정 밖에서의 다양한 활동이 가능해져 가정 외의 장소에서 사고 발생 비율이 점차 증가하는 추세가 나타난다. 교육시설의 안전사고 비율의 급격한 증가에 유념하여 영유아 교육기관에서의 철저한 안전관리에 더욱 주의를 기울여야 한다.

어린이집 안전공제회(2018)는 연령별 보육현원 비율(2017년 12월말 기준) 대비 평균 사고율을 보고하였다. 보육현원 대비 평균사고율이 가장 높은 연령은 5세이며 다음으로 비교적 높은 연령은 4세이므로 특별히 다양한 움직임과 활동이 많아지는 유아기 아이들의 안전관리에 유의해야 한다.

유아교육기관에서의 안전사고 발생 상황(Kendrick, Kaufmann, & Messenger, 1995)

- 학급 내의 다른 영유아가 아프거나 다쳐 일상적인 학급운영에 지장이 있을 경우
- 교사가 자리를 비우거나 바쁜 경우
- 영유아들이 계획된 활동에 참여하지 않는 경우
- 위험요소가 매우 흥미로울 경우
- 영유아들이 매우 새로워하는 장소에 견학 간 경우
- 늦은 오전이나 늦은 오후 또는 봄철과 가을철

〈표 3-2〉 연령별 보육 현원 비율 (2017년 12월말 기준)

단위: 명, %

구분	계	0세	1세	2세	3세	4세	6세	6세 이상
보육아동	1,451,215	141,013	318,245	386,726	263,652	180,255	153,893	7,431
비율	100	9.7	21.9	26.6	18.2	12.4	10.6	0.5

〈표 3-3〉 연령별 사고건수 및 평균 사고율

단위: 명, %

구분	계	0세	1세	2세	3세	4세	6세	6세 이상
사고건수	19,509	326	1,726	5,410	4,004	3,057	4,776	210
비율	10	1.7	8.8	27.7	20.5	15.7	24.5	1.1

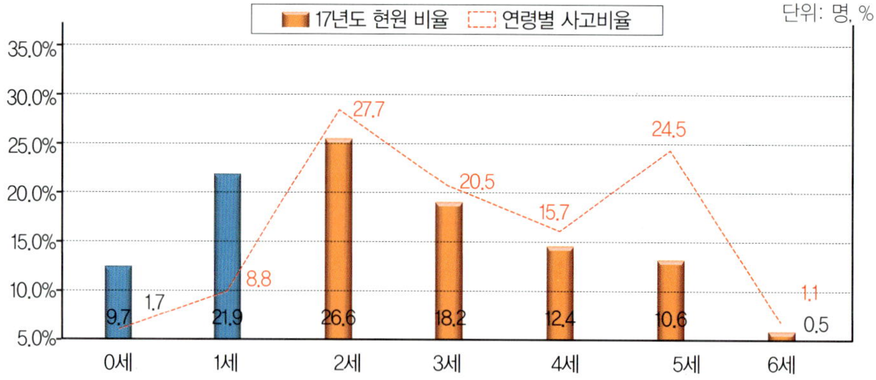

[그림 3-2] 연령별 현원 비율 대비 평균 사고율

출처:어린이집 안전공제회(2018). 2018 보육교직원 안전교육.

2 실내 시설·설비 안전

1) 유아교육기관 실내 시설·설비 안전

유아교육기관의 실내는 영유아들이 일과 중 많은 시간을 보내는 장소로 사고의 대부분이 발생하는 장소이다.

유아교육기관에서 발생하는 사고는 대부분 시설물 자체의 결함이나 물품 등의 구조적 원인에 의한 것이거나 기관 내 시설물의 관리 소홀, 또는 활동 중인 유아에 대한 관리 소홀에 의한 것이 많다.

유아교육기관은 환경 자체에 유해한 요소가 없어야 하며 모든 시설 및 설비는 우선적으로 유아의 신체적·심리적 안녕을 고려하여 설치고 관리되어야 한다. 이기숙 외(2015)는 현재 유아교육기관 실내에서 발생하는 안전사고는 다음과 같이 시설이나 설비 자체의 안전성 부족에서 오는 것에서부터 유아의 안전하지 못한 행동에 의한 것까지 다양하다고 제시하고 있다.

첫째, 실내에서 발생하는 대부분의 사고는 창문이나 출입구의 문에 손이 끼이거나 교실이나 화장실의 문이 닫혀 화재 때 피신하지 못해 발생한다.

둘째, 유치원이나 보육시설에 설치되어 있는 의자, 책상, 침대, 주방도구 등의 가구나 비품 때문에 사고를 당하는 수도 있다. 이러한 사고는 설비 자체의 결함에서 비롯되는 것도 있으나 대부분 안전하지 못한 유아의 행동에서 비롯된다.

셋째, 부딪힘이나 충돌 등과 같이 사고는 대부분 충분한 공간의 면적이 확보되지 못해 발생하고 있다.

〈표 3-4〉 안전점검 계획에 포함되어야 할 내용과 점검시기

관리내용	점검시기	관련기관
실내 · 외 시설 및 설비 점검	매월 4일/6개월	자체 점검/안전보건공단
전기 및 가스 점검	1년	전기안전공사/가스안전공사
재해 대비 시설	분기별	소방서
냉 · 난방용품	수시 점검	해당제조업체
통학 버스	수시/정기 점검	자체 점검/경비기관 점검
어린이 놀이터	수시/2년 정기 점검, 안전교육	자체 점검/안전검사기관, 어린이놀이시설 안전관리 지원 기관
정기방역	매월	구청(보건소) 및 전문방역업체
응급처치	수시 점검	소방서
안전관리 인적조직 구성	수시 점검	자체 점검
관련보험 가입	원아 입학 시 수시등록	학교안전공제회, 교육시설 재난공제회, 해당 보험사
안전교육 실시(유아/학부모/교직원)	수시 교육	안전교육기관

출처: 교육부(2016).

교육부(2016)는 유치원에서 안전한 환경이 유지될 수 있도록 유치원 내 안전의 위해 요소를 조기에 발견하고 예방하여 보다 효율적이고 체계적인 유치원 안전관리가 이루어지도록 돕는 데 목적을 둔 「2015년 유치원 시설안전관리 매뉴얼」을 개발하였다. 이에 따라 안전점검 계획에 포함되어야 할 내용과 점검시기를 제시하고 있다.

「유아교육법 시행규칙」과 「유치원 시설안전관리 매뉴얼」을 토대로 유아교육기관의 실내 장소별 안전관리를 위한 지침들을 정리하였다.

(1) 교실

주요 교육활동 및 놀이가 이루어지는 공간인 교실은 유아교육기관에서 가장 중요하고 세심히 준비해야 하는 곳이다. 특히 유아들이 하루 중 가장 많은 시간을 보내는 장소이므로 유아들이 보다 안전하게 생활할 수 있도록 교실 환경을 제공해 주어 유아들이 심리적인 안정감을 느끼고 교육적인 욕구를 충족시켜 전인적인 발달을 도울 수 있도록 구성되어야 한다.

- 교실은 화재발생 위험 시 대피가 용이하도록 1층에 배치되는 것이 바람직하며 층간 공간에 있어 만 3세반은 1층에 배치하도록 함
- 교실 안 또는 가까운 곳에 세면대가 설치되어 있어 유아들이 자주 손을 씻을 수 있도록 하고, 세면대에는 반드시 온도를 조절할 수 있는 온도조절 장치가 되어 있고 온수의 온도는 너무 높지 않게(40도 이하) 설정해 놓도록 함
- 교실에 환기를 위한 시설(기계환기설비)이 있거나 적정한 크기의 창문이 있어 환기가 충분히 되어야 함
- 직접적으로 난방을 가하는 형태를 피하고 복사난방을 하며 교실에 온도계를 비치하여 적정실내온도는 18도 이상 28도 이하, 실내습도는 30%이상 80% 이하를 유지해야 함
- 유아의 눈의 피로감을 줄 수 있는 눈부심이 발생되지 않으며 자연채광인 햇빛이 잘 들어야 함

- 유아들이 딛고 올라설 만한 물건은 추락 사고의 원인이 되므로 창문 주변에 비치되지 않도록 하고, 창문의 높이는 유아의 신체상황을 고려하여 유아반은 50~60cm, 유치반은 60~70cm로 함 2층 이상에 위치한 창문에는 추락사고 예방을 위한 안전망을 갖추어야 하나 방범창과 같이 비상탈출을 막아서는 안됨
- 교실은 교사의 시선이 미치지 않는 구석이 없어 유아들이 자유활동을 할 때 교사가 보이지 않는 공간이 없어야 함
- 커튼 또는 블라인드의 끈은 유아의 질식사고를 유발할 수 있으므로 유아의 손이 닿지 않는 위치에 짧게 정리되어 있어야 함

(2) 비품

- 칼, 송곳, 가위 등과 같이 날카로운 물건은 잠금 장치가 있는 곳에 보관해야 함
- 미술도구 등 활동용품을 구입할 때는 안전성이 검증된 것을 사용해야 함
- 유아의 건강과 쾌적성을 확보하기 위하여 실내공기를 오염시키는 화학물질이 발생하지 않는 재료를 사용해야 함
- 「소방시설 설치유지 및 안전관리에 관한 법률」에 의해 화재발생 시 이용자의 유독가스에 의한 상해를 최소화하기 위한 방염대상 물품(커텐, 카펫, 벽지 등)을 설치해야 함
- 교구장, 수납장 등에는 아래 부분에 무거운 비품을 보관해야 함

(3) 놀잇감

- 안전한 놀잇감을 유아들에게 제공하기 위해 놀잇감의 날카로운 부분이나 모서리, 가시, 갈라진 곳, 삼킬 우려가 있는 작은 부속품이 없는지 확인하여 삼킬 수 없는 안전한 크기(3.2 cm 이상)의 놀잇감을 제공함
- 장난감 상자는 유아가 상자에 들어갔을 때 안에 갇힐 수 있는 빗장 등의 잠금 장치가 없는 것을 제공해야 함

- 놀잇감의 위치는 유아가 쉽게 꺼내고 정리할 수 있는 곳이어야 하며 크고 무거운 나무블록 같은 놀잇감은 아래쪽에 위치해 있어야 함
- 놀잇감을 구입할 때 안전성이 검증된 것인지 확인한 후 구입하여 제공해야 함

(4) 가구

- 의자, 책상과 교구장의 높이는 유아의 신체에 맞는 크기여야 함
  - 의자: 25.4~30.4cm, 책상: 40.6~50.8cm
- 유아의 다양한 행동, 빈번한 사용에 대하여 안전성을 확보하기 위해서는 책상, 교구장 등의 가구는 바닥과 벽에 잘 고정되어 있어야 하며 가구의 볼트, 너트, 못 등이 튼튼하게 고정되어 있어야 함
- 유아가 사용하는 모든 가구는 모서리가 둥글고 표면이 매끄럽게 처리되어 있어야 하고, 뾰족한 모서리가 있는 경우 반드시 모서리 보호 덮개를 하도록 함

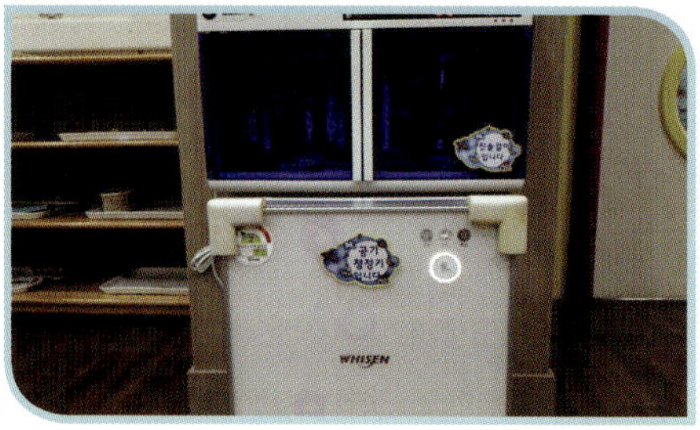

(5) 복도 및 문

- 복도 바닥에서 1.3m 높이까지는 벽체 파손 시에도 위험하지 않은 재료로 되어 있어야 함(유리 거울, 창문 등 쉽게 파손되는 재료 사용 불가)

- 복도에 노출되는 벽모서리나 기둥모서리는 코너가드 등을 사용하거나 모서리나 모따기(날카로운 부분을 없애기 위하여 깎아서 둥글게 처리하는 것)로 둥글게 되어 있어야 함
- 복도는 유아들의 이동 동선이며 화재 시 주요한 피난경로가 되므로 충분한 자연채광을 확보할 수 있는 창문과 조명설비가 필요하며, 1㎡ 이상의 유효 면적을 갖는 창문이 설치되어 있어야 함
- 복도에는 조명설비가 설치되어 있으며 정상적으로 작동함을 확인해야 함
- 유아들이 문턱에 걸려 넘어질 수 있으므로 교실과 복도 사이에 설치된 문 등 유치원 내에 설치되어 있는 문은 문턱이 없어야 함
- 복도는 성인 두사람이 부딪치지 않고 다닐 수 있을 정도인 90cm이상의 충분한 유효폭으로 설치되어 원활한 보행이 가능하여야 함
- 여닫이 문의 개방 시 안전사고를 예방할 수 있게 유치원 내 모든 문의 가장자리에는 유아의 손이 끼지 않도록 손 끼임방지 장치나 완충 장치가 설치되어 있어야 함(여닫이문의 경우 문의 상부에 설치되어 문이 열린 후 급속히 닫히는 것을 방지하기 위한 도어클로저 설치)

(6) 계단

- 유아의 신체는 성인보다 작기 때문에 계단에서 안정적인 보행을 위해서는 단높이와 너비가 유아의 신체치수에 맞게 설치되어야 넘어짐 등의 사고를

방지할 수 있음(단높이: 16cm 이하, 단너비: 26cm 이상, 계단너비: 150cm 이상).

- 계단의 경사도는 너무 급하지 않고 완만하게 구성되어 있어야 함(경사도의 판단 기준은 계단을 내려올 때 옆의 난간 등을 잡지 않아도 앞으로 넘어지려는 느낌 없이 안정된 자세로 내려올 수 있는가로 판단, 30°~35° 정도의 경사도가 적당)
- 계단에는 미끄럼 방지처리가 되어 있으며, 견고하게 부착되어 있어야 하는데 계단의 끝부분에 미끄럼을 방지하기 위해 논슬립을 설치해야 하며 반드시 견고하게 설치되어야 함(단, 청동제 철제 논슬립은 설치하면 안 됨).
- 계단에서의 넘어짐 등의 사고를 방지하기 위해 자연채광을 확보할 수 있는 창문과 조명 설비가 필요함
- 최소한 110룩스 이상의 조도가 확보되어 복도와 계단 구역 간에 조도의 차이가 크게 발생하지 않도록 유의해야 함
- 바닥재는 충격을 흡수할 수 있는 재료를 사용하고 있으며, 계단의 끝선을 명확히 구분할 수 있도록 다른 색으로 채색되어 있어야 함

(7) 난간

- 계단에는 안정적인 보행과 추락사고 방지를 위해 난간이 설치되어야 하며, 난간의 높이, 난간살의 간격 등은 유아들의 신체치수에 맞게 설치되어야 함(높이 1m를 초과하는 계단 등에는 난간을 설치해야 함)

• 난간 손잡이의 높이는 84~86cm, 손잡이의 직경은 3.2~3.8cm 범위로 설치하는 것이 바람직하고, 난간살의 간격은 10cm 이하로 설치해야 함

(8) 화장실

• 화장실 바닥표면은 물에 젖어도 미끄러지지 않도록 안전조치가 되어 있어야 하므로 미끄럼 방지 타일 및 미끄럼 방지대가 설치되어 있는지 확인해야 함
• 화장실은 배수가 잘 되는 욕실 바닥이 하수구멍을 향해 경사가 이루어져 있고, 구조로 되어 있으며 하수구멍에 이물질이 없고 바닥이 항상 건조한 상태로 유지되어 있어야 함
• 세면대는 유아의 신체에 맞도록 설치되어 있어야 함(세면대의 높이는 55.8~60.9cm 높이가 적당)
• 변기는 유아 8~10명당 1개로 유아가 사용하기에 적절한 유아용 변기가 설치되어 있어야 함
• 변기의 높이는 바닥에서 25~28cm, 소변기의 높이는 30cm 이하의 높이가 적당함
• 냉·온수가 공급되고, 더운물의 온도는 40℃ 이하를 유지할 수 있도록 온도조절 장치나 온수밸브 잠금 장치, 온도계가 비치되어 있어야 함
• 락스, 세제 및 변기를 청소하는 솔 등은 유아의 손이 닿지 않는 곳에 뚜껑을 닫아 따로 관리해야 하며, 세제류는 유아가 쉽게 열지 못하는 어린이 보호포장용기가 적용된 것을 구입하도록하고 유아의 손이 닿지 않고 잠금 장치

가 있는 보관함에 따로 보관해야 함

- 유아의 장난에 의해 예기치 않은 사고가 발생할 수 있기 때문에 화장실 문에는 잠금 장치가 설치되어 있지 않아야 함
- 돌출형 라디에이터는 화상을 입을 수 있으므로 유아의 접근을 금할 수 있도록 보호망이 설치되어 있어야 함

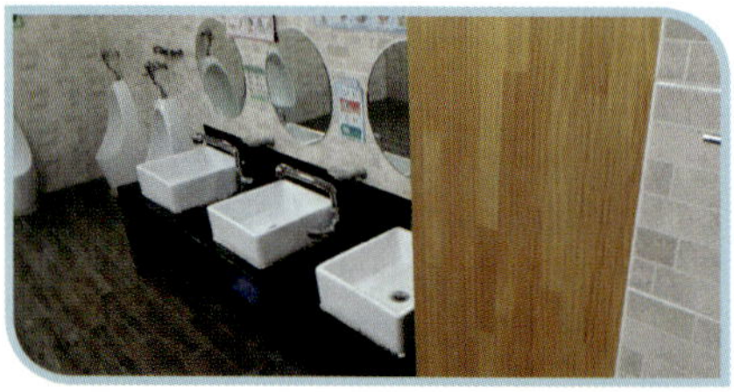

(9) 조리실

- 조리실은 교실과 떨어지거나 차단되어 유아의 학습에 지장을 주지 않도록 하되, 식품의 운반과 배식이 편리한 곳에 두어야 한다.
- 조리실은 작업과정에서 교차오염(交叉汚染)이 발생하지 않도록 벽과 문을 설치하여 전 처리실(前處理室), 조리실 및 식기구 세척실로 구획한다. 다만, 100명 이상에게 급식을 제공하는 경우로서 이러한 구획이 불가능한 경우와 100명 이하에게 급식을 제공하는 경우에는 교차오염을 방지할 수 있는 다른 조치를 하여야 한다.
- 조리실의 내부벽, 바닥 및 천장은 내화성(耐火性), 내수성(耐水性) 및 내구성(耐久性)이 있는 재질로 하여, 청소와 소독이 쉽고 화재를 예방할 수 있도록 하여야 한다.

- 출입구와 창문에는 해충 및 쥐의 침입을 막을 수 있는 방충망 등 적절한 설비를 갖추어야 한다.
- 조리실 내의 증기와 불쾌한 냄새 등을 빨리 배출할 수 있도록 환기시설을 설치하여야 한다.
- 조리실의 조명은 220럭스(lx) 이상이 되도록 하여야 한다.
- 조리실에는 필요한 곳에 손 세척시설이나 손 소독시설을 설치하여 손에 의한 오염을 막아야 한다. 다만, 100명 이상에게 급식을 제공하는 경우에는 손 세척시설과 손 소독시설을 모두 설치하여야 한다.
- 조리실에는 온도 및 습도 관리를 위하여 적정 용량의 급배기(給排氣) 시설 또는 냉·난방 시설 등 적절한 시설을 갖추거나 적절한 조치를 하여야 한다.

(10) 현관

- 외부인의 출입을 제한하기 위해 현관 또는 출입구에는 보안을 위한 잠금 장치와 인터폰 등이 설치되어 외부로부터의 내방자를 확인하고 수상한 사람들의 침입을 막기 위하여 방범 카메라와 적외선 센서, 인터폰 등의 방범설비를 필요에 따라 현관 또는 출입구 주변에 설치하는 것도 유효하다.
- 현관의 문이 유리문인 경우 손 끼임 방지 장치 등 사고를 예방할 수 있는 안

전 장치가 되어 있어야 한다. 또한, 너무 투명한 문일 경우 문에 현관문임을 알리는 스티커를 부착하도록 한다.

- 방문한 사람의 신원을 확인한 후 유치원에 출입가능하므로 외부로부터의 내방자를 확실하게 확인할 수 있도록 내방 때는 반드시 교무실에 들려야 한다는 취지의 안내문을 현관문 등에 게시하는 것이 중요하다.

2) 보육시설 실내 시설·설비 안전

자녀를 보육시설에 보내는 부모를 통한 보육시설의 사고 현황 조사(여성가족부, 2007)에 의하면 보육시설 내에서 유희실과 보육실이 사고가 가장 많이 발생하는 장소인 것으로 나타났다. 그러므로 교사나 성인들은 영유아의 행동습관과 사고에 대해 체계적으로 살펴보고 이해하여 발생한 안전사고를 분석함으로써 보육시설 내에서의 안전사고를 예방하기 위한 노력을 해야 한다.

〈표 3-5〉 보육시설 수요자(부모)를 통한 장소별 안전사고 현황

단위: 건, (%)

유희실	보육실	계단	놀이터	교재 · 교구실	화장실	식당	복도	현관	주차장	기타	계
61	50	11	10	6	4	3	3	2	3	20	171
(35.7)	(29.2)	(6.4)	(5.8)	(3.5)	(2.3)	(1.8)	(1.8)	(1.2)	(1.4)	(11.7)	(100)

출처: 여성가족부(2007).

2007년 보육시설 안전 심층 조사 연구에 의한 보육시설의 설비기준을 정리하면 다음과 같다.

(1) 보육실

- 보육실은 건축법령상의 층수와 관계 없이 사실상의 1층에 설치하여야 한다. 다만, 사업장 내에 직장보육시설을 설치하는 경우와 건물 전체를 하나의 보육시설로 사용하는 경우 및 그 밖에 불가피한 사유가 있다고 여성가족부장관이 인정하는 경우에는 2층과 3층에 보육실을 설치할수 있되, 건물 전체를 하나의 보육시설로 사용하는 경우에도 영아반 보육실은 1층에 우선적으로 배치하여야 한다.
- 보육실은 거실, 포복실 및 유희실을 포함하여 영유아 1인당 2.64㎡ 이상으로 한다.
- 보육실은 환기, 채광, 조명, 온·습도가 적절히 유지·관리 되도록 하여야 한다.
- 보육실은 바닥 난방시설을 갖추어야 한다.

(2) 조리실

- 조리실은 채광이 잘 되도록 하고, 기계환기시설을 하여 청정한 실내환경을 유지하도록 하며, 창문에는 방충망을 설치하여야 한다.
- 식기를 소독하고 위생적으로 취사 및 조리할 수 있는 설비를 갖추어야 한다.
- 공공기관이나 사회복지관 안에 설치된 보육시설의 경우에는 동일 건물에 있는 조리실을 함께 사용할 수 있다.

(3) 목욕실

- 목욕실은 난방을 하여야 한다.
- 바닥은 미끄럼 방지창지를 하여야 한다.
- 샤워설비, 세면설비 및 냉·온수 공급을 위한 설비를 갖추어야 하며, 수도꼭지

는 온수 사용 시 화상을 입지 않도록 온도를 조정 및 고정할 수 있어야 한다.

- 목욕실은 보육실과 인접한 공간에 위치하여야 한다.

(4) 화장실

- 바닥은 미끄럼 방지장치를 하여야 한다.
- 세정장치와 수도꼭지 등은 냉·온수의 온도를 조정 및 고정할 수 있어야 한다.
- 화장실은 수세식 유아용 변기를 설치하고, 보육실과 동일한 층의 인접한 공간에 설치하여야 한다.

(5) 그 밖에 실내설비 기준

- 영유아가 접근할 수 없는 안전한 장소에 응급조치를 위한 비상약품 및 간이 의료기구 등을 비치하여야 한다.
- 비상구를 제외한 모든 출입문 및 창문은 안쪽에서 잠길 우려가 없어야 하고, 밖에서 쉽게 열 수 있어야 하며, 출입문 및 창문의 가장자리에는 영유아의 손이 끼이지 않도록 손 끼임 방지 고무패킹이나 완충장치를 설치하여야 한다.
- 돌출형 방열기(라디에이터)는 영유아의 신체가 직접 닿지 않도록 울타리를 설치하여야 하며, 이와 유사한 온열기를 사용하는 경우에는 영유아가 직접 온열기에 닿지 않도록 적절한 보호장치를 설치하여야 한다.

- 책상, 의자 등 가구의 모서리는 둥글고 표면이 매끄럽게 처리된 것이나, 고무 등으로 모서리에 보호장치를 설치하여야 한다.
- 보육실에 설치된 교구장, 수납장 등은 안전을 위하여 아래 부분에 무거운 비품을 보관하여야 하고, 선반을 설치하는 때에는 물건이 추락하지 않도록 지지대를 설치하여야 하며, 무거운 물건은 너무 많이 쌓아놓아서는 안 된다.
- 보일러 설비, 퓨즈박스(두꺼비집), 화기, 소독수, 살충제, 조리실의 칼, 가위, 포크, 랩 등은영유아의 손이 닿지 않는 위치에 배치되어야 한다.
- 보육시설 내부(벽, 천장 등)의 마감재료는「건축법시행령」제2조 규정에 의한 불연재, 준불연재 또는 난연재를 사용하여야 하며, 실내 장식물과 창문에 설치하는 커튼류 및 카펫 등「소방시설 설치유지 및 안전관리에 관한 법률」제12조의 규정에 의한 방염 대상 물품은 소방시설 설치유지 및 안전관리에 관한 법령의 규정에 의한 방염 성능이 있는 것으로 설치하여야 한다.

기타 관리 사항

- **보육교직원**의 **가구 관리**
  - 보육교직원의 **개인 물품**은 **잠금장치**가 된 **별도**의 **공간**에 보관
  - **이불장, 가구장**이 **보육실 내**에 있을 경우 **잠금장치 설치**하고 **반드시 벽**에 **고정**
- **가전제품** 관리
  - **사용 전**에 반드시 **안전교육** 실시
  - **선풍기**나 **히터**는 **보호망**을 **사용**하거나 **벽걸이용** 설치
  - **가습기** 등 **떨어질 수 있는 물건**은 교구장 등 **높은 곳**에 **두지않고 고정**시켜 사용
- **기타 비품** 관리
  - **약품**은 **영유아의 손이 닿지 않는 곳**에 보관, **잠금장치** 설치
  - 화상을 입을 수 있는 비품(글루건, 전기주전자 등)은 보육실에서 **사용하지 않도록 함**
  - 거울은 **안전거울**을 **사용**하거나 **투명 시트지**를 부착하여 **깨짐 방지**

블라인드 끈 처리

공간 확보된 현관

가구의 모서리 처리

계단 미끄럼 방지와 난간

보육실 출입구에 설치된 방화문 및 영유아 전용문

- 모든 보육실의 출입문은 화재 시 연소확대를 유효하게 차단할 수 있는 성능을 갖춘 방화문으로 설치되어 있다. 그리고 방화문은 철재로 되어 있어 일반 문보다 무겁기 때문에 영유아들의 출입에 장애가 될 수 있다는 단점을 보완하기 위해서 영유아들이 출입할 수 있는 구조의 문을 방화문 내에 작은 크기로 손 끼임 방지 시설과 함께 갖추고 있다.
- 보육실의 개방감 등을 위해 문 옆에 설치된 유리는 영유아들의 충돌 등으로 인한 파손, 상해 등을 방지하기 위해 강화유리로 설치하였다.

시스템 창호 및 추락방지 시설

- 보육실 내에 설치된 창문은 환기, 채광 등의 목적에 따라 개방 형태를 달리할 수 있는 창호로 설치되어 있다. 또한 영유아들의 추락을 방지하기 위한 안전망과 해충의 침입을 방지하기 위한 방충망이 설치되어 있다.

주방에 설치된 안전문

- 주방은 보육실과 피난계단으로의 접근경로가 아닌 2층 제일 안 쪽에 설치되어 주방 화재로 인한 보육실에서 피난 장애가 발생하지 않도록 배려되어 있다.
- 주방에는 사진과 같이 영유아들의 출입문을 방지하기 위한 안전문이 설치되어 있다.

보육실 내 화장실과 가구 등의 모서리 안전처리

- 모든 보육실에는 영유아들의 신체 사이즈에 맞춘 세면대, 화장실이 설치되어 있으며, 화장실 바닥의 타일은 미끄럼 방지 타일을 사용하였다.
- 책상, 책꽂이 등 가구의 모서리는 둥글게 처리하여 충돌로 인한 상해 등을 방지할 수 있도록 되어 있다.

출처: 여성가족부(2007).

3 실외 시설 · 설비 안전

1) 유아교육기관 실외 시설·설비 안전

(1) 놀이시설

- 모든 놀이기구 및 실외 시설물은 낙후되거나 망가지거나 휘어진 곳이 없어야 한다.
- 식수대, 쓰레기 처리대가 파손되지 않고 청결하게 유지되는지 확인해야 한다.
- 2004년 12월 9일 이후 설치되는 모든 놀이기구는 안전검사를 필한 제품을 설치하여 사용해야 한다.
  - 해당되는 놀이시설물에 대해서는 안전검사필증을 확인함
- 실외 놀이 시설물은 설치검사를 받아 안전하게 고정 및 설치되어 있어야 한다.
  - 어린이놀이시설 안전관리법에 의해 2015년 1월 26일까지 모든 실외놀이터는 설치검사를 받아 안전성이 입증되어야 함
- 각 놀이시설물의 기둥이 바닥에 단단히 고정되었는지 기둥을 흔들어 확인하고 조임상태가 양호한지 확인해야 한다.
- 기구의 베어링의 윤활유 주입이 잘 되어 베어링 부분(그네 회동구, 회전놀이기구의 회전축)을 움직여 보아 원활하게 움직이는지 확인해야 한다.
- 유아의 몸이 빠지거나 낄 만한 틈새가 없어야 한다.
  - 손가락 끼임: 8mm 이하 또는 25mm 이상
  - 몸: 90mm 이하 또는 230mm 이상
  - 발: 30mm 이하
- 놀이기구에 녹이 슬거나 금이 가는 등 노후가 진행되면 기구 자체가 위험해질 수 있으므로 녹슬거나 금이 가거나 페인트칠이 벗겨진 곳이 없어야 한다.
- 놀이시설물의 부서진 부분, 부패, 돌출부, 거친 면이 있으면 유아들이 시설

물을 이용하다 상해를 입을 수 있으므로 표면이 부드러운지 항상 확인해야 한다.

- 연결된 부분에 볼트나 나사가 풀려 있지 않아야 한다.
  -돌출부: 8mm 이하, 곡선 최소반경: 3mm
  -돌출부와 인접사이 거리: 25mm 이하
  - 볼트의 나사선: 영구히 덮여 있을 것
  - 볼트와 나사가 풀려 있지 않은지 확인해야 함
- 실외 놀이시설이 옥상에 설치되어 있는 경우에 추락방지를 위한 견고한 안전망이 설치되어 있어야 한다.
  - 옥상에는 추락사고의 위험이 높기 때문에 가급적 놀이공간을 설치하지 않아야 함. 부득이하게 놀이시설을 설치하는 경우에는 1.5m 이상의 높이(난간과 안전망 높이의 합)로 견고한 안전망이 설치되어야 함
  - 옥상 난간과 놀이기구는 최소한 1.5m 이상 거리를 두고 설치되어야 함
- 실외 환경과 놀이시설에 대한 일일 안전 점검을 실시하고 기록·관리하여야 한다.
  - 놀이터에 대한 일일 안전 점검 일지를 작성하여 기록·관리하도록 함
- 놀이시설물은 설치검사 후 2년에 1회 정기시설검사를 받아야 한다.
- 어린이놀이시설 안전관리교육은 2년마다 4시간씩 어린이놀이시설 안전관리지원기관에서 정기적으로 안전 점검을 받아야 한다.

(2) 바닥

- 유아가 추락할 가능성이 있는 놀이시설물 아래와 주변의 공간(안전지대)은 충격을 흡수할 수 있도록 되어 있어야 한다(30cm 이상의 모래, 우레탄, 고무매트, 나무조각 등).
  - 추락할 가능성이 있는 놀이시설물 아래와 주변공간에는 충격을 흡수할 수 있는 충격흡수재를 설치해야 함

- 놀이터 바닥은 최소 30cm 이상의 충격흡수재(모래 등)가 설치되어야 함

- 놀이터는 장마가 오고 난 후 물이 고이지 않도록 배수가 잘 되는 구조이어야 하며 바닥에는 쓰레기가 없는지 확인해야 한다.
- 모래는 쉽게 유실될 수 있으므로 유실된 모래는 주기적으로 채워 넣어 주고, 최소 3년에 1번은 모래를 교체해 주어 딱딱해지지 않도록 한다.
  - 모래관리 시 정기적으로 아래쪽에 있는 모래가 위쪽으로 올 수 있도록 뒤집어 주거나 세척하도록 함

(3) 실외놀이터 환경

- 실외놀이터는 위험지역으로부터 보호할 수 있도록 바깥과의 경계를 지을 수 있는 울타리나 담이 설치되어 있어야 한다.
  - 울타리나 담은 유아가 넘지 못하는 구조와 높이로 설치하는 것이 바람직함
  - 생울타리로 하는 경우에는 유지관리와 주변에 대한 영향을 충분히 검토하고 적절한 수종을 선택하여 배열하는 것이 중요함
- 실외놀이터 안으로 차량이 접근할 수 없도록 경계를 짓는 울타리나 담이 설치되고 실외놀이터에 차량이 인접해서 주차하지 못하도록 확인하는 것이 필요하다.
- 움직임이 많은 놀이기구나 시설이 설치되어 있는 영역에는 밧줄이나 전선이 늘어져 있으면 유아들이 상해를 입을 수 있으므로 이를 필히 확인해야 한다.
- 놀이터 안에는 전기, 고압선, 유독물질, 유리조각, 돌부리 등의 위험물질이 존재하지 않는지 확인해야 한다.
- 놀이터에 설치된 울타리나 의자가 파손되거나 고장난 곳이 없는지 확인해야 한다.
- 놀이터에는 표지판이 설치되어 있고 안전수칙과 관리주체의 연락처 등이 명시되어 있어야 한다.

• 놀이터 표지판은 파손되거나 내용물이 지워진 곳이 없는지 확인해야 한다.

2) 보육시설의 실외 시설·설비 안전

(1) 놀이터

• 놀이터(지하 또는 옥상에는 설치 불가)를 설치하거나 인근놀이터를 활용할 수 있고, 인근놀이터를 활용할 경우에는 인근놀이터 이용계획서를 보육시설인가를 신청하는 때에 제출하여야 한다.
• 옥외놀이터에 설치하는 놀이시설물은 「품질경영 및 공산품 안전관리법」에 의하여 놀이기구 안전검사를 필한 제품을 사용하여야 한다.
• 놀이터에 설치하는 놀이시설물은 안전을 고려하여 다음과 같이 설치해야 한다.
  - 놀이시설물은 영유아의 신장 및 체중을 고려하고, 표면 도색의 독성여부를 확인하여야 한다.
  - 영유아가 추락할 가능성이 있는 놀이시설물 아래와 주변의 공간은 충격을 흡수할 수 있도록 안전장치를 설치하여야 하며, 영유아가 걸려넘어지거나 부딪칠 수 있는 방해물이 없도록 하여야 한다.
  - 놀이시설물의 어떠한 부분에도 영유아의 살을 베거나 찌를 수 있는 날카로운 부분, 모서리, 뾰족한 부분이 없도록 하여야 한다.
  - 놀이시설물의 돌출부분인 볼트와 너트는 위로 튀어나오지 않도록 하여야 하며, 볼트와 너트가 위를 향하고 있는 때는 그 높이가 3.2mm를 넘지 않도록 하여야 한다.
  - 놀이시설물에 구멍이나 틈이 있는 경우 영유아의 몸이 빠지거나 끼이는 사고가 없도록 조치하여야 한다.
  - 놀이시설물은 안전하게 설치하여야 하며, 제조업자의 취급 설명서에 따라 설치하여야 한다.

(2) 비상재해 대비시설

- 소화용 기구를 비치하고 비상구를 설치하는 등 비상재해에 대비한 시설을 갖추어야 한다. 이 경우 비상구는 상단에 비상구 유도등을 달고 잠금장치를 문 안쪽에 설치하여야 한다.
- 보육시설이 2층 이상인 경우 비상계단 또는 영유아용 미끄럼대를 반드시 설치하고, 그 밖에 안전사고 및 비상재해에 대비한 대피시설, 장비 등을 구비하여야 한다.
- 비상계단 등의 구체적인 설치기준은 여성가족부 장관이 정한다.

  ※「건축법시행령」제34조 제2항 규정에 따라 직통계단이 2개 이상 설치된 건축물에 입주하고 있는 2층 이상 보육시설에 대하여는 직통계단을 비상계단으로 인정.
- 그밖의 소방시설의 설치는「소방시실 설치유지 및 안전관리에 관한 법률 시행령」별표 4의 규정에 의한다.
- 가스를 사용하는 때에는「도시가스 사업법」,「액화 석유가스의 안전관리 및 사업법」에서 정한 규정에 따라 설치하고 관리하여야 한다.

○ 제3주기 유치원 평가 지표와 제 4주기 유치원 평가 지표

<table>
<tr><th colspan="3">제3주기('14~'16년)</th><th colspan="3">제 4주기('17~'19년)</th></tr>
<tr><th>평가영역(배점)</th><th>평가지표(배점)</th><th>평가요소</th><th>평가영역(항목수)</th><th>평가지표</th><th>항목수</th></tr>
<tr><td rowspan="6">Ⅰ. 교육과정(30)</td><td rowspan="2">1. 교육목표 및 교육계획 수립의 적절성(10)</td><td rowspan="2">3</td><td rowspan="6">Ⅰ. 교육과정(29)</td><td>1-1. 교육 계획 수립 및 실행</td><td>4</td></tr>
<tr><td>1-2. 균형적·통합적 일과 운영</td><td>5</td></tr>
<tr><td rowspan="2">2. 일과운영 및 교수-학습방법의 적합성(15)</td><td rowspan="2">3</td><td>1-3. 교수·학습방법</td><td>6</td></tr>
<tr><td>1-4. 교사-유아 상호작용</td><td>6</td></tr>
<tr><td rowspan="2">3. 평가 방법 및 활용의 적절성(5)</td><td rowspan="2">2</td><td>1-5. 유아 간 상호작용시 교사 역할</td><td>4</td></tr>
<tr><td>1-6. 평가</td><td>4</td></tr>
</table>

<table>
<tr><th colspan="3">제3주기('14~'16년)</th><th colspan="3">제 4주기('17~'19년)</th></tr>
<tr><th>평가
영역
(배점)</th><th>평가지표(배점)</th><th>평가
요소</th><th>평가
영역
(항목수)</th><th>평가지표</th><th>항목수</th></tr>
<tr><td rowspan="5">II.
교육
환경
(15)</td><td rowspan="2">4. 실·내외 교육환경 구성 및 활용의 적합성(10)</td><td rowspan="2">3</td><td rowspan="5">II.
교육
환경 및
운영
관리
(20)</td><td>2-1. 실내 공간 구성</td><td>5</td></tr>
<tr><td>2-2. 실외 공간 구성</td><td>3</td></tr>
<tr><td rowspan="3">5. 교재·교구의 제공 및 관리의 적절성(5)</td><td rowspan="3">1</td><td>2-3. 기관 운영</td><td>5</td></tr>
<tr><td>2-4. 가정 및 지역사회와의 연계</td><td>5</td></tr>
<tr><td>2-5. 방과후 과정</td><td>2</td></tr>
<tr><td rowspan="5">III.
건강
및
안전
(15)</td><td rowspan="2">6. 유아의 건강관리 및 지도의 적절성(10)</td><td rowspan="2">3</td><td rowspan="5">III.
건강·
안전
(15)</td><td>3-1. 실내외 공간의 청결 및 안전</td><td>4</td></tr>
<tr><td>3-2. 급·간식</td><td>3</td></tr>
<tr><td rowspan="3">7. 유아의 안전관리 및 지도의 적절성(5)</td><td rowspan="3">3</td><td>3-3. 건강증진을 위한 교육 및 관리</td><td>3</td></tr>
<tr><td>3-4. 등하원의 안전</td><td>2</td></tr>
<tr><td>3-5. 안전교육 및 사고 대책</td><td>3</td></tr>
<tr><td rowspan="4">IV.
운영
관리
(30)</td><td>8. 교직원의 근무여건 및 전문성 제고(10)</td><td>3</td><td rowspan="4">IV.
교직원
(13)</td><td>4-1. 원장의 리더십</td><td>4</td></tr>
<tr><td>9. 예산편성 및 운영의 적절성(5)</td><td>2</td><td>4-2. 교직원의 근무환경</td><td>3</td></tr>
<tr><td>10. 가정 및 지역사회와의 연계(5)</td><td>3</td><td>4-3. 교직원의 처우와 복지</td><td>3</td></tr>
<tr><td>11. 방과후 과정 운영의 적절성(10)</td><td>3</td><td>4-4. 교직원의 전문성 제고 노력</td><td>3</td></tr>
<tr><td>총계</td><td>11개(90점)</td><td>30</td><td>총계</td><td>20개</td><td>77</td></tr>
</table>

○ 제4주기 유치원 평가 지표의 건강 · 안전 영역

<table>
<tr><th>영역</th><th>평가지표</th><th>평가항목</th></tr>
<tr><td rowspan="15">Ⅲ. 건강 · 안전 (15)</td><td rowspan="4">3-1. 실내외 공간의 청결 및 안전(4)</td><td>1. 실내외 공간을 청결하고 쾌적하게 관리하고 있다.</td></tr>
<tr><td>2. 실내외 공간을 유아의 안전을 위해 위험요인 없이 관리하고 있다.</td></tr>
<tr><td>3. 실내외 놀잇감이 안전하고, 위험한 물건을 안전하게 보관 · 관리하고 있다.</td></tr>
<tr><td>4. 안전시설 및 설비를 비상시 효율적으로 사용할 수 있도록 관리하고 있다.</td></tr>
<tr><td rowspan="3">3-2. 급 · 간식(3)</td><td>1. 영양의 균형을 고려한 급·간식을 제공하고 있다.</td></tr>
<tr><td>2. 식자재의 구입 · 보관 및 조리공간을 위생적으로 관리하고 있다.</td></tr>
<tr><td>3. 조리 및 배식과정을 청결하고 위생적으로 관리하고 있다.</td></tr>
<tr><td rowspan="3">3-3. 건강증진을 위한 교육 및 관리(3)</td><td>1. 손 닦기, 양치질 등 청결한 위생습관을 실천한다.</td></tr>
<tr><td>2. 교사는 유아의 건강 상태를 살펴보고 적절하게 지원한다.</td></tr>
<tr><td>3. 유아와 교직원의 건강증진을 위한 예방관리와 교육을 실시한다.</td></tr>
<tr><td rowspan="2">3-4. 등 · 하원의 안전(2)</td><td>1. 유아는 등 · 하원 시 성인의 보호하에 있다.</td></tr>
<tr><td>2. 통학차량을 운행할 경우 안전요건을 갖추어 관리한다.</td></tr>
<tr><td rowspan="3">3-5. 안전교육 및 사고 대책(3)</td><td>1. 유아를 대상으로 안전교육을 지속적으로 실시하고 있다.</td></tr>
<tr><td>2. 교직원은 안전교육을 받고 유아학대예방 지침을 준수한다.</td></tr>
<tr><td>3. 영유아, 교직원 및 시설 보험에 모두 적합하게 가입하고 있다.</td></tr>
</table>

어린이 안전사고 유형 및 예방법을 잘 숙지하셨나요?

다음 ○× 퀴즈를 풀고 나의 안전사고 예방점수가 몇점인지 확인하세요.

	안전사고 예방을 위한 수칙	○	×
1	영아의 숙면을 위해 푹신한 침대를 사용합니다.		
2	아이가 건전지를 삼켰을 경우 물이나 우유를 마시게 합니다.		
3	서랍장에는 무거운 물건을 윗칸에 두어 서랍장이 넘어지지 않게 합니다.		
4	영아 주변에 크기가 작은 물건이나 장난감을 두지 않습니다.		
5	화상 부위에 얼음을 직접 대어 환부의 열을 내립니다.		
6	안전사고가 가장 다발하는 어린이 발달단계는 '걸음마기'입니다.		
7	블라인드 끈은 어린이 손이 닿지 않는 높이로 조절합니다.		
8	팔을 심하게 부딪혀 타박사잉 있는 경우, 곧바로 환부에 온찜질을 합니다.		
9	출혈이 발생한 경우, 상처 부위에 15분 정도 물을 뿌립니다.		
10	영아의 경우, 입과 코를 함께 덮고 너무 강하지 않게 숨을 불어넣어 인공호흡을 합니다.		

10개 모두 정답	9~7개	6~4개	3개 이하
완벽합니다!	거의 완벽하지만 조금 더 분발해 주세요!	분발하세요…!	어린이 안전사고 예방을 위한 각별한 주의가 매우 필요합니다.

정답 ××× ○ × ○ ○ ×× ○

Chapter 04

가정에서의 안전관리

성인과 달리 영유아는 사소한 안전사고라 할지라도 장애를 입기 쉽고, 심한 경우에는 생명을 잃기도 하며, 사망에 이르는 치명적인 경우가 아니라 하더라도 안전사고로 인한 상해는 가족과 사회의 큰 부담으로 작용한다. 뿐만 아니라 영유아의 상해로 인한 사망률은 질병으로 인한 사망률보다 더 높다. 이러한 영유아 안전사고의 대부분은 흔히 가장 안전한 장소로 생각되는 가정에서 발생한다(김혜금·김명순, 2007). 이 장에서는 가정에서 발생할 수 있는 안전사고의 유형과 가정에서 필요한 안전지도에 대해 살펴보고자 한다.

1 가정에서의 안전관리 개념 및 필요성

가정안전이란 가정 내 사고의 위험으로부터 가족을 안전하게 지키는 것을 말한다(행정안전부, 2012). 특히 가정은 영유아에게 편안함과 안정감을 느낄 수 있는 곳, 탐색할 대상이 넘치는 흥미진진한 곳이 되며 일상적인 삶이 이루어지는 터전이 된다. 그러나 각종 조리기구, 세면도구, 화장품 등은 자주 사용하는 물건이기 때문에 영유아의 손이 쉽게 닿을 수 있는 곳에 보관되어 있는 경우가 많으며, 영유아의 호기심을 자극하는 대상이 된다. 영유아들은 성인들이 사용하는 제품에 관심이 많고, 성인들의 행동을 모방하려는 경향이 강하기 때문에 이러한 물품들은 안전사고를 유발하는 주요인이 된다. 또한 영유아는 신체 균형 유지 능력이나 운동 기능이 충분히 발달되어 있지 않아 가정에서 사용하는 침대나 식탁, 의자 같은 가구류는 충돌 및 충격사고를 일으키는 원인이 되기도 한다.

그러므로 가정안전교육이란 영유아들이 자신의 가정 내에서 위험한 물품과 장소를 인식하고 안전한 행동을 할 수 있도록 하는 교육을 의미하며, 부모들이 가정 내 환경을 안전하게 조성할 수 있도록 지원하는 것을 의미한다.

안전한 가정환경을 조성하기 위해서는 영유아기가 사고에 노출될 수밖에 없는 심리적·신체적 행동 특징을 갖고 있는 시기임을 이해해야 한다. 또한 가정 내에 존재하는 모든 환경적 요인들과 이용 가능한 물건들이 영유아의 상해를 유발하는 원인이 된다는 것을 부모는 반드시 인지해야 한다. 부모를 비롯한 보호자가 가정 내에서 안전을 위협하는 요인들을 소홀히 생각하거나 영유아의 안전에 충분한 주의를 기울이지 못하는 경우에 언제든지 사고가 발생할 수 있다는 사실을 알아야 한다.

만 5세 이하 영유아들은 발달 특징상 호기심이 왕성하고 탐색 활동이 활발해지는 시기이기 때문에 분주하게 움직이고 무엇이든 손으로 잡거나 입으로 가져가려는 행동 등을 빈번하게 하고 성인의 행동을 모방하려는 경향이 강하다. 반면, 신체적 균형 감각이 떨어져서 몸을 이동하거나 앉고 서는 과정에서 끊임없이 넘어지기도 하고, 어른들의 사소한 부주의로 인해 사고로 이어지기도 한다.

영유아 안전사고는 영유아의 연령이 어릴수록 많이 발생하며, 사고 장소는 일반적으로 가장 안전하다고 믿고 있는 가정에서 그것도 부모와 함께 있거나 주변에 있을 때 가장 많이 발생한다. 14세 이하 어린이 안전사고의 절반 이상은 가정에서 발생한다. 그중 만 1~3세 미만 영유아의 안전사고가 차지하는 비율은 50% 정도로, 부모가 방심하는 순간 자칫 사고로 이어지기 쉽다(홍명희·정영숙·정혜자, 2004).

가정안전사고는 순간적으로 일어나고 성인이 함께 있는 경우도 많기 때문에 가정안전교육에서는 가정과의 연계가 중요한 의미를 지닌다. 즉, 영유아를 돌보는 성인이 안전의식을 고취하여 가정 내 안전을 위협하는 요소를 찾아서 수정하고 시설 및 물품 관리에 유의해야 하며 성인이 스스로 안전한 행동을 해야 한다.

가정안전교육은 영유아와 부모에 대한 안전교육이 연계될 때 더욱 효율적인 교육이 된다. 즉, 영유아에 대한 안전교육을 통해 영유아 스스로 위험한 상황에 놓이지 않도록 조심해야 하고, 부모에 대한 안전교육을 통해 안전에 대한 경각심을 기를 수 있도록 하여 물리적으로 안전한 환경을 조성해야 한다.

발달단계별 사고발생장소 구성비(2017)

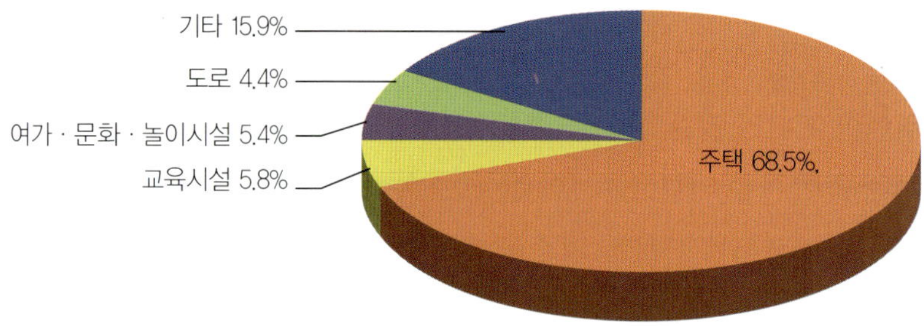

[그림 4-1] 사고발생장소

※ 어린이 안전사고는 대부분 주택에서 발생하므로 각 가정에서는 어린이가 안전한 환경 조성에 힘써야 한다.

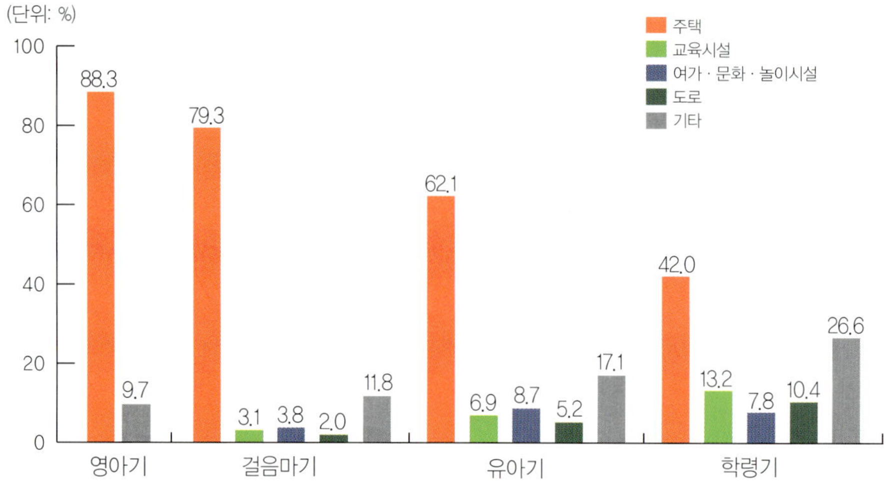

[그림 4-2] 발달단계별 사고발생장소 구성비

※ 발달이 진행될수록 주택의 비중은 점차 줄어들지만, 교육시설, 여가시설, 도로 등에서 발생하는 안전사고는 증가한다. 보호자 및 어린이 스스로 장소별 안전사고 예방법을 숙지해야 한다.

출처: 한국소비자원 (2018. 08. 08.).「어린이 안전사고 예방 가이드」 재구성.

2 가정에서의 안전사고 유형

가정에서 가장 빈번하게 발생하는 안전사고의 유형으로서 추락과 화재, 화상, 익사, 중독사고, 그리고 질식 등을 꼽는다(National Safe Kids Campaign, 1990; Rice, Mackenzie, & Associates, 1989). 서구 선진국의 경우 익사사고가 많은 것은 개별 주택에 수영장이 구비된 경우가 많기 때문이며, 이를 제외한다면 우리나라의 상황과 유사하다.

한국여성단체협의회에서는 2001년 안전문화사업의 일환으로 가정 내 어린이 안전실태 조사를 통해 응답자의 62.8%가 3년 이내에 사고를 경험하였다고 보고하였다. 구체적으로 사고 장소별 사고유형 조사에서는 방이나 거실, 마루, 화장실, 목욕탕 등에서의 사고가 많았고, 넘어짐, 미끄러짐, 충돌, 낙상, 추락 등의 사고가 수위를 차지하였다. 또한, 방이나 거실은 영유아들에게 주요한 생활공간으로서 사고의 유형도 매우 다양하게 나타났다(한국여성단체협의회, 2001). 이에 가정에서 주요하게 발생하는 영유아 안전사고를 유형별로 살펴보면 다음과 같다.

1) 추락

추락은 신체 동작 시 무게 중심의 변화와 연관되는데, 영유아들은 자세를 바꿀 때 신체의 균형을 잡는 기술이 미숙하다. 따라서 높은 곳에서 몸을 지나치게 앞으로 기울일 경우에는 무게 중심의 변화를 쉽게 감지하지 못해 넘어지게 되는 것이다(이기숙·장영희·정미라·배소연·박희숙, 1997).

가정 내 추락사고의 위험은 영유아의 성장 발달에서 운동 능력의 증가 및 주변 탐색의 욕구와 연계된 복잡한 사안이다(Towner & Ward, 1998). 추락사고는 계단에서 구르는 사고에서부터 걸음마 시기에 무엇인가를 타고 올라가서 떨어지는 사고까지 그 유형이 매우 다양하며 두부손상, 골절을 포함하여 응급실에 내원하는 주요한 원인이다(Morrison et al., 1999).

영유아들은 침대나 소파, TV 테이블, 낮은 가구 등 성인에게는 비교적 안전한 높이의 가구나 물품에서도 낙상하여 화를 입는 일이 많다. 그러므로 침대 낙상 방지 보호대를 설치하여야 한다. 이처럼 추락을 유발하는 환경을 개선해야 한다는 사회적 관심 속에 추락사고 예방에 성공을 거둔 예로서, 미국 뉴욕에서는 영유아가 추락으로 인한 증상으로 병원 응급실을 찾는 경우가 가장 많은 것에 주목하고 '아이들은 날 수 없어요(Children Can't Fly)'라는 캠페인을 전개하였다. 이 프로그램에서는 가정의 창문에 추락방지용 안전보호대 설치를 홍보하고 규제함으로써 추락으로 인한 상해율이 50%, 사망률이 35% 감소하였다(Spiegel & Lindaman, 1977).

그러므로 가정 내 추락과 관련해서는 계단의 안전문 설치, 창문의 추락방지용 보호난간의 설치, 베란다 고정창문 및 아파트나 건축구조 재점검 등 물리적 환경을 개선하는 것만이 영아 추락사고 발생을 줄일 수 있는 유일한 길이다. 이렇듯 가정에서 영아의 추락사고 문제는 물리적인 환경 개선을 통해서 해결될 수 있다.

추락과 기타 안전사고(미끄러짐, 충돌사고) 예방법

"아이의 안전을 가르치는 것보다 안전한 환경을 만들어 주는 것이 먼저이다."

아이들은 높은 곳에서 떨어지거나, 계단이나 바닥에서 넘어지고 미끄러지거나, 다른 물체나 사람과 부딪치는 사고를 많이 경험한다. 아이가 안전하게 생활할 수 있는 환경을 만들어 주어야 한다.

1. 베란다나 창문 밑에는 아이가 딛고 올라갈 만한 물건을 놓지 않는다.
2. 세탁기 주변에 발판이 될 만한 것을 놓으면 아이가 빠질 수 있으므로 치우고 뚜껑을 열지 못하게 잠금장치를 해 둔다.
3. 가능하면 전선을 길게 연결하여 사용하지 않고, 전선은 벽 쪽으로 지나가게 하여 발에 걸리지 않도록 한다.
4. 모서리가 둥글지 않은 가구에는 모서리 보호 덮개를 붙여 둔다.
5. 아이들의 손이나 발이 끼기 쉬운 문틈에는 손 끼임 방지장치를 설치한다.
6. 욕실이나 화장실 바닥에는 미끄럼 방지 타일을 사용하거나 미끄럼 방지 스티커를 붙여 둔다.
7. 외부로 연결되는 창문에는 안전창살이나 난간을 설치합니다. 한쪽을 개폐식으로 하면 화재 등과 같은 비상시에서 대비할 수 있다. 베란다 난간의 높이는 난간이 시작되는 바닥으로부터 최소한 120cm 이상이어야 하며, 가로대는 아이가 딛고 올라갈 수 있으므로 세로대로 하는 것이 좋다.

2) 화재

한국안전생활 교육회(1996)의 조사 자료에 따르면, 우리나라의 경우 연간 322,043건의 화재가 발생하며 이것의 원인은 전기사고(39%), 가스사고(32%), 유류 및 불장난(10%), 그리고 담뱃불(8%) 등이다. 가정에서 발생하는 화재로부터 영유아를 보호하는 하나의 방법으로 가정에 방치된 담배, 라이터를 영유아의 손이 닿지 않는 곳에 놓고 위험하다는 것을 알려 주어야 한다. 이것은 영유아들에게는 위험한 놀잇감이 되기에 캐나다, 호주, 미국 등에서는 어린이가 라이터 등의 가연성 물질을 사용할 수 없도록 안전기준을 재정하였으며, 영국에서는 보다 진일보하여 어린이가 성냥을 건드릴 수 없도록 제조하고 있다(Tower & Ward, 1998).

뉴질랜드에서는 영아의 화상을 예방하고자 뉴질랜드 상해예방조사기관에서 위험요소 확인과 극복방법의 하나로 '뜨거운 물은 불과 같아요(Hot water burns like fire)' 라는 대규모 캠페인의 전개를 통해 수온 자동조절장치 부착을 전개하여서 많은 호응을 얻었다(Chalmers & Langley, 1999). 우리나라도 가정에서의 영유아의 화상예방을 위하여 각종 홍보 및 교육이 필요하다.

화재 예방법

- 난로에는 안전망을 둘러 아이가 접근하거나 만지지 못하도록 한다.다.
- 다리미나 온열기와 같은 전열 기구를 켜둔 채로 자리를 비우지 않는다.
- 프라이팬이나 냄비 손잡이는 가스레인지의 안쪽을 향하게 한다.
- 뜨거운 주전자나 작동 중인 밥솥의 경우 증기에 델 수 있으므로 유아의 신체가 미치지 않는 곳에 둔다.
- 식탁보는 아이가 잡아당기지 않도록 늘어져 있지 않아야 한다.
- 수도꼭지는 항상 냉수 쪽으로 돌려 놓고 물의 온도를 고정해 놓을 수 있다면 물의 온도를 너무 뜨겁지 않게 해 둔다.
- 욕조에 물을 받을 때에는 찬물 먼저 받고 온수를 틀어 온도를 조절한다.

출처: 한국소비자원(2007).

옷에 불이 붙으면 어떻게 해야 할까요?

• 옷에 불이 붙게 되면 아이들은 당황하여 몸을 흔들거나 뛸 수 있다.
옷에 불이 붙었을 때 몸을 움직일수록 불은 산소와 결합하면서 더 커지게 된다. 자녀의 옷에 불이 붙었을 때 일단 불이 붙은 부분을 바닥에 대고 비벼서 끄도록 한다.
(멈춰요 → 엎드려요 → 뒹굴어요)

출처: 아동안전캠페인 홈페이지(www.safehome.or.kr).

3) 중독사고

바퀴벌레나 개미살충제, 표백제, 세제, 수은건전지, 화장품, 페인트 등 유독성 화학물질은 우리 생활에 불가피한 용품이다. 그러나 호기심이 강하고 모든 물건을 입에 넣는 특성이 있는 5세 이하 영유아들이 유독성 물질을 잘못 먹거나 흡입할 경우 중독으로 인한 사망 또는 심각한 부작용을 초래할 수 있다(한국소비자보호원, 1996). 한국소비자보호원(2003)의 '가정 내 어린이 중독사고 실태조사'에 따르면 2001년~2003년 3월 말 현재 위해정보시스템에 접수된 14세 이하 어린이 중독사고 127건 중 89.0%가 만 5세 이하 영유아에게 발생한 사고였던 것이 이것을 실증한다.

영아들은 위험한 독성 제품에 대한 인식이 부족하므로 중독사고의 예방은 사회 전반 및 성인들의 의식변화가 중요하다. 우리나라도 유독성 제품의 용기 뚜껑이 쉽게 열리는 사고로 인해 영유아가 잘못 마실 경우 치명적인 해를 끼칠 수 있으므로 화장용 아세톤과 베이비오일의 뚜껑에 안전마개 사용이 의무화되었다. 미국의 경우는 지난 1970년부터 각종 용기에 안전마개 사용을 의무화한 법안이 별도로 제정되었다. 한국소비자원에 따르면 최근 3년 6개월 동안 소비자위해감시시스템에 접수된 모기약 등 가정용 살충제 관련 위해정보 131건을 분석한 결과, 6세 미만 영유아가 안전사고의 59.5%를 차지했고, 제품별로는 바퀴벌레나 개미를 없애는 '유인살충제'가 33.6%로 가장 많았으며, '매트나 액체 전자 모기향', '에어로졸 살충제' 순이었다. 사고 유형별로는 내용물에 대한 중독이 55.7%로 가장 많았으며, 화상 순으로 나타났다(매일경제 2010. 7. 28.).

결국 중독사고의 예방은 사회 전반 및 성인들의 의식변화가 관건이다. 영유아들은 위험한 독성 제품에 대한 인식이 부족하기 때문이다.

중독사고 예방

"중독사고는 대부분 어른들의 부주의로 일어납니다"

1. 가정에서 사용하는 가정용 화학제품이나 의약품은 아이의 손이 닿지 않고, 잠금장치가 있는 곳에 보관하는 것이 좋다.
2. 사용한 후에는 반드시 용기를 완전히 닫아 둔다.
3. 독성이 있는 가정 내 물질들은 원래의 용기에 보관하고 절대로 다른 용도의 용기(예: 음료수 병)에는 옮겨 두지 않는다.
4. 약을 쉽게 먹이기 위해 '맛있는 것'이라고 이야기하며 먹이지 않는다. 아이가 혼자 있을 때 약을 '맛있는 먹을 것'이라고 생각하고 먹을 수 있기 때문이다.
5. 아이는 반드시 부모님이 주신 약만 먹어야 된다는 것을 알려 준다.
6. 어린이 보호 포장용기에 들어 있는 제품을 사용한다.

어린이 보호 포장용기란?

어린이 보호 포장은 성인이 개봉하기는 어렵지 않지만 5세 미만 어린이가 개봉하기 어렵게 설계, 고안된 안전포장 및 용기를 말하는 것으로 대상 품목은 방향제와 세정제, 접착제, 광택제, 얼룩제거제, 부동액, 워셔액 등 일곱 개가 있다. 가정용 화학제품 외, 의약품에도 적용되고 있다.

4) 질식사고

질식은 영아가 입으로 동전, 땅콩, 장난감 등을 잘못 넣어 기도가 폐쇄되면서 숨을 쉬지 못하는 안전사고이다. 대개의 영아들은 놀잇감이나 고형음식을 입안에 물고 노는데, 이때 갑자기 웃거나 울거나 또는 넘어지면서 입에 넣고 있던 물건이 입 안쪽으로 빨려 들어가게 된다(이기숙 외, 1997). 질식사고의 유형은 이처럼 어떤 물질이 입으로 들어가 기도를 막아 숨이 막히는 경우(Choking)를 비롯하여 비닐봉지 등으로 인해 외부에서 코와 입이 막혀 기도가 폐쇄되는 경우(Suffocation), 그리고 끈 등으로 목이 졸리는 즉, 외부에서 기도에 압력이 가해지는 기도폐쇄(Strangulation) 등이 있다(박혜숙, 2002).

영아가 있는 가정에서는 과일이나 과자와 같은 먹는 것 모양의 자석을 메모 부착용으로 사용하지 않아야 한다.

또한 만 1세 이하의 영아들은 푹신한 이불에서의 수면이 질식사를 유발한다고 하는데(한국소비자보호원, 1997), 이를 예방하기 위해 성인용 이불에서 얹어 잠재우는 것을 피하고 가능하면 한국산업규격에 구분된 유아용 이불(80×110cm, 110×130cm)만을 사용하는 것이 좋다.

한국소비자보호원은 영유아 삼킴 안전사고를 예방하기 위해 어린이용품에 대한 내구성 등 안전기준을 강화하고 결함정보에 대한 보고제도를 도입, 시판품 조사 및 리콜 등 사후관리를 강화하고, 가정 내 영유아 안전사고 방지를 위한 체계적인 안전교육을 관계기관에 건의하여 촉구하고 있는 중에 있다.

우리는 대부분의 질식사고의 발생 및 예방은 영유아 본인이 아닌 지도·감독하는 보호자들에게 전적으로 달려 있다는 것을 인지하여 이를 예방하기 위해 지속적인 안전교육을 실시하여야 한다.

질식사고 예방법

- 아이에게 작은 부품이 있는 장난감은 주지 않는다.
- 아이의 손이 닿는 곳에 동전이나 단추같이 작은 물건은 놓지 않는다.

출처: 한국소비자원(2007).

삼킴·흡인사고, 완구, 인형 부속품 주의

최근 3년간 접수된 어린이 이물질 삼킴·흡인사고는 총 6,016건('13년 2,529건, '14년 1,828건, '15년 1,659건)이었다.

발달 단계별로는 걸음마기(1~3세)에 전체의 50% 이상이 발생한 것으로 나타났다.

주요 위해품목으로는 완구, 인형이 849건(14.1%)으로 가장 많았고, 이외에도 구슬 665건(10.9%), 동전 321건(5.4%), 스티커 201건(3.3%), 전지 195건(3.2%) 등이 있었다.

특히, 단추형 전지나 강력 자석은 단시간 내 장내 손상을 일으키고, 심할 경우 사망에 이를 수도 있으므로 전지 및 자석 제품 취급에 주의가 필요하다.

출처: 아동안전캠페인 홈페이지(www.safehome.or.kr).

〈표 4-1〉 이물질 삼킴 · 흡인사고 주요 위해품목

단위: 건, (%)

구분	2013년	2014년	2015년	총계
완구, 인형	283(11.2)	287(15.7)	279(16.8)	849(14.1)
구슬	195(7.7)	191(10.4)	269(16.2)	655(10.9)
동전	133(5.3)	98(5.4)	90(5.4)	321(5.4)
스티커	66(2.6)	73(4.0)	62(3.8)	201(3.3)
전지(건전지 등)	69(2.7)	56(3.1)	70(4.2)	195(3.2)
캔디	45(1.8)	36(2.0)	23(1.4)	104(1.7)
자석	39(1.5)	32(1.7)	23(1.4)	94(1.6)
단추	31(1.2)	29(1.6)	18(1.1)	78(1.3)
기타	1,668(66.0)	1,026(56.1)	825(49.7)	3,519(58.5)
총계	2,529(100.0)	1,828(100.0)	1,659(100.0)	6,016(100.0)

영 · 유아 '삼킴 안전사고' 93% 가정에서 발생

- **6세 이하 사고율이 전체 86% 차지**

17일 한국소비자보호원에 따르면 지난 한 해 동안 접수된 14세 이하 어린이의 삼킴 안전사고는 이물질 367건, 의약 · 화학물질 135건 등 모두 502건이었다. 소비자보호원에 신고된 어린이 삼킴 안전사고는 2002년 165건에 불과했으나, 2003년 179건, 2004년 294건 등으로 최근 4년간 무려 세 배 이상 증가했다. 소비자보호원은 또 최근 2년간 발생한 삼킴 안전사고를 분석한 결과, 6세 이하 영유아의 사고율이 전체의 85.6%를 차지한 것으로 나타났다. 영유아는 발달 특성상 무엇이든 입으로 가져가고, 3세 이하의 경우 어금니가 발달하지 않아 음식물 등을 잘게 부수지 못하기 때문이다. 성별로는 남자 아이가 여자 아이에 비해 위험률이 1.5배 가까이 높은 것으로 조사됐다. 또한 삼킴 안전사고를 유발하는 품목으로는 학용품 9.3% 등의 순이었다. 게다가 삼킴 안전사고의 92.7%는 가정에서 발생, 생활용품에 대한 관리 소홀이나 정리정돈 미흡이 사고를 유발하는 주요 원인인 것으로 지적됐다.

소비자보호원 소비자안전센터 이진숙 차장은 "어린이 삼킴 안전사고는 혼자 걷고 행동하기 시작하는 2세 전후에서 가장 빈번하게 발생하고 있다."면서 "대부분은 보호자가 곁에 있었음에도 사고가 발생, 보호자의 유무보다는 순간적인 방심이나 주의 소홀이 더 위험하다."고 강조했다.

- **사고발생 땐 신속한 응급조치**

삼킴 안전사고가 유발하는 가장 큰 직접적인 위협은 이물질이 아이의 기도(숨구멍)를 막아 사망에까지 이르게 할 수도 있다는 점이다. 실제 3세 이하 영아 사망사고의 70~80%는 질식사이며, 이 중 상당부분은 삼킴 안전사고가 원인으로 지목되고 있다.

오범진 서울아산병원 응급의학과 교수는 "어린이는 성인에 비해 기관지 내경이 작아 성인보다 저산소증이 빠르게 발생한다."면서 "기도가 막힌 어린이는 일반적으로 3~4분 정도 지나면 뇌에 손상을 입고, 세포 자체가 원래대로 회복되지 않을 수 있다."고 지적했다.

따라서 삼킴 안전사고가 발생하면 재빠른 응급처치가 무엇보다 중요하다. 다만 입속 이물질의 위치를 살피지 않고 손가락으로 쓸어내려는 행동, 연약한 콧속이나 귓속에 손상을 주면서 이물질을 꺼내려는 행동 등은 삼가야 한다. 자칫 기도폐쇄를 유발하거나 불필요한 손상을 초래할 수 있기 때문이다.

또 체내에 들어간 이물질을 나중에 발견할 경우 소화기 계통 손상이나 호흡장애 등 심각한 후유증을 남길 수도 있다. 예컨대 소장에서 대장으로 이어지는 좁은 부위가 이물질로 막히면 아이의 발육부진으로 이어질 가능성도 크다. 핀과 같은 날카로운 물건이 기관지로 들어가면 염증이나 기관지 확장증 등으로 이어지기도 한다.

아울러 완구 등 어린이용품에 대한 관리 강화도 필요하다. 미국의 경우 어린이 질식사고 예방을 위한 특별법을 제정, 어린이용품 제조업체가 위해 정보를 신속하게 보고하고 리콜 등 사후관리도 철저히 하고 있다. 이와 관련, 어린이용품에 대한 소비자 리콜 건수만 매년 수백 건에 달하고 있다.

이 차장은 "우리나라는 기업은 물론, 소비자들도 어린이 안전에 무관심한 측면이 커 최근 3년간 리콜 건수도 2건에 불과할 정도."라면서 "삼킴 안전사고를 줄이기 위해서는 어린이용품에 대한 결함정보 보고제도를 도입하고, 시판품 조사나 리콜제를 강화해야 할 것."이라고 덧붙였다.

- **'삼킴 사고'예방·응급조치 요령**

'삼킴 안전사고'는 어린이에게만 주의를 당부한다고 해서 줄일 수 있는 것이 아니다. 오히려 아이를 돌보는 부모나 어른들의 경각심이 사고 예방과 대책의 첫걸음일 수 있다.

- **삼킴 안전사고 예방하려면**

장난감 등 제품에 표시된 경고문을 확인하고, 쉽게 파손될 수 있는 제품이나 작은 조각들로 이뤄진 제품은 구입을 삼가야 한다. 분해되는 장난감도 주의가 필요하다. 눌렸다가 입으로 들어간 뒤 펴지는 물건은 가급적 아이에게 주지 않아야 한다. 작은 구슬이 들어 있는 딸랑이나 장신구 등을 영유아 목에 걸어 주어서는 안 되며, 아이들의 놀이 과정을 주의 깊게 지켜보아야 한다. 단추나 구슬과 같은 작은 물건은 아이들의 손이 닿지 않는 곳에 보관한다.

장난감을 주기적으로 점검하고, 이상이 있는 제품은 즉각 폐기한다.

- **입에 이물질이 들어갔을 때**

아이가 울거나 말을 할 수 있는 등 호흡곤란이 심하지 않으면 얼굴을 땅을 향해 엎드리게 하고 병원으로 데리고 간다. 아이의 몸을 함부로 움직이면 이물질이 더 깊숙이 들어갈 수 있는 만큼 주의해야 한다. 안색이 변할 정도로 호흡곤란이 심하면 먼저 다른 사람에게 도움을 청해 119를 부르게 한다. 그다음 아이의 입을 벌리고, 이물질이 잘 보이면 손으로 빼내어 본다.

그러나 이물질이 깊숙이 들어갔을 경우 아이의 머리와 상체를 하체보다 낮게 하고, 등을 손바닥으로 세게 친다.
영아에게 시행하는 하임리히법은 구조자가 한 손으로 영아의 턱과 가슴을 받친 자세에서 영아의 어깨뼈 사이를 5회 정도 두드려 준다. 이물질이 아이의 기도를 막은 사고 후에는 사소한 것이라도 의사의 정밀검진을 받는 것이 바람직하다.

- **귀 · 코에 이물질이 들어갔을 때**

귀에 들어간 이물질이 작고 부드러운 것이면 핀셋 등으로 집어낸다. 핀이나 철사 등 뾰족한 물건은 귓속을 찔러 곪을 가능성이 있는 만큼 자제해야 한다.
귀에 곤충이 들어갔을 때는 손전등을 비춰 나오게 하거나, 오일이나 물을 조금 넣어 곤충을 죽인 다음 귀를 씻어내면 된다. 코로 이물질이 들어간 경우 반대편 콧구멍을 막고 입과 입 인공호흡법처럼 강하게 불어주면 이물질이 빠질 수 있다. 코에 들어간 이물질이 기도를 막고 있거나 빼낼 수 없는 경우 자칫 폐로 들어갈 수 있기 때문에 병원 응급실이나 이비인후과로 데려가야 한다.

출처: 서울신문(2006. 4. 18.).

5) 협착 · 끼임 사고

협착 · 끼임사고는 신체의 일부가 현관문, 대문, 창문, 방문, 가구 경칩, 싱크대, 자전거 체인 등에 끼어서 절단 또는 압궤손상 등이 일어나는 가정 내 안전사고로서 한국소비자보호원(2001)의 자료에 따르면 전체 741건의 사고 중 41건(6%)에 달하는 사고 유형이다. 이 보고에 따르면 대개 손가락이 끼는 경우가 가장 많고(92.7%), 목 등이 끼는 경우도 있다.

그런데 협착이나 끼임사고는 대개 기능성만을 강조하는 가정 시설물에서 발생하는 경우가 많다. 한국소비자보호원(1997)은 구체적으로 '아파트 및 단독주택 현관문'의 어린이 손가락 끼임사고 위험실태 조사결과를 통해, 현관문을 자동으로 닫는 도어 클로우저(door closer)가 협착이나 끼임사고를 유발하는 가장 큰 원인이라고 보고하였다. 따라서 영유아가 있는 각 가정에서는 도어 클로우저 내부에 충격완화장치(강압밸브)를 설치하여 무게 또는 인위적으로 현관 문을 닫거나 바람 등에 의해 갑작스럽게 닫힐 경우에 발생하는 과부하를 해소할 필요가 있다. 그 외에도 영유아 안전사고 예방책으로서 출입문, 창문 등에 손 끼임 방지 장치를 한다면 사고 예방에 도움이 될 수 있다.

협착·끼임 사고 예방법

- 출입문 경첩의 틈새에 아이 손가락이 끼이지 않도록 틈새에 고무나 보호대를 부착한다.
- 현관 출입문에는 도어클로우저를 활용하여 문이 빨리 닫히지 않도록 조절한다.
- 어린이와 함께 출입 시에는 문을 닫기 전에 어린이의 손가락이 끼어 있지 않은지 확인하고 문을 닫는다.
- 가구 구입 시 경첩의 각도를 확인하고 보호대를 씌워 손이 끼이지 않도록 한다.
- VCR 삽입구에 아이가 손을 집어넣을 수 없도록 손 끼임 방지장치를 활용한다.
- 베란다나 계단의 난간살 간격은 10cm 이내로 하여 아이의 머리가 끼이지 않도록 한다.

출처: 한국소비자원(2007).

6) 화상

화상사고는 3세 이하의 영유아가 63.9%로 사고의 가장 큰 비중을 차지하고 있다. 이는 3세 이하의 영유아는 위험을 인지하지 못하고 주위 환경에 적응이 미숙하며, 위험한 화상 상황에서 대피할 능력이 부족하기 때문이다. 이러한 화상사고 발생 장소 중 가정 내가 64%로 가장 많으며, 가정 내에서는 주방기기나 열기구의 사용이 상대적으로 많은 '주방, 부엌'이 53.9%로 가장 높다.

수도꼭지를 통한 뜨거운 물, 정수기, 목욕물, 뜨거운 음료 등 화상의 요인은 여러 가지이기 때문에 다양한 경로의 대처방안이 필요하다. 화상은 오랜 회복기간이 필요하고, 수차례의 피부이식, 고통스러운 치료와 외상을 남김으로써 육체적, 정신적 상처를 유발한다.

그런데 실증적 연구에 의하면 이 중에서 가장 심각한 위해 요인이 끓는 물이나 수도꼭지(tap water)를 통해 흐르는 뜨거운 물이다(Tower & Ward, 1998). 끓는 물이나 증기에 의한 화상은 보통 열탕상(scald burn)이라고 명명하는데 예를 들어, 만 4세 이하 영유아는 피부가 성인에 비해 얇기 때문에 48℃의 물에 3초만 노출되어도 3도 화상을 입고, 이식수술을 받아야 하는 것으로 알려져 있다(http://www.safekids.org).

열탕상만이 영유아를 위협하는 것은 아니다. 예를 들어, 어린아이들은 가전제품의 전원코드를 입으로 접촉하여 화상을 입는 경우가 많다. 이는 낮은 볼트라도 영유아에게는 심각한 화상을 유발하기 때문이다. 따라서 화상예방 교육에는 접촉성 화상(contact burn), 불꽃과 직접적인 접촉에 의한 건열 화상, 전기 화상, 화학물 태양열에 의한 방사선 화상 등 다양한 형태가 포함되어야 할 것이다.

화상사고 예방법

- 아이를 안고 뜨거운 음식이나 음료를 마시지 않도록 한다.
- 아이가 식탁보를 잡아당겨 식탁 위에 있던 음식이 쏟아져 화상을 입거나 무거운 그릇이 떨어져 다칠 수 있으므로 식탁보를 사용하지 않는다.
- 화기를 사용하여 요리할 때에는 아이가 가까이 있지 않도록 한다.
- 어린 자녀를 목욕시키기 전에는 욕조의 물 온도를 항상 확인한다.
- 다림질은 아이가 잠든 후에 하는 습관을 가진다.
- 뜨거운 주전자와 작동 중인 밥솥은 증기에 의해 데일 수 있으므로 아이의 손이 닿지 않는 곳에 둔다.

3 가정에서의 안전지도

가정에서 일어나는 사고는 얼마든지 예방 가능하므로 부모들의 영유아 안전사고 예방을 위한 가정에서의 안전지도에 대해 알아보도록 한다.

1) 영유아의 발달에 따른 지도

첫째, 영유아의 개인차 또는 행동의 특성에 따른 개별 지도를 하여야 한다.

먼저, 자신의 아이들이 부산한지, 민첩한지, 호기심이 왕성한지를 파악하고 그에 맞는 안전지도를 하여야 한다.

둘째, 환경에 따른 지도를 하여야 한다.

영유아를 둘러싼 환경 조건에 맞는 지도를 하여야 하는데 거주지역(주택가 또는 사업지역), 거주 형태(아파트 또는 주택 등), 거주 층수, 실내 환경물의 조건 등에 따른 지도를 하여야 한다.

셋째, 덕성의 육성이다.

만져도 되는 것과 만지면 안 되는 것, 들어가서는 안 되는 장소, 놀이할 때 순서와 규칙을 지키는 것 등 영유아와 부모의 약속은 어느 가정에서나 볼 수 있는데 평소에 그러한 약속을 잘 지키는 습관을 기르는 것이 영유아의 안전 확보에 가장 필요한 요건이다.

넷째, 적극적인 위험 대처 능력을 육성한다.

유아기에서 아동기로 나아감에 따라 스스로 위험에 적극적으로 대처하는 능력을 길러야 한다. 예를 들어 불에 대해서 그 무서움을 알아야 할 뿐만 아니라 일단 불이 난 경우 물을 쏟아 부으면 꺼진다는 극히 간단한 것을 가르치는 것만으로도 아동의 위험 대처 능력은 길러지는 것이며, 소화기 등의 기본적인 사용법에 대해서도 가르침이 필요하다.

2) 영유아의 발달 단계별 안전사고 예방을 위한 가이드라인

(1) 영아기

- 침대 추락사고가 가장 많이 발생하므로 영아를 침대나 소파에 절대 혼자두지 않는다.
- 영아는 손에 닿는 모든 것을 입으로 가져가기 때문에 주변에 작은 물건을

두지 않는다. 특히, 단추형 전지나 강력 자석은 단시간 내 장내 손상을 일으키고, 심할 경우 사망할 수도 있으므로 전지 및 자석 제품 취급에 주의한다.

- 유모차로 이동할 때에는 반드시 안전벨트를 채워 아이가 떨어지지 않도록 주의한다.
- 압력밥솥, 냄비, 다리미와 같은 고온물질을 아이들의 손이 닿는 곳에 놓지 않도록 주의한다.

(2) 걸음마기

- 영아가 걷기 시작하면서 실내가구에 부딪혀 다치는 사고가 많이 발생하므로 가구나 문의 모서리에 보호대 및 완충장치를 설치한다.
- 방, 거실 등에서의 미끄러짐·넘어짐 사고를 예방하기 위해 미끄럼 방지 바닥재를 설치하거나 바닥에 미끄럼 방지용 매트를 설치한다.
- 현관문, 방문 등에는 손 끼임 방지 보호대나 경첩 끼임 방지창지 등을 설치한다.
- 엘리베이터나 자동문 이용 시에는 부딪힘 또는 끼임사고의 위험이 있으므로 반드시 보호자와 함께 안전수칙을 준수하여 이용한다.
- 가정용 의약품, 화학물질 등은 아이의 손에 닿지 않는 곳에 보관한다.

(3) 유아기

- 이 시기의 유아들은 호기심이 많고 통제가 잘 되지 않아 침대, 소파, 테이블 등에 부딪히거나 추락하는 사고가 다발하므로 아이들이 가구에 올라가서 놀지 못하도록 한다.
- 베란다에 가구나 발판 등 아이들이 딛고 올라갈 수 있는 물건을 놓지 않는다.
- 어린이가 계단 주변에서 놀지 않도록 주의하고, 추락·낙상 사고의 위험이 있으므로 계단 주변에서 유모차, 보행기, 자전거 등 바퀴가 달려 있는 제품을 절대로 사용하지 않도록 한다.

- 호기심이 왕성한 시기이므로 작은 부품이 있는 완구나 장난감을 갖고 놀지 않도록 주의하고, 완구나 장난감 구매 시 안전기준 적합 여부를 반드시 확인한다.

3) 장소별 안전한 가정환경

가정에서 장소별로 안전한 가정환경을 조성함으로써 안전사고를 최소화할 수 있다.

(1) 침실과 거실

- 이층침대는 되도록 사용하지 않는 것이 좋다,
- 벽에 무거운 물건을 걸지 않는다. 특히 어린아이의 손이 닿는 곳에는 아무것도 걸지 않는다.
- 쉽게 움직일 수 있는 가구는 테이블 위에 놓아서는 안 된다.
- 창문의 모양에 따라 안전 고리를 설치하고 2층 창문에는 반드시 안전망이나 난간을 설치한다.
- 창틀 위에 어린이용품을 올려놓지 않는다.
- 타일이나 나무로 된 바닥은 표면이 미끄럽지 않도록 처리한다.
- 카펫이나 깔개는 아이들의 발에 걸려서 넘어지지 않도록 구멍이 나면 즉시 보수하고 끝이 말리지 않도록 한다.
- 침대의 모서리는 둥근 것이 좋고 침대의 난간은 아이들의 손이 끼이지 않도록 강한 걸쇠로 단단히 매어 준다. 안전난간 사이의 폭은 5~6cm 정도를 넘지 않는 것이 좋다.
- 거실 탁자 위에 담배, 라이터나 성냥을 놓아 두지 않는다.
- 블라인드 끈을 짧게 하여 유아의 손에 닿지 않도록 한다.
- 가구의 뾰족하거나 날카로운 모서리에는 테이프를 붙여 두거나 헝겊을 덧

대어 둔다.

- 아동이 비디오테이프 삽입구에 손을 넣지 않도록 한다.
- TV 위에는 꽃병과 같이 물에 담긴 용기를 올려놓지 않는다.
- 난방기구를 사용하지 않을 때에는 밸브를 잠가 두거나 플러그를 빼 두어야 한다.
- 유아의 키 높이 이하의 콘센트는 사용하지 않을 경우 뚜껑을 덮어 두거나 테이프를 붙여 둔다.
- 전기스탠드 소켓에 전구가 비어 있는 상태로 두지 않는다.
- 피막이 벗겨진 전기 코드는 테이프로 감아 둔다.

(2) 주방

- 부엌 바닥은 미끄럽지 않도록 가능한 한 왁스칠을 하지 말고, 물기가 있을 때는 즉시 닦는다.
- 싱크대 문을 열고 닫을 때 아이들의 손가락이 문에 끼지 않도록 하고 모든 찬장과 서랍은 줄로 묶는 등의 잠금장치를 한다.
- 칼이나 포크, 가위, 채칼, 열려 있는 깡통 등 날카로운 물건은 유아의 손이 닿지 않는 곳에 보관하며 장금장치를 한다.
- 어린아이가 가스레인지를 만지지 않도록 하며 항상 중간밸브를 잠그고 가스누설 자동차단 장치를 반드시 설치한다.
- 튀김요리를 할 때는 아이들의 접근을 막도록 하며 기름을 식힐 때는 장소를 잘 선정하여 화상사고를 미연에 방지하도록 한다.
- 부엌에는 비상용 소화기를 설치한다.
- 뜨거운 냄비를 맨손으로 들다가 화상을 입거나 너무 뜨거운 나머지 냄비를 들다가 놓쳤을 경우 내용물이 쏟아지면서 화상을 입게 된다.
- 전기밥솥은 유아가 손을 댈 수 없는 곳에 두고 취사 중일 때는 유아가 접근하지 못하게 하여 증기로 인한 화상사고가 발생하지 않도록 주의하여야 한다.

- 식기세척기나 광택제 등의 세제류는 유아의 손이 닿지 않는 곳에 보관한다.
- 살충제, 화장품 및 각종 스프레이류는 유아의 손이 닿지 않는 곳에 보관한다.
- 의약품 및 소독제, 세제 등의 화학제품은 본래의 용기에 담아 두며(음료수 병에 옮겨 담으면 유아가 마실 수 있음), 냉장고에 넣어 두지 않는다.
- 유아가 있는 집에는 식탁보 사용을 가급적 피하는 것이 좋다. 뜨거운 음식물이나 유리컵 혹은 무거운 그릇이 올려져 있는 식탁의 식탁보를 당겨 다치는 경우가 있다. 아울러 식탁 유리를 사용하는 경우 날카롭거나 깨진 부분은 없는지 수시로 점검한다.
- 최근 전기 냉·온수기 및 정수기의 온수 꼭지에 아동이 손을 데이는 사고가 일어나고 있으므로 유아가 혼자 사용하지 않도록 주의한다.

(3) 화장실

- 욕실바닥, 물, 비누 등은 욕실에서 미끄러져 넘어지게 하는 위험 요인들이다.
- 비누, 치약, 샴푸는 쓰고 난 뒤에 제자리에 두고, 세제는 유아의 손이 닿지 않는 곳에 보관한다.
- 변기 뚜껑은 반드시 닫아 두고, 변기 청소 시 세탁 세제와 표백제를 혼합하여 사용하면 유독가스가 나오므로 삼가도록 한다.
- 3세 미만의 어린이는 욕조에서 익사할 우려가 있으므로 혼자 욕조에 있지 않도록 하고 아이들의 손이 젖어 있는 상태에서 전기기구를 만지지 않도록 한다.
- 욕조 바닥에 미끄럼 방지 매트나 스티커를 부착하고 욕조 벽면에 손잡이를 부착한다.
- 변기에 엉덩이가 빠질 위험이 있으므로 유아용 보조변기 받침대를 설치하며, 변기 잠금장치를 한다.
- 유아의 손이 젖어 있는 상태에서 전기 기구를 만지지 않도록 한다. 특히 헤어드라이기나 전기면도기 사용을 위해 콘센트를 젖은 손으로 만지면 감전

될 가능성이 있다.

- 화장실 문의 잠금장치는 바깥에서도 문을 열 수 있게 한다.
- 아이와 욕조에 있을 때는 전화가 울리거나 초인종이 울려도 아이 혼자 두고 나오지 않는다.
- 세탁기 안에 들어가지 않도록 지도한다.

(4) 창문 및 베란다

- 창문이나 베란다에는 반드시 보호대나 난간을 설치한다.
- 침대나 가구를 창문 가까이 배치하지 않는다. 침대에서 놀다가 혹은 기구를 타고 올라가 창문으로 추락할 가능성이 있다.
- 창문에는 잠금장치를 하고 공기 순환 시에만 잠깐 동안 연다.
- 창문 주변이나 창틀에 유아의 호기심을 끌 만한 물건을 두지 않는다.
- 베란다 안쪽에 중문을 설치한다.
- 베란다 쪽에서 유아가 물건을 딛고 올라서지 않도록 한다.
- 베란다 난간의 보호대가 부식되지는 않았는지 정기적으로 점검한다.

(5) 계단

- 각 층을 잇는 계단에는 상하부에 문을 설치하고 필요하지 않을 때에는 문을 닫아 둠으로써 어린아이가 계단에서 떨어지는 것을 방지한다.
- 계단에 양탄자를 깔 경우에는 계단의 크기가 줄어든다.
- 계단의 각 발판의 폭과 높이는 계단의 경사에 따라 조절되어야 하는데 일반적으로 발판의 높이는 약 20cm, 폭은 적어도 25cm는 되어야 한다.
- 계단 양쪽에는 난간을 설치하여야 한다. 난간의 높이는 110cm 이상 되어야 하며 막대 간 격은 11cm 이하로 하여 아동의 머리나 몸통이 빠져나가지 않도록 한다.
- 계단의 바닥 재질은 미끄럽지 않아야 하며 물건이 어질러져 있지 않아야 한

다. 또한 밝게 조명되어 있어야 한다.

- 낡은 계단은 매우 위험하며 계단의 높이가 다른 경우 보수한다.
- 영유아는 계단에서 뛰거나 장난치지 않으며 난간을 이용해 미끄럼 타지 않는다.
- 계단을 오르내릴 때 주머니에 손을 넣지 않고 2~3칸씩 건너뛰지 않는다.
- 바지나 스커트의 길이가 너무 길어도 걸려 넘어질 수 있으며 신발은 유아의 발에 꼭 맞는 것을 신긴다.

(6) 엘리베이터

- 문에 기대 서지 않는다.
- 타기 전 내부의 바닥이 있는지 먼저 확인한 후 탄다.
- 엘리베이터를 탄 후 내부의 중앙에 서며 뛰지 않는다.
- 운동화의 끈이나 치마의 레이스 부분이 문에 끼지 않도록 한다.
- 강제로 열고 닫지 않는다.
- 정전이나 멈춤 등 위험한 상황 발생 시 비상버튼을 누르고 상황을 알린다.
- 롤러스케이트나 자전거를 탄 채로 타지 않는다.

Chapter 05

교통안전

1 교통안전교육의 개념 및 필요성

급속한 경제 발전과 사회 변화에 따라 교통수단이 다양화되고 이용률이 증가하였다. 교통기술의 발달은 우리의 삶을 편리하게 해주고 있는 반면, 각종 사고와 환경오염 등 부정적인 문제들을 야기시키고 있다. 우리나라의 교통사고 발생률은 OECD 회원국들 중에 매우 높게 나타나고 있다. 또한 급격한 산업화와 도시지역 인구 과밀화로 영유아의 놀이공간이 축소되어 어린이 교통사고의 위험률과 사고율이 증가하였다. 최근 10여 년간 우리나라는 어린이 교통사고로 인한 사망률이 감소하고 있지만 여전히 교통사고는 어린이 안전사고 중 가장 큰 비중을 차지하고 있으며, 사망사고 원인 중 1위이다. 교통안전공단에 따르면 전체 어린이 교통사고는 2011년 13,323건 이후 감소추세를 보이다가 2014년 12,110건, 2015년 12,192건으로 2014년부터 증가하고 있으며, 전체 어린이 교통사고 사망자도 2014년 52명에서 2015년 65명으로 25% 증가했다. 2016년 3월 말까지 어린이 교통사고 사망자는 26명으로 집계되었으며, 전체 교통사고 사망자는 12.9% 감소했지만 어린이 사망자는 189% 증가했다.

이처럼 영유아기에 교통사고 위험율과 발생률이 높은 이유는 영유아의 경우 호기심이 강해 주변을 탐색하려는 욕구와 충동이 강한 반면 인지적, 정서적, 신체적 능력이 미흡하여 사고가 일어날 수 있는 위험한 상황에 대한 지식과 위험 예측 및 상황 판단 능력이 부족하기 때문이다.

교통사고는 어느 한 가지 요인에 의해 발생하는 것이 아니라 인적 요인인 운전자와 보행자, 물리적 요인인 차량, 환경적 요인인 도로 등 여러 요인이 복합적으로 작용해 발생한다. 예컨대 운전자가 정규속도를 지키며 운전을 하고 있더라도 보행자가 갑자기 차로 뛰어든다거나, 비나 눈으로 도로가 미끄러울 때도 교통사고는 일어날 수 있다. 따라서 교통안전교육은 여러 다각적인 사고 위험을 미연에 방지하기 위해 운전자와 보행자 모두에게 반드시 이루어져야 한다.

다시 말해 교통안전교육은 교통수단과 관련하여 인적, 물리적, 환경적 요인들로 발생할 수 있는 위험 및 사고 등의 부정적 피해를 예방하기 위해 교통질서와 교통법규를 잘 지키도록 교통사고에 대한 지식, 기술, 태도를 익히고 형성하는 의도적이고 체계적인 과정을 의미한다. 어린이 교통안전사고 예방과 교육에 있어서 성인들의 역할이 강조되며 어린이 교통사고 발생 시 대부분 그 책임은 부모에게 있지만 유아교육기관의 책임과 의무가 중요시되고 있다. 유아교육기관의 교사들은 안전한 교육환경을 제공하고, 영유아들이 스스로를 안전하게 지키는 것이 습관화될 수 있도록 체계적이고 지속적인 교통안전교육을 반복적으로 실시해야 한다.

2 교통안전사고의 현황 및 유형

1) 12세 이하 어린이 교통사고 현황

도로교통공단의 교통사고 통계를 살펴보면, 2011~2013년은 한 해 동안 교통사고로 사망한 어린이 수가 80명 남짓인데, 2014년은 52명으로 급격히 감소하였다가 2015년에는 65명으로 다시 증가하였다. 2015년에는 횡단 중에 사고로 사망한 유아 수가 19명으로 가장 많게 나타났다. 따라서 유아에게 안전한 도로의 횡단 방법과 보행에 대한 집중적인 교육이 필요하다.

〈표 5-1〉 12세 이하 어린이 교통사고 현황

단위: 명, (%)

사고유형 대구분	사고유형 중구분	기준년도	2011년	2012년	2013년	2014년	2015년
합계 구성비(%) 부상신고자 수		사망자 수(명)	80	83	82	52	65
		사망자 수	22.1	22.9	22.7	14.4	18.0
		부상신고자 수	33,045	44,783	49,854	66,374	71,069
차 대 사람	횡단 중	사망자 수	23	28	19	12	19
		구성비(%)	(22.8)	(27.7)	(18.8)	(11.9)	(18.8)
		부상신고자 수	180	387	339	726	729
	차도통행 중	사망자 수	3	8	3	1	1
		구성비(%)	(18.8)	(50.0)	(18.8)	(6.3)	(6.3)
		부상신고자 수	32	751	728	851	694
	길 가장자리 구역 통행 중	사망자 수	1	1	1	1	4
		구성비(%)	(12.5)	(12.5)	(12.5)	(12.5)	(50.0)
		부상신고자 수	19	20	20	319	175
	보도 통행 중	사망자 수	3	1	5	2	3
		구성비(%)	(21.4)	(7.1)	(35.7)	(14.3)	(21.4)
		부상신고자 수	15	54	19	79	71
차 대 차	합계	사망자 수	25	24	16	22	18
		구성비(%)	(23.8)	(22.9)	(15.2)	(21.0)	(17.1)
		부상신고자 수	28,670	37,265	42,486	56,291	61,386
차량단독	합계	사망자 수	6	6	9	6	5
		구성비(%)	(18.8)	(18.8)	(28.1)	(18.8)	(15.6)
		부상신고자 수	833	910	928	1,005	904
철길 건널목	합계	사망자 수	0	0	0	0	0
		구성비(%)	(0.0)	(0.0)	(0.0)	(0.0)	(0.0)
		부상신고자 수	2	0	3	2	6

(1) 12세 이하 어린이 보행자 교통사고 현황

〈표 5-2〉 어린이(만 12세 이하) 보행자 교통사고

년도	발생 건수(건)	사망자 수(명)	부상자 수(명)
2011	6,100	49	6,242
2012	5,247	54	5,347
2013	4,897	57	4,966
2014	4,858	26	4,954
2015	4,646	41	4,718

(2) 12세 이하 어린이 통학버스로 인한 교통사고 현황

〈표 5-3〉 어린이 통학버스로 인한 어린이(만 12세 이하) 교통사고

년도	발생 건수(건)	사망자 수(명)	부상자 수(명)
2011	54	2	109
2012	42	2	69
2013	32	4	64
2014	31	2	55
2015	50	3	67

(3) 스쿨존 내 12세 이하 어린이 교통사고 현황

〈표 5-4〉 스쿨존 내 어린이(만 12세 이하) 교통사고

년도	발생 건수(건)	사망자 수(명)	부상자 수(명)
2011	753	10	783
2012	511	6	528
2013	427	6	438
2014	524	4	553
2015	541	8	558

(4) 월별 12세 이하 어린이 교통사고 현황

〈표 5-5〉 월별 12세 이하 어린이 교통사고

기준월	기준년도	합계	2011	2012	2013	2014	2015
합계	사망자 수	362	80	83	82	52	65
	부상자 수	76,173	16,323	15,485	14,437	14,894	15,034
01월	사망자 수	22	6	7	5	3	1
	부상자 수	4,772	1,030	1,083	851	873	935
02월	사망자 수	17	2	5	4	4	2
	부상자 수	4,571	949	934	922	827	939
03월	사망자 수	24	4	4	8	2	6
	부상자 수	5,632	1,166	1,108	1,092	1,139	1,127
04월	사망자 수	29	6	7	4	5	7
	부상자 수	6,303	1,368	1,331	1,198	1,167	1,239
05월	사망자 수	39	8	14	5	6	6
	부상자 수	8,288	1,692	1,692	1,563	1,638	1,703
06월	사망자 수	37	6	9	8	7	7
	부상자 수	6,973	1,543	1,428	1,387	1,483	1,132
07월	사망자 수	37	9	7	10	4	7
	부상자 수	7,252	1,450	1,506	1,330	1,458	1,508
08월	사망자 수	35	9	6	6	5	9
	부상자 수	7,725	1,715	1,524	1,450	1,459	1,577
09월	사망자 수	35	14	6	7	4	4
	부상자 수	6,737	1,437	1,301	1,210	1,404	1,385
10월	사망자 수	41	8	10	10	5	8
	부상자 수	6,915	1,501	1,335	1,359	1,336	1,384
11월	사망자 수	27	5	4	6	7	5
	부상자 수	5,812	1,345	1,198	1,098	1,093	1,078
12월	사망자 수	19	3	4	9	0	3
	부상자 수	5,193	1,127	1,045	977	1,017	1,027

월별 어린이 교통사고 사상자는 10월이 가장 많고 5월, 6월, 7월 순으로 나타났는데 봄과 가을에 어린이의 바깥놀이나 체험 활동이 많아지기 때문인 것으로 해석된다. 이는 체험활동이 많아지는 계절에는 사전에 어린이와 부모에게 보다 철저한 안전교육을 실시해야 함을 시사한다.

(5) 요일별 12세 이하 어린이 교통사고 현황

〈표 5-6〉 요일별 12세 이하 어린이 교통사고 현황

발생요일	기준년도	합계	2011	2012	2013	2014	2015
합계	사망자 수	362	80	83	82	52	65
	부상자 수	76,173	16,323	15,485	14,437	14,894	15,034
일	사망자 수	61	11	14	9	21	6
	부상자 수	12,873	2,702	2,665	2,480	2,481	2,485
월	사망자 수	55	14	14	9	8	10
	부상자 수	9,488	2,144	1,999	1,660	1,913	1,772
화	사망자 수	49	18	8	13	3	7
	부상자 수	9,316	2,077	1,860	1,743	1,838	1,798
수	사망자 수	40	9	14	8	3	6
	부상자 수	9,513	2,032	1,963	1,792	1,832	1,894
목	사망자 수	51	9	10	13	7	12
	부상자 수	9,660	1,992	1,883	1,900	1,922	1,963
금	사망자 수	47	9	12	11	3	12
	부상자 수	10,856	2,320	2,223	2,015	2,132	2,166
토	사망자 수	59	10	11	19	7	12
	부상자 수	14,467	2,996	2,892	2,847	2,776	2,956

요일별 어린이 교통사고 사상자는 일요일이 가장 많았고 그 다음으로 토요일이 많았다. 이는 주말 가족나들이 시 사고가 발생할 수 있기 때문인 것으로 해석되며, 이에 대한 안전교육이 필요함을 시사한다.

(6) 시간대별 12세 이하 어린이 교통사고 현황

〈표 5-7〉 시간대별 교통사고 특성

발생 시간대	합계	0시 ~ 2시	2시 ~ 4시	4시 ~ 6시	6시 ~ 8시	8시 ~ 10시	10시 ~ 12시	12시 ~ 14시	14시 ~ 16시	16시 ~ 18시	18시 ~ 20시	20시 ~ 22시	22시 ~ 24시
발생 건수	12,194	118	20	29	152	1,178	952	1,327	2,131	2,789	2,058	1,022	418
사망자 수	65	2	0	0	0	6	8	12	5	20	8	1	3
부상자 수	15,034	152	27	36	182	1,508	1,246	1,688	2,569	3,343	2,447	1,270	566

시간대별 어린이 교통사고 사상자를 살펴보면 16~18시에 가장 많이 발생하고 있으며 14~20시에도 많이 나타났다. 특히 사망자 수가 16-18시에 20명으로 가장 많이 발생했다. 따라서 유아교육기관 하원 후 놀이 활동과 학원 이동에 대한 교통안전교육이 필요하다.

2) 어린이 행동특성에 따른 교통사고 유형

어린이의 행동능력이나 특성에 따라 특히 자주 발생하는 교통사고 유형은 다음과 같다(어린이 안전학교 http://www.go119.org/, 전남련 외, 2010).

(1) 신호등이 있는 횡단보도에서 초록색 불이 켜지자마자 급하게 뛰어 건너다가 나는 사고

신호등이 빨간색이나 노란색일 때 길을 건너거나 초록색으로 바뀌자마자 급하게 뛰어들거나 초록색 신호가 점멸할 때 뒤늦게 뛰어 들다가 사고가 나는 경우가 많다. 어린이들은 신호등 색이 바뀔 때까지 기다리는 것을 지루해한다. 또한 자기중심적인 사고 때문에 초록색으로 바뀌면 차의 멈춤을 확인하지 않고 급하게 뛰어 건너가는 경우가 많은데, 초록색 신호로 바뀌었음에도 속도를 줄이지 않고 지나가는 차들이 많기 때문에 큰 사고로 이어질 수 있다.

(2) 신호등 없는 횡단보도를 뛰어가다 나는 사고

영유아들은 횡단보도가 굉장히 안전하다고 생각한다. 그러나 어린이는 발달 특성상 눈높이가 낮아서 시야가 좁고 공간 지각 능력이 부족하여 시선을 직접 자동차가 있는 방향으로 돌려야만 자동차를 알아볼 수 있다. 또 어린이는 속도와 거리에 대한 개념이 부족하기 때문에 멀리에서 달려오는 차의 속도를 감지하기 어렵고 자신이 주의해야 할 차를 주목하여 보는 것도 힘들기 때문에 차가 움직이는지 안 움직이는지 잘 판단하지 못한다.

(3) 무단횡단 사고

무단횡단이란 횡단보도나 지하도로, 육교로 건너지 않고 무단으로 횡단하는 것을 말한다. 어린이는 그때그때 기분에 따라 행동이 변하므로 무언가 기쁜 일이 있으면 마구 뛰거나 친구들과 장난을 치며 길을 건널 때에 주위를 살피지 않고 도로를 건넌다. 또 조금 돌아가는 것이 싫어서 무단횡단을 하는 경우도 있다.

어린이들은 발달 특성상 모방심리가 강하기 때문에 어른들이 신호를 무시하고 무단횡단하는 것을 보게 되면 자신의 상황에 대한 정확한 판단을 하지도 못한 채, 위험한 줄도 모르고 어른들의 행동을 따라하게 된다.

(4) 갑자기 차도로 뛰어드는 사고

어린이들은 자기중심성이 강해서 공놀이를 하고 있다가 공이 차도로 굴러가면 당황하고 공에만 집중하여 공을 줍기 위해 갑자기 차도로 뛰어들어 사고가 나는 경우가 있다. 특히 뛰어들기 사고는 보도와 차도가 구분되지 않은 이면도로에서 많이 발생한다.

(5) 차량의 바로 앞이나 뒤로 건너는 사고

어린이들은 자기중심성 때문에 차량이 멈추고 자신이 내릴 때 앞뒤나 좌우에서 다른 차들이 달릴 수 있다는 사실을 인지하지 못해 사고가 발생하기도 한다. 특히 버스나 승합차와 같이 자신의 키보다 큰 차의 바로 앞이나 뒤를 돌아서 길

을 건너가면 그 차량에 가려서 달려오는 차를 볼 수 없기 때문에 사고가 일어날 수 있다.

(6) 사각지대나 차 뒤 또는 밑에서 놀다가 나는 사고

영유아기 발달 특성상 좁고 물체의 그늘진 부분에서 노는 것을 좋아해 탁자 밑이나 옷장 속에 들어가거나 숨기도 하여 주차된 차량의 뒤나 밑에서 노는 경향이 있다. 운전자가 운전석에 앉아 앞·뒤나 옆을 볼 때 자동차의 바로 앞부분이나 옆 창문 가까운 부분, 차의 뒤와 밑에 있는 어린이는 운전자의 눈에 잘 보이지 않고 특히 유아들이 앉아서 놀고 있다면 더욱 보이지 않게 된다. 이때 운전자들이 차를 후진하거나 출발할 때 뒷부분을 안전하게 확인하지 않아 발생하는 사고가 많다.

(7) 내륜차에 의한 사고

내륜차란 차가 우회전을 한다고 할 때 앞바퀴가 지나간 길보다 뒷바퀴가 더 안쪽으로 도는 경우로 회전의 각도가 클수록 크다. 차량이 길옆에 서 있는 보행자를 차의 뒷부분으로 스치고 지나가거나 보행자의 발등을 뒷바퀴가 타고 넘는 사고 등이 대표적인 내륜차에 의한 사고이다.

(8) 이면도로나 주·정차된 차량 사이에서 갑자기 뛰어나와 일어나는 사고

영유아는 몸집이 작기 때문에 주·정차된 차량 사이에서 뛰어나오면 달려오던 차의 운전자나 유아 모두 서로가 다른 차에 가려져 보이지 않아 사고 발생위험이 더 크다. 세워둔 자동차 사이에서 갑자기 뛰어나오면 천천히 건너는 것보다 18배나 더 위험하다.

(9) 차도 또는 이면도로에서 자전거, 인라인 사고

영유아기 신체 운동 발달 특성상 어떠한 자극에 대하여 반응시간이 늦으며 신체조절 능력도 떨어진다. 자전거나 인라인 등을 타다가 갑자기 방향을 바꾸거나 내리막길이나 골목길에서 속도를 늦추지 못해 차량과 충돌하는 경우가 많은데,

이는 영유아가 자전거나 인라인을 세우려고 생각하는 반응속도나 신체 조절능력에 비해 차량의 속도가 훨씬 더 빠르기 때문이다.

(10) 어린이 통학버스 운행 사고

최근 5년(2011~2015)간 어린이 통학버스 사고는 209건이 발생해 13명이 사망하고 364명이 부상당했다. 2012년 어린이 통학 차량의 운영자 및 운전자의 교통안전교육이 의무화되면서 사고 발생률이 감소되어 왔으나 2015년에 다시 급격하게 증가하였다. 어린이 통학버스 관련 사고는 통학버스를 타려고 급히 길을 건너오다가 사고가 나는 경우, 급제동 급출발로 인한 사고, 하차 시 발판에서 넘어지는 사고, 하차 후 차량의 앞이나 뒤로 지나가다가 다른 차량과 부딪히는 사고, 하차 시 어린이의 옷이나 가방끈 등이 차문에 끼이는 사고 등, 승·하차 시 일어나는 사고가 대부분이며, 이 외에도 차창 밖으로 손이나 머리를 내밀어서 일어나는 사고, 차 안에서 질식하는 사고 등이 있다.

(11) 안전띠 및 카시트 미착용 사고

차량이 달리던 중에 갑자기 정지하게 되면 관성의 법칙에 의해 몸이 앞으로 쏠려 차 내부의 돌출물에 부딪혀 다치게 된다. 안전띠는 이러한 충돌 시 어깨, 가슴, 허리 등 덜 치명적인 부위로 충격을 분산시킨다. 안전띠를 매면 충격의 정도를 줄일 뿐만 아니라 충돌 시 차체 밖으로 튕겨나가는 것을 막아주므로 치명적 부상이나 사망을 피할 수 있다. 또한 교통안전공단은 교통사고 발생 시 부상위험이 카시트를 한 어린이의 경우 하지 않았을 때보다 최대 20배까지 낮아지고, 카시트를 사용하지 않으면 교통사고가 발생했을 때 머리에 중상을 입을 가능성이 큰 것으로 나타났다.

3 교통사고 예방과 안전교육

〈표 5-8〉 교통안전교육 내용

대분류	중분류	소분류	활동요소	유치원(30개 활동)
교통 안전	보행자 안전	교통표지판 구별하기	· 신호등 보기 · 교통 표지판 알기	· 교통안전 표지판을 알아보아요. · 교통안전 표지판의 의미를 알 수 있어요. · 신호등이 말해요. · 신호등을 보고 건널 수 있어요.
		길을 건너는 방법	· 안전하게 길 건너기 · 횡단보도, 지하도, 육교 이용하기	· 횡단보도로 건너요. · 횡단보도로 안전하게 건너요. · 육교는 왜 만들었을까요? · 육교로 안전하게 건너요. · 지하도로 안전하게 건너요. ※〈선택학습〉지하도를 이용해요.
		보행안전	· 안전하게 길 걷기 · 도로에서 놀지 않기 · 주차 중인 자동차 확인하기 · 보행사고의 사례 · 도로를 걸을 때 기본자세	· 안전하게 길을 걸어요. · 비(눈)가 오는 날에도 안전하게 걸어요. · 안전한 장소에서 놀아요. (1) · 안전한 장소에서 놀아요. (2) · 자동차에는 사각지대가 있어요. · 내륜차와 외륜차의 특징을 알아보아요.
	자전거 안전	안전한 자전거 타기	· 자전거 탈 때 안전 장구 갖추기 · 안전하게 자전거 탈 곳 알기	· 자전거를 타기 위해 준비해요. · 안전한 장소에서 자전거를 타요. ※ 〈선택학습〉 자전거를 타기 위해 준비해요. (2) ※ 〈선택학습〉 안전한 장소에서 자전거를 타요. (2)
		안전한 자전거 관리	· 핸들, 페달, 바퀴, 브레이크 등의 구조 알기 · 탑승 전 확인할 사항	· 안전하게 자전거를 타는 방법을 알아보아요. ※〈선택학습〉 안전하게 자전거를 타는 방법을 알아보아요. (2)
	오토바이 안전	오토바이 사고의 원인과 예방	· 보호 장구 착용, 안전속도 지키기 · 교통신호 지키기	
		오토바이 운전 중 주의사항	· 이륜차의 특징 · 운전면허 제도 · 상황별 위험 예측 · 사고 현황과 원인	

대분류	중분류	소분류	활동요소	유치원(30개 활동)
교통 안전	자동차 안전	자동차 사고의 원인·피해	· 자동차 특성의 이해 · 자동차 사고의 원인과 피해	· 자동차의 특징을 알아보아요. · 자동차 사고는 위험해요. (1) · 자동차 사고는 위험해요. (2) ※ 〈선택학습〉 자동차의 특징을 알아보아요. (2)
		자동차 사고 예방법	· 안전띠를 꼭 매야 하는 이유를 알기 · 안전띠의 올바른 착용 방법 · 통학버스의 안전한 이용	· 안전띠를 매요. (1) · 안전띠를 매요. (2) 통학버스를 안전하게 이용해요. ※ 〈선택학습〉 통학버스를 안전하게 이용해요. (2)
	대중 교통 안전	대중교통 이용 안전 수칙	· 대중교통 이용 방법 · 대중교통 승·하차 방법 · 대중교통 이용 중 유의 사항 · 버스 및 지하철 안에서 손잡이 잡기, 뛰지 않기	· 대중교통이란 무엇일까요? · 대중교통을 안전하게 이용해요 · 버스를 안전하게 이용해요 · 지하철을 안전하게 이용해요 · 비행기를 안전하게 이용해요 · 선박을 안전하게 이용해요 ※ 〈선택학습〉 버스를 안전하게 이용해요. (2) ※ 〈선택학습〉 지하철을 안전하게 이용해요. (2)

출처: 교육부(2016). 학교안전교육 7대 표준안 유치원용.

1) 보행자 안전

(1) 신호등이 있는 횡단보도에서의 보행 안전

- 초록색으로 바뀌면 꼭 차가 멈춘 것을 확인한 뒤에 손을 들고 운전자와 눈을 마주치면서 천천히 건너가야 한다.
- 횡단보도를 건널 때에는 뒤늦게 멈추는 차에 대비하기 위해 오른쪽으로 건너가야 한다.
- 초록색 신호 점멸 시에는 급하게 뛰어 건너려고 하지 말고 기다렸다가 다음 신호에 건너가야 한다.
- 도로 횡단 5원칙

① 멈춘다: 도로를 건너거나 차도로 나갈 때는 항상 멈추는 습관을 기른

다. 일단 멈추면 주변을 살필 수 있는 정신적·시간적 여유가 생긴다.

② 좌우를 살핀다: 도로 왼쪽, 오른쪽을 보고 차가 완전히 멈춘 것을 확인한다.

③ 손을 든다: 횡단보도의 오른쪽으로 갈수록 급제동하는 차량과의 충돌 위험성이 적으므로 오른쪽에서 왼손을 들고 왼쪽 방향의 차량을 확인하며 내가 건널 것임을 운전자에게 알리고 출발한다.

④ 운전자를 본다: 운전자와 눈을 맞추며 차가 멈춰 있는 것을 다시 확인한다.

⑤ 건넌다: 횡단보도를 건너는 동안 계속 손을 들고 운전자나 차를 보면서 대각선 방향으로 건넌다. 처음에는 왼쪽 손을 들고, 반 정도 건넌 다음에는 차량과 가까운 오른쪽 손을 들어야 한다.

(2) 신호등이 없는 횡단보도에서의 보행 안전

- 영유아는 달려오는 차의 속도에 대한 판단 능력이 부족하기 때문에 반드시 차의 멈춤을 확인한 뒤에 건너가야 한다.
- 이때 운전자에게 손을 들어 '지나가겠다'는 표시를 한 후, 운전자와 눈을 맞추고 '지나가도 좋다'는 의사가 통하면 길을 건너가야 한다.
- 횡단보도를 건널 때에는 뒤늦게 멈추는 차에 대비하기 위해 반드시 오른쪽으로 건너가야 한다.
- 신호등 없는 횡단보도는 혼자 건너기 위험하므로 가급적 어른과 같이 길을 건넌다.
- 횡단보도가 아닌 곳으로 건너는 것은 교통규칙을 지키지 않는 나쁜 행동이며, 조금 돌아가더라도 횡단보도나 육교 또는 지하도로 건너야 한다.

(3) 위험한 놀이에 따른 보행안전

- 길을 걸을 때 손에 있는 공은 갑자기 놓치는 순간 도로로 굴러갈 수 있으므

로 가방에 넣도록 하고, 공이 차도로 굴러가면 주위의 어른에게 도움을 요청한다.

- 차가 다니는 길에서는 친구들과 장난을 치며 놀거나 공놀이나 풍선놀이 등 위험한 놀이를 하지 않도록 한다.
- 사람이 다니는 길과 차가 다니는 길이 구분되지 않은 길에서 갑자기 차도로 뛰어들지 않도록 한다.
- 길 건너편에서 누가 부르더라도 급하게 건너가지 말고 우선 멈춘 뒤, 왼쪽 오른쪽을 살핀 후 조심해서 건너간다.
- 애완견은 갑자기 뛰거나 차에 뛰어들어 매우 위험한 상황이 될 수 있으므로 꼭 너무 길지 않게 줄을 매어야 한다. 너무 긴 줄을 맨 경우도 애완견이 차도에 뛰어 들 수 있어 사고의 위험이 있다.

(4) 사각지대에 따른 보행안전

- 주 · 정차된 차는 대부분 뒤로 움직이므로 차 뒤나 밑에서 놀지 않도록 지도한다. 교사나 부모가 잠시 소홀한 틈에 어린이가 차량 밑으로 들어가는 일이 없도록 각별히 주의를 기울여야 한다.
- 보조교사나 인솔교사도 운전자가 확인할 수 없는 부분을 직접 확인하여 사각지대를 없애고 안전을 확인한 후 출발하도록 하여야 한다.
- 야간 운전 시 자동차 운전자는 전조등이 비추는 곳만 잘 볼 수 있고, 전조등이 비추지 않는 부분은 사각지대와 같이 잘 볼 수 없으므로 야간에는 운전자가 잘 볼 수 있게 밝은 색 옷을 입고 길을 건너는 것이 좋다.

(5) 이면도로나 주·정차된 차량 사이의 보행안전

- 주 · 정차된 차량 사이에서는 걷거나 급하게 뛰어나오지 않도록 지도한다.
- 차도와 보도가 구분이 없는 길에서는 차와 같은 방향인 우측통행을 할 경우 보행자는 차를 등지고 있기 때문에 차의 진행방향을 알 수 없어 사고가 발

생할 수 있으므로 차와 마주보고 걸을 수 있도록 길 가장자리 좌측으로 통행하도록 한다.

- 여러 명이 골목길을 걸어갈 때는 도로가 좁기 때문에 한 줄로 걷는다.
- 교차로, 길모퉁이, 좁은 길에서 큰 길로 나갈 때는 반드시 멈춘 후 좌우를 확인하고 천천히 나간다.

(6) 내륜차에 따른 보행안전

- 큰 버스나 화물트럭이 오른쪽이나 왼쪽으로 돌 때 안쪽에 어린이가 서 있으면 앞바퀴에는 부딪히지 않더라도 뒷바퀴에 부딪힐 수 있으므로 큰 차가 지나갈 때는 차에서 멀리 떨어져 있는다.
- 길모퉁이에 서 있거나 교차로 횡단보도에서 차도로 내려와 있지 않는다.

2) 자전거 안전

- 차도나 이면도로에서 자전거나 인라인 등을 타는 것은 매우 위험하므로 자동차가 다니지 않는 학교 운동장이나 어린이 공원 등 안전한 장소에서 타도록 한다.
- 자전거는 자신의 키와 몸에 따라 안장에 앉아서 발끝이 땅에 닿을 수 있는 것을 탄다.
- 반드시 보호 장구를 착용하고 타도록 한다.
- 횡단보도를 건널 때에는 자전거에서 내린 후 끌고 가도록 한다.

3) 자동차 안전

(1) 안전띠, 카시트 착용

- 어린이는 앞좌석에 앉지 않으며 뒷좌석에서도 반드시 안전띠를 착용하거나 카시트에 앉도록 한다.
- 안전띠의 올바른 착용 방법(경상남도 교육청 교통안전 길라잡이)
  - 좌석을 조절하고 자세를 바르게 해 의자에 깊게 앉는다.
  - 안전띠가 꼬이지 않았는지 확인하면서 당긴다. 안전띠가 꼬이면 폭이 좁게 된 부분에 강한 힘이 집중되므로 꼬이지 않도록 한다.
  - 허리띠는 골반에, 어깨띠는 어깨 중앙에 걸쳐서 맨다. 특히, 어깨로부터 안전띠가 목이나 턱, 얼굴 등에 닿지 않도록 주의한다. 잘못 착용할 경우 충돌 시 하복부에 장기파열 등의 심각한 부상이 유발된다.
  - 안전띠는 가슴과 허리에 착 달라붙는 느낌으로 맨다.
  - 안전띠의 버클은 찰칵 소리가 나도록 단단히 잠가야 한다.

한국은 만 6세 이하 영·유아 카시트 착용을 의무화하고 있다. 그러나 교통안전공단에 따르면 고속도로에서 유아용 카시트 착용률은 약 33.6%이며, 뉴질랜드(92%), 미국(91%), 일본(60.2%)에 반해 현저히 낮은 수준이다. 특히 카시트 착용 의무 대상은 아니지만 권장 대상인 만 6~12세 어린이들은 어른용 안전띠만을 착용하는 경우가 대부분인 것으로 나타났다. 또한 한국은 교통법령상 카시트 착용 의무 기준을 연령 기준으로만 정해놨지만 미국, 영국, 캐나다 등은 신체 기준으로 세세하게 규정하고 있다. 미국의 카시트 착용 의무 기준은 주에 따라 만 3~8세, 키 144㎝ 이하, 몸무게 13~36㎏로 지정되어 있다. 영국과 캐나다도 각각 만 12세 미만, 키 135㎝ 이하, 만 5~10세, 키 145㎝, 몸무게 18~36㎏까지다.

도로교통법 제50조(특정 운전자의 준수사항)

① 자동차(이륜자동차는 제외한다)의 운전자는 자동차를 운전할 때에는 좌석안전띠를 매어야 하며, 그 옆 좌석의 동승자에게도 좌석안전띠(영유아인 경우에는 유아보호용 장구를 장착한 후의 좌석안전띠를 말한다. 이하 같다)를 매도록 하여야 한다. 다만, 질병 등으로 인하여 좌석안전띠를 매는 것이 곤란하거나 행정자치부령으로 정하는 사유가 있는 경우에는 그러하지 아니하다. <개정 2013. 3. 23, 2014. 11. 19, 2014. 12. 30>

② 자동차(이륜자동차는 제외한다)의 운전자는 그 옆 좌석 외의 좌석의 동승자에게도 좌석안전띠를 매도록 주의를 환기하여야 하며, 승용자동차의 운전자는 영유아가 운전자 옆 좌석 외의 좌석에 승차하는 경우에는 좌석안전띠를 매도록 하여야 한다. <개정 2014. 12. 30>

(2) 통학버스 안전

동승 보호자가 없는 경우 운전자가 동승보호자의 역할도 해야 하며, 2017. 1. 29.부터 모든 15인승 이상 어린이의 통학차량의 동승 보호자 탑승이 의무화된다(도로교통법 제53조, 2017.1.29. 시행). 교육부 학교안전 정보센터(2016)에서 제시한 통학차량 운전자, 동승자 안전수칙은 다음과 같다.

① 운전자 안전수칙

가. 승차할 때

- 차량 주위에 어린이가 있는지 확인한 후 보도나 길 가장자리 구역 옆에 정차한다.
- 운전자는 하차하여 어린이를 승차시킨 후 좌석에 앉혀 안전띠를 매 준다.
- 운전자는 모든 어린이가 안전띠를 맨 것을 확인하고 문을 닫은 후 출발한다는 것을 어린이에게 알린다.
- 광각 실외 후사경 등을 확인 차량 주위에 어린이가 있는지 확인한다.
- 다른 어린이가 있는 경우, 다시 하차하여 안전한 곳으로 이동시킨 후 서서히 출발한다.

나. 운행 중일 때

- 어린이가 안전띠를 풀고 있지 않은지 수시로 확인한다.

- 안전띠가 풀린 어린이가 있는 경우 차를 정차시킨 후 직접 안전띠를 매 준다.
- 어린이가 차창 밖으로 손, 물건 등을 내밀거나 장난치지 않도록 한다.

다. 하차할 때

- 차를 보도나 길 가장자리 구역 옆에 안전하게 정차시켜 기어를 중립에 놓고 사이드 브레이크를 올린 후 직접 하차한다.
- 오토바이나 자전거가 오는지 살피고 문을 연 후 한 명씩 하차시켜 보호자에게 인계힌다.
- 하차한 어린이가 안전한 장소에 도착한 것을 확인한 후 차 문을 닫고 서서히 출발한다. 어린이가 반대편으로 길을 건널 경우 운전자(동승보호자 미탑승 시)가 함께 건넌다.

② 동승 보호자 안전수칙

가. 승차할 때

- 차량이 보도나 길 가장자리 구역 옆에 정지한 것을 확인한 후 어린이를 승차시킨다.
- 어린이를 좌석에 앉혀 안전띠를 매 주고, 주변에 다른 어린이가 있는지 확인한다.
- 모두 승차하면 문을 닫고, 운전자에게 알려 서서히 출발하도록 한다.

나. 운행 중일 때

- 어린이가 안전띠를 풀고 있지 않은지 수시로 확인한 후, 안전띠가 풀어진 경우 즉시 매 준다.
- 어린이가 차창 밖으로 손, 물건 등을 내밀거나 장난치지 않도록 한다.

다. 하차할 때

- 차량이 보도나 길 가장자리 구역 옆에 안전하게 정지한 것을 확인한 후 안전띠를 풀어 준다.
- 오토바이나 자전거가 오는지 살피고 먼저 하차하여, 어린이를 한 명씩 하차시켜 보호자에게 인계한다.
- 하차한 어린이가 안전한 장소에 도착하는 것을 확인한 후, 차 문을 닫고 운전자에게 알려 서서히 출발하도록 한다. 하차한 어린이가 반대편으로 길을 건널 경우 동승 보호자가 함께 건넌다.

도로교통법 통학버스 관련 법규

제2조(정의)의 23.

'어린이 통학버스'란 다음 각 목의 시설 가운데 어린이(13세 미만인 사람을 말한다. 이하 같다)를 교육대상으로 하는 시설에서 어린이의 통학 등에 이용되는 자동차와 「여객자동차 운수사업법」 제4조 제3항에 따른 여객자동차운송사업의 한정면허를 받아 어린이를 여객대상으로 하여 운행되는 운송사업용 자동차를 말한다.

가. 「유아교육법」에 따른 유치원, 「초·중등교육법」에 따른 초등학교 및 특수학교

나. 「영유아보육법」에 따른 어린이집

다. 「학원의 설립·운영 및 과외 교습에 관한 법률」에 따라 설립된 학원

라. 「체육시설의 설치·이용에 관한 법률」에 따라 설립된 체육시설

제51조(어린이 통학버스의 특별보호)

① 어린이 통학버스가 도로에 정차하여 어린이나 영유아가 타고 내리는 중임을 표시하는 점멸등 등의 장치를 작동 중일 때에는 어린이 통학버스가 정차한 차로와 그 차로의 바로 옆 차로로 통행하는 차의 운전자는 어린이 통학버스에 이르기 전에 일시정지하여 안전을 확인한 후 서행하여야 한다. 〈개정 2014. 12. 30.〉

② 제1항의 경우 중앙선이 설치되지 아니한 도로와 편도 1차로인 도로에서는 반대 방향에서 진행하는 차의 운전자도 어린이 통학버스에 이르기 전에 일시정지하여 안전을 확인한 후 서행하여야 한다.

③ 모든 차의 운전자는 어린이나 영유아를 태우고 있다는 표시를 한 상태로 도로를 통행하는 어린이 통학버스를 앞지르지 못한다. 〈개정 2014. 12. 30.〉

제52조(어린이 통학버스의 신고 등)

① 어린이 통학버스(「여객자동차 운수사업법」 제4조 제3항에 따른 한정면허를 받아 어린이를 여객대상으로 하여 운행되는 운송사업용 자동차는 제외한다)를 운영하려는 자는 행정자치부령으로 정하는 바에 따라 미리 관할 경찰서장에게 신고하고 신고증명서를 발급받아야 한다. 〈개정 2014. 1. 28., 2014. 11. 19.〉

② 어린이 통학버스를 운영하는 자는 어린이 통학버스 안에 제1항에 따라 발급받은 신고증명서를 항상 갖추어 두어야 한다.

③ 어린이 통학버스로 사용할 수 있는 자동차는 행정자치부령으로 정하는 자동차로 한정한다. 이 경우 그 자동차는 도색·표지, 보험가입, 소유 관계 등 대통령령으로 정하는 요건을 갖추어야 한다. 〈개정 2013. 3. 23., 2014. 1. 28., 2014. 11. 19.〉

④ 누구든지 제1항에 따른 신고를 하지 아니하거나 「여객자동차 운수사업법」 제4조 제3항에 따라 어린이를 여객대상으로 하는 한정면허를 받지 아니하고 어린이 통학버스와 비슷한 도색 및 표지를 하거나 이러한 도색 및 표지를 한 자동차를 운전하여서는 아니 된다. 〈개정 2014. 1. 28.〉

제53조(어린이 통학버스 운전자 및 운영자 등의 의무)

① 어린이 통학버스를 운전하는 사람은 어린이나 영유아가 타고 내리는 경우에만 제51조 제1항에 따른 점멸등 등의 장치를 작동하여야 하며, 어린이나 영유아를 태우고 운행 중인 경우에만 제51조 제3항에 따른 표시를 하여야 한다. 〈개정 2014. 12. 30.〉

② 어린이통학버스를 운전하는 사람은 어린이나 영유아가 어린이통학버스를 탈 때에는 승차한 모든 어린이나 영유아가 좌석안전띠(어린이나 영유아의 신체구조에 따라 적합하게 조절될 수 있는 안전띠를 말한다. 이하 이 조 및 제156조제1호, 제160조제2항제4호의2에서 같다)를 매도록 한 후에 출발하여야 하며, 내릴 때에는 보도나 길가장자리구역 등 자동차로부터 안전한 장소에 도착한 것을 확인한 후에 출발하여야 한다. 다만, 좌석안전띠 착용과 관련하여 질병 등으로 인하여 좌석안전띠를 매는 것이 곤란하거나 행정안전부령으로 정하는 사유가 있는 경우에는 그러하지 아니하다. 〈개정 2014. 1. 28., 2014. 11. 19., 2014. 12. 30., 2017. 7. 26., 2018. 3. 27.〉

③ 어린이통학버스를 운영하는 자는 어린이통학버스에 어린이나 영유아를 태울 때에는 다음 각 호의 어느 하나에 해당하는 보호자를 함께 태우고 운행하여야 하며, 동승한 보호자는 어린이나 영유아가 승차 또는 하차하는 때에는 자동차에서 내려서 어린이나 영유아가 안전하게 승하차하는 것을 확인하고 운행 중에는 어린이나 영유아가 좌석에 앉아 좌석안전띠를 매고 있도록 하는 등 어린이 보호에 필요한 조치를 하여야 한다. 〈개정 2014. 1. 28., 2014. 12. 30.〉

1. 「유아교육법」에 따른 유치원이나 「초 · 중등교육법」에 따른 초등학교 또는 특수학교의 교직원
2. 「영유아보육법」 제2조제5호에 따른 보육교직원
3. 「학원의 설립 · 운영 및 과외교습에 관한 법률」 제13조제1항에 따른 강사
4. 「체육시설의 설치 · 이용에 관한 법률」에 따른 체육시설의 종사자
5. 그 밖에 어린이통학버스를 운영하는 자가 지명한 사람

④ 어린이통학버스를 운전하는 사람은 어린이통학버스 운행을 마친 후 어린이나 영유아가 모두 하차하였는지를 확인하여야 한다. 〈신설 2016. 12. 2.〉

⑤ 어린이통학버스를 운전하는 사람이 제4항에 따라 어린이나 영유아의 하차 여부를 확인할 때에는 행정안전부령으로 정하는 어린이나 영유아의 하차를 확인할 수 있는 장치(이하 "어린이 하차확인장치"라 한다)를 작동하여야 한다. 〈신설 2018. 10. 16.〉

제53조의 2(보호자가 동승하지 아니한 어린이 통학버스 운전자의 의무)

어린이의 승차 또는 하차를 도와주는 보호자를 태우지 아니한 어린이 통학버스를 운전하는 사람은 어린이가 승차 또는 하차하는 때에 자동차에서 내려서 어린이나 영유아가 안전하게 승하차하는 것을 확인하여야 한다. 〈개정 2014. 12. 30.〉[전문개정 2014. 1. 28.]

제53조의 3(어린이 통학버스 운영자 등에 대한 안전교육)

① 어린이 통학버스를 운영하는 사람과 운전하는 사람은 어린이 통학버스의 안전운행 등에 관한 교육(이하 "어린이 통학버스 안전교육"이라 한다)을 받아야 한다. 〈개정 2014. 1. 28.〉

② 어린이 통학버스 안전교육은 다음 각 호의 구분에 따라 실시한다. 〈신설 2014. 1. 28.〉

1. 신규 안전교육: 어린이 통학버스를 운영하려는 사람과 운전하려는 사람을 대상으로 그 운영 또는 운전을 하기 전에 실시하는 교육
2. 정기 안전교육: 어린이 통학버스를 계속하여 운영하는 사람과 운전하는 사람을 대상으로 2년마다 정기적으로 실시하는 교육

③ 어린이 통학버스를 운영하는 사람은 어린이 통학버스 안전교육을 받지 아니한 사람에게 어린이 통학버스를 운전하게 하여서는 아니 된다. 〈신설 2014. 1. 28.〉

④ 그 밖에 어린이 통학버스 안전교육의 방법·절차 등에 관하여 필요한 사항은 대통령령으로 정한다. 〈개정 2014. 1. 28.〉[본조신설 2011. 6. 8.][제목개정 2014. 1. 28.]

4) 어린이 교통사고 예방을 위한 노력

(1) 안전한 어린이 보호구역

학교 인근에서의 교통사고를 줄이기 위한 정부 정책의 일환으로 1995년도부터 스쿨존(어린이 보호구역)을 매년 확대 지정하여 스쿨존 주변에서의 속도를 제한하는 등 다양한 노력을 전개하고 있다. 어린이 보호구역이란 유치원, 초등학교, 특수학교, 100인 이상 보육시설, 학원 등의 주출입문을 중심으로 반경 300m 이내 일정구간을 보호구역으로 지정하여 자동차 등의 통행속도를 30km/h 이내로 제한한 구역이다.

〈표 5-9〉 어린이 보호구역 지정현황(2015년 12월 말 기준)

단위: 개교/원

연도별	2011	2012	2013	2014	2015
합계	14,921	15,136	15,444	15,799	16,085
초등학교	5,917	5,946	5,975	6,009	6,052
유치원	6,766	6,735	6,838	6,979	7,056
특수학교	131	131	135	145	146
보육시설	2,107	2,313	2,481	2,650	2,775
학원	–	11	15	16	56

출처: 도로교통공단 홈페이지 교통통계정보.

그러나 2011~2013년 3년간 스쿨존에서의 교통사고 발생률은 감소추세였다가 2014년부터 다시 증가하여 2015년에는 모두 541건으로, 전년도에 발생한 523건에 비해 25% 증가한 것으로 드러났다. 특히 사망자가 8명으로, 이는 전년 대비 2배 증가한 것이며, 2011년 이후 가장 많은 사망사고이다. 현재 우리나라는 스쿨존 내 과속단속 장비가 설치된 곳이 거의 없기 때문에 스쿨존 내에서 속도제한이 제대로 이루어지지 않고 있는 실정이다.

도로교통법 제12조(어린이 보호구역의 지정 및 관리)

① 시장등은 교통사고의 위험으로부터 어린이를 보호하기 위하여 필요하다고 인정하는 경우에는 다음 각 호의 어느 하나에 해당하는 시설의 주변도로 가운데 일정 구간을 어린이 보호구역으로 지정하여 자동차등과 노면전차의 통행속도를 시속 30킬로미터 이내로 제한할 수 있다. 〈개정 2013. 3. 23., 2014. 1. 28., 2014. 11. 19., 2015. 7. 24., 2017. 7. 26., 2018. 3. 27.〉

1. 「유아교육법」 제2조에 따른 유치원, 「초 · 중등교육법」 제38조 및 제55조에 따른 초등학교 또는 특수학교
2. 「영유아보육법」 제10조에 따른 어린이집 가운데 행정안전부령으로 정하는 어린이집
3. 「학원의 설립 · 운영 및 과외교습에 관한 법률」 제2조에 따른 학원 가운데 행정안전부령으로 정하는 학원
4. 「초 · 중등교육법」 제60조의 2 또는 제60조의 3에 따른 외국인학교 또는 대안학교, 「제주특별자치도 설치 및 국제자유도시 조성을 위한 특별법」 제223조에 따른 국제학교 및 「경제자유구역 및 제주국제자유도시의 외국교육기관 설립 · 운영에 관한 특별법」 제2조 제2호에 따른 외국교육기관 중 유치원 · 초등학교 교과과정이 있는 학교

② 제1항에 따른 어린이 보호구역의 지정절차 및 기준 등에 관하여 필요한 사항은 교육부, 행정안전부 및 국토교통부의 공동부령으로 정한다. 〈개정 2013. 3. 23., 2014. 11. 19., 2017. 7. 26.〉

③ 차마 또는 노면전차의 운전자는 어린이 보호구역에서 제1항에 따른 조치를 준수하고 어린이의 안전에 유의하면서 운행하여야 한다. 〈개정 2018. 3. 27.〉

④ 지방경찰청장, 경찰서장 또는 시장등은 제3항을 위반하는 행위 등의 단속을 위하여 어린이 보호구역의 도로 중에서 행정안전부령으로 정하는 곳에 우선적으로 제4조의 2에 따른 무인 교통단속용 장비를 설치하여야 한다. 〈신설 2019. 12. 24.〉

⑤ 시장등은 제1항에 따라 지정한 어린이 보호구역에 어린이의 안전을 위하여 다음 각 호에 따른 시설 또는 장비를 우선적으로 설치하거나 관할 도로관리청에 해당 시설 또는 장비의 설치를 요청하여야 한다. 〈신설 2019. 12. 24.〉

1. 어린이 보호구역으로 지정한 시설의 주 출입문과 가장 가까운 거리에 있는 간선도로상 횡단보도의 신호기
2. 속도 제한 및 횡단보도에 관한 안전표지
3. 「도로법」 제2조 제2호에 따른 도로의 부속물 중 과속방지시설 및 차마의 미끄럼을 방지하기 위한 시설
4. 그 밖에 교육부, 행정안전부 및 국토교통부의 공동부령으로 정하는 시설 또는 장비[시행일: 2020. 3. 25.] 제12조 제4항, 제12조 제5항

(2) 보행안전지도(Walking School Bus)

초등학생들이 등·하교할 때 방향이 같은 어린이들이 훈련된 보행안전지도 자원봉사자들의 보호 아래 집단으로 보행하는 시스템이다. 학교별로 어린이들

이 주로 이용하는 통학로에 4~5개 노선을 선정하여 등·하교 시 정해진 시간에 어린이를 데려오고 데려다주며 안전교육까지 실시하는 선진국형 안전한 등·하교 기법이다.

잘 훈련된 자원봉사자들이 어린이들을 데리고 다니며 안전하게 등·하교시켜 주면서 실제 도로에서 안전한 보행 방법 등을 직접 실습교육을 함으로써 어린이들이 안전한 생활이 몸에 습관화되어 홀로 도로 횡단 시에도 교통사고 위험을 크게 줄여 주는 등 전체적으로 교통사고 위험을 낮추어 줄 수 있다.

(3) 교통안전 가족회의

일본에서는 어린이의 교통사고 발생률을 낮추기 위해 어린이들이 교통안전 의식을 생활화할 수 있도록 '교통안전 가족회의'를 많이 활용한다. 한 가정에는 운전자와 보행자가 모두 있으므로 서로의 입장에 대해 잘 이해할 수 있으며, 어린이 교통사고 사례, 안전한 도로횡단 방법, 자동차 특성에 대한 이해, 안전띠의 중요성, 차량의 안전한 승하차 방법, 교통지도 그리는 법 등에 대한 이야기를 나눈다. 이 회의를 통해 교통사고유형과 예방 대책을 자연스럽게 알려 줌으로써 어린이가 교통사고에 스스로 대처할 수 있도록 한다.

4 교통안전교육의 실제

본 실제편은 교육부 학교안전교육 7대 표준안 유치원용(2016) 교사용 지도서와 누리과정 지도서를 참고하였다.

활동 1	안전하게 건너요

목표	누리과정 관련요소
· 안전하게 횡단해야 하는 이유를 안다. · 갑자기 뛰어드는 행동의 위험성을 안다. · 안전하게 횡단보도를 건너는 방법을 알고 건널 수 있다. · 자신의 의견을 적절하게 표현한다.	· 신체운동 · 건강 : 안전하게 생활하기- 보행안전규칙을 지킨다. · 의사소통 : 말하기- 생각과 느낌 말하기 듣기- 지시를 듣고 적절하게 행동한다.

활동 자료	· 선풍기, 신호등 모형, 횡단보도 교구, 자동차 핸들 모형 · 잘못된 보행에 대한 그림자료

활동방법	
도입	· 신호등의 신호가 초록색으로 바뀌자마자 바로 뛰어나가는 그림을 보여 주고 이야기를 나눈다. - 운전자가 신호등을 미처 보지 못해서 멈추지 않았다면 어떤 일이 일어날까? · 선풍기가 돌아가는 모습을 보이다가 전원을 껐을 때 선풍기 날개가 멈추는 것을 관찰하고 이야기를 나눈다. - 선풍기 전원을 껐을 때 선풍기가 어떻게 되었니? - 선풍기가 전원을 끄자마자 바로 멈추었니? · 선풍기와 마찬가지로 모든 움직이는 것들은 완전히 멈추는 데 시간이 걸리는 것을 설명한다. · 유아들의 다양한 발표 내용을 바탕으로 갑자기 뛰어드는 행동의 위험성을 이해하도록 설명한다. · 안전하게 횡단보도를 건너는 방법 알아보기 위한 활동을 안내한다.
전개	· 횡단보도를 건널 때 어떻게 건너야 하는지에 대해 이야기를 나눈다. - 초록색 신호로 바뀌면 어떻게 건너야 할까? - 달려오던 자동차가 멈추었는지 어떻게 알 수 있을까? - 어떻게 건너는 것이 안전할까? · 동영상을 보여주며 횡단보도를 안전하게 건너는 방법에 대해 설명하고 이야기를 나눈다. - 우선 멈춘다. 좌우를 살핀다. 손을 든다. 운전자와 눈을 맞추며 건넌다. - 왜 멈추어야 할까? - 어느 쪽 손을 드는 게 좋을까? - 왜 운전자와 눈을 맞추며 건너야 할까? · 교실에서 횡단보도를 건너는 가정을 하고 실제로 안전하게 건너 본다.
정리	· 횡단보도에서의 교통사고 위험에 대하여 이야기를 나눈다. · 안전하게 길을 건너는 방법을 정리한다.
평가	안전하게 길을 건너는 방법을 알고 실천할 수 있는가?

Chapter 06

화재안전

1 화재안전의 개념 및 필요성

1) 화재안전교육의 개념

화재는 물질이 산소와 화합하여 고열과 빛을 동반하는 급속한 연소 산화반응 현상으로 소화가 필요한 불을 의미하여, 재난은 국민의 생명·신체·재산 및 국가에 재해를 주거나 줄 수 있는 것을 의미한다(소방방재청, 2009). 또한 경제발달로 인한 에너지의 다양화와 각종 위험물질의 증가에 따라 화재안전은 위험도가 높은 안전사고 유형 중 하나이다(이용주·오선영, 2009). 이러한 화재는 한번 사고가 발생하게 되면 많은 인명피해의 결과를 가져올 수 있는 미래의 불안요소가 큰 부분으로 화재로 인한 신체적 상해, 외관상의 후유증, 운동 장애로 자존감에 손상을 받게 되어 일생동안 고통스러운 삶을 살게 된다(강성희, 2003; 임지선, 2001). 이에 화재는 인적 재난의 한 부류로서 자연재난, 사회적 재난과 함께 재난관리 즉 화재의 예방·대비·대응 및 복구를 위한 모든 활동의 대상이 된다(문혁준 외 11인, 2009).

불은 ① 연료, ② 열, ③ 산소, 이 세 가지 요소가 상호작용하여 화학적으로 반응하여 빛과 열이 발생하는 것이다. 따라서 불을 끄려면 불이 발생하기 위해 필요한 세 가지 중 적어도 하나의 요인을 제거해야만 한다. 즉 연료가 있더라도 산소나 열을 없애면 불이 꺼지게 되며, 산소와 연료가 있더라도 연료의 발화점 이하로 온도가 내려가 있을 때는 불을 피우기 힘들거나 불이 꺼지게 된다. 물을 뿌리는 것은 연료의 발화점을 낮추기 위한 것이다.

현대사회에서 불은 우리의 생활을 영위하기 위해 꼭 필요한 존재가 되었다. 하지만 자칫 방심하거나 잘못 사용하게 되는 순간에는 엄청난 인적, 물적 피해를 가져오는 위협적인 존재이기도 하다. 불을 안전하게 사용하려면 어릴 때부터 불을 안전하게 사용하는 방법을 제대로 교육받고 항상 화재가 발생하지 않도록 예방하고 화재로 인한 위기상황에 대한 안전대책을 마련할 수 있도록 해야 한다(김일옥·이정은, 2009).

또한, 화재는 아주 작은 불씨로부터 시작된다는 점을 인지하고 평소 생활공간의 정기적인 점검을 통해 화재예방에 노력하고 지속적인 대피훈련을 실시하여 화재로 인한 인적, 물적 피해를 최소화해야 한다. 특히 위험요소 발견능력과 위험 상황 대처능력이 부족한 영유아가 생활하는 공간에서는 화재로부터 안전한 환경을 제공할 수 있어야 한다. 화재는 인간이 의도하지 않거나 고의로 불을 낸 것으로 불로 인하여 발생하는 모든 위험성을 의미한다. 화재는 자칫 많은 인적 손실과 더불어 물적 손실을 일으키는 재앙이므로, 영유아 시기부터 화재안전교육을 제대로 실시하여 화재를 예방할 수 있는 능력과 화재발생 시 대처할 수 있는 기술을 습득하는 것이 중요하다(정재경 외 5인, 2015).

일반적으로 안전교육은 일상생활에서 일어나는 사고를 미연에 방지하고 불의의 재해나 돌발적인 사태가 발생했을 때에는 생명을 지키기 위해 취해야 할 지식·기술·태도·행동의 습득을 목적으로 실시하는 교육이다(이인실 외, 2006). 이에 유아 화재안전교육은 유아들이 안전하고 건강하게 성장·발달할 수 있도록 안전한 환경을 제공·감독하며, 유아에게 사고 발생의 잠재적 가능성을 인식시키고 자신을 보호하기 위한 행동양식과 태도를 형성하는 데 목적을 둔 교육이다(학교보건법 제12조, 아동복지법 제9조, 「아동복지법시행령」 제4조 참조). 궁극적으로는 자신에 대한 보호뿐만 아니라 타인의 생명을 존중하는 인간 개개인의 존엄을 배우는 교육이기도 하다(문혁준 외 11인, 2009).

또한 화재는 유아 안전사고의 주요 원인이 되고 그 피해와 후유증이 매우 크기 때문에 화재안전사고를 예방하고 최소화하기 위해 우선 필요한 것은 유아를 돌보고 가르치는 교사와 부모들이 화재안전의 위험 요인을 찾아 환경을 개선하고 안전한 시설·설비를 갖추는 일, 즉 유아에게 보다 안전한 환경을 제공하고 관리하는 것이라고 할 수 있다(김성희, 2000). 따라서 교사와 부모를 대상으로 하는 화재안전교육이 먼저 필수적으로 이루어져야 한다. 뿐만 아니라 이러한 안전한 환경 안에서 사고대처 능력이 부족한 유아들을 위해 구체적이고 체계적인 화재안전교육이 꼭 이루어질 수 있도록 해야 한다(오정옥, 2008).

화재안전교육 실시에서 화재는 유아들이 촛불이나 라이터, 폭죽 등을 이용한 불장난을 통해 발생되기도 하지만, 누전과 같이 유아들과 무관한 원인도 있기 때문에 유아 스스로 화재나 화상의 피해를 예방할 수 있도록 해야 한다. 이는 영아보다는 대·소근육의 협응능력이 발달하고 주변에 호기심이 많아 또래와 위험한 장난을 하기 쉬운 6세 이상의 유아와 아동이 그 위험의 대상이 될 수 있다. 화재와 화상을 미리 예방하기 위해서는 화재 및 화상에 대한 안전교육의 목표와 이에 대한 기본지식이 필요하다(김현자·신지현 2009).

2) 화재안전교육의 필요성

화재는 인적 재난의 대표적인 예로 매년 화재로 인한 인명 피해가 지속적으로 발생하고 있고 특히 아동 화재사고의 사망자 중 화재사고에 스스로 대처할 능력이 없는 영유아 사망자가 많이 발생하고 있다. 영유아를 사망에 이르게 하는 화재사고의 대부분은 화재 취급 시의 부주의와 안전에 대한 인식 부족으로 발생하므로 영유아 화재사고 예방을 위한 노력, 안전지식 및 화재 발생 시 대처 방법에 대한 교육의 필요성이 제기된다(성미영·민미희·정현심, 2014).

특히 화재안전을 위해 가장 중요한 조처는 화재를 철저하게 예방하는 것이다. 이를 위해 모든 유아교육기관은 정부기관으로부터 정기적으로 소방 점검을 받아야 하며, 기관에서도 화재안전에 대한 담당자를 정하고 일상적으로 화재안전에 대한 자체 점검을 실시해야 한다. 뿐만 아니라 화재안전교육 실시에 대한 강조와 의무화, 그리고 화재사고에 대한 지속적인 주의가 필요하다(오정옥, 2008).

따라서 화재예방을 위한 교육활동인 화재안전교육에서는 화재발생 요인을 제거하는 것이 가장 중요하며 만일 화재가 발생했다면 초기에 이를 진압할 수 있는 기본지식과 대처요령을 익히고 있어야 피해를 최소화할 수 있다. 따라서 화재안전교육에서는 화재 또는 각종 재난으로부터 자신을 안전하게 지키기 위한 지식, 태도, 기능을 길러 주는 의도적이고 체계적인 교육이 실시되어야 한다. 즉 화재안전교육이 실효성을 거두기 위해서는 안전한 생활을 실천하는 데 필요한 지식, 위험 요소를 미리 예측하고 신중하게 행동하는 태도, 그리고 안전하게 행동할 수 있는 기능 교육이 포함되어야 한다(이용주 · 오선영, 2009).

특히 유아기는 발달 특성상 안전사고의 위험이 높은 시기로, 경미한 화재사고에도 매우 치명적인 피해를 입거나 화재사고 후유증이 크기 때문에 유아를 대상으로 한 화재안전교육의 실시는 매우 중요하다(문혁준 외 11인, 2009).

또한 영유아기는 발달 특성상 영역별로 균형이 잡혀 있지 않고 신체발달은 이 시기에 급증하지만 운동기능은 아직 미숙한 상태에 있다. 그러므로 화재안전교육 측면에서도 영유아들의 발달 특성을 이해하고 발달에 적합한 안전교육을 실시해야 한다. 이 시기의 유아들은 피아제의 인지발달 단계 중 대부분 전조작기에 놓여 있기 때문에 화재안전교육을 실시할 때는 일상생활에서 쉽게 찾아볼 수 있는 대상을 중심으로 구체적이며 반복적인 교육을 지속적으로 실시해야 한다(전남련 외 5인, 2010).

또한 어린이 화재사고는 가정이나 보육시설 등 주로 어린이들이 활동하는 공간에서 발생한다. 영유아들의 대피능력, 상황판단능력, 신체조절능력의 부족으로 치명적인 피해를 입기 쉽다. 따라서 영유아의 화재안전사고를 예방하고 최소화하기 위해 교사나 부모 등 성인보호자의 감독이 무엇보다 중요하다고 할 수 있으며 계획적이고 체계적인 화재안전교육이 다양한 프로그램에 의해 지속적으로 실시되어야 한다(한국산업안전공단, 1996). 따라서 화재안전교육의 활성화를 위해서는 교사와 부모의 역할이 무엇보다 중요하다. 그러므로 이들의 화재안전교육 연수를 통하여 화재의 중요성을 알고 화재안전교육이 지속적으로 이루어져서 화재안전에 대한 인식의 변화가 선행되어야 할 것이다. 이를 위해서는 온라인과 오프라인상의 교육을 함께 개설하여 시간상의 제약으로 교육을 받지 못하는 교사들에 대한 배려가 있어야 할 것이다. 또한 전문적이고 보다 체계적인 안전교육을 받을 수 있도록 교육기회 및 정보 등을 지속적으로 제공해 주어야 할 것이다(소방방제청, 한국생활안전연합, 2008).

특히 과거에 비해 유아들이 유아교육기관에서 지내는 생활시간이 증가하면서 유아교사의 유아 안전보호 및 관리 책임의 비중이 커졌다. 이에 유아교사에게는 유아의 안전뿐만 아니라 유아 스스로가 위험으로부터 자신을 보호할 수 있는 능력을 길러 주는 안전교육을 실시해야 하는 역할이 요구되었다(문혁준 외 11인, 2009).

화재안전교육의 필요성을 부모나 교사의 측면에서 살펴보면 첫째, 교육의 기초성, 누적성, 적기성 등 발달의 원리에서 보더라도 좋은 습관이 형성되기 쉬운 영유아기에 화재안전교육을 실시해야 한다. 둘째, 화재안전 및 안전교육에 대한 지식을 향상시키고 화재안전 의식을 고양시키기 위해서 이 시기에 지속적인 교육을 실시해야 한다. 셋째, 화재안전교육에 대한 적합한 내용을 선정하고 효과적인 활동 계획을 수립하여 화재가 발생했을 시 상황에 따라 적절하게 대처할 수 있는 능력을 길러 주는 것이 필요하기 때문이다(전남련 외 5인, 2010)

국민안전처(2015)에서 발표한 통계 자료를 살펴보면, 2014년 한 해에 발생한 화재를 장소별로 분류했을 때 1위가 주택 및 아파트인 것이 밝혀졌다. 또한 화재 원인별 1위는 부주의로 나타났는데, 이는 가정에서의 안전사고에는 강제적 규제가 쉽지 않고 평소 불을 사용함에 있어 함부로 다루는 경향이 크다는 것을 알 수 있다. 또한 가정에서 화재가 발생할 경우 큰 피해로 이어질 수 있는데, 특히 정확한 판단과 행동이 어려운 영유아는 화재발생 시 위험에 노출되기 쉽고 인적사고로 이어질 위험성이 높다(정재경 외 5인, 2015).

앞서 살핀 내용들을 정리하여 윤선화(2012)가 제시한 영유아 화재사고를 예방하기 위한 안전교육에 있어서 고려할 점을 살펴보면 다음과 같다.

첫째, 영유아의 발달에 적합한 화재안전교육이 다양한 시청각 교재와 체험활동으로 전개되어야 한다는 것이다. 이를 위해서는 가능하면 각 연령별 안전교육을 진행하는 것과 발달 수준에 적합한 교·보재의 선택이 필요하다. 또한 지역사회기관과 전문가를 활용할 수 있어야 하며 지식 위주의 주입식 교육보다는 실제 상황과 유사하면서도 영유아에게 익숙한 화재 현장을 만들어서 안전교육을 실시하는 것이 더 효과적이라 하겠다.

둘째, 영유아를 대상으로 하는 화재안전교육뿐만 아니라 영유아를 돌보는 보호자나 교사들을 대상으로 하는 화재안전교육도 반드시 필요하다는 것이다. 화재 발생 시 영유아는 발달 특성상 성인보다 극심한 공포와 패닉상태에 빠지게 되어, 출입구와 계단 쪽으로 향하거나 밝은 쪽으로 향하게 되는 경향이 있고 화재와 연기에 대한 공포심을 지니게 된다. 또한 좁은 공간이나 옷장 안으로 들어가는 등의 대피행동을 보이게 된다. 화재발생 시 안전한 행동을 취하기 위해서는 평소 영유아 교육기관에서 정기적 또는 불시 대피훈련을 실시하여야 하고 유아의 행동특성을 숙지하고 영유아들을 안전한 장소로 대피할 수 있도록 안내하여야 한다. 또한 가정에서도 일관성 있는 교육이 이루어질 수 있도록 화재안전교육을 병행하여야 한다. 이는 결국 체계적이고 실효성 있는 영유아 화재안전교육으로 이어지는 것이다(정재경 외 5인, 2015).

(1) 유아의 화재안전교육

교육의 극대화 차원에서 화재안전교육은 되도록 이른 시기에 시작하는 것이 효과적이다. 유아기는 주변 환경이나 사물에 많은 호기심과 탐구 충동을 지니고 있는 시기인 반면 신체 기능, 판단능력, 그리고 자기 조절 및 상황에 대한 인식능력이 부족하여 안전사고의 위험성이 높은 시기이다(장영희 · 정미라 · 배소연, 1997).

또한 유아기는 발달이 진행되고 있는 상태로서의 미성숙한 특성을 갖고 있으면서 동시에 발달하려는 방향으로의 적극적인 반복행동이 나타나는 시기이기 때문에 예방적인 개념이 강조되는 안전교육을 실시할 수 있는 능력이 형성된 시기라고 볼 수 있다. 즉 유아기는 조기 화재안전교육을 실시하기에 매우 적절한 시기이다. 그렇게 때문에 유아교사들은 유아들의 화재사고 발생에 영향을 끼치는 신체적, 인지적, 사회·정서적 발달특징과 그 밖에 여러 요인들의 작용을 고려하여 그에 따른 유아 화재안전교육 내용과 방법이 다양화되어 적용될 수 있도록 해야 할 것이다. 그러기 위해 교사는 우선 유아들의 경험과 발달 특징에 맞게 안전교육으로 다루어야 할 내용들의 범위와 깊이를 결정하고 각각의 내용을 가장 효과적으로 전달할 수 있는 교육 활동을 선택하며 필요한 경우 고안할 수 있어야 한다(오정옥, 2008).

따라서 유아 화재안전교육에서는 유아 스스로 위험으로부터 자신을 보호할 수 있도록 화재안전 지식과 태도, 기능을 익히게 하여 화재로 인한 피해를 예방하고 최대한 줄이며 건강하고 안전한 생활을 습관화할 수 있도록 도와주는 교육으로 궁극적으로는 자신에 대한 보호뿐만 아니라 타인의 생명을 존중하는 인간 개개인의 존엄을 배우는 교육이라고(한국산업안전공단, 2000) 정리할 수 있다.

이에 교사는 유아의 화재안전을 위한 교육을 계획할 때는 유아가 일상생활 속에서 안전하게 삶을 유지할 수 있도록 화재안전과 관련된 지식과 태도, 기능 등을 숙지하여 늘 안전한 행동을 할 수 있도록 도와주는 내용을 포함시켜야 한다. 이러한 교육을 통하여 유아는 화재로 인한 사고와 재해의 예방, 사고 시 대처 방안에 대한 지식을 습득하게 되고, 화재사고에 대해 이해하고 화재안전을 도모하는 능력과 태도를 기르게 된다. 그런데 그동안 우리는 일반적으로 안전교육의 지식, 기술, 태도라는 측면에서 지식에 편중된 교육이 많았었다. 이처럼 지식에 편중된 안전교육은 화성 씨랜드, 인천호프집, 대구 지하철 화재사고 등 후진국형 사고를 일으켰고 안전 불감증이라는 사회적 문제를 야기했다. 따라서 이러한 지식위주의 안전교육보다는 유아들의 실제생활에서 지식을 사용해서 대처할 수 있는 기술과 태도를 형성하면서 구체적이고 실제로 체험할 수 있는 안전교육이 필요하다(곽은복, 2000).

따라서 유아를 대상으로 한 화재안전교육을 위해서는 견학, 실내·외 수업 등 '내용에 따른 적절한 장소'를 고려하는 것이 가장 필요하며 화재안전교육 방법으로 '상황과 경험을 중심으로 한 화재안전교육'이 화재안전사고를 줄이는 데 가장 효과적이라고 할 수 있다.

올바른 화재안전교육은 유아기의 발달적 기초성과 누적성 측면에서 어른이 되어서도 안전을 고려하고 실천할 수 있게 한다. 따라서 유아기는 조기 화재안전교육이 실시되어야 하는 시기로서 그 중요성이 간과되어서는 안 된다. 그러나 Cole과 동료들(2004)은 유아들을 화재사고로부터 보호하기 위해 화재안전기술을 가르쳐야 하지만 다음의 이유 때문에 쉽지 않다고 했다.

- 유아들은 일상생활에서 불을 친숙하고 우호적인 대상으로 인식하기 때문에 불에 의한 위험을 이해하기 어렵다. 불은 먹을 것, 편안함, 즐거움과 연상되므로 자신들이 다루기 쉽다고 생각하며, 어른들이 필요에 따라 불을 피우려 노력하는 것을 보면서 불은 피우기가 힘들고 끄는 것은 쉽다는 인상을 갖는다.
- 유아는 단순한 인과관계는 이해하지만, 더 복잡한 인과관계의 이해는 어려우므로 작은 불씨가 집을 태울 만큼의 큰 불이 될 수 있다는 것을 이해하기 어렵다.
- 유아 화재안전교육은 성인의 지각과 행동 때문에 쉽지 않다. 많은 성인들은 성냥이나 라이터가 눈에 띄지 않으면 잊어버린다고 생각하고 잠금장치가 없는 서랍이나 장에 넣어 두지만 호기심 많은 유아는 쉽게 손에 넣을 수 있다. 부모와 성인들에게 유아들이 어런 발화물질들에 접근하지 못하도록 교육하는 것도 중요하지만 유아들 역시 그런 발화물들을 접할 때 어떻게 해야 하는지를 배워야 한다(문혁준 외 11인, 2009).

(2) 교사 및 부모의 화재안전교육

사회적 변화의 요구에 따라 유아교육기관의 취원율이 더욱 증가하고 종일제 프로그램에 대한 요구가 많아지면서 유아교사들이 유아 안전보호 및 관리책임의 기대가 많이 요구되고 있기 때문에 이들에 대한 보다 실제적인 화재안전교육이 필요하다. 즉 유아교사를 위한 화재안전교육은 교사양성기관에서 뿐만 아니라 현직교사로 재직할 때, 보다 적극적으로 이루어져야 할 것이다(홍길희, 2009). 왜냐하면 화재안전교육을 경험한 교사가 화재안전교육을 받은 경험이 전무한 교사보다 화재로부터 안전한 환경관리를 실천하고 유아들에게도 화재안전교육을 적극적으로 실시하는 것으로 보고되었기 때문이다(윤선화, 2002).

뿐만 아니라 유아교사는 교육대상인 유아의 특징을 파악하고 여러 가지 교육자료를 선택·활용하여 가장 효율적인 교육을 수행해야 하며, 안전교육에 대한 올바른 지식과 태도를 형성하기 위해 다각적인 노력을 해야 한다(정미라, 배소연, 1999). 또한 교사는 화재안전사고에 있어서도 각별한 주의를 기울이고, 유아 스스로 사고에 대처하고 예방하기 위한 체계적·구체적·실제적 교육의 내용과 방법에 관한 꾸준한 연구를 바탕으로 유아에게 화재안전교육을 실시해야 한다. 즉 교사가 충분히 교육이 되어 있어야 유아에게 가장 적절한 화재안전교육을 실시할 수 있을 것이다. 유아에게 적절하고 실제적인 화재안전교육을 실시하기 위해서는 교사가 참고할 만한 교사용 지도서나 유아에게 적용하여 활용할 만한 화재관련 서적과 교구가 충분히 구비되는 등 필요한 물리적 지원이 반드시 준비되어야 할 것이다. 또한 교사는 유아의 화재안전교육을 위해 유아들의 경험과 관련된 구체적인 학습활동과 자료를 준비해야 하며, 유아 개개인의 능력과 흥미를 만족시킬 수 있는 다양한 교수자료를 이용하여 쉽고 재미있는 방법으로 융통성 있게 전개해야 한다(한국산업안전공단, 2000).

이와 함께 국가적 차원에서의 다양한 지원이 뒷받침되어 유아교육기관과 교사를 믿고 맡기는 유아와 부모, 가족들에게 다시는 씨랜드 화재사고 같은 치명적인 불의의 사고를 겪지 않도록 해야 한다. 교사는 유아의 연령별 발달 특성을 잘 파악하여 유아 화재안전교육의 내용과 방법을 구성에 있어 적절한 계획을 세울 수 있어야 한다(오정옥, 2008).

한편 매년 발생하는 화재의 장소별 분류에서 주택 및 아파트가 1위로 나타나 가정에서의 화재사고율이 매우 높은 것을 알 수 있다. 따라서 부모들이 유아에게 화재안전교육을 실시할 수 있는 교육 내용 및 다양한 교수학습방법에 대한 연구와 실천이 이루어져야 한다. 더 나아가 부모들이 유아안전교육에 관한 자료를 지원받을 수 있는 지역안전기관과의 네트워크 구축을 통한 안전교육의 활성화가 이루어져야 할 것이다(이용주·오선영, 2009).

부모의 화재안전에 대한 인식이 유아의 화재안전교육 실천, 화재의 위험 요인을 찾아 환경을 개선하고 안전한 환경을 제공하고 관리하는 데 영향을 준다는 점에서 화재안전에 대한 부모의 인식전환이 중요하며, 이를 위해서는 부모의 화재안전교육 참여가 절실히 요구된다(문혁준 외 11인, 2009).

2 화재안전의 실태

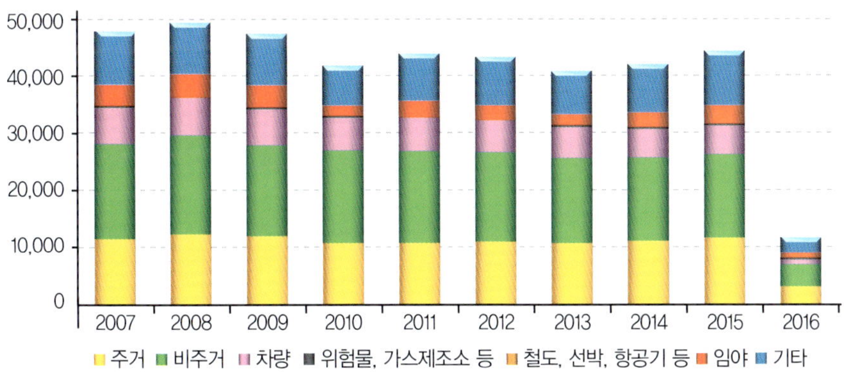

출처: 국민안전처 국가화재정보센터(2016).

[그림 6-1] 연도별 화재발생 건수 현황

〈표 6-1〉 최근 10년간 화재 발생 건수

구분	계	2007	2008	2009	2010	2011	2012	2013	2014	2015	2016
합계	412,711	47,882	49,632	47,318	41,863	43,875	43,249	40,932	42,135	44,435	11,390
주거	103,359	11,431	12,283	11,767	10,509	10,645	10,691	10,596	10,860	11,587	2,990
교육시설	3,750	478	534	468	471	377	377	348	321	312	64

최근 10년간 화재 발생 건수는 2007년부터 2010년까지 줄어들다가 2011년부터 다시 소폭 증가추세를 보이고 있다. 주목할 점은 주거시설에서의 화재 발생이 매년 높은 비율을 차지하고 있으며 교육시설에서의 화재 발생은 최근 3년간 소폭 감소 추세를 보이고 있다는 점이다.

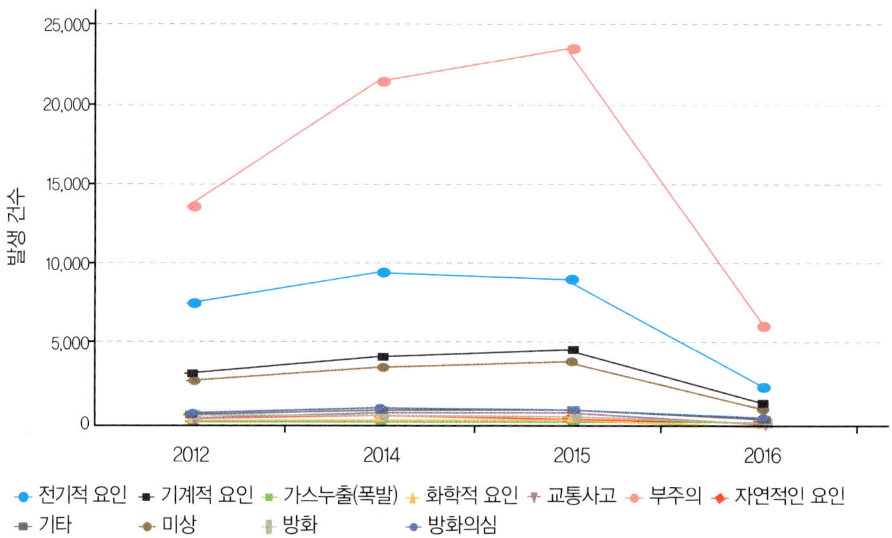

출처: 국민안전처 국가화재정보센터, 2016-3.

[그림 6-2] 화재발생 원인별 연 단위 추세분석

〈표 6-2〉 화재 발생의 원인별 분류

(2016년 3월 기준)

구분		2013	2014	2015	2016
합계	64,809	13,630	21,489	23,525	6,165
불장난	1,557	471	589	389	108
폭죽놀이	75	13	21	28	13
기타(부주의)	5,466	1,103	1,789	1,965	609

화재 발생의 원인별 분류 통계를 살펴보면 최근 3년간 부주의로 인한 화재발생이 증가 추세에 있음을 알 수 있다. 부주의 화재의 원인은 주로 음식물 조리 중, 쓰레기 소각, 자연물 근접방치, 논이나 임야태우기, 담배꽁초, 불씨, 불꽃, 화원방치, 빨래삶기, 용접, 절단, 연마, 유류 취급 중 등이 있다.

〈표 6-3〉 화재로 인한 인명 피해

구분	2013	2014	2015	2016	합계
전체	1,528	2,181	2,090	469	6,267
사망	202	325	253	98	878
부상	1,326	1,856	1,837	371	5,389

최근 3년간 화재로 인한 인명 피해는 증가하고 있으며 화재 발화 요인별 사상자 발생 추이를 1980년대부터 30여 년간 살펴보면 방화, 전기, 가스 순으로 높은 비율을 보이고 특히 방화, 전기에 의한 사상자 발생이 증가추세에 있으며 가스로 인한 화재는 감소추세에 있는 것으로 나타났다(국민안전처 국가화재정보센터, 2014).

화재안전교육의 실태를 살펴보면 화재안전교육을 실시하는 곳은 과거에 비해 많아졌지만 교사교육경험이 전체적으로 많이 부족한 것을 알 수 있다. 그러나 어린이집의 경우 평가인증제의 실시로 인해 교사들이 유아 안전교육영역에 관심과 의무를 갖고 평가인증지표에 따라 적극적으로 적용가능한 것을 실천하기 때문에(백영애, 심성경, 최대훈, 박주희, 2005), 정기적인 화재안전교육을 실시하는 곳이 증가하는 추세이다.

유아교육기관에서 유아대상 화재안전교육이 주로 이루어지는 일과시간을 알아본 결과 '이야기 나누기' 시간에 이루어지는 경우가 대부분이었다. 그 다음으로는 '자유선택활동', '실외놀이' 순으로 조사되었고, 기타 의견으로는 귀가 시, 휴식시간, 출석시간에 이루어지는 경우가 있었다. 이 외에 '애국조회' 시간이나 '기관의 전체모임' 시간에 실시하는 경우가 있었으며 특별한 날짜나 일과시간에 정하지 않고 불시에 비상 사이렌이 울리게 하여 대피훈련을 하는 경우도 있다. 또한 유치원 하루 일과 전체의 시간을 안전교육의 날로 정하고 소방서 등 안전관련 기관과 연계하여 '특별한 날'을 정하고 화재안전교육을 실시하는 기관도 있었으며 국공립 유치원의 경우 '초등학교와 연계한 특별활동 시간'에 이루어진다는 경우가 있었다.

또 유아용 화재안전교육 도서의 수와 교사용 지도서의 수는 기관마다 매우 부족하여 충분히 준비되지 못하는 것으로 조사되었다. 즉 대부분의 기관에서 유아에게 적용하여 제시할 도서의 수가 많이 부족하기 때문에 소방서, 소화기, 화재, 화상, 대피 등 불과 관련된 것에 관심을 갖고 화재사고에 경각심을 가질 수 있는 환경이 부족함을 알 수 있다. 따라서 다양한 연령과 수준에 적합한 화재안전 관련 책들이 제공될 수 있도록 유아를 위한 화재안전관련 도서의 개발과 함께 화재안전교육을 위한 교사용 지도서의 개발과 보급도 시급하게 이루어져야 할 것이다(오정옥, 2008).

3 화재안전의 예방과 화재안전교육

1) 화재안전의 예방

화재는 규모가 작더라고 인명피해와 후유증이 매우 크므로 예방이 무엇보다 중요하다. 국민안전처 국가화재정보센터의 통계자료에 의하면 전체 화재발생 중 방화(불장난), 전기, 가스에 의한 화재건수가 높으므로 이에 대한 예방요령을 익히고 실천하는 것이 필요하다.

(1) 불장난

성냥, 라이터, 난롯불, 아궁이불, 전기나리미, 촛불놀이, 폭죽놀이, 화약놀이 등에 의해 발화되며 불장난하는 어린이들은 6세에서 13세 미만의 어린이가 가장 많고 부모가 외출 중인 토요일 오후나 일요일, 공휴일 등 학교수업이 없는 날에 많이 발생하고 있다. 이를 예방하기 위해서는 다음과 같은 교사와 부모의 지도가 필요하다(국민안전처 국가화재정보센터, 2016).

첫째, 성냥, 라이터 등은 어린이들의 손에 닿지 않는 곳에 보관한다.

둘째, 라이터, 폭죽놀이, 깡통놀이 등을 하지 않도록 단속한다.

셋째, 어린이들에게 불에 대한 올바른 인식을 갖도록 교육시킨다.

넷째, 어린이들에게 석유난로 등을 켜거나 끄도록 심부름을 시키지 않는다.

다섯째, 외출 시에는 모든 화기의 안전 점검을 하고 어린이들에게 불조심에 대한 주의를 환기시키도록 한다.

여섯째, 어린이들에게 119 허위신고(장난전화)를 하지 못하도록 교육시킨다.

(2) 전기

전기에 의한 화재는 주요 원인이 전선의 합선 또는 단락, 누전, 전류(과부하)

등이 있다. 전체 화재 발생 원인 중 전기에 의한 화재가 증가하는 추세에 있으므로 예방이 중요하다. 이를 위한 예방요령은 아래와 같다(국민안전처 국가화재정보센터, 2016).

〈표 6-4〉 화재발생 예방 요령

구분	예방요령
합선	· 퓨즈나 과전류 차단기는 반드시 정격 용량 제품을 사용한다. · 용량에 적합한 규격 전선을 사용하고 낡았거나 손상된 전선은 교체한다. · 스위치, 분전함 등의 내부를 정기적으로 점검한다. · 천장을 비롯한 보이지 않는 곳의 전선도 수시로 점검한다. · 배선은 가능하면 보호관을 사용하고 열이나 외부 충격 등에 노출되지 않게 한다. · 못이나 스테이플러로 전선을 고정하지 않는다. · 바닥이나 문들을 통과하는 전선은 손상되지 않도록 보호조치 한다.
누전	· 건물이나 대용량 전기 기구는 회로를 분류해 누전차단기를 설치한다. · 배선의 피복 손상 여부를 수시로 확인한다. · 전선이 금속체나 젖은 구조물에 직접 접촉되지 않도록 한다.
스파크	· 전기 기기는 사용 후 반드시 플러그를 뽑아 놓는다. · 정전 때에는 플러그를 뽑거나 스위치를 꺼놓는다. · 배전반의 먼지와 금속가루 등 분진을 제거한다. · 밀가루, 톱밥, 섬유 먼지 등 가연성 분진이 많이 발생하는 장소는 수시로 청소한다. · 분전함 등 전기 시설 부근에는 가구나 위험물 등 가연물은 두지 않는다.
과부하	· 한 콘센트에 여러 개 플러그를 꽂는 문어발식 사용을 금한다. · 전기 용량 및 전압에 적합한 규격 전선을 사용하도록 한다. · 오랫동안 안 쓰는 가전제품은 플러그를 뽑아 놓는다.
과열	· 사용한 전기 기구는 반드시 플러그를 뽑고 외출한다. · 전기장판 등 발열체를 장시간 켜는 것은 위험하다. · 백열전구는 열이 잘 발산될 수 있도록 하고 가연물을 가까이 두지 않는다. · 전선과 전선, 단자와 전선 등 접속 부위는 단단히 조여놓도록 한다.

(3) 가스

가스에 의한 화재는 폭발의 위험이 높은 화재로 그 예방이 중요하며 주요 예방요령은 다음과 같다(국민안전처 국가화재정보센터, 2016).

〈표 6-5〉 가스화재 예방 요령

구분	예방요령
가스 안전 점검	· 비누나 세제로 거품을 내어 배관, 호스 등의 연결 부분을 수시로 점검한다. · 가스레인지는 항상 깨끗이 청소해 배너의 불구멍이 막히지 않도록 한다. · 취침 전에는 반드시 점화 코크와 중간 밸브가 잠겨 있는지 확인한다. · 아이들이 사용하지 못하도록 주의를 준다.
가스 사용 전	· 가스가 누출되지는 않았는지 냄새로 확인한다. · LPG는 바닥으로부터 도시가스(LNG)는 천정으로부터 냄새를 맡아본다. · 가스 기구를 사용할 때는 창문을 열어 실내를 충분히 환기시키도록 한다. · 가스레인지 주위에는 가연성 물질(빨래, 스프레이통 등)을 두지 않도록 한다.
가스 사용 중	· 가스불을 켤 때에는 불이 붙었는지 꼭 확인하도록 한다. · 파란 불꽃이 되도록 공기 조절기를 조절한다. · 가능하면 자리를 뜨지 않고 국물이 넘치거나 바람으로 불이 꺼지지 않는지 수시로 확인하도록 한다. · 불이 꺼지면 자동으로 가스가 차단되는 제품을 사용하고, 자동 차단 장치를 자주 확인한다.
가스 사용 후	· 연소기 코크와 중간 밸브를 꼭 잠그도록 한다. · 장기간 외출할 때에는 용기 밸브도 잠그는 것이 안전하다. · 가스레인지는 자주 이동하지 말고 고정해서 사용하도록 한다.
휴대용 가스레인지 안전	· 실내에서는 밖에서 시험 후 이상이 없을 때 사용하도록 한다. · 다 사용한 용기(캔)는 구멍을 내 화기가 없는 장소에 버린다. · 용기(캔)를 접속할 때는 완전하게 결합시키도록 한다. · 용기 상단의 절개된 홈이 위로 향하도록 접속한다. · 사용 중에 가스가 누출될 경우 신속히 연결 레버를 위로 올려 용기(캔)를 분리시키도록 한다. · 가스레인지 삼발이보다 큰 용기를 사용하지 않도록 한다. · 밀폐된 텐트나 좁은 방에서는 사용하지 않는다. · 실내에서 사용할 때는 반드시 환기를 시키도록 한다.
안전한 가스 기구 선택	· 가스 기구는 LPG용과 LNG용으로 구분되므로 사용 중인 가스에 맞는 제품을 사용한다. · 가스 기구에 부착된 취급 설명서를 읽고 사용하도록 한다. · '한국가스안전공사 합격 표시품'이나 'KS표시품'만 사용한다. 한국가스안전공사 · 무허가 불량 제품을 사용하지 않도록 한다.

2) 화재안전교육

화재안전교육이란 이러한 안전교육의 하나로 특별히 화재를 일으키는 여러 요소로부터 안전을 지키고 건강한 생활을 유지하기 위한 적극적인 방법이라 할 수 있다. 또한 화재사고의 위험을 사전에 방지하여 사고율을 줄이고 사고에 대한 대책을 마련하여 화재로 인한 피해를 줄이기 위한 방법을 주된 내용으로 하는 교육이라 정의할 수 있겠다(한국산업안전공단, 1996). 즉 화재안전에 대한 바람직한 행동의 변화와 태도 및 능력을 기르는 것을 목표로 하는 교육인 것이다.

화재안전교육은 유아의 발달 특성상 교육의 효과를 높이기 위해서는 지식, 기술, 태도가 서로 조화되게 계획, 실행되어야 하며 한 영역으로 치우치지 않고 유아의 일상생활에 유의미한 내용으로 이루어져야 한다. 화재안전교육의 지식, 기술, 태도의 구체적인 내용 및 방법은 다음과 같이 구성될 수 있다.

(1) 화재의 원인

유아들이 일상생활에서 불을 쉽게 접할 수 있는 기회는 주로 어른들의 라이터 또는 성냥을 이용한 불켜기와 가스레인지의 불 정도이다. 따라서 유아들은 다양한 화재의 원인을 알기 어려우므로 유아의 발달 수준에 적합한 화재의 원인에 대한 지식교육이 필요하다.

화재의 원인	교육 내용	교육방법
전기, 가스, 유류, 불티, 담뱃불	· 성냥이나 라이터가 아니라도 화재가 발생할 수 있으며 눈이 보이지 않아도 화재위험 요소가 있을 수 있다. · 화재는 신체적, 정신적, 물질적으로 매우 큰 피해를 주는 무서운 사고이다.	· **지식** – 화재의 원인에 따른 화재사고의 실제 사례 동영상을 통해 다양한 화재의 원인을 이야기 나눈다. · **태도** – 화재의 위험성에 대한 경각심을 가진다.

(2) 화재의 예방

화재의 원인에 따른 다양한 화재의 예방 방법 중 유아가 실천 가능한 내용을 기초로 하여 가정과 교육기관이 연계가 되도록 하여 교육하는 것이 중요하다.

화재의 예방	교육 내용	교육방법
화재의 원인에 대한 선수지식을 바탕으로 한 원인별 예방 방법(불장난, 전기, 가스)	· 화재사고의 피해는 매우 크지만 예방할 수 있는 사고이다. · 불장난은 매우 위험한 행동이며 놀이가 아니다. · 성냥이나 라이터는 만지지 않는다. · 전기 기기는 사용 후 반드시 플러그를 뽑아 놓는다. · 진기콘센트에 플러그 외에 다른 물건 넣지 않는다. · 가스레인지는 직접 사용하지 않는다.	· **지식** – 화재의 예방을 위해 화재에 관련된 동화나 화재사고의 실제 사례 동영상을 보면서 다양한 화재의 원인별 예방방법에 대해 이야기 나눈다. · **기술** – 화재예방 실천을 위해 화재안전교육 내용과 협조요청을 가정통신문을 발송하여 연계교육이 되도록 한다. – 교실 내 화재안전예방을 위한 실천 약속을 정하고 벽면에 부착한다. (성냥이나 라이터를 유아의 손이 닿지 않는 곳에 두기, 전기 기기 사용 후 플러그 뽑아 놓기 등) · **태도** – 화재의 위험성을 깨닫고 화재의 원인이 될 수 있는 행동을 하지 않으려는 태도를 갖추게 한다.

(3) 화재의 인지

화재의 인지	교육 내용	교육방법
화재를 초기에 인지	· 자신의 신체를 통해 화재 발생을 알 수 있다. 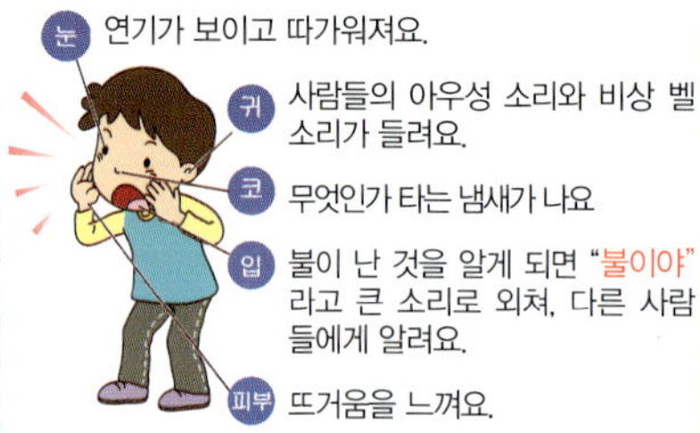 출처: 서울소방재난본부. · 화재는 초기에 인지하면 피해를 줄일 수 있다.	**· 지식** - 실제 화재 사고 동영상을 통해 화재 시 나타나는 현상을 관찰하고 이야기 나눈다. **· 기술** - 불이 난 것을 안 후에 '불이야'라고 큰소리로 외치는 것을 다 같이 혹은 한 유아씩 실행해 본다. - 지역 내 소방서와 연계하여 실제 화재상황과 유사한 모의 상황에서 유아들이 화재를 인지하고 불이 난 것을 알리는 체험을 해보게 한다. **· 태도** - 화재 시 나타나는 현상을 주의 깊게 관찰하여 당황하지 않고 화재를 알릴 수 있는 태도를 갖추게 한다.

(4) 화재의 신고

화재의 신고	교육 내용	교육방법
화재를 초기에 인지하고 신고	· 화재 신고 번호는 119이다.  · 119를 누르고 불이 난 내용을 간단·명료하게 설명한다(우리 집 주방에 불이났어요. 2층 집이에요). · 주소를 알려 준다(ㅇㅇ구 ㅇㅇ동 ㅇㅇㅇ번지예요/ㅇㅇ초등학교 뒤 쪽이에요). · 소방서에서 알았다고 할 때까지 전화를 끊지 않는다. · 휴대전화의 경우 개통 및 사용 제한 여부와 상관없이 긴급 신고가 가능하다. 출처: 국민안전처 국가화재정보센터.	**· 지식** – 화재를 초기에 인지하고 신고한 경우 그 피해 정도가 경미할 수 있음을 이야기 나눈다. – 화재 신고 번호와 전화내용을 알려준다. **· 기술** – 화재 신고 번호와 중요한 전화 설명 내용을 유아가 보기 쉬운 형태로 제작하여 전화기와 함께 역할놀이방에 비치하여 실행해 볼 수 있게 한다. **· 태도** – 화재 신고의 중요성과 허위 신고로 인한 피해에 대해 경각심을 갖도록 한다.

(5) 화재 대피

화재 대피	교육 내용	교육방법
안전하고 신속한 화재 대피	· 화재경보 비상벨을 누른다. · 화재경보 비상벨의 중요성을 안다. · 엘리베이터는 절대 이용하지 않도록 한다. · 연기가 많으면 코와 입을 젖은 수건으로 막고 낮은 자세로 이동해야 한다. · 문 손잡이는 함부로 만지지 않는다. · 화재 대피 시 약속을 알고 지킬 수 있다. · 화재 대피 훈련의 중요성을 안다. · 화재 대피 시 행동 요령을 알고 실행할 수 있다. · 안내원(교사, 부모 등)의 안내에 대피해야 한다.	· **지식** – 유아교육기관 내 화재경보 비상벨의 위치를 알려 준다. – 화재경보 비상벨을 실제로 작동하여 소리를 들어 본다. – 불이 났을 때 연기가 우리 몸에 미치는 피해에 대해 이야기 나눈다. – 화재 대피 시 약속을 이야기 나누기를 통해 만들고 교실 내 벽면에 붙여 놓는다. · **기술** – 유아교육기관에서는 정기적으로 전체 원아를 대상으로 화재 대피 훈련을 실시해야 한다. – 유아에게 다음과 같은 행동요령 기술(부산광역시교육청 유치원 안전관리 길잡이, 2011)을 익히게 한다. – 유아는 교사의 지시에 따라 침착하게 안전지대로 대피(절대 숨으면 안 됨)해야 한다. – 화염이 덮칠 수 있으므로 불이 난 교실문은 함부로 열지 않는다. – 연기를 마시지 않도록 손수건, 옷 등으로 코와 입을 막는다. – 연기가 차고 있을 때는 한 손은 벽을 짚으며 다른 한 손은 코와 입을 막고 낮은 자세로 상체를 숙여 대피한다. · **태도** – 화재 경보 비상벨의 중요성을 알리고 장난으로 누르지 않도록 한다. – 화재 대피 훈련의 필요성을 알고 적극적으로 참여하도록 한다.

(6) 화재 대처

<table>
<tr><th>화재 대처</th><th colspan="2">교육 내용</th><th>교육방법</th></tr>
<tr><td rowspan="10">화재 시
피해를
줄일 수 있는
대처방법</td><td colspan="2">옷에 불이 붙었을 때 대응법을 안다.</td><td rowspan="10">· 지식
- 불이 일어나기 위한 불의 3요소 중 하나인 산소에 대해 알려 준다.
- 실험용 알코올 램프를 이용하여 불은 산소가 차단되면 꺼지는 것을 보여 준다.
- 반대로 불 지피기 관련 동영상을 통해 산소가 공급되면 불이 커지는 것을 보여 준다.
- 유아교육기관에 있는 소화기를 이용하여 소화기의 위치, 부분 명칭, 사용법을 설명한다.
· 기술
- 가상으로 몸에 불이 붙었을 경우 행동을 직접 실행해 보게 한다.
- 가정통신문을 이용하여 가정 내 소화기의 관리 및 비치를 유아와 함께 실천해 보도록 연계교육을 실시한다.
- 지역 내 소방서와 연계하여 실제 소화기 사용을 경험해 본다.
· 태도
- 소화기 관리 및 비치의 중요성을 깨닫게 한다.</td></tr>
<tr><td></td><td>뛰거나 몸을 흔들면 불이 더 크게 번지게 된다.</td></tr>
<tr><td></td><td>두 손으로 눈과 입을 가린다.</td></tr>
<tr><td></td><td>· 불이 꺼질 때가지 바닥에서 뒹군다.
· 노인이나 휠체어 사용자는 수건이나 담요를 덮는다.</td></tr>
<tr><td colspan="2">소화기 사용법을 안다.</td></tr>
<tr><td colspan="2"></td></tr>
<tr><td colspan="2">· 소화기를 불이 난 곳으로 옮긴다.
· 손잡이 부분의 안전핀을 뽑는다.
· 바람을 등지고 서서 호스가 불을 향하게 한다.
· 손잡이를 힘껏 움켜쥐고 빗자루를 쓸 듯이 뿌린다.</td></tr>
<tr><td colspan="2">소화기 관리 및 비치 요령을 안다.</td></tr>
<tr><td colspan="2">· 소화기는 눈에 잘 띄고 통행에 지장을 주지 않도록 설치해야 한다.
· 습기가 적고 건조하여 서늘한 곳에 설치한다.
· 축압식 소화기는 바늘이 녹색 정상 위치에 있는가 확인해야 한다(바늘이 노랑, 빨간선을 표시하면 119 전화 문의).</td></tr>
</table>

출처: 국민안전처 국가화재정보센터.

화재가 발생하면 영유아나 교사 모두 당황하여 적절하게 대처하기가 어려우므로 어린이집 원장은 연간소방계획을 수립하고 이에 따라 화재 대피훈련을 실시해야 한다. 화재 대피훈련은 반복적인 실시가 중요하므로 한 달에 한 번 정도의 정기적인 훈련 실시와 더불어 대피 상황에 익숙해진 경우에는 사전 예고 없이 대피훈련을 실시하여 실제 화재 발생 상황에 대비하도록 한다(조경자·이현숙, 2010). 어린이집에서는 화재 발생 시의 행동 요령과 절차, 교직원의 역할분담을 정해 놓고 이에 따라 훈련을 함으로써 실제 상황에서도 당황하지 않고 필요한 행동을 취할 수 있도록 한다. 화재 대피훈련을 할 때는 먼저 인근 소방서에 의뢰하여 각 어린이집에 적합한 화재 대피 경로 및 방법을 알아본 뒤 화재 대피 계획을 세우고 교직원은 화재 대피 시 맡은 역할을 정하여 문서화해 놓는다. 또한 옷에 불이 붙었을 때나 연기가 있을 때 등 구체적인 상황에서 취해야 할 행동을 영유아가 실습을 통해 배우도록 하며 교직원은 소화기나 소화전 등의 소방기기 사용방법을 숙지해 두도록 한다. 또한 화재 대피훈련을 하기 전에 교사는 자료나 활동을 이용하여 대피훈련의 필요성과 유의점을 영유아에게 미리 알려 준다. 또한 화재 발생 시 어린이집 외부로 대피한 후에 영유아가 모이는 장소를 미리 정해 둠으로써 인원 파악이 제대로 되지 않아 이미 대피한 영유아를 구하기 위해 화재 현장에 다시 진입하는 위험을 방지해야 한다(성미영·민미희·정현심, 2014).

안전교육을 통해 화재의 원인과 예방방법, 화재 시의 적절한 대처방법, 화상의 원인과 예방방법 등에 대한 지식, 기술, 태도를 형성할 수 있도록 돕기 위해서는 교사가 이에 대한 목표를 갖고 있어야 한다. 이기숙 등(2004)이 제안한 화재 및 화상에 관한 안전교육의 목표를 살펴보면 다음과 같다.

첫째, 화재의 원인과 미리 화재를 예방할 수 있는 방법을 이해한다.

둘째, 화재 시의 적절한 대처방법을 이해하고 필요한 기술을 익힌다.

셋째, 화상의 종류와 예방하는 방법을 이해하고 실천하는 태도를 기른다.

넷째, 화상을 입었을 때 적절하게 대처하는 방법을 익힌다(김현자·신지현, 2009).

3) 어린이집에서의 안전교육

'3~5세 누리과정'의 영역별 내용에서 화재안전과 관련된 내용은 재난 및 사고 등의 '비상시 적절하게 대처하는 방법을 알고 행동한다'이다. 어린이집에서는 영유아가 일상생활에서 안전하게 생활할 수 있도록 적합한 내용의 안전교육을 정기적으로 실시하여야한다. 이를 위해 영유아의 연령을 고려하여 매년 안전교육 계획을 수립하여 교육을 실시하고, 정기적으로 소방훈련 등 비상대피훈련을 실시하여 영유아의 대피능력을 키울 수 있도록 해야 한다(제3차 어린이집 통합지표, 2018).

제3차 어린이집 통합지표에는 '영유아를 대상으로 발달에 적합한 안전교육을 정기적으로 실시한다', '영유아가 정기소방대피훈련에 참여한다'는 항목이 평가요소에 포함되어 있다. 평가방법은 기록과 면담이다.

아동복지법 및 같은 법 시행령에 의해 어린이집에서 실시해야하는 안전교육의 내용과 실시주기는 다음과 같다(아동복지법 31조 및 시행령 28조 1항9. 별표3).

내용	실시주기
성폭력 및 아동학대예방교육	6개월에 1회 이상
실종 · 유괴의 예방 · 방지교육	3개월에 1회 이상
감염병 및 약물 오용 · 남용 예방 등 보건위생관리교육	3개월에 1회 이상
재난대비 안전교육	6개월에 1회 이상
교통안전교육	2개월에 1회 이상

제3차 어린이집 통합지표'영유아가 정기소방대피훈련에 참여한다'는 항목에서 연령별 소방대치훈련 실시방법은 다음과 같다.

*연령별 소방대피훈련 실시방법

• 유아(만 3~5세)

화재 등 비상사태가 발생하면 교사의 안내에 따라 정해진 대피로와 비상구 및 비상계단(또는 영유아용미끄럼틀)을 이용하여 신속하게 대피한 후 약속된 지점(건물 외부)에 모이도록 함

• 영아(만 0~1세, 만 2세)

영아들에게도 소방훈련을 실시하여야하며 성인들이 손을 잡고 도와주거나 잘 걷지 못하는 영아의 경우 성인이 안고 정해진 대피로를 따라 신속하게 건물 외부로 대피해 보는 등의 방법으로 실시할 수 있음

〈참고: 소방대피훈련 절차와 방법〉

- 가상으로 화재발생지점을 설정한다.
- 화재를 목격한 교사는 '불이야' 하고 큰소리로 외쳐 화재발생사실을 알린다.
- 원장(또는 신고담당교사)은 사이렌이나 경고벨을 울려 각반에 화재사실을 알린 후 신속하게 119에 모의신고한다.
- 구급담당교사는 구급함(비상약품)을 들고 대피한다.
- 영유아들은 입과 코를 막고 몸을 낮게 숙이고 교사의 인솔에 따라 비상대피로를 통해 이동한다. 이때 어린영아는 교사가 안고 대피한다.
- 대피장소(건물외부)에 모여 인원점검과 화재상황을 체크한 후 보육실로 이동한다.
- 소방대피훈련이 끝난후에는 소방대피훈련일지를 작성하며 훈련과정에서 도출된 문제점은 다음 대피훈련 시 반영하도록 한다.

출처: 제3차 어린이집 통합지표, 2018, 362-363.

4 화재안전의 실제

안전교육 일지

교육 일자	2015년 03월 25일 수요일
교육 시간	만 1, 2세 9:00~10:20 만 0세 10:00~11:00
교육 장소	각 반 교실
교육대상	만 0세 파란하늘반 만 1세 고운잎새반, 밝은햇살반 만 2세 꽃잎요정반
주제	비상벨 소리가 들려요.
활동명	소방대피 훈련
목표	· 비상벨 소리를 들어 본다. · 선생님의 도움을 받아 안전하게 대피훈련을 경험한다. · 화재가 일어났을 때 자신의 몸을 안전하게 보호하는 방법을 안다.
준비물	영아 안전교육 멀티자료
지도방법	1. 비상벨 소리를 들려주고 어떤 소리인지 예측하고 상호작용한다. - 소리를 들어본 경험에 대해 영아들과 상호작용한다. 2. 벨 소리를 듣고 벨 소리에 대한 행동 요령을 경험한다. [활동 1: 벨 소리가 들려요] - 벨 소리가 들리면 어떻게 해야 하는지 알아 본다. [활동 2: 소방대피 방법을 익혀요] - 불이 났을 때 소방대피 방법에 대해 알아 본다. 3. 소방대피 훈련을 경험한다. [활동 3: 안전한 곳으로 대피해요] - 선생님의 도움을 받아 안전 대피장소로 이동한다. 4. 소방대피 훈련 후 대피 장소에 모여 인원 점검 및 평가를 한다. ▶ 참고사항 - 불시에 비상벨이 울려서 영아들이 놀라 당황하거나 울지 않도록 사전에 충분히 이야기를 나눈다. - 평가표를 작성한 후 다음 대피 훈련에 반영한다.
유의사항 및 평가	비상벨 소리를 들어보고 비상벨이 울릴 시 행동요령에 대해 배워보고 젖은 수건이나 손으로 코와 입을 막고 몸을 숙여 빠르게 안전 대피장소로 이동해 보았다.

출처: 센텀포레어린이집.

안전교육 일지

교육 일자	2015년 05월 27일 수요일
교육 시간	만 1, 2세 9:00~10:20 만 0세 10:00~11:00
교육 장소	각 반 교실
교육대상	만 0세 파란하늘반 만 1세 고운잎새반, 밝은햇살반 만 2세 꽃잎요정반
주제	숨지 않아요.
활동명	소방대피 훈련
목표	화재가 일어났을 때 자신의 몸을 안전하게 보호하는 방법을 안다. 화재가 일어났을 때 숨는 행동이 위험함을 알고, 안전하게 대피할 수 있다.
준비물	영아 안전교육 멀티자료
지도방법	1. 교실에서 불이 났을 때 소방대피하는 방법을 영아들에게 이야기해 준다. - 소리를 들어본 경험에 대해 영아들과 상호작용한다. 2. 영아 안전 [불이야! 불이야!]를 보면서 불이 났을 때 숨지 말아야 함을 안다. [활동 1: 불은 무서워요] - 교실에서 불이 났을 때 소방대피하는 방법을 영아들에게 이야기한다. [활동 2: 숨거나 피하지 말아요] - 불이 났을 때 숨지 말아야 하는 이유에 대해 안다. 3. 챈트를 부르며 내용을 회상한다. [활동 3: 안전교육 챈트를 부르기] - 소방대피 훈련을 회상하며 챈트를 따라 불러본다. 4. 소방대피 훈련에 직접 참여해 본다. ▶ 참고사항 - 불시에 비상벨이 울려서 영아들이 놀라 당황하거나 울지 않도록 사전에 충분히 이야기를 나눈다. - 걷기 힘든 영아는 선생님의 도움을 받아 대피하도록 한다. - 평가표를 작성한 후 다음 대피 훈련에 반영한다.
유의사항 및 평가	화재 발생 시 영아들이 숨지 않고 신속하게 대피할 수 있도록 알려 주었다. 영아들이 비상벨 소리에 놀라거나 울지 않도록 주의하며 대피훈련을 진행한다.

출처: 센텀포레어린이집.

안전교육 일지

교육 일자	· 2015년 06월 24일 수요일
교육 시간	· 만 1, 2세 9:00~10:20 만 0세 10:00~11:00
교육 장소	· 각 반 교실
교육대상	· 만 0세 파란하늘반 · 만 1세 고운잎새반, 밝은햇살반 · 만 2세 꽃잎요정반
주제	· 손으로 코와 입을 막아요
활동명	· 소방대피 훈련
목표	· 화재가 일어났을 때 상황을 인지하고 선생님의 도움을 받아 대피한다. · 화재가 일어났을 때 손으로 코와 입을 막고 대피해야 함을 알고 안전하게 대피한다.
준비물	영아 안전교육멀티자료
지도방법	1. 소방안전교육 [활동 1: 소방대피 훈련은 무엇인가?] ① 교실에서 불이 났을 때 소방대피하는 방법을 알아 본다. - 비상벨을 들어본 경험에 대해 이야기를 나눈다. - 비상벨이 울리면 하던 활동을 멈추고 대피해야 함을 알려 준다. [활동 2: 대피하는 길을 알아요] ② 불이 났을 때 대피하는 길을 알아 본다. - 비상구 표지판의 위치를 확인한다. - 비상대피로의 길을 알아 본다. [활동 3: 코와 입을 막고 밖으로 나가요] ③ 낮은 자세로 코와 입을 막고 대피해야 함을 알아 본다. - 연기에 대해 이야기를 나누며 코와 입을 막아야 함을 안다. - 교사가 모델을 보여 손 또는 옷으로 코와 입을 막고 낮은 자세로 대피하는 방법을 보여 준다. - 영아들이 교사의 모습을 보고 따라해 본다. 2. 소방대피 훈련 [활동 4: 소방대피 훈련을 해요.] ④ 가상의 화재 발생지점을 설정한다. ⑤ 비상벨이 울리면 대피경로를 따라 대피 훈련을 진행한다. ⑥ 사전에 약속한 장소에 보여 교사는 모두 대피하였는지 확인해 본다. ⑦ 대피 후 안전하게 교실로 이동한다. ⑧ 소방대피 훈련 활동이 끝난 후 평가한다.
유의사항 및 평가	비상벨 소리를 들어보고 비상벨이 울릴 시 행동요령에 대해 알아 보았다. 젖은 수건이나 손으로 코와 입을 막고 몸을 숙여 빠르게 안전 대피 장소로 이동해 보았다.

출처: 센텀포레어린이집.

비상대응 훈련 계획

훈련명	· 어린이집 화재 발생 시 비상 대응	훈련일시	
참가자	· 어린이집 보육교직원 7명 · 영유아 40명	훈련 진행 책임자	정민경
훈련 종류	· 영아들을 참여시킨 실제 훈련		
훈련 목적	· 어린이집 화재 발생 시 즉각적인 대피를 위해 비상계획에 명시된 대피에 관련된 내용을 훈련한다.		
비상대응상황 시나리오	· 비어 있는 교실의 전기합선으로 인한 화재가 발생하여 화재경보기가 울린다. · 영아들이 손으로 코와 입을 막고 신속히 대피할 수 있도록 한다.		

훈련 내용

상황	대응 활동	평가중점내용
비어 있는 교실에서 화재가 발생하여 화재 경보 발생	· 소화기를 사용한 초기 진화 시도	소화기 사용
	· 각 반의 영유아 대피 실시 (영아들이 손으로 코와 입을 막고 신속히 대피할 수 있도록 한다.)	질서유지하며 대피
	· 119에 연락	위치, 상황설명
초기진화에 실패하여 화재 확장	· 비어 있는 교실의 문을 폐쇄시키고 계속적으로 영아를 정해진 장소로 대피시킴 (대피 후 영아들의 인원수를 파악한다)	대피 시간/ 대피한 영아 수
	· 대피 후 부상자, 사상자 확인	부상자, 사상자 응급처치
119 출동 후 화재 진압 후 사태 종료	· 안전한 곳에서 대피 지속, 인근 병원 연락, 영아 부모에게 연락	연락시간/ 응대 태도

출처: 센텀포레어린이집.

비상대응 훈련 평가서

<table>
<tr><th>훈련명</th><td>어린이집 화재 발생 시 비상 대응</td><th>훈련일시</th><td>2015년 6월 24일</td></tr>
<tr><th>참가자</th><td>어린이집 보육교직원 7명
영유아 31명</td><th>훈련 진행 책임자</th><td>정민경</td></tr>
<tr><th>훈련 종류</th><td colspan="3">영아들을 참여시킨 실제훈련</td></tr>
<tr><th>훈련 목적</th><td colspan="3">어린이집 화재 발생 시 즉각적인 대피를 위해 비상계획에 명시된 대피에 관련된 내용을 훈련한다.</td></tr>
<tr><th>비상대응상황 시나리오</th><td colspan="3">비어 있는 교실의 전기합선으로 인한 화재가 발생하여 화재경보기가 울린다. 영아들이 손으로 코와 입을 막고 신속히 대피할 수 있도록 한다.</td></tr>
<tr><th colspan="2">훈련 내용</th><th colspan="2">평 가</th></tr>
<tr><th>대응 활동</th><th>평가중점 내용</th><th>평가 항목</th><th>평가</th></tr>
<tr><td rowspan="2">소화기를 사용한 초기 진화 시도</td><td rowspan="2">소화기 사용</td><td>소화기 위치를 빠르게 파악했는가?</td><td>O</td></tr>
<tr><td>소화기 사용법을 숙지하였는가?</td><td>O</td></tr>
<tr><td rowspan="2">각 반의 영아 대피 실시</td><td rowspan="2">질서 유지하며 대피</td><td>남아 있는 원아는 없이 안전히 대피를 하였는가?</td><td>O</td></tr>
<tr><td>영아는 질서를 지켜 대피를 하였는가?</td><td>O</td></tr>
<tr><td>119에 연락</td><td>위치, 상황설명</td><td>정확한 위치와 상황을 119에 연락하여 전달하였는가?</td><td>O
(가상으로 연락)</td></tr>
<tr><td rowspan="3">비어 있는 교실의 문을 폐쇄하고 계속적으로 영유아를 정해진 장소로 대피시킴</td><td rowspan="3">대피시간/
대피한 영아 수</td><td>화재가 발생한 교실의 위치를 파악하고 교실의 문을 폐쇄시킨 후 영아들을 대피시켰는가?</td><td>O</td></tr>
<tr><td>대피 소요시간은 어떻게 되는가?</td><td>5분</td></tr>
<tr><td>대피한 영유아의 인원파악을 하였는가?</td><td>O</td></tr>
<tr><td rowspan="2">대피 후 부상자와 사상자 확인</td><td rowspan="2">부상자, 사상자 응급처치</td><td>부상상태를 파악 후 인원파악을 하였는가?</td><td>O
(부상자 없음)</td></tr>
<tr><td>사상자 응급처치를 진행하였는가?</td><td>O
(부상자 없음)</td></tr>
<tr><td rowspan="2">안전한 곳에서 대피지속, 인근 병원 연락, 영유아 부모에게 연락</td><td rowspan="2">연락시간/ 응대 태도</td><td>병원에 방문 여부를 확인(기록)하였는가?</td><td>O</td></tr>
<tr><td>부모에게 연락을 취하였는가?</td><td>O
(가상으로 연락)</td></tr>
<tr><td>훈련사진</td><td colspan="3">※ 실제 훈련 상황 사진</td></tr>
</table>

출처: 센텀포레어린이집.

Chapter 07

놀이안전

1 놀이안전의 개념

1) 놀이안전의 필요성

유아기는 발달의 속도나 정도가 급격히 일어나는 시기이다. 그러나 보다 독립적으로 행동하고 사회적으로 적합한 행동을 배우며 자신의 신체를 적절히 조절하고 균형을 유지하는 능력, 안전하게 생활하는 데 필요한 지식이나 기술, 상황판단에 필요한 사고력 등이 부족한 시기이기도 하다. 더욱이 유아의 주변환경에 대한 호기심과 탐색욕구는 신체적 인지적 측면에서의 미성숙으로 인하여 유아기 안전사고의 발생빈도를 높이는 중요한 요인으로 작용한다. 이러한 유아의 발달 특성에 따른 안전문제를 이해한다면 잠재적 위험 요인이나 상황을 인식하여 유아에게 적절한 관리감독을 하고 발달 특성에 맞는 안전교육을 시행하며 안전한 환경을 제공할 수 있어야 한다(김미희·박정희, 2007).

김정훈(2010)의 안전사고 실태조사에서 국공립보육시설, 민간보육시설 모두에서 연령이 어릴수록 안전사고가 많이 일어났으며 안전사고 종류도 넘어짐, 부딪힘, 물림 순으로 나타났다. 사고 장소도 화장실 이용 시 안전사고가 많이 발생하였으며 사고 정도도 국공립 보육시설과 민간보육시설 모두 타박상이 가장 많은 것으로 나타났다.

이화영, 신동주(2006)의 경기지역 사립유치원에 다니는 만 3, 4, 5세 유아 163명을 대상으로 한 연구에서 유아의 연령이 높아질수록 실외놀이시설 놀이안전규칙을 잘 인식하는 것으로 나타났으나 실행은 연령이 증가함에 따라 나아지지 않았다. 유아들은 그네, 터널, 흔들다리와 같은 놀이시설에 대한 놀이안전규칙을 모래놀이시설보다 잘 인식하고는 있었으나, 실제 놀이상황에서는 그러한 놀이시설에 대한 놀이안전규칙을 모래놀이시설보다 지키지 않는 것으로 나타났다.

안전교육은 유아기부터 매우 중요하게 다루어져야 할 교육영역이며 교육이 요구하는 교육활동이 효과적으로 이루어진다고 할지라도 유아의 발달 수준이나 연령에 맞지 않게 안전교육이 체계적으로 이루어지지 않는다면 효과적인 교육활동이 이루어지고 있다고 볼 수 없다. 연령이 어린 취학 전 유아나 초등학생은 안전사고에 항상 노출되어 있으므로 반드시 안전교육이 필요하다(한국소비자원, 2016).

보육시설에서의 안전사고는 육체적 정신적으로 발달이 미숙한 유아들에게 주로 발생하므로 스스로 안전하게 행동하려고 하는 태도와 습관을 길러주는 것이 중요하다. 안전사고는 시간과 장소에 관계없이 언제든지 예고 없이 발생할 수 있으며 보육시설에서의 사고도 예외는 아닌데 갑작스러운 사고로 신체적, 정신적인 손상을 입거나 생명을 잃을 수 있으므로 반드시 필요한 지식과 기술을 배우는 것이 중요하다(김인정, 2012).

2) 2019 개정누리과정과 표준보육과정에서의 놀이안전 내용

2019 개정누리과정과 3차 어린이집 표준보육과정에서는 안전에 대해 다음과 같이 기술한다.

2019 개정누리과정의 목표 첫 번째 항에서 '자신의 소중함을 알고 건강하고 안전한 생활습관을 기른다'라고 되어 있다.

2015년 3~5세 누리과정에서는 신체운동 · 건강 〉 안전하게 생활하기에 대해서 3, 4, 5세 연령별로 세부내용을 두었으나 2019 개정 누리과정에서는 연령별 세부내용을 없애고 내용범주와 내용으로 구성하여 유아가 경험해야 할 내용을 연령별 구분 없이 제시한다. 유아가 자신에게 가장 적합한 방식으로 놀이하며 배우는 경험으로 이해함으로써 유아교육중심교육과정을 실천할 수 있다는 관점에서이다.

'안전하게 생활하기는' 유아가 안전하게 놀이하고 생활하며, 자주 접하는 TV, 컴퓨터, 스마트폰을 바르게 사용하고, 안전하게 다닐 수 있도록 교통안전 규칙을 지키며, 안전사고, 화재, 재난, 학대, 유괴 등의 위험한 일이 발생하였을 때 도움을 요청하거나 대처할 수 있는 방법을 경험하는 내용이다.

신체운동 · 건강 영역에서 '안전하게 생활하기'란 일상에서 '안전하게 놀이하고 생활한다'는 것으로 예를 들면 다음과 같다.

> 유아들은 모래구덩이의 크기와 너비를 살펴보고 자신이 잘 뛰어넘는 방법에 대해 생각하며 놀이함. 모래가 튀어서 친구의 얼굴에 묻거나 눈에 들어가면 위험할 수 있다는 것을 알고 행동을 조심함(제3부 영역별 목표 및 내용해설, 71)

다음으로, 0~2세 표준보육과정(보건복지부 제3차 어린이집표준보육과정해설서, 2013)은 기본생활, 신체운동, 의사소통, 사회관계, 예술경험, 자연탐구의 6가지 영역으로 이루어져 있다. 안전에 관한 영역은 기본생활영역에서 다루고 있다. 기본생활영역의 목표는 청결, 식습관, 수면, 휴식, 배변, 놀이 등의 기본생활을 통해서 건강하고 안전한 일상생활을 경험하는 것이다. 영아에게 일어나는 안전사고를 예방하기 위해서는 안전한 상황과 장소에서 놀이하도록 환경을 조성하고 영아가 위험하다는 말을 알아듣고 주의하도록 돕는 안전교육이 필요하다.

표준보육과정에서 0~1세의 안전하게 생활하기는 ① 안전하게 지내기와 ② 위험한 상황에 반응하기의 2가지이다. '안전하게 지내기'란 '안전한 상황에서 놀이한다, 놀잇감을 안전하게 사용한다, 안전한 장소에서 놀이한다, 차량승하차 시 안전장구를 착용한다'이다. 위험한 상황에 반응하기란 '위험하다는 말에 반응을 보인다, 위험하다고 알려주면 주의한다'이다.

표준보육과정에서 2세의 안전하게 생활하기에는 ① 안전하게 놀이하기 ② 교통안전 알기 ③ 위험한 상황 알기의 3가지 내용이다. 2세는 0~1세와 다르게 신체발달 인지발달 등이 활발해지므로 놀이나 교통안전 위험한 상황알기의 항목이 추가되어 있다. '안전하게 놀이하기'는 영아가 실내외 여러 가지 놀이기구나 놀잇감을 안전하게 사용하고 안전한 장소에서 놀이하는 태도를 형성하기 위한 것이다. '교통안전알기'는 영아가 교통수단의 위험성을 알고 사고의 위험으로부터 자신을 보호하기 위해 필요한 교통안전을 알도록 하는 것이다. '위험한 상황 알기'는 영아가 처할 수 있는 여러 가지 상황과 위험한 것에 대해 알고 조심하며 위험한 상황이 발생했을 때 어른의 지시에 따를 수 있도록 지도하는 내용이다.

〈표 7-1〉 2019 개정 누리과정 신체운동 · 건강 〉 안전하게 생활하기

내용범주	내용	내용이해
안전하게 생활하기	일상에서 안전하게 놀이하고 생활한다.	유아가 일상에서 위험한 장소, 상황, 도구등을 알고,안전한 놀이방법과 놀이규칙을 지키며 놀이하고 생활하는 내용이다.
	TV, 컴퓨터, 스마트폰 등을 바르게 사용한다.	유아가 일상에서 자주 접하는 TV, 컴퓨터, 스마트폰 등을 필요한 상황에서 적절하게 사용하며,바른 자세로 이용하는 내용이다.
	교통안전 규칙을 지킨다.	유아가 안전한 보행 및 도로횡단, 교통기관의 안전한 이용 등 교통안전 규칙을 알고 실천하는 내용이다.
	안전사고, 화재, 재난, 학대, 유괴 등에 대처하는 방법을 경험한다.	유아가 안전사고,화재, 재난, 학대,유괴등의 위험에 처한 상황을 알고,주변에 도움을 요청하는 방법을 배우며, 평소 훈련에 따라 대피하는 연습을 하는 등의 안전교육과 관련된 내용이다.

출처: 교육부 · 보건복지부(2019). 2019 개정 누리과정 해설서, pp. 68-69.

〈표 7-2〉 표준 보육과정 0~1세 기본생활 〉 안전하게 생활하기

		1수준	2수준	3수준	4수준
안전하게 생활하기	안전하게 지내기	안전한 상황에서 놀이한다			놀잇감을 안전하게 사용한다
		안전한 장소에서 놀이한다 차량승하차시 안전장구를 착용한다			
	위험한 상황에 반응하기		위험하다는 말에 반응을 보인다	위험하다고 알려주면 주의한다	

〈표 7-3〉 표준 보육과정 2세 기본생활 〉 안전하게 생활하기

	내용	1수준	2수준	3수준	4수준
안전하게 생활하기	안전하게놀이하기	놀이기구나 놀잇감을 안전하게 사용한다			
		안전한 장소에서 놀이한다			
	교통안전알기	교통수단의 위험을 안다		교통수단의 위험을 알고 조심한다	
	위험한 상황알기	위험한 상황과 위험한 것을 안다		위험한 상황과 위험한 것을 알고 조심한다	
		위험한 상황시 어른의 지시에 따른다			

3) 3차 어린이집 평가 인증 통합지표와 실내외 놀이안전

어린이집에서는 놀잇감과 실내외 시설 및 설비를 안전하게 구비하고 상시점검을 통해 위험요인을 즉시 수리보완하며 비상사태에 대비한 안전시설 및 설비를 유지 관리함으로써 영유아가 안전사고의 위험 없이 즐겁게 생활할 수 있는 환경을 조성하여야한다(한국보육진흥원, 어린이집 평가인증지표와 평가기준, 2018). 어린이집평가인증지표의 해설서(보건복지부, 한국보육진흥원, 2018. 2.)의 평가영역 및 평가항목에 의하면 건강 · 안전영역의 15가지 항목 중, '실내외 공간의 청결 및 안전(4)'과 '안전교육 및 사고대책(3)'의 평가항목은 다음과 같다.

〈표 7-4〉 '건강 · 안전' 영역 중 실내외 공간의 청결 및 안전 평가지표

실내외 공간의 청결 및 안전 (4)	**1. 실내외공간을 청결하고 쾌적하게 관리하고 있다.**
	① 실내외공간을 청결하게 유지한다.
	② 실내외놀잇감을 청결하게 유지한다.
	③ 개별침구를 청결하게 유지한다.
	④ 환기를 자주하여 실내공기를 쾌적하게 유지한다.
	⑤ 실내공간의 온도,습도,채광,조명을 적정하게 유지한다.
	(평가항목 Y 충족기준) 5개 중 4개 이상
	2. 실내외공간을 영유아의 안전을 위해 위험요인 없이 관리하고 있다.
	① 출입문, 창문, 천장,바닥, 벽면등이 안전하여 위험요인이 없다.
	② 전기설비 및 전선줄등이 안전하여 위험요인이 없다.
	③ 고정식 및 이동식시설,설비가 안전하여 위험요인이 없다.
	④ 세면대 정수기등에 온수조절장치가 적절하여 위험요인이 없다.
	⑤ 성인이 주로 사용하는 실내외공간에 영유아가 출입하지 않는다.
	(평가항목 Y 충족기준) 5개 중 4개 이상
	3. 실내외놀잇감이 안전하고 위험한 물건을 안전하게 보관,관리하고 있다.
	① 보육실내 놀잇감에 파손된 부분이 없다.
	② 실내외공간에 비치된 놀잇감에 파손된 부분이 없다.
	③ 보육실내의 위험한 물건을 안전하게 보관 · 관리한다.
	④ 실내외공간의 위험한 물건을 안전하게 보관 · 관리한다.
	(평가항목 Y충족기준) 4개중 3개 이상
	4.안전시설 및 설비를 비상시 효율적으로 사용할수 있도록 관리하고 있다.
	(요소없음)
지표등급	**우수: Y가 3개 이상, 적합: Y가 2개, 개선필요: Y가 1개 이하**

출처: 보건복지부 · 한국보육진흥원(2018). 제3차 어린이집평가인증안내, 통합지표.

〈표 7-4〉에서 특히 3-③ '보육실내의 위험한 물건을 안전하게 보관 관리한다'에서 위험한 물건의 예를 소개하면 다음과 같다.

위험한 물건의 예

- 칼, 성인용 가위, 송곳, 스테이플러, 칼날이 드러나 있는 테이프커터기 등 작업 시 자르거나 찌르는 용도로 사용하는 도구
- 강력접착제, 목공용 본드, 글루건, 살충제, 방향제, 어항수질 개선제, 각종 스프레이, 침핀, 건전지, 놀잇감으로 제시된 화장품에 내용물이 들어 있는 경우(립스틱, 매니큐어 등) 등
- 화장실 내 각종세제, 세척제, 표백제, 나프탈렌, 세척용 소독 스프레이 등
- 비상약품함, 영유아가 투약을 위해 가져온 약등
- 만지면 다칠 수 있는 가시가 있는 식물(예; 선인장, 밤송이 등)
- 삽, 호미 등 영유아가 다칠 위험이 있는 물건
- 영아가 삼킬 수 있는 놀잇감이나 활동자료
- 전기솥, 밥솥 등 영유아가 화상을 입을 수 있는 물건

출처: 보건복지부 · 한국보육진흥원(2018). 제3차 어린이집평가인증안내, 통합지표, 304.

'안전교육 및 사고대책' 평가지표는 〈표 7-5〉와 같다.

어린이집에서는 영유아가 여러 가지 위험으로부터 자신의 안전을 보호할 수 있는 능력과 기술을 가지도록 지도해야 한다. 영유아와 교직원이 안전 교육 등을 통해 안전사고를 예방하고 적절하게 대처할 수 있는 능력을 기른다면 영유아는 보다 안전한 환경에서 생활할 수 있게 된다(보건복지부 · 한국보육진흥원, 2017, 333).

〈표 7-5〉 건강 · 안전영역 중 안전교육 및 사고대책 평가지표

안전교육 및 사고대책 (3)	**1. 영유아를 대상으로 안전교육을 지속적으로 실시하고 있다.**
	① 영유아를 대상으로 발달에 적합한 안전교육을 정기적으로 실시한다.
	② 영유아가 정기소방대피훈련에 참여한다.
	③ 영유아가 놀이기구와 장난감을 안전하게 사용하도록 지도한다.
	④ 계절 및 날씨관련 놀이안전수칙을 준수한다.
	(평가항목 Y 충족기준) 4개 중 3개 이상
	2. 교직원은 안전교육을 받고 영유아학대예방지침을 준수한다.
	① 교직원을 대상으로 기본적인 안전교육을 정기적으로 실시한다(영유아학대예방교육 포함).
	② 교직원은 안전관리 시설 및 설비(소화기 등)의 사용법을 숙지하고 있다.
	③ 비상시 교직원의 대처방안과 업무분장이 체계적으로 수립되어 있고 교직원은 자신의 역할을 숙지하고 있다.
	④ 교직 원중에 응급처치(심폐소생술)관련 교육에 참여한 직원이 있다.
	⑤ 영유아학대예방지침(처벌금지 포함)을 준수한다(필수).
	(평가항목 Y 충족기준) 5개 중 4개 이상(요소 5 포함)
	3. 영유아 교직원 및 시설보험에 모두 적합하게 가입하고 있다.

출처: 보건복지부 · 한국보육진흥원(2018). 제3차 어린이집평가인증안내, 통합지표.

2 어린이 놀이안전사고 실태 및 유형

1) 놀이안전사고실태

〈표 7-6〉에서 한국소비자원 소비자 위해 감시시스템(CISS)을 통해 수집된 14세 이하 어린이의 안전사고 건수는 2012년 22,907건, 2013년 24,312건, 2014년 27,381건으로 지속적으로 증가하고 있으며, 매년 전체 위해정보에서 30% 이상 차지하고 있다. 어린이 안전사고가 가장 많이 발생하는 장소는 '가정'(50,364건)이었으며, 그 다음으로 '여가 및 문화놀이시설'(6,006건), '교육시설'(5,692건)이 많이 발생하는 장소의 2, 3위를 차지한다.

〈표 7-6〉 사고 발생장소별 현황

단위: 건, (%)

구분	2012년	2013년	2014년	합계
가정	15,055(65.7)	16,564(68.1)	18,745(68.5)	50,364(67.5)
여가 및 문화놀이시설	1,610(7.0)	2,022(8.3)	2,374(8.7)	6,006(8.1)
교육시설	1,800(7.9)	1,801(7.4)	2,091(7.6)	5,692(7.6)
상업시설	1,147(5.0)	1,409(5.8)	1,455(5.3)	4,011(5.4)
교통시설	676(3.0)	663(2.7)	1,107(4.0)	2,446(3.3)
스포츠/레저시설	472(2.1)	565(2.3)	562(2.1)	1,599(2.1)
의료서비스시설	227(1.0)	120(0.5)	140(0.5)	487(0.7)
기타	1,920(8.4)	1,168(4.8)	907(3.3)	3,995(5.4)
합계	22,907(100.0)	24,312(100.0)	27,381(100.0)	74,600(100.0)

출처: 소비자안전센터(2015).

〈표 7-7〉에서 4세~6세 유아기 연령에서 발생한 위해발생 품목에서는 놀이터 및 놀이기구가 1,828건(11.4%)으로 가장 높게 나타났다. 이것은 4~6세 유아가 저연령층 영아들보다 가정 밖에서 보내는 시간이 점차 늘어나며 위해발생 품목 또한 다양해진 것으로 분석된다.

〈표 7-7〉 4~6세 유아기 위해발생 다발 품목

단위: 건, (%)

순위	구분	건수	비율	순위	구분	건수	비율(%)
1	놀이터 및 놀이기구	1,828	(11.4)	11	탁자	283	(1.8)
2	바닥재	1,602	(10.0)	12	소파	274	(1.7)
3	출입문	716	(4.5)	13	기타 어패류 & 어패류가공식품	245	(1.5)
4	침대	680	(4.2)	14	운동용 트램폴린	235	(1.5)
5	자전거	668	(4.2)	15	구슬	215	(1.3)
6	계단	540	(3.4)	16	수영장	193	(1.2)
7	의자	516	(3.2)	17	유치원	186	(1.2)
8	기타 완구, 인형	454	(2.8)	18	식탁	169	(1.1)
9	책상	405	(2.5)	19	어린이집(놀이방)	160	(1.0)
10	기타 승용물	404	(2.5)	20	공중목욕탕	154	(1.0)

출처: 소비자안전센터(2015).

〈표 7-7〉에서 위해발생 품목에서는 가정 내 주요 품목인 침대, 바닥재로 인한 사고의 경우 연령대가 높아질수록 감소하고, 가정 밖 주요 품목인 놀이터 및 놀이기구로 인한 사고는 증가하는 추세를 보인다. 특히, 4~6세 유아기 연령에서 놀이터 및 놀이기구로 인한 사고 발생 비율이 급격하게 증가한다(소비자안전센터, 2015).

위해발생 주요 품목별 어린이 안전사고 비율 (단위 %)

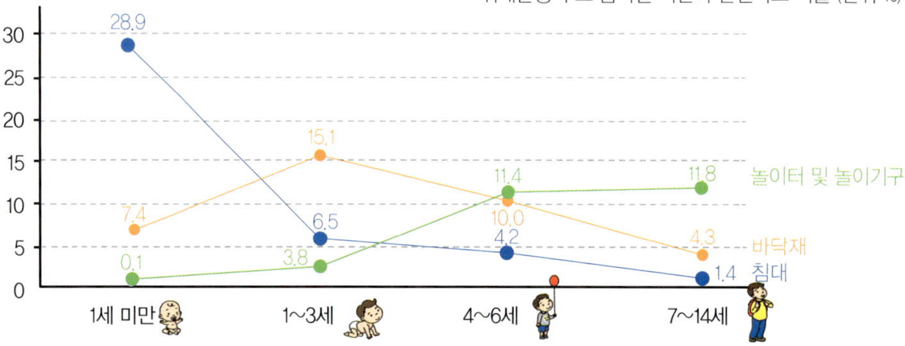

[그림 7-1] 소비자안전센터 어린이 안전사고 동향분석(2015. 6)

〈표 7-8〉에서 소비자 위해 감시시스템(CISS)에 최근 5년간(2011년~2015년 10월) 접수된 완구 관련 위해사례는 총 2,582건으로 해를 거듭할수록 증가한다. 〈표 7-9〉에서 완구를 삼키거나 흡입하여 발생한 사고가 853건(33.0%), 완구에 부딪치거나 맞아서 발생하는 충돌/충격 671건(26.0%), 완구의 날카로운 부분으로 인한 베임/찔림 442건(17.1%)의 순이다(산업통상자원부 보도자료, 2016).

〈표 7-10〉에서 승용완구에 의한 사고가 436건(32.8%), 블록류 187건(14.1%), 작동완구 157건(11.9%) 등의 순으로 나타났다(산업통상자원부 보도자료, 2016).

〈표 7-8〉 완구 관련 위해사례

구분	2011	2012	2013	2014년 10월	2015년 10월	합계
건수	512	445	537	589/514	499	2,582

출처: 산업통상자원부(2016). 보도자료.

〈표 7-9〉 위해 원인별 접수현황(2011년~2015년 10월)

위해 내용	건수	비율	위해 내용	건수	비율
삼킴/흡입	853	(33.0)	눌림/끼임	51	2.0
충돌/충격	671	(26.0	화학적 영향	21	0.8
베임/찔림	442	17.1	폭발	10	0.4
미끄러짐/넘어짐	353	13.7	기타	24	0.9
추락/낙상	157	6.1	합계	2582	100.0

출처: 산업통상자원부(2016). 보도자료.

〈표 7-10〉 세부 품목별 사고발생 건수(2011년~2015년 10월)

단위: 건, (%)

품목	건수	비율	품목	건수	비율
승용완구	436	(32.8)	악세사리	26	(2.0)
블록류	187	(14.1)	동전형/자석류	18	(1.4)
작동완구	157	(11.9)	완구용 건전지	18	(1.4)
발사체완구	74	(5.6)	가구완구	17	(1.2)
포장 및 정리함	66	(5.0)	역할놀이완구	14	(1.1)
교구	53	(4.0)	악기완구	13	(1.0)
구슬	52	(3.9)	공	9	(0.7)
인형	48	(3.6)	모형완구	9	(0.7)
장난감칼류	43	(3.2)	팽이	5	(0.4)
활동/운동완구	39	(2.9)	기타	41	(3.1)
			합계	1,325	(100.0)

출처: 산업통상자원부(2016). 보도자료.

〈표 7-11〉은 완구 관련 주요 원인별 위해사례이다. 삼킴, 흡입, 충격, 베임, 찔림, 눌림, 끼임의 사고사례이다.

〈표 7-11〉 주요 원인별 위해사례

주요원인 항목	발생년월	피해자 연령 및 성별	위해 내용
삼킴, 흡입	2015. 2.	만 6세, 남	장난감에 들어 있던 수은 건전지를 삼킴
	2012. 12.	만 2세, 여	곰인형 눈이 코에 들어가 병원치료를 받음
충격	2014. 2	만 7세, 남	장난감 총알을 맞아 눈에 손상을 입음
	2012. 2	만 2세, 남	장난감 자동차를 가지고 놀다 부딪혀 눈에 손상을 입음
베임, 찔림	2015. 1.	만 3세, 남	장난감 정리함에 부딪혀 눈이 찢어지는 상처를 입고 치료를 받음
	2013. 5.	만 4세, 여	화살 모양의 장난감에 찔림
눌림/끼임	2015. 3.	만 1세, 남	장난감 자동차에 발이 끼어 골절됨
	2014. 2	만 5세, 남	블록 장난감이 치아에 끼어 빼다 치아가 탈구됨

출처: 산업통상자원부(2016). 보도자료.

2) 어린이놀이안전사고 분석

〈표 7-12〉의 2015년 하반기 어린이놀이시설 안전사고 분석결과에서 160건에 대한 사고 원인을 보면, 시설 결함보다는 이용자 부주의가 156건(97.5%)으로 가장 높은 것으로 나타났다. 사고사례는 〈표 7-13〉과 같다. 놀이기구별 사고현황은 〈표 7-11〉와 [그림 7-2]와 같다.

〈표 7-12〉 2015년 하반기 어린이놀이시설 안전사고 분석결과

구분	사고 건수	시설 결함	이용자 부주의	관리 소홀	개인 질환
도시공원	32	2	30		
어린이집	11		11		
유치원	9		9		
대규모 점포	2		2		
주택단지	59	1	58		
학교	37		36		1
식품접객업소	4		4		
놀이제공업소	6		6		
계	160	3	156		1
	100%	1.9%	97.5%	0.0%	0.6%

출처: 국민안전처(2016).

〈표 7-13〉 사고 사례

놀이기구	사고 형태 및 손상 내용
조합 놀이대	· 놀이시설 내 날카로운 것에 손이 베어 열상 · 모서리에 부딪혀 열상 · 계단을 오르다 내려오는 친구와 충돌하여 타박상 · 다른 유아에게 떠밀려 추락하여 골절상 · 조합놀이대 위로 설치된 야자수 조형물에 매달려 놀다가 철주에 부착된 조형물이 얼굴에 떨어져 눈 주위에 열상
미끄럼틀	· 미끄럼틀을 거꾸로 오르다 내려오던 아이와 충돌 및 추락하여 뇌진탕 · 터널미끄럼틀 위로 올라가다 추락하여 팔에 골절상 · 앉지 않고 서서 내려오다 바깥쪽으로 떨어지면서 팔에 골절상 · 도착지점에 앉아 있다가 뒤따라 내려오는 아이와 충돌 후 뒤로 넘어져 팔에 골절상 · 미끄럼틀 앞으로 넘어져 모래에 얼굴이 긁히고 눈썹 위 열상
그네	· 1인용 그네를 2명이 마주보며 타다가 1명이 뒤로 추락, 뇌진탕 · 영유아용 그네를 9세 아이가 이용 중 그네 체인 상단 연결부에 손이 끼어 열상 · 그네 주변 안전바에서 떨어진 사고(2건)
구름사다리/ 건너는기구	· 건너는 기구에서 발을 헛디뎌 추락하여 다리 골절 손상 · 구름사다리 손을 잘못 짚어 추락하여 찰과상 · 손잡이를 놓쳐 추락하여 골절 손상
철봉	· 철봉에 매달린 친구를 뒤에서 밀어 추락하여 팔에 골절상 · 심하게 흔들며 이용하다 손이 미끄러져 팔 골절
바닥	· 놀이터에서 달려오다 바닥에 넘어지며 놀이기구에 충돌하여 이마가 찢어짐
외부유입물/ 소지품/ 부대시설 등	· 놀이시설 내에 철사를 가지고 놀다가 발바닥 찰과상 · 놀이시설 내 야구놀이 중 야구방망이가 날아와 코가 부러짐 · 실내 놀이시설에서 공을 가지고 놀다 바닥으로 넘어져 치아 손상 · 가지고 놀던 비눗물을 바닥에 쏟아 뒤로 미끄러지면서 계단 모서리에 머리를 부딪혀 머리 손상 · 눈썰매를 가지고 미끄럼틀을 타고 내려오다 도착 지점 화단경계석에 부딪혀 열상 · 안내표지판에 매달리다 연결판이 떨어지면서 사이에 손이 끼어 열상 · 놀이시설 내 나무벤치에서 장난치며 놀다가 골절상 · 실내 놀이시설에서 친구가 잡아당겨 근처 시설에 머리 충돌로 열상

출처: 국민안전처(2016).

〈표 7-14〉 놀이기구별 사고 현황

구분	조합놀이대	그네	흔들놀이기구	건너는 기구	미끄럼틀	오르는기구
부상자 수	63	25	13	12	11	6
비율	39.4%	15.6%	8.1%	7.5%	6.9%	3.8%
구분	철봉	정글짐	기타	바닥재1(모래)	바닥재2(고무)	계
부상자 수	5	3	11	2	9	160
비율	3.1%	1.9%	6.9%	1.3%	5.6%	100.0%

출처: 국민안전처(2016).

(바닥재1은 모래이고 바닥재2는 고무임)

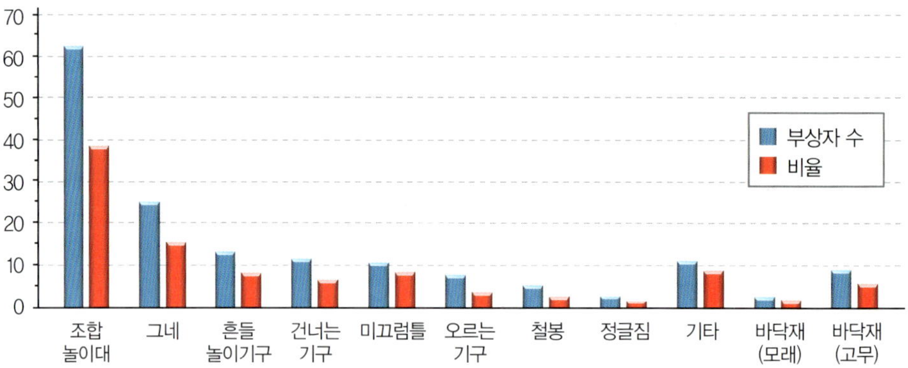

출처: 국민안전처(2016).

[그림 7-2] 2015년도 하반기 어린이놀이시설 안전사고 분석 결과

3 놀이안전의 예방과 안전교육

놀이안전은 실내안전과 실외안전으로 구분한다. 실내안전은 보육실에서의 안전이며 실외안전은 바깥놀이터, 그 외 외부 놀이공간이다. 바깥놀이 안전의 경우에는 각종 놀이터의 시설을 이용할 때 발생하는 위험한 사고를 사전에 예방하여 자신을 보호하는 것이다.

1) 실내놀이안전의 예방과 교육

놀이 안전 사고를 예방하려면 먼저 어린이들이 놀이하기에 안전한 장소가 어떤 곳인지 알아야 하고 주변의 안전한 장소를 안내해 주어야 한다. 또한, 이들 장소의 놀이시설을 이용할 때의 안전 수칙을 철저히 익혀야 한다. 유치원에서 교육활동이나 일상생활 중에 유아들이 사용하는 교구와 도구를 안전하게 사용하는 방법을 알려 준다.

(1) 보육실 놀이 시 교사 안전수칙

① 놀잇감이나 우유병을 입에 넣고 다니지 않도록 주의시키기
② 전쟁놀이 등 위험한 놀이나 행동을 보는 즉시 중재하기
③ 낮은 책상이나 의자에 올라가서 뛰어내리지 않도록 지도하기
④ 영유아가 의자나 책상같은 무거운 가구를 이동해야 할 때는 사전에 안전수칙 설명하기
⑤ 보행기를 탈 때는 주변에 위험한 물건이 있는지 점검하기
⑥ 놀이활동 정리나 이동 시 영유아가 예측할 수 있도록 미리 예고하기
⑦ 걸려 넘어질 물건이나 놀잇감 수시로 정리하기
⑧ 놀잇감 파손 등을 매일매일 점검하고 보수하기
⑨ 위험한 장소 표시하기
⑩ 안전한 놀이를 위해 영유아의 옷차림 살피기(긴옷, 끈이 있는 옷, 머리끈 등)
⑪ 영유아만 두고 교실 비우지 않기
⑫ 영유아를 돌보며 행정업무 등의 일처리하지 않기
⑬ 영유아가 있는 곳에서 커피포트 등 위험한 전열기구 사용하지 않기(조희연 외, 2011).

(2) 유아교육기관의 놀이흥미영역별 안전수칙[1)]

① 언어영역

- 책의 가장자리 끝이 뾰족하여 날카롭지 않도록 한다.
- 책장을 넘길 때 손을 베이지 않도록 조심한다.
- 연필과 같이 길고 뾰족한 물건은 손에 들고 장난치지 않는다.
- 언어영역의 헤드폰 마개의 이음새가 철사로 되어 있는 것은 귀를 다치지 않도록 주의한다.
- 책을 던지거나 책으로 친구를 때리지 않는다.

② 역할놀이영역

- 화장품, 병, 거울 등 유리로 된 물건은 조심해서 다룬다.
- 내 몸에 맞지 않는 소품(예: 구두 등)을 사용할 때에는 다치지 않도록 한다.
- 넥타이 등 끈으로 된 소품을 착용할 때에는 주의한다.

③ 쌓기 놀이영역(조작 혹은 블록놀이)

- 블록의 크기가 작을 경우 입에 넣지 않도록 주의한다(블록 굵기는 3.5cm 이상일 것).
- 블록이 깨어지지 않아야 한다.
- 유니트 블록 표면에 가시가 일어나지 않아야 한다.
- 구슬끈은 돌리고 다니거나 목이나 팔에 감지 않는다.
- 블록을 쌓은 후 정리할 때에는 위에서부터 차례로 블록을 내린다.

④ 미술놀이영역

- 미술놀이를 할 경우에는 쉽게 바닥을 닦을 수 있는 비닐이나 종이를 깔되 물기가 생기면 즉시 닦아 미끄러지지 않도록 한다.

---

1) 각 영역별 주의사항은 유아교육전공 현장교사들의 의견, 조희연 외(2011)의 연구, 교육과학기술부 유아재난대비생활안전교육프로그램의 실제(2012)를 참고하여 정리한 것이다.

- 연필, 크레용, 붓 등은 입 안에 넣지 않는다.
- 색이 배어 나오는 색종이 사용을 주의한다.
- 안전가위 등 날카로운 물건들은 사용법을 숙지하고 안전하게 사용한다.
- 종이에 베이지 않도록 주의한다.
- 풀이나 본드 등을 입에 넣지 않도록 한다.
- 재활용물품(요구르트, 페트병 뚜껑 등)을 활용하기 위해 집에서 가져올 때 안전성을 고려한다.

⑤ 조형놀이영역

- 재료들의 크기를 잘 선택하고 사용법을 숙지한다.
- 교사가 글루건을 사용할 때 글루건의 액체가 떨어지지 않도록 조심하며 유아가 사용할 때에는 안전한 사용법을 알려 준다.
- 기타 재활용품, 자연물 등의 자료는 깨끗하고 안전하게 처리한 후 사용한다.
- 빗자루, 쓰레받기 등도 안전하게 사용하는 방법을 알려 준다.

⑥ 음악영역

- CD 케이스 균열로 인한 위험을 예방한다.
- CD 플레이어 등 전기제품을 사용할 때에는 마른손으로 만진다.
- 카세트 전선연결을 50cm 미만이 되도록 한다.
- 피아노 덮개를 닫을 때 손낌방지 시스템을 단다.

⑦ 수학영역

- 우레탄 주사위를 입에 넣어 씹는 유아를 주의시킨다.
- 수 세기 구슬이 원목일 경우 던지지 않도록 한다.
- 구슬, 주사위 등 수 세기 재료의 깨짐과 가시가 생기는 것을 잘 관찰해야 한다.

⑧ 과학영역

- 어항을 관찰할 때에 손을 넣거나 하여 직접적인 관찰을 하지 않도록 한다.
- 야채를 키울 때에 흙을 입에 넣지 않도록 한다.
- 자석을 사용할 시에 철사의 안전을 고려한다.

⑨ 모래놀이영역

- 모래 속에 불순물(철, 유리병 조각, 동물의 변 등)이 들어가지 않도록 한다.
- 모래를 던지지 않고 모래를 만진 손으로 눈을 비비지 않는다.

⑩ 물놀이영역

- 소독제를 조심한다.
- 미끄럼 방지를 위해 미끄럼 방지용 양말을 신는다.
- 나이에 따라서 풀장의 넓이와 물의 높이를 고려한다.
- 적정 물놀이 시간을 준수한다(입술이 파랗게 변하기까지 물놀이를 시키지 않는다).

(3) 장난감 안전사고 예방법

3세 이하의 어린이는 모든 것을 입에 넣는 습관이 있으므로 질식위험을 초래할 수 있는 작은 부품으로 이루어진 장난감을 구입하는 것은 피한다. 어린아이에게 질식위험을 줄 수 있으므로 1.75인치(약 4.5cm)보다 작은 공이나 구슬들이 부착된 장난감은 피한다. 날카롭거나 뾰족한 부분 등 끝마무리가 제대로 되어 있지 않는 장난감은 피한다.

8세 미만의 어린이는 터진 풍선이나 불지 않은 풍선에 의해 질식할 우려가 있으므로 고무풍선은 어린이 손이 닿지 않는 곳에 보관하고, 어린이가 풍선을 불지 못하도록 해야 하며, 풍선을 사용한 후에는 공기를 빼서 즉시 버리도록 한다.

장난감을 선택할 때에는 어린이의 나이, 관심, 발달 수준을 고려하여 부품 등이 견고하게 부착된 튼튼한 제품을 구입하도록 하고, 용도에 맞게 사용해야 하며, 제품에 표시된 주의사항을 따르도록 한다.

어린이가 놀 때에는 항상 지켜보고, 놀이에 함께 참여하면서 상호작용을 통한 어린이 안전 감독을 하는 것이 효과적이다.

아이가 놀고 난 후에는 장난감을 안전하게 치우도록 교육한다. 어린아이용 장난감은 큰 아이들의 것과 분리하여 보관한다.

규칙적으로 장난감의 파손 여부를 검사하고, 파손된 장난감은 즉시 수리하거나 폐기하도록 한다.

「어린이 제품 안전 특별법」에서 제1조 목적, 제2조 정의, 제3조 국가의 책무는 다음과 같다.

어린이 제품 안전 특별법 법률 제12733호 신규제정 2014. 06. 03.

제1조 (목적)
이 법은 어린이가 사용하는 제품의 안전을 확보하여 어린이에게 안전한 환경을 조성하기 위한 기본적인 사항을 규정함으로써 제품으로 인한 어린이 사고를 예방하고, 어린이 건강의 유지 · 증진에 기여함을 목적으로 한다.

제2조 (정의) 벌칙규정
이 법에서 사용하는 용어의 뜻은 다음과 같다.

1. "어린이 제품"이란 만 13세 이하의 어린이가 사용하거나 만 13세 이하의 어린이를 위하여 사용되는 물품 또는 그 부분품이나 부속품을 말한다. 다만, 다음 각 목의 어느 하나에 해당하는 물품 또는 그 부분품이나 부속품은 제외한다.
   가. 「약사법」 제2조에 따른 의약품 및 의약외품
   나. 「의료기기법」 제2조 제1항에 따른 의료기기
   다. 「화장품법」 제2조 제1호에 따른 화장품
   라. 「식품위생법」 제2조 제4호에 따른 기구 및 같은 조 제5호에 따른 용기 · 포장
   마. 「관광진흥법」 제33조 제1항에 따른 유기시설(遊技施設) 또는 유기기구(遊技機具)
2. "사업자"란 어린이 제품을 생산 · 조립 · 가공(이하 "제조"라 한다)하거나 수입 · 판매 · 대여(이하 "유통"이라 한다)하는 자를 말한다.
3. "영업자"란 어린이 제품을 영업에 사용하는 자를 말한다.
4. "안전성조사"란 어린이 제품이 어린이의 생명 · 신체에 끼치는 위해를 방지하기 위하여 어린이 제품의 위험 요인을 조사하는 일체의 활동을 말한다.

5. "위해"란 어린이 제품에 존재하는 위험요소로서 인체의 건강을 해치거나 해칠 우려가 있는 것을 말한다.
6. "어린이 제품안전관리"란 어린이의 생명 · 신체에 대한 위해 또는 재산상 피해를 방지하기 위하여 어린이 제품의 제조 또는 유통 등을 관리하는 활동을 말한다.
7. "어린이 제품 공통안전기준"이란 어린이 제품에서 기본적으로 준수하여야 하는 안전기준을 말한다.
8. "안전인증"이란 제품검사(어린이 제품을 시험 · 검사하는 것을 말한다. 이하 같다)와 공장심사(제조설비 · 자체검사설비 · 기술능력 및 제조체제를 심사하는 것을 말한다. 이하 같다)를 모두 거치거나 제품검사만을 거쳐 어린이 제품의 안전성을 증명하는 것을 말한다.
9. "안전인증대상 어린이 제품"이란 구조 · 재질 및 사용방법 등으로 인하여 어린이의 생명 · 신체에 대한 위해 또는 재산상 피해에 대한 우려가 크다고 인정되는 어린이 제품 중에서 안전인증을 통하여 그 위해를 방지할 수 있다고 인정되는 어린이 제품으로서 산업통상자원부령으로 정하는 것을 말한다.
10. "안전확인"이란 제품검사를 통하여 안전성을 증명하는 것을 말한다.
11. "안전확인대상 어린이 제품"이란 구조 · 재질 및 사용방법 등으로 인하여 어린이의 생명 · 신체에 위해를 초래할 우려가 있는 어린이 제품 중에서 제품검사로 그 위해를 방지할 수 있다고 인정되는 어린이 제품으로서 산업통상자원부령으로 정하는 것을 말한다.
12. "공급자 적합성 확인 대상 어린이 제품"이란 안전인증대상 어린이 제품 및 안전확인대상 어린이 제품을 제외한 어린이 제품을 말한다.
13. "안전관리대상 어린이 제품"이란 다음 각 목의 어느 하나에 해당하는 어린이 제품을 말한다.
   가. 안전인증대상 어린이 제품
   나. 안전확인대상 어린이 제품
   다. 공급자적합성 확인대상 어린이 제품

제3조(국가 등의 책무)

① 국가 및 지방자치단체는 어린이가 제품을 안전하게 사용할 수 있도록 어린이 제품의 안전에 관한 정책을 수립하고 시행할 책무를 진다.

② 국가는 어린이 제품의 안전성을 확보하기 위하여 어린이 제품에 관한 기준 또는 규격(이하 "안전기준"이라 한다)을 국제기준에 부합하도록 제정 또는 개정하고, 이를 시행하도록 하여야 한다.

③ 국가는 어린이 제품의 안전을 위하여 필요한 제도적 장치를 마련하고 이에 필요한 재원을 확보하도록 노력하여야 한다.

④ 사업자는 안전한 어린이 제품을 제조 또는 유통하여야 하고, 그 어린이 제품의 안전성을 확인할 책무를 진다.

(4) 어린이 완구 관련 보호자 주의사항(한국소비자원, 2013)

아동복지법 시행령 27조 별표 5 아동용품의 안전기준은 〈표 7-15〉와 같다.

〈표 7-15〉 별표 5 아동용품의 안전기준(시행령 제27조 관련)

구분	안전기준
아동을 위한 세품	가. 제품의 성분·함량·구조 등에 대한 정보를 제공하여야 한다. 나. 제품 사용 적정 연령을 표시하여야 하며, 연령에 따른 주의사항을 명확하게 표시하여야 한다. 다. 제품의 사용 방법 및 안전사고와 관련된 정보를 제공하여야 한다. 라. 그 밖에 위해(危害) 방지를 위하여 필요한 사항을 표시하여야 한다.

완구 구입 시에는 KC 마크를 반드시 확인하고 구입한다. 기술표준원 제품안전포털시스템(www.safetykorea.kr)에서 제품 포장에 표기된 자율안전확인신고필증번호를 조회하면 인증 여부를 확인할 수 있다.

완구를 해외에서 직접 구매하는 경우 CE 마크[2] 등 외국 안전검사를 통과한 제품인지 확인한다. 'CE 마크'는 'Conformity to European'으로 지난 93년 유럽연합(EU) 시장이 단일화되면서 역내 기술장벽을 제거하기 위해 만들어진 인증제도로 EU 시장에 제품을 수출하는 데 필수적인 인증서이다.

- 완구에 표기된 사용 가능 연령을 확인하고 연령에 맞는 장난감을 구입한다.
- 현재 리콜이 실시되고 있는 제품인지 확인한다.
- 놀이 중에는 연령에 맞는 장난감을 가지고 놀 수 있도록 하고, 나이가 많은 형제, 자매의 장난감을 가지고 놀지 않도록 지도한다. 특히 작은 부품이 포함된 36개월 이상의 유아 완구를 36개월 미만의 영아가 사용할 경우 삼킴 사고 우려가 높으므로 주의한다.
- 장난감이 파손되어 날카로운 부분이 있는지, 작은 부품이 분리되어 있는지 등을 주기적으로 관리한다.

2) 이 마크를 획득한 제품은 소비자의 안전과 건강, 위생, 환경보호와 관련된 유럽의 규격조건을 준수한다는 의미로 받아들여진다.

KC 마크

CE 마크

[그림 7-3] KC 마크와 CE 마크

2) 실외안전

「어린이놀이시설 안전관리법」(2007)에 의하면 어린이놀이시설기구는 만 10세 이하 어린이가 사용하도록 제조된 것이다. 놀이시설 안전관리법은 2007년에 제정되었고 다음은 제1조 목적과 제2조 정의를 발췌한 내용이다.

(1) 어린이놀이시설 안전관리법(2007. 1. 26. 제정.)

제1조 (목적)

이 법은 어린이들이 안전하고 편안하게 놀이기구를 사용할 수 있도록 어린이놀이시설의 설치 · 유지 및 보수 등에 관한 기본적인 사항을 정하고 어린이놀이시설을 담당하는 행정기관의 역할과 책무를 정하여 어린이놀이시설의 효율적인 안전관리 체계를 구축함으로써 어린이놀이시설 이용에 따른 어린이의 안전사고를 미연에 방지함을 목적으로 한다.

제2조 (정의)

1. "어린이놀이기구"란 어린이가 놀이를 위하여 사용할 수 있도록 제조된 그네, 미끄럼틀, 공중놀이기구, 회전놀이기구 등으로서 「어린이제품 안전 특별법」 제2조제9호에 따른 안전인증대상어린이제품을 말한다.2. "어린이놀이시설"이라 함은 어린이놀이기구가 설치된 실내 또는 실외의 놀이터로서 대통령령으로 정하는 것을 말한다.

다음은 「아동복지법」 시행령 별표 5 '아동용품의 안전기준'에서 '아동이 이용하는 놀이시설물'에 대한 규정이다.

아동이 이용하는 놀이시설물

가. 놀이시설물의 어떠한 부분에도 아동의 살을 베거나 찌를 수 있는 날카로운 부분, 모서리, 뾰족한 부분이 없도록 하여야 한다.
나. 놀이시설물의 돌출 부분인 볼트와 너트는 위로 튀어나오지 않도록 하여야 하며, 볼트와 너트가 위를 향하고 있는 경우에는 그 높이가 3.2밀리미터를 넘지 않도록 하여야 한다.
다. 아동이 추락할 가능성이 있는 놀이시설물 아래와 주변의 공간(안전지대)은 충격을 흡수할 수 있도록 하여야 하며, 아동이 걸려 넘어지거나 부딪칠 수 있는 방해물이 없도록 하여야 한다.
라. 움직이는 부분들이 서로 맞물리는 놀이시설물의 경우 아동의 신체 일부분이 끼지 않도록 그 맞물림의 형태 및 힘을 점검하여야 한다.
마. 놀이시설물에 구멍이나 틈이 있는 경우 주의 깊게 디자인하여 아동의 몸이 빠지거나 끼는 사고가 없도록 하여야 한다.
바. 놀이시설물 사이에 연결되거나 바닥과 놀이시설물에 45° 이내로 연결된 줄은 아동이 많이 다니는 곳에 설치하지 말아야 한다.
사. 놀이시설물은 안전하게 설치하여야 하며, 제조업자의 취급설명서에 따라 설치하여야 한다.
아. 안전사고 예방을 위하여 관리인은 각 놀이시설물에 대한 적절한 점검 일정을 세우고 이를 지켜야 하며, 안전관리를 위하여 한 모든 행위는 기록으로 보관하여야 한다.

(2) 「어린이놀이시설의 시설기준 및 기술기준」 일부 개정고시안(2015년 12월 24일)

어린이놀이시설 기준 및 기술기준 일부 개정고시안에서 제시한 놀이기구별 안전수칙은 다음과 같다(어린이놀이시설 기준 및 기술기준 일부 개정고시안(2015. 12. 24.). 다음은 내용의 일부이다. 그네, 미끄럼틀, 공중놀이기구, 바닥재에 이르기까지 다양한 놀이시설에 대한 안전수칙을 제시하고 있다.

① 공통사항

- 영유아는 보호자의 동반 하에 놀이를 마칠 때까지 보호 및 관찰을 받아야만 한다.

- 놀이에 부적합한 끈이 달린 옷 또는 슬리퍼 등을 착용하거나 책가방, 장난감 등을 소지한 채 놀이기구를 이용하지 않는다.
- 난간과 밧줄이 있는 놀이기구는 항상 두 손으로 잡고 이용한다.
- 한여름 또는 눈이 올 때는 놀이기구가 뜨겁거나 미끄럽지 않은지 확인한 후에 이용한다.
- 놀이시설에 위험한 물건이 있거나 위험한 상태로 되었을 때 또는 다친 사람이 발생하였을 때 놀이를 중단하고 즉시 도움을 요청한다.
- 놀이기구를 소중히 이용하며, 낙서하거나 부착물을 훼손하지 않는다.
- 놀이기구는 차례대로 이용하고, 사용인원을 초과하여 사용하지 않는다.
- 놀이가 이루어지고 있는 동안 활동공간 내에서는 야구, 축구, 배드민턴, 공놀이, 자전거 타기 등을 삼가야 하며, 휠체어, 유모차, 자전거 등을 세워 두어서도 안 된다.

② 그네

- 그네가 완전히 정지된 상태에서 타고 내린다.
- 서서 타거나 무릎으로 혹은 엎드려 타지 않는다.
- 움직이는 그네 곁에 서 있거나 다른 놀이를 하지 않는다.
- 그네 줄을 꼬면서 타지 않는다.
- 그네 좌석 한가운데 앉아 양쪽 손잡이를 잡고 탄다.
- 1명이 타도록 되어 있는 그네를 2명이 동시에 타지 않도록 한다.
- 그네 옆에 설치된 안전대에 걸터앉지 않는다.

③ 미끄럼틀

- 미끄럼틀을 거꾸로 기어 올라가지 않고, 계단을 이용하여 한 계단씩 차례로 올라간다.
- 미끄럼틀 위에서 다른 사람을 밀거나 당기지 않는다,
- 앞 사람이 없는지 확인하고 한 사람씩 내려온다.

- 엎드려 타거나 서서 타지 않는다.
- 줄넘기 등을 신체 일부에 묶거나 두른 채 내려오지 않는다.
- 내려온 뒤에는 뒤따라오는 사람에게 방해되지 않도록 재빨리 비켜 준다.
- 미끄럼틀 타고 내려올 때 다른 도구를 타고 내려오지 않는다.
- 미끄럼틀 난간 바깥쪽을 잡고 올라가거나 미끄럼틀 위에서 바닥으로 뛰어내리지 않는다.

④ 공중 놀이기구

- 매달림형이나 좌석형과 같이 형식에 맞는 방법으로 탄다.
- 손잡이나 좌석에 한 사람씩만 이용한다.
- 이동구역에서 머물러 있거나 장난치지 않는다.

⑤ 회전 놀이기구

- 회전하는 도중에 뛰어 내리거나 타지 않는다.
- 회전 중에 친구와 미는 등 장난을 하지 않는다.
- 회전대를 갑자기 고속으로 밀지 않는다.
- 움직이는 회전대를 멈추기 위해 억지로 붙잡지 않는다.
- 회전대 밑으로 들어가지 않는다.

⑥ 흔들 놀이기구(시소, 흔들말)

- 시소는 서로 마주보고 앉아서 두 손으로 손잡이를 꼭 잡고 탄다.
- 시소 위에 서 있거나 움직이는 중에 뛰어내리지 않는다.
- 내릴 때는 상대방에게 미리 알리고, 시소 밑에 발을 두지 않도록 한다.

⑦ 조합놀이대(각 놀이기능 부분 참조)

- 흔들거리는 놀이기구는 반드시 난간을 잡고 이용하며 뛰어가지 않는다.
- 난간 또는 울타리 사이로 오르거나 신체 일부를 끼워 넣지 않는다.
- 놀이기구 위에서 밀거나 잡아당기는 놀이를 하지 않는다.

⑧ 건너는 기구(무지개 다리, 구름다리, 평균대)

- 무지개다리, 구름다리를 사용하는 사람을 잡아당기거나 밀지 않는다.
- 앞사람이 움직이는 반대방향으로 움직이지 않는다.

⑨ 정글짐, 스페이스네트, 오르는 기구

- 놀이기구의 꼭대기에 서 있거나 누워 있지 않는다.
- 놀이기구 위에서 상대방을 잡거나 밀지 않는다.
- 내려올 때는 뛰어내리지 않고 아래를 살피고 천천히 한 발씩 내려온다.
- 위에 누군가가 있을 경우 그 밑으로 지나가지 않는다.

⑩ 폐쇄형 놀이기구

- 놀이기구 안에서 놀이 이외에 잠을 자거나 게임 등 다른 행위를 하지 않는다.
- 볼풀장 바닥에 누워 있지 않는다.
- 매달려 타는 기구(트랙라이더)는 한 사람씩 차례로 이용한다.

⑪ 물놀이용 놀이기구

- 흙이 묻은 신발을 신고 들어가지 않는다.
- 벗겨지기 쉬운 신발이나 걸림 또는 끼임이 가능한 복장은 착용하지 않는다.
- 물을 마시거나 물속으로 입수하지 않는다.
- 음식물이나 동물 등과 함께 들어가지 않는다.
- 물속에 침을 뱉거나 대소변을 보지 않는다.
- 영유아 등은 반드시 보호자를 동반하고, 기저귀를 찬 채 들어가지 않는다.
- 피부병 등 질환이 있는 어린이는 놀이를 삼간다.
- 놀이기구 이용 중에는 안전요원의 안내에 따른다.

- 놀이용으로 설치되지 않는 버킷이나 물 분사 등에 이용되는 시설에는 올라가거나 걸터앉지 않는다.
- 젖은 상태의 놀이기구의 표면은 매우 미끄러우므로 손잡이를 단단히 잡고 이용해야 하며, 뛰어서는 안 된다.

⑫ 바닥재

- 놀이 중에 모래나 바닥재료를 던지지 않는다.
- 날카로운 유리, 금속조각, 동물의 분뇨 등이 있으면 놀이를 중단한다.
- 고무매트 등 인공 바닥재료를 파헤치거나 떼어내지 않는다.

놀이기구별 안전이용 픽토그램 활용

놀이시설 표지판 또는 어린이 놀이기구 등 어린이가 잘 보일 수 있는 곳에 부착 사용한다(국민안전처, 2015).

출처: 어린이놀이시설의 시설기준 및 기술기준 일부.[3]

[그림 7-4] 안전 픽토그램

3) 개정고시안(2015. 12. 24.). p. 92.

3) 스포츠안전

「도로교통법 시행규칙」 제13조[4] '어린이의 보호'에서 행정안전부령이 정하는 '위험성이 큰 놀이기구'는 다음 각 호의 어느 하나에 해당하는 놀이기구를 말한다. ① 킥보드, ② 롤러스케이트, ③ 롤러블레이드, ④ 스케이트보드, ⑤ 제1호 내지 제4호의 놀이기구와 비슷한 놀이기구를 탈 때에는 인명을 보호할 수 있는 것으로서 동 시행규칙 제4장 '운전자 및 고용주 등의 의무'에서 제30조 유아보호용 장구, 제32조 인명보호장구에 적합한 안전모를 착용하도록 하여야 한다.

적절한 안전장구를 몸에 맞게 착용하고 몸의 크기에 맞는 놀이기구를 선택하도록 한다. 끈이 달려 있거나 늘어지는 옷은 안전하지 않으므로 자제해야 한다. 5세 이하의 어린이는 차가 다니는 도로에서 위급상황이 발생할 경우 대처할 능력이 없으므로 공원이나 인도 등 차가 다니지 않는 곳에서 바퀴달린 놀이기구를 타도록 해야 하며 집 근처에서 타는 경우에도 방심해서는 안 된다. 어린이는 어른들에 비해 시야가 좁고 특히 밤에 물체를 알아보는 능력이 떨어지기 때문에 야간에 바퀴달린 놀이기구를 타게 해서는 안 된다. 눈에 잘 띄는 색상의 옷을 입고 탄다.

4) 물놀이 안전

통계청의 사고에 의한 어린이사망분석(통계청, '18. 5. 3.) 1위는 운수사고이고 2위는 질식, 3위는 익사사고이다. 교육부(교육부 보도자료, 2018)는 2018년 7월 유아들의 물놀이 안전사고 예방을 위해 유아대상으로 생존수영 시범운영에 나섰다. 생존수영은 만 5세를 대상으로 하여 유아의 발달수준에 적합하게 운영되며 전국 126개 유치원에서 10차시 내외로 진행된 것이다. 생존수영은 자유영 등 영법위주의 수영교육이 아닌 위급상황 시 유아가 스스로를 지킬 수 있도록 하는 실제적 안전교육으로 구조자가 올때까지 물에서 버틸 수 있는 능력을 키우는 것

4) 행정자치부령 제78호, 2016 제2장 보행자의 통행 방법 제13조

이다.

(1) 안전한 물놀이 안전수칙 10(아동용)(질병관리본부 KCDC, 2018)

- 물놀이를 할 때는 항상 어른과 같이 물에 들어간다.
- 물놀이를 할 때는 반드시 구명조끼를 착용한다.
- 물놀이를 하기 전에는 충분한 준비운동을 한다.
- 물에 들어가기 전에 심장에서 먼 곳부터 물을 적신다.
- 식사를 한 후 바로 물에 들어가지 않는다.
- 물놀이를 하면서 사탕이나 껌 등을 씹지 않는다.
- 정해진 곳에서만 물놀이를 한다.
- 파도가 높거나 물이 세게 흐르는 곳, 깊은 곳에서는 수영하지 않는다.
- 계곡이나 강가, 바닷가에서는 잠금장치가 있는 샌들을 신는다.
- 수영장 근처에서 뛰어다니지 않는다.

보호자용 물놀이 안전지침 주요내용은 다음과 같다(질병관리본부, 물놀이 안전가이드, 2017).

■ 물놀이할 때는 반드시 자녀와 함께 물에 들어가세요.

- 물 근처에 자녀를 혼자 두거나 형제끼리 남겨두고 자리를 비우지 마세요.
- 물놀이 할 때는 아이 몸무게에 맞는 안전인증 받은 구명조끼를 입혀 주세요.
- 물속에 들어가기 전에는 반드시 준비운동을 하세요.
- 식사 전후에는 물놀이를 하지 않도록 지도하세요.
- 너무 오랫동안 물놀이를 하지 않도록 해 주세요.
- 물놀이 30분 후에는 반드시 휴식을 취할 수 있도록 해 주세요.
- 계곡이나 강가, 바닷가에서는 잠금장치가 있는 신발을 신겨 주세요.
  - 계속이나 바닷가에서 슬리퍼를 신으면 신발이 벗겨져 물에 떠내려갈 수 있습니다. 이러한 상황에서 아이들은 신발을 잡으려고 물에 뛰어들어 사고가 날 수 있습니다.

■ 장소별로 지켜야 할 물놀이 안전수칙이 있어요.

- **바닷가나 강가에서**
  - 물의 깊이는 배꼽 정도가 적당합니다.
  - 물살이나 파도를 확인하고 입수하세요.
  - 물건이나 신발이 떠내려가면 반드시 어른에게 도움을 청하도록 지도해 주세요.
  - 수영금지 지역에서는 물놀이 하지 않도록 지도하세요.
- **수영장에서**
  - 수영장 바닥은 미끄러우므로 뛰어다니지 않도록 지도해 주세요.
  - 사탕이나 껌을 입에 넣고 수영하지 않도록 해 주세요.
  - 아동전용 풀장을 이용하세요.
  - 물에 빠뜨리는 장난을 하지 않도록 지도해 주세요.

익수사고 발생 시 국번없이 119로 신속히 신고한다(지역번호없이 119, 핸드폰은 지역번호+119).

4 놀이안전의 실제 활동계획

<table>
<tr><td colspan="6">년 월 일 작성자 :
출전: 서울시 금천구 기독어린이집 2016</td><td>담당</td><td>원장</td></tr>
<tr><td>안전영역</td><td>생활안전</td><td>참가대상</td><td>만 3~5세 원아 및 교사</td><td>활동 시간</td><td>10:30 ~ 11:00</td><td></td><td></td></tr>
<tr><td>주제</td><td>놀이 규칙을 정해요</td><td colspan="2">목표</td><td colspan="4">① 놀이할 때 지켜야 하는 규칙이 있음을 안다.
② 놀이할 때 지켜야 하는 규칙을 함께 만들고 지킨다.</td></tr>
<tr><td>준비물</td><td colspan="7">'놀이 규칙을 정해요' 플래시, 위험한 모습 안전교육자료, 의자, 화이트보드, 보드마커, 마커지우개</td></tr>
<tr><td>활동방법</td><td colspan="7">〈도입〉
① '놀이 규칙을 정해요' 플래시를 시청한 후 이야기 나눈다.
· 교실에서 놀이할 때 어떤 약속을 지켜야 안전하게 놀이할 수 있을까요?
· 문을 여닫을 때 어떤 약속을 지켜야 할까요?
· 친구들과 놀이할 때 어떤 약속을 지켜야 할까요?
〈전개〉
〈안전교육 자료〉

위험한 모습
① 위험한 모습 안전교육자료를 보며 이야기 나눈다.
· 어떤 모습이 보이나요?
· 의자가 왜 흔들릴까요?
· 의자에 앉을 때는 어떻게 앉아야 할까요?
· 직접 의자에 바르게 앉아 볼까요?
· 아이가 장난감을 어떻게 하고 있나요?
· 그림 속 친구처럼 장난감을 던지면 어떤 일이 생길 수 있나요?
② 우리가 지켜야 하는 놀이 규칙을 이야기 나누며 함께 약속을 정한다.
· 우리가 함께 즐겁게 놀이하려면 어떤 규칙을 정해야 할까요?
· 우리가 함께 이야기 나눈 것을 선생님이 화이트보드에 적어 볼게요.
· 그림에서 보았던 것처럼 장난감을 던지지 않고 소중히 다루기로 해요.
· 또 어떤 약속을 정해야 할까요?
〈마무리〉
① 우리가 함께 정한 약속을 읽어 보며 약속을 지키기로 한다.
· 우리가 함께 정한 약속이에요. 함께 읽어볼까요?
· 우리가 정한 약속을 어디에 알리면 좋을까요?
· 우리가 함께 정한 약속을 잘 지킬 수 있나요?
· 약속이 잘 생각나지 않을 때 약속판에 적혀 있는 약속을 읽으며 지키려고 노력하기로 해요.</td></tr>
<tr><td>참고 사항</td><td colspan="7"></td></tr>
<tr><td>평가</td><td colspan="7">I 수준: 그림을 보며 놀이할 때 일어날 수 있는 친구들과의 갈등상황이나 위험한 상황에 대해 자기 경험을 회상하여 이야기할 수 있었음. 안전하게 놀이하기 위한 규칙을 말하며 유아들이 지킬 수 있는 약속에 대해 알아볼 수 있어 유익하였음. 직접 의자에 앉아 보고 교구장에 매달리는 상황들에 대해 활동해보며 직접 눈으로 볼 수 있도록 하여 집중이 잘 될 수 있었던 것 같다.
II 수준: 놀이를 하며 발생할 수 있는 다양한 위험 상황에 대해 이야기 나누며 평소 놀이하는 습관에 대해 이야기해 볼 수 있었음. 이야기 나누는 동안 유아가 위험한 상황인지 아닌지 구분해 볼 수 있도록 함. 유아들이 이야기한 놀이 규칙을 약속판으로 만들어 유아들 스스로 지킬 수 있도록 안내해야겠음</td></tr>
</table>

〈표 7-16〉 안전교육 프로그램 계획안

<table>
<tr><th>활동명</th><td>안전하게 자전거 타기 게임</td><th>대상연령</th><td>만 4~5세</td></tr>
<tr><th>누리
과정영역</th><td>· 신체운동 · 건강 〉 안전하게 생활하기 〉 안전하게 놀이하기
· 자연탐구 〉 수학적 탐구하기 〉 규칙성 이해하기
· 사회관계 〉 다른 사람과 더불어 생활하기 〉 친구와 사이좋게 지내기</td><th>관련단원</th><td>교통기관</td></tr>
<tr><th>준비물</th><td>게임판, 자전거 말 2개, 안전한 자전거 타기 팻말 7개, 안전하지 않은 자전거 타기 팻말 5개, 주사위(1 ~ 3).</td><th>활동영역</th><td>실내자유놀이
– 수 · 조작</td></tr>
<tr><th>활동목표</th><td colspan="3">안전하게 자전거를 탈 수 있는 상황에 대해 알아 본다.</td></tr>
<tr><th colspan="4">활동 내용</th></tr>
<tr><th>도입</th><td colspan="3">· 안전하게 자전거 타는 방법 알아보기
T: 자전거를 안전하게 탈 수 있는 방법으로 어떤 것이 있을까요?
안전하게 탈 수 있는 장소를 생각해 볼까요?
자전거를 탈 때 자세는 어떻게 하는 것이 좋을까요?
자전거 타기 전에 준비해야 할 것은 무엇일까요?</td></tr>
<tr><th>전개</th><td colspan="3">· 안전하게 자전거 타기 게임하기
- 게임 팻말 살펴보며 분류하기
T: 여기에 게임에 필요한 여러 가지 팻말이 있구나. 어떤 사진들이 있나요?
자전거를 탈 때 안전 장비를 하고 있는 사진이네요.
안전한 자전거 타기와 위험한 자전거 타기로 나누어 보자.
지압 길에서 자전거를 타는 것은 어느 쪽일까요?
- 게임 방법 알아보고 게임하기
T: 게임 방법을 함께 읽어 볼까요?
게임판에 팻말을 놓아보자.
주사위에 숫자 3이 나왔네요.
한 칸, 두 칸 안전한 팻말에 도착했네요.
아이~ 안전하지 못한 팻말이 놓여있네요. 한 번 쉬어야겠다.</td></tr>
<tr><th>마무리 및
사후(연계)
활동</th><td colspan="3">· 안전하게 자전거 타기 게임 평가하기
T: 몇 개의 안전 팻말을 모았나요?
안전하게 자전거 타는 모습이 맞는지 함께 살펴볼까요?
게임을 하면서 즐거웠던 점(어려웠던 점)은 무엇이었나요?
게임을 통해서 새롭게 알게 된 점이 있었나요?
게임을 다른 방법으로 할 수 있을까요?</td></tr>
<tr><th>평가 및
유의점</th><td colspan="3">안전한 팻말과 안전하지 않은 팻말을 분류해 보고 확인해 보기 위해 팻말 뒤편에 O/× 표시를 해 둠</td></tr>
<tr><th>실천자료
소개 및
활용 방법</th><td colspan="3">· 게임 – 안전한 자전거를 탈래요.
게임판, 자전거 말 2개, 주사위(1 ~ 3),
안전한 자전거 타기 팻말 7개,
안전하지 않은 자전거 타기 팻말 5개, 정리 상자.</td></tr>
</table>

출처: 삼성전기 부산어린이집(2016).

Chapter 08

대인관계안전

2019 개정 누리과정에서 대인관계 안전과 관련된 내용에는 '안전하게 생활하기' 내용범주에서 안전사고, 화재, 재난, 학대, 유괴 등에 대처하는 방법을 경험한다. 즉, 유아가 안전사고, 화재, 재난, 학대, 유괴 등의 위험에 처한 상황을 알고, 주변에 도움을 요청하는 방법을 배우며, 평소 훈련에 따라 대피하는 연습을 하는 등의 안전교육과 관련된 내용이다(2019 개정 누리과정 해설서).

〈참고〉 2019 개정 누리과정 안전하게 생활하기

신체운동·건강	안전하게 생활하기	안전사고, 화재, 재난, 학대, 유괴 등에 대처하는 방법을 경험한다.

1 성폭력 안전

1) 아동성폭력의 개념 및 안전교육의 필요성

(1) 아동성폭력의 개념

성폭력이란 상대방의 의사에 반하여 행해지는 성적 행위로 모든 신체적, 언어적, 정신적 폭력을 포괄하는 개념이다. 강간, 강제추행, 성희롱, 부부강간, 성기노출, 음란통신, 음란물 보이기, 윤락행위 강요뿐만 아니라 성폭력에 대한 막연한 불안감이나 공포, 그리고 그것으로 인한 행동제약도 간접적인 성폭력에 해당된다. 그러므로 성폭력에 대한 개념은 '성적 자기결정권에 대한 침해'로 정의될 수 있다(심영희, 1998)

즉 성폭력이란 타인의 자유로운 성적 결정권을 침해하는 행위로서 강간뿐만 아니라 원치 않는 신체적 접촉이나 치근거림, 불쾌함을 느끼는 성적 언어, 음란한 눈빛으로 바라보는 것 등 성적으로 가해지는 신체적, 언어적, 정신적 폭력 등 모두 포함하는 개념이다(보건복지부, 2011). 또한, 성폭력은 여성에만 국한되지 않고 남성을 포함한 개인의 자유로운 성적 결정권을 침해하는 범죄로서 신체적, 언어적, 정신적인 측면의 폭력을 포괄하는 광범위한 개념이므로 상대방의 의사를 침해하여 일방적으로 이루어지는 성적인 접촉은 모두 성폭력의 범주 안에 해당된다고 할 수 있다. 성폭력의 판단 기준은 폭력의 정도가 얼마나 심한가에 대한 판단도 중요하지만 상대방의 자기결정권이 존중되었는가의 여부도 중요한 기준으로 작용한다. 그러나 아직 생각이나 판단이 미숙하고 지능이 성숙하지 못한 아동은 성폭력이 발생하는 상황에서 적극적으로 저항하거나 거부하는 표현을 하지 못하는 경우가 많으므로 아동을 대상으로 하는 성적인 행동은 모두 성폭력의 범위에 해당된다고 할 수 있다(조희연 외, 2011).

특히 아동성폭력은 성인에 대한 성폭력보다도 정의내리기 어려운 개념이라고 할 수 있는데, 그 이유는 성폭력에 대한 정의뿐만 아니라, 각 사회마다 아동에 대한 정의가 다르고, 아동에 대한 태도 역시 상이하기 때문이다. 따라서 아동에 대한 사회의 인식과 태도에 따라 아동성폭력의 개념 역시 변화할 수 밖에 없다(강은영, 2007). 우리나라에서는 아동성폭력이나 아동성폭력에 대해 표준적으로 사용되는 정의나 유형이 따로 마련되어 있지 않아, 보통의 경우 유아와 아동을 함께 포함하여 아동성폭력과 아동성폭력을 거의 같은 개념으로 사용한다(송윤정, 2006).

아동성폭력의 개념과 유형에 관련된 핵심적인 쟁점은 무엇을 성적인 행위로 보느냐의 문제이다. 아직 발달과정에 있는 아동으로서는 성적 행위에 대한 개념이 확립되어 있지 않기 때문에 모든 아동이 동일한 행위를 성적인 것으로 인정하는 것은 아니며 또 그러한 행위가 자신에게 착취적이거나 해롭다고 생각하지 않는 경우도 많다. 따라서 이 문제에 있어서는 가해자의 의도, 즉 성인의 성적인 만족추구 여부가 성폭력의 중요한 기준으로 적용된다. 아동이 자신의 경험을 성적인 것으로 인식하지 않더라도 성인이 성적인 만족을 얻기 위해 아동을 성적 대상으로 삼는 경우에는 아동성폭력으로 보아야 한다(윤덕경·정명희, 2004).

우리나라 「성폭력범죄의 처벌 등에 관한 특례법」에서는 아동성폭력의 개념을

'13세 미만의 미성년자에 대한 강간, 강제 추행'으로 규정하고 있으며 「형법」 제305조에서도 미성년자에 대한 간음이나 추행을 13세 미만으로 규정하고 있다. 이와 같은 법 규정은 아동 보호 및 아이들이 성적 도구로 전락할 위험성으로부터 보호하려는 데 그 입법 취지가 있다고 한다. 유아들의 경우에는 성적인 의식이 희박하므로 성인에 의한 성폭력에 이용당할 우려가 높기 때문에 유아들의 동의가 있다고 하더라도 이를 처벌하는 것이다(교육인적자원부, 2006).

심리학자 David Walters는 "아동의 성학대는 어린 아동을 성인이 성적인 만족을 위해서 이용하거나 다른 사람이 아동을 성적인 만족을 위해 이용하도록 허용해 주는 것이다."라고 정의하였고, Judith Lewis Herman은 "성인과 아동 사이에 비밀을 지켜가면서 신체를 접촉하는 행동"을 성학대로 규정하기도 하였다. 대체로 성인에 의한 아동의 성학대는 성인이 아동을 의도적으로 성적인 목적을 위해서 반복적으로 이용하는 경우를 말한다(채규만, 2001).

김민정(1996)은 아동성폭력을 신체적, 정신적으로 미성숙한 아동에게 성적 만족을 목적으로 폭행하거나 착취하는 모든 행위로 넓게 정의하고 있으며, 문길자(2000)는 아동성폭력을 신체적, 언어적 혹은 감정적인 것들이 포함된다고 보며 성적인 만짐, 어린이에게 어른의 성적인 행동이나 음란영화나 음란물을 보여주는 것, 옷을 벗기거나, 영화에서 성적인 행동을 유도하거나, 어린이들이 목욕하는 것 등을 몰래 보거나 또는 강간 혹은 강간을 시도하는 것이라 했다.

심영희(1996)는 이러한 아동성폭력 발생에 영향을 미치는 요인을 다음과 같이 언급하고 있다. 첫째, 급격한 산업화와 도덕성의 붕괴로 유아를 그 자체로 존중받아야 할 주체나 인격적으로 보지 않고 자신의 욕구를 만족시켜 줄 도구로 간주함으로써 유아에 대한 성폭력이 일어난다. 둘째, 어린이에 대한 전통적인 통념이 강하여 장유유서, 가부장제 이데올로기, 남존여비 사상이 지속되고, 어린이의 인격, 권리, 독립성을 인정하지 않으므로 아동성폭력이 일어난다. 셋째, 가족적 요인과 관련하여 비민주적, 가부장적 가족 제도의 문화에서 아동성폭력이 일어난다고 보았다.

성폭력의 유형을 분류하는 기준은 다양하다. 즉, 피해자의 연령별로 구분할 수도 있고, 피해자와 가해자의 안면관계나 혈족관계, 가해자의 수, 가해자가 행한 폭행의 정도 등에 따라 구분할 수 있다.

The California Sexual Deviation Research Project(1950)에서는 우발적인 성적 학대와 참여적 성적 학대의 두 개의 유형으로 구분하였는데 우발적인 성적 학대의 경우가 낯선 사람에 의한 것인데 반해 참여적인 성적 학대는 가해자인 성인이 그 피해 아동이 잘 알고 있는 부모, 친척, 이웃 또는 친지의 경우이고 성적 학대가 수개월 또는 수년간 지속된다는 차이가 있다. 최근 우리 사회에서 문제가 되고 있는 것이 바로 참여적 성적 학대이며 아동에게 가까운 사람에게서 다발적으로 벌어지고 있는 성폭력을 말한다. 아동성폭력 가해자의 70% 이상이 아동과 아는 관계에 있는 사람으로 잘 알려져 있다는 사실이 뒷받침되고 있다(서정아, 1997).

또 다른 성폭력 유형의 분류는 일반 사람에 의한 성폭력과 근친에 의한 성폭력으로 나누어진다. 일반 사람에 의한 성폭력이란 피해자와 아무런 혈연관계가 없는 가해자에게 당한 피해이고, 근친에 의한 성폭력이란 가족 혹은 친족관계, 즉 친아버지, 의붓아버지, 오빠, 삼촌 등에 의해서 일어나는 성폭력으로 가해자가 가족 구성원이다(지추련, 2005).

이때 Faller(1988)은 근친성폭력을 일으키는 가해자로서의 부모의 특성에 대해 어린 시절 박탈적인 경험이 있었음을 지적하고 있다. 즉 결손 가정이나 알코올 중독 가정에서 자랐거나 자신이 직접 성적 학대를 경험하거나 목격하면서 성장한 가해자는 불공평하게 처벌받는다는 느낌이 있어 애정관계를 형성하는 능력에 결핍을 느끼고, 성적인 행위에 국한하여 애정을 표현하는 방법을 학습하여 자녀에게 애정을 표현할 때도 성적인 방법을 사용한다.

아동성폭력을 일으키는 가족적 요인에 대해 첫째, 유아를 전혀 돌보지 않는 비적합한 어머니, 둘째 유아가 어머니의 역할을 대신하여 부모 역할을 하는 경우, 셋째, 어머니가 알면서도 방치하고 확인하지 않으며, 어머니가 오히려 가해자를 보호하려는 경우, 넷째, 부부 간의 성적 만족이 결핍되거나 성에 대한 왜곡된 지식, 부인과의 성행위를 원치 않는 성적 기능에 장애가 있는 경우, 다섯째, 피해자의 성적 역할을 수용하는 경우라고 언급하였다.

전광문(1991)은 가해자의 특징을 네 가지로 나누어 보았는데, 첫째, 가해자 중 유아기, 아동기 성장 과정에 지극히 불우하거나 이에 따른 정서적인 장애나 성의식 발달에 문제가 있는 경우, 둘째, 가정의 복잡한 성관계, 셋째, 지나치게 성적 욕구에 탐닉하거나 시청각을 통한 이상 성욕을 가진 경우, 넷째, 알코올, 대마초 등의 복용으로 성적 욕망이 촉진적인 요인으로 작용하는 경우 등에 성범죄를 일으킬 수 있다고 보았다. 그리고 일반 성폭력 가해자의 특성에 대해 남정현(1993)은 가해자의 정신상태는 일반적으로 자존감이 낮고 남성적 정체감이 미약하며 공격적이고 불만이 많아서 사고보다는 폭력의 행사를 먼저 구사하는 반사회적 인격장애자가 대부분이지만 피해자에게 더욱 정신적 피해를 주는 가해자는 비폭력을 사용하는 가해자들이라고 보고하고 있다. 비폭력을 사용하는 가해자의 특성은 폭력보다는 위계와 자신의 영향력을 행사하고, 젊은층보다는 중년층에 많으며 나라의 법을 지능적으로 교묘히 피해나가며 범죄를 저지르는 특성이 있다(지추련, 2005).

가해자가 유아를 유인하는 방법은 폭력적인 방법과 장난감, 군것질 등으로 유인하는 경우, 거짓말이나 애정이나 도움을 위장한 표현 등이 사용된다. 아는 사람일수록 폭력적인 방법을 많이 사용하였고, 모르는 관계에서는 질문이나 사칭 등의 방법으로 접근하였다. 가해자가 아는 사람일 경우 아동성폭력은 대부분 자기 집이나 가해자의 집, 익숙한 장소에서 발행한다. 또한, 이러한 성폭력이 발생하는 범행 시간은 대부분 주간에 발생하였다. 이러한 결과들은 아동성폭력이 시간과 장소에 관계없이 언제 어디서나 발생될 수 있음을 알려 준다고 할 수 있다(유가효·남정림, 1995).

(2) 성폭력 피해유아의 후유증

아동성폭력은 성추행에서부터 강간에 이르기까지 다양한 장소에서 일어나고 있다. 이러한 유아기의 성폭력 피해는 청소년기와 성인기까지 그 후유증과 상처가 지속되어 신체적 건강은 물론 인간의 존엄성과 인격전체를 파괴한다(Hanson, Saunders, Kilpatrick, Resnick, Crouch & Duncan, 2001)는 점을 고려할 때, 그 중요성과 심각성이 더욱 커서 미래의 국민들을 병들게 하고 국가의 장래를 어둡게 하는 막대한 손실을 초래한다. 성폭력으로 인한 후유증은 시간경과에 따라 달라지며, 얼마나 지속적으로 폭력이 있었는지, 위협적이었는지 또는 아는 사람, 신뢰하는 사람에 의해 성폭력이 있었는지에 따라 달라질 수 있다. 그리고 성폭력 사실이 밝혀졌을 때 주변 사람들(부모, 친구, 이웃 등)이 어떻게 반응하느냐에 따라 피해유아의 성폭력에 대해 인식하는 정도는 달라진다. 즉 인식의 정도에 따라 피해의 심각성은 달라질 수 있다. 성폭력이 아동발달에 있어 미치는 영향을 살펴보면 다음과 같다(Jenny Wing, 2007; 임광빈, 2011 재인용)

〈표 8-1〉 아동성폭력 피해의 영향

구분	내용
신체적	생식기 손상, 성병 감염, 임신, 부인과 질병, 비뇨기과 질병, 위장의 탈, 두통, 멍, 심신증, 신체증상 없음
심리 · 정서적	PTSD를 포함한 외상 후 징후, 정신장애, 자살에 대한 생각/행동, 분노, 수치심, 슬픔, 더럽다고 느낌, 집중력 저하, 낮은 자존감, 몸에 대한 왜곡된 이미지, 무감각(해리), 자기비난, 혼란
인지적	발달 지체, 학습능력 저하, 이해력 감소, 판단력 저하
행동적	자해, 등교 거부, 과도한 성취욕구, 알코올/약물 중독, 성적인 행동, 섭식 장애, 자기파괴적인 행동, 고도의 위험 행동, 폭력/공격
사회적	신뢰감 부족, 퇴행, 지역사회에서의 어려움, 가족에서의 어려움, 고립, 성과 성적인 것에 대한 두려움, 경계가 흐릿하거나 없음, 순종함/우유부단함

유아는 자기방어 능력이 부족해 신체적으로나 사회적으로 취약한 피해자 집단이 되기 쉬울 뿐만 아니라 아직 자아가 완전히 형성되지 않은 존재여서 피해 후유증은 더욱 크게 나타난다. 성폭력 피해를 받은 유아들에게서 나타나는 특징

으로 성폭력에 의한 유아들의 심리적, 정신적 상처가 사건 2년 이내에 나타나는 단기적 증상과 장기적인 후유증으로 나누어볼 수 있으며 신체, 사회, 심리적으로 복합적인 문제를 수반한다. 성폭력 피해유아에게 있어서 2년 이내에 나타나는 단기적 증상들로서는 공포·불안·수면장애·신체증상·식욕의 저하 혹은 이상 항진·퇴행적인 행동·죄책감·수치심·열등감·자기파괴적인 행동·불신감·우울증·분노와 적개심·부적절한 성적 행동 등이 있다고 말하고 있다. 장기적인 후유증으로는 우울증·자기파괴적 행동·불안·소외감·자기 자신에 대한 부정적인 생각·대인관계의 장애·성에 대한 적응 곤란·약물이나 알콜 남용 등을 들 수 있다(지추련, 2005).

성폭력 피해 아동의 특성을 성별로 살펴보면 다음과 같다.

여자 피해 아동의 특성으로는 Gordon(1986)에 의하면 친족성학대의 피해자가 되는 딸들은 대체로 자제력이 강하고 가족에 대하여 마치 어머니처럼 책임의식을 지니게 되는 경우가 많다고 한다. 실제로 딸이 아버지에 대해서 자신이 부모인 듯 행동하는 경향을 보이는데 이러한 특성을 부모와 자녀의 역할이 뒤바뀐 "부모화된 자녀"라고 한다. 이러한 현상은 아동이 자발적으로 시작했다기보다는 가족 내의 역동에 의하여 조장된 성향이라고 할 수 있다. 아동은 자신이 가족 내에서 필요한 존재가 된다는 심리적 만족감 때문에 어머니의 역할을 함으로써 절대적인 힘을 가진 아버지를 통하여 특권을 누리거나 간접적으로 가족 내에서 힘을 가질 수 있기 때문에 이러한 역할을 지속하기도 한다. 이러한 부모-자녀 간의 역할 혼돈은 부녀간 성학대가 발생하는 원인이 되기도 한다

또한, 친족성학대의 경우 아동은 또래로부터 고립되며, 성학대 사실을 폭로하게 될 경우 끔찍한 위협을 받게 되므로 아동은 수동적이고 복종하게 되며 가해자의 공격을 피하기 위해 가해자와 강한 애착관계를 형성하게 된다. 이러한 일은 형제간에도 발생하며 학교에서도 일어난다(Edward & Rowan, 2006). 한편 남자 피해 아동은 여자 아동에 비해 성학대 사실이 적게 보고되는데, 그 원인으로 남자 아동은 어릴 때부터 자립적이고 강인해야 한다고 사회화되기 때문에 피

해를 당해도 타인에게 도움을 청하지 않고 피해사실을 함구한다. 남자 아동의 성학대는 자칫 동성애자로 낙인찍힐 위험에 대한 두려움 때문에 성학대 사실을 노출하기를 꺼리며, 여자 아동에 비해 성학대 사실 폭로 후 잃을 것이 더 많다고 생각하기 때문이다. 행동의 자유와 독립성의 많은 부분을 잃을 것이라고 생각하기 때문에 피해사실을 알리기보다는 함구하는 쪽을 선택한다는 것이다(강은영, 2000).

성폭력은 그 피해자가 누구든지 간에 개인이나 가족의 삶 전반에 걸쳐 후유증이 심각하다. 피해자는 연령과 발달 단계, 성폭력 노출기간, 성폭력 피해의 정도, 가해자와의 관계, 가족의 지지, 성폭력 노출 이전의 피해자의 성격적 소인, 성폭력 이후 처리과정 등에 따라 다르지만 아동의 성장과 발달에 치명적인 영향을 미친다(이드보라, 2013).

성폭력의 피해를 경험한 유아들의 주요 특징들은 다음과 같다(이기숙 외, 2008).

- 걷거나 앉을 때 어려움을 보인다.
- 속옷이 찢어져 있거나 더럽혀져 있고 피가 묻어 있다.
- 생식기 부분의 고통이나 가려움을 호소하거나 생식기 주변에 상처가 있다.
- 소변을 볼 때 고통을 호소하거나 화장실에 갈 때 다른 사람과 함께 가지 않으려 한다.
- 속옷을 바꾸어 입지 않으려 하거나 신체적 활동에 참여하지 않으려고 한다.
- 갑작스런 식욕 감퇴 등의 행동을 보인다.
- 의기소침하거나 유아기적 퇴행행동을 보이거나 극도의 공격적인 행동을 보인다.
- 성문제에 관해 비정상적인 관심이 있거나 많은 지식을 알고 있거나 그 나이 유아의 수준에 맞지 않은 행동특성을 보인다.
- 악몽을 꾸거나 밤에 잘 때도 불을 켜놓으라고 하고 잠자는 것을 두려워한다.
- 낮에도 혼자 있는 것을 두려워하고 문을 꼭꼭 닫아두려고 한다.

- 사람을 두려워하거나 어떤 장소에 혼자 남겨지는 것에 대한 강한 부정반응 또는 어떤 사람과 함께 남겨지는 것에 대한 강한 거부반응을 보인다.
- 유아가 성적 폭행을 당했다고 말한다.
- 이전과는 달리 자주 우울해하고 친구들과 잘 어울리지 않는다.

(3) 아동성폭력 안전교육의 필요성

원에서의 아동성폭력 및 아동학대예방교육의 실시주기는 6개월에 1회 이상 실시하도록 규정하고 있다.

참고로 영유아 발달수준에 적합한 안전교육은 다음과 같다.

■ 유아(3~5세)

- 안전교육이 강사주도형의 집단교육의 형태가 아니라 유아들이 직접 모의 상황에 참여하는 대·소집단활동이나 역할극, 놀이, 동화, 이야기나누기 등의 방법으로 진행됨
- 안전교육의 내용은 지식전달보다는 유아의 대처행동 능력을 직접적으로 키워줄 수 있는 내용임
- 안전교육의 수준은 유아가 이해할수 있는 구체적이고 평이함

성적인 관심과 호기심이 많은 단계의 유아들은 성교육을 받으며 성지식을 형성해 나가는데, 성지식이 있는 유아가 없는 유아보다 성을 덜 부끄러워하고 성적 충동을 자연스러운 현상으로 생각할 뿐 아니라 쉽게 억제할 수 있게 된다고 하였다. 또 성교육을 받은 유아들은 사춘기가 되어 2차 성징이 나타날 때 충격을 받지 않고 이를 자연스럽게 받아들이는 동시에 자부심도 느끼게 된다. 또한, 성지식은 성태도로도 연결되기 때문에 더 중요하다(김남정, 2000; 노미정, 2003). 이러한 관점에서 유아기에 성교육을 받는 것은 유아가 성장하면서 자신과 타인을 사랑하고 존중하는 태도를 형성하게 될 가능성이 높아진다고 할 수 있다.

성폭력 피해 아동의 상당수가 학령기 이전의 영유아로서 이들에 대한 성폭력 피해 예방교육은 절실히 필요하다. 특히 영유아는 타인이 시도하는 성적 접촉의 의미를 모르다가 단순한 애정 표현으로 해석하여 거부하지 못하는 경우가 많으므로 이에 대한 인식을 심어 주어야 하며, 위험한 상황에서는 분명하게 거부의사를 표시하고 피할 수 있도록 교육한다. 성폭력 피해를 예방하기 위한 교육에 포함될 내용은 영유아 자신과 타인의 신체의 소중함에 대한 인식, 타인의 신체 접촉 시도 중 적절한 유형과 부적절한 유형에 대한 정보 제공, 타인의 부적절한 행동에 대한 거부의사를 표현할 수 있는 능력 훈련 등이다. 또한, 성폭력 피해를 경험한 경우에는 부모나 교사 등 믿을 수 있는 성인에게 알려서 필요한 도움을 받도록 교육한다(조경자 · 이현숙, 2010).

아동기는 주변 사물이나 환경에 대한 호기심이 높은 반면 신체적 기능은 아직 성숙하지 못하기 때문에 위험에 대처하는 운동능력과 상황에 대한 인식과 판단능력이 부족하여 성폭력에 취약하다. 성폭력 피해를 예방하기 위한 가장 효과적인 방법은 아동에게 적합한 교육을 실시하여 스스로를 보호하고 위험에 대처하는 지식과 기술 및 태도를 높이는 것이다. 아동을 대상으로 하는 성폭력 예방교육의 필요성은 다음과 같이 요약할 수 있다(구경선 · 김태임 · 서영희 · 홍은숙, 2013).

- 아동은 힘이 없는 존재이므로 성폭력에 취약하다.
- 아동은 모든 성인을 쉽게 믿는 경향이 있다.
- 아동은 성인의 동기를 평가할 수 있는 능력이 부족하다.
- 아동은 성인에게 복종하는 것이 바람직한 것이라고 학습되어 있다.
- 아동기는 자신의 신체에 대한 호기심은 많으나 성에 대한 올바른 지식과 개념이 부족한 편이다.
- 성적 안전에 대해 학습하지 못한 아동들은 성폭력적인 행동이 문제가 있고 잘못된 것인지를 인지하지 못한다.
- 성폭력이 애정의 표현이나 관심의 증거로 가장되는 경우가 있다.

• 아동들은 자신만의 고민이나 두려움을 표현하고 털어놓을 수 있는 기회를 자주 가지기 어렵다.

2) 성폭력 안전교육의 목표와 내용

(1) 성폭력 안전교육의 목표

아동성폭력 예방교육이란 유아를 대상으로 교육을 통해 성폭력을 예방하기 위해 필요한 지식, 태도, 기술을 익히게 하며, 잠재적으로 위험이 있는 상황에서 능동적으로 안전하게 대처하도록 하여 안전하고 건강한 생활을 영위할 수 있는 습관을 육성하는 것을 의미한다(교육인적자원부, 2006)

지추련(2005)은 아동성폭력 예방교육 프로그램의 목표를 다음의 세 가지로 정의하고 있다. 1차 예방프로그램의 목적은 현재 성폭력 상황을 피하고 미래의 성폭력 상황에 대처할 수 있는 능력을 증가시키는 것, 2차 목표는 스트레스로 인한 장애를 파악하여 성폭력의 영향을 감소시키는 것, 3차 목표는 성폭력으로 인한 장애가 진전되는 것을 감소시키는 것이다. 즉 아동성폭력이 발생하지 않도록 사전에 예방함은 물론 발생한 성폭력의 경우 신속한 대처로 성폭력의 반복을 방지하여 유아가 성폭력으로 인한 죄책감을 갖지 않도록 목표를 설정하여야 함을 의미한다.

아동성폭력의 후유증은 매우 심각하여 일상생활로의 복귀에 시간이 많이 소요된다는 것을 고려할 때, 1차적인 예방 측면에 초점을 두고 유아 스스로 성폭력 상황을 인지하고 대처방안을 습득할 수 있도록 해야 한다(이영란, 2007).

교육인적자원부(2006)는 유아는 성폭력 예방교육을 통해 성에 대한 올바른 태도 갖기, 어린이와 어른의 성희롱·성폭력의 차이 알기, 성희롱·성폭력 위기 상황에서 적절하게 대처하는 방법을 습득하는 것을 목표로 제시한다. 유아는 스스로 성폭력 상황을 인식하여 대처할 수 있는 능력을 기르며, 성폭력이 발생했을 경우 부모와 교사는 유아들에게 적절한 도움을 제공하여 성폭력이 발생하지 않도록 주의와 관심을 기울여야 함을 의미한다. 성폭력은 인간이 인간에게 행하는 범죄이므로 인간에 대한 이해와 인간 가치의 중요성에 대한 인식을 바탕으로 개인적으로 건전하고 올바른 성 의식 및 자각을 길러 성폭력의 가해자가 되지 않도록 하는 것도 목표에 포함되어야 한다. 이를 요약하면 성폭력 예방교육의 목표는 관점이나 사회·문화적 상황, 대상에 따라 달라지지만 사전 예방 방법의 습득으로 사후에 적절한 대처를 통해 성폭력의 피해를 최소화하는 것이 그 목표라 할 수 있다.

(2) 성폭력 안전교육의 내용

유아를 위한 성폭력 예방교육의 내용은 유아의 발달 수준과 사회적 특성을 고려한 것이어야 한다. 또한, 유아가 실제의 위험에 대처할 수 있도록 내용이나 형식이 발달에 적합해야 한다. 그러므로 교육 내용은 성폭력에 대한 올바른 개념뿐만 아니라 성별, 직업, 안면 여부에 따른 고정관념을 탈피할 수 있는 것이어야 한다. 이 과정에서 자신과 타인의 몸의 소중함이나 나쁜 비밀 누설의 필요성, 유아 스스로의 느낌이나 신뢰 및 대처방법 등을 가르칠 수 있어야 한다(이경주, 2011) 그러한 성폭력에 대한 올바른 내용이 선정되었다 하더라도 성폭력 예방교육의 접근방법이 유아에게 적절하지 않을 경우 교육효과를 제한하게 되는 것이다.

한국 아동학대 예방협회에서 어린이 발달연령에 맞게 성폭력 예방교육을 실시할 수 있도록 권장하고 있다. 즉 18개월에는 신체 각 부위의 정확한 명칭을 가르치며, 3~5세에는 자신의 몸의 소중함을 가르치는 동시에 남이 자기 몸을 함부로 만지려고 할 때 자기 주장을 명백히 할 수 있도록 교육시키며 5~8세에는 집 밖에서의 안전에 대해 가르치고, 나쁜 만짐과 일반적 만짐을 구별할 수 있도록 한다.

신현정(1997)과 최유경(2001)은 아동성폭력 예방교육 활동에 포함되어야 할 내용으로는 자신의 몸의 소중함과 보호의 필요성 알기, 남녀의 신체적 기능에 대해 정확한 지식 알기, 좋은 접촉과 나쁜 접촉의 차이점 알기, 괴롭힘을 당할 때 부모나 교사에게 알리기, 위험한 상황에서 "싫어요.", "안 돼요."라고 말하기라고 하였다.

성폭력 예방교육은 기본적으로 피해를 최소화하기 위하여 유아들에게 위기극복 능력을 길러주는 내용으로 구성된다. 그러나 최근의 성폭력 예방교육의 경향은 피해예방차원의 교육뿐만 아니라 유아들에게 자신과 타인의 소중함을 깨닫게 함으로써 성폭력의 가해자가 되지 않도록 하는 본질적인 인성교육의 중요성을 강조하고 있다. 또한, 성폭력 피해에 대한 적절한 사후대처를 통해 장기적인 후유증으로부터 보호할 수 있는 내용을 포함하여야 한다(교육인적자원부, 2006).

아동성폭력 예방교육 프로그램에 대한 연구는 Caplan(1964)의 세 가지 예방수준에 따른 이론이 기초가 되고 있다. 1차 예방교육의 목적은 현재 성폭력 상황을 피하고, 미래의 성폭력 상황에 대처할 수 있는 능력을 증가시키는 데 있다. 2차 예방프로그램은 성폭력으로 인한 장애를 파악하여 그 영향을 감소시키는 데 목적이 있으며, 3차 예방교육 프로그램은 성폭력으로 인한 장애가 진전되는 것을 감소시키는 데 있다. 이러한 목표와 전략을 기초로 한 아동성폭력 예방프로그램은 다음과 같은 내용을 포함한다(Sally & Nory, 1984; 김미경, 1992, 재인용).

첫째, 좋은 접촉과 나쁜 접촉 사이의 차이점을 알도록 한다. 둘째, 성기를 포함한 몸의 각 부분의 이름을 알도록 한다. 셋째, 유아가 옷을 벗어야 하는 상황과 벗지 말아야 하는 상황을 알도록 한다. 넷째, 위압적인 상황에서도 명확하게 "안 돼요.", "싫어요."라고 말하도록 한다. 다섯째, 성폭력이 발생할 수 있는 상황에서 안전할 수 있는 방법을 알도록 한다. 여섯째, 부모에게 비밀을 지켜야만 하는 것은 아니라는 것을 알도록 한다. 일곱째, 성인으로부터 어떻게 적절한 도움을 받아야 하는지를 알도록 한다. 여덟째, 만약 어른이 유아에게 못된 짓을 하거나 협박한다면 그 사람은 나쁜 사람이라는 것을 알도록 한다. 아홉째, 도움을 주는 기관과 사람이 있음을 알도록 한다. 열째, 다른 사람에게 학대를 받거나 이용당해서는 안 된다는 것을 인식시킨다. 열한 번째, 어른이 항상 옳은 것은 아니므로 유아의 입장에서 나쁘거나 불편하다고 생각하면 "싫어요.", "안돼요."라고 말할 수 있다는 것을 인식시킨다. 열두 번째, 유아의 동의 없이 만지거나 입맞춤을 해서는 안 된다는 것을 알도록 한다. 열세 번째, 성인이 괴롭히면 부모에게 말을 해야 함을 알도록 한다. 열네 번째, 성인이 유아에게 잘못을 했을 때는 유아가 아닌 성인에게 책임이 있다는 것을 알게 한다.

〈표 8-2〉 유아기에 형성해야 할 성폭력 예방의 지식, 태도 및 기술

구분	지식	기술	태도
내용	· 어떤 것이 성폭력인지를 알게 된다. · 위험한 상황에서 자신을 보호하는 방법을 알게 한다. · 위험한 상황에서 자신을 보호해야 할 필요성을 알게 한다. · 기분 좋은 접촉과 나쁜 접촉을 구별하게 한다.	· 위험한 상황으로부터 도움을 청하는 방법을 알게 한다. · 성폭력 가능성을 인식하고 올바른 방법으로 대처하도록 한다. · 성폭력을 당했을 때 도움을 구하거나 대처할 수 있는 방법을 알게 한다.	· 자신의 몸이나 타인의 몸을 소중하게 여기도록 한다. · 위험한 상황에 대처하는 바른 태도를 기르게 한다. · 위험한 상황에서 자신을 보호하려는 적극적인 태도를 기르게 한다. · 위험에 처했을 때 침착하게 대처하는 행동을 기르게 한다. · 위험 상황이 있음을 알고, 위험에 처한 사람을 돕는 태도를 기르게 한다. · 위험한 상황을 인식하고 대처하는 태도를 기르게 한다.

출처: 곽은복(2001).

(3) 아동성폭력 예방교육의 방법

성교육은 단순한 성지식이나 정보의 전달로 끝나는 것이 아니라 올바른 태도의 확립과 건전한 성행동의 실천에 중점을 두고 유아의 통합적인 발달, 즉 전인 발달을 추구하기 때문에 언어적 설명만이 아닌 다양한 교수전략과 통합적인 활동이 요구된다. 유아에게 성교육을 효과적으로 제시할 수 있는 방법은 이야기 나누기부터 매체를 이용하는 방법까지 다양하며 유아에게 성이라는 개념을 자연스럽게 소개하기 위해 일상생활 속에서의 친숙한 매체를 이용하는 방법도 필요할 것이다(우민정, 2010)

유아교육기관에서의 성교육 교수-학습방법은 교사의 교수전략과 다양한 매체의 사용으로 이루어져야 한다. 교수매체의 경우 성교육을 위한 효과적인 방법들을 제시하고 있는데 과거에는 한두 가지의 방법을 사용하였으나, 최근에는

통합적인 활동을 통한 다양한 교수매체의 사용을 제시하고 있다(조화현, 2005). 선행연구들에서 밝힌 유아 성교육의 교수-학습방법을 정리하면 다음과 같다(이드보라, 2013).

〈표 8-3〉 유아 성교육의 교수학습 방법

연구자	내용
곽은복(2000)	성학대 안전을 위한 교수전략으로 설명, 토의, 문제해결, 역할놀이, 모델링, 시뮬레이션을 제시
Berrick & Gilbert(1991)	예방교육을 위해서는 모델링과 리허설 접근법이 효과적임을 제시
Holcombe, Wolery & Katzaenmeyer(1995)	낯선 사람으로부터의 안전을 위한 교수전략으로 언어적 연습, 모델링, 역할극, 피드백을 제시
Feldman(1997)	또래와의 학습방법을 제시
Bromberg & Johnson(1997)	강의, 모델링, 행동연습, 교정 피드백, 실습 등의 전략 제시
한국어린이육영회(1990)	그림책과 인형을 통한 방법 사고(thinking)게임을 통한 방법
안창선 · 김현옥(1991)	시청각매체(그림모형, 슬라이드, 영화, VTR, 녹음자료)를 이용한 방법
최영해(1993)	동극과 인형극을 통한 성적 학대 상황의 대처 훈련
한국여성개발원(1995)	영상매체(그림책, VTR, 라디오)를 통한 방법
이기영(2000)	유아의 성지식에 가장 효과적인 교수매체를 제시(VTR, 그림동화, 이야기 나누기 중에서 이야기 나누기가 기억과 주의집중에 가장 효과적임을 제시)
박경선(2003)	교수매체 유형에 따른 성교육의 효과를 분석하여 제시함
백라지(2004)	동화를 통한 성지식과 성태도 향상을 제시함
홍연애, 이경희(2006)	VTR을 이용한 방법
배애성(2009)	다양한 유형의 활동을 통한 방법

성폭력 교육활동을 진행하는 과정에서 주의해야 할 점은 다음과 같다.

첫째, 유아들이 성폭력교육 시 불필요한 두려움이나 경계심을 갖지 않도록 자연스럽고 편안하게 반응해야 한다. 세상은 믿을 만하지만 위험한 상황이 될 수도 있기 때문에 성폭력 교육을 받고 있음을 이해하도록 한다.

둘째, 유아의 연령, 호기심, 발달 수준 등을 고려하여 유아의 수준에 맞게 대답하며 그릇된 정보를 제공하지 말고 사실적이고 간단하게 대답한다. 유아가 이해할 수 있는 범위 내에서 과학적인 내용을 차분히 전달하며 유아 스스로 성에 대해 중요하다는 의식을 갖도록 한다.

셋째, 유아의 성적 행동 및 질문에 당황하거나 난처해하지 않아야 한다. 유아는 성인의 이러한 태도에서 성에 대한 궁금증은 숨겨야 하며 부끄러운 것이라는 부정적인 인상을 받게 된다.

넷째, 유아의 성적 행동 및 질문에 대한 대처 방법을 미리 익히고 있어야 한다. 만약 성 관련 질문에 대해 정확하게 알지 못할 경우 모른다고 솔직하게 이야기한다. 성과 관련된 질문에서는 반드시 대답하는 것보다 정확하게 대답하는 것이 바람직하다. 만약 교사가 거짓으로 대답을 한다면 유아는 성에 대한 의구심을 갖게 되고 이는 성에 대한 불신으로 이어지게 된다.

마지막으로 우리 몸에 대해서 소중하게 생각하는 태도를 심어주고, 평소에 유아의 행동을 잘 관찰하며 대화를 많이 하고, 성폭력과 같은 일을 겪었을 때에는 바로 이야기하도록 신뢰를 쌓는 것이 중요하다(김상원, 2008; 박선미, 2004).

2 아동학대에 대한 안전

1) 아동학대의 정의

「아동복지법」 제3조 제7항 "아동학대"란 보호자를 포함한 성인이 아동의 건강 또는 복지를 해치거나 정상적 발달을 저해할 수 있는 신체적 · 정신적 · 성적 폭력이나 가혹행위를 하는 것과 아동의 보호자가 아동을 유기하거나 방임하는 것을 말한다. 체벌의 범위는 훈육의 목적으로 성인의 신체나 도구를 이용하여 영유아에게 신체적 압박을 가하는 것이다(예: 때리거나 꼬집거나 약하게 깨무는 행위 등). 또한 어린이집 보육교직원은 아동학대 신고 의무자로서 아동학대 범죄의 처벌 등에 관한 특례법 제10조에 의한 신고의무자로서 직무상 아동학대를 알게된 경우 및 의심되는 경우 즉시 아동보호전문기관 또는 수사기관에 신고하여야 한다.

아동학대의 개념은 Kempe(1962)의 '피학대아 증후군'에서 "아동학대는 부모나 돌보는 사람에 의해 어린 아동에게 가해지는 심각한 손상"으로 신체적 학대, 정서적 학대, 성적 학대, 신체적 · 정서적 방임으로 분류하였다(이종복 · 이배근, 1999; 신혜영, 2003, 재인용).

아동학대를 좁은 의미와 넓은 의미로 나누어 살펴보았는데 좁은 의미의 학대란 아동보다 연장자인 사람이 자신의 이익을 위해 의도적으로 아동의 성기를 포함한 신체 영역에 손상을 가하는 행동을 말하며, 이러한 행동에 따라 아동이 입은 신체적 손상이 비교적 명백하게 나타나는 경우이고 주로 신체적 학대와 성적 학대를 말한다고 하였다. 넓은 의미의 학대란 앞의 학대와 방임은 물론 사회제도까지 포함하여 의도성의 여부와 관계없이 현재 아동의 발달적 손상을 야기하고 있거나 앞으로 야기하여 아동의 전인적 복지를 저해하는 모든 행동과 제도를 의미한다고 하였다(이소희 · 도미향 · 김민정 · 서우경, 2002).

2) 아동학대의 요인

아동학대는 학대행위자의 80% 이상이 부모이고 정상적인 사람들이다. 단지, 소수만이 성격장애나 정신장애를 가지고 있어 모든 부모들이 학대부모가 될 가능성이 있다는 것에 주의를 기울여야 한다. 그럼에도 불구하고 일반적으로 아동학대는 빈곤 및 가정 내의 스트레스 등과 연관된 경우가 많다. 부모의 교육정도가 낮거나 실직 상태이고 생활 수준이 낮고, 부부갈등이 존재할 때 더 자주 발생하고 있다.

또한, 가정폭력, 부모의 정신 질환, 부모가 약물이나 알코올 중독이 있는 경우도 학대의 가능성이 더 높아진다고 볼 수 있다. 이외에 아동이 조산아이거나 정신지체, 신체적 장애가 있는 경우 학대가 더 자주 발생하는 것으로 나타났다. 아동학대의 원인에 대해 부모 요인, 아동 요인, 가정 · 사회적 요인 그리고 보육시설 요인을 중심으로 살펴보면 다음과 같다(이미훈, 2014).

(1) 부모 요인

아동학대를 부모 요인으로 보는 관점은 아동학대 주요 원인을 학대자의 심리적 특성과 성격구조의 결함으로 어린 시절의 성장경험에서 즉, 적대, 비난, 처벌, 거부, 무시, 복종과 과잉기대 등이 비정상적인 정서적이고 개인의 성격적 특성을 형성하게 되었다고 본다(한연숙, 2007).

나이가 어리고 안정되지 못한 부모들은 아동의 행동이나 욕구를 이해하지 못하여 아동학대를 쉽게 행하고 건전한 가족관계의 형성에도 어려움을 겪게 되며, 다양한 아동발달에 대한 지식이 부족한 부모들은 어떻게 아동을 키울 것인가를 잘 모르거나 건전한 가족 관계가 어떤 것인지 잘 알지 못하는 경향이 있다.

아동을 학대하는 부모들 중 30~60% 정도는 자신들이 어릴 때 부모로부터 학대받은 경험이 있다. 알코올 중독·약물 중독에 빠진 부모들은 자신을 잘 통제하지 못하고 아동을 학대하기도 한다. 아동을 소유물로 생각하며, 아동에 대한 권리의식에 대한 이해가 부족하거나 체벌과 훈육을 혼동하는 부모의 그릇된 아동관, 양육관, 부모의 낮은 자아존중감과 낮은 감성, 의기소침, 부모의 분노, 좌절 혹은 성적 욕구와 같은 충동과 감정조절의 무능력, 원치 않는 아동, 부모의 불안, 우울증, 기타 정신질환 등이 아동학대의 요인이 된다(이미훈, 2014).

(2) 아동 요인

최근에는 아동의 특성이 아동학대를 유발하는 주요 원인으로 지적되고 있는데, Faller는 아동이 자신의 문제로 인하여 부모로부터 학대를 받게 된다고 하면서, 아동이 사회적, 신체적, 교육적 발달의 지체와 신체적인 조건에서 만성질병이 존재할 때, 학대를 받게 된다고 하였다(한연숙, 2007).

미숙아, 기형아, 만성 혹은 급성질환아, 신체적·정신적·기질적으로 특이하거나 장애를 가진 아동, 운동 및 언어 등 발달이 늦은 아동, 심하게 보채거나 밤에 잘 자지 않는 아동, 문제행동을 보이는 아동, 음식을 먹거나 잠을 자는 데 어려움을 나타내는 아동, 사회적 반응의 결핍, 고집스런 울음과 외모, 수유의 어려움, 분리 불안의 결함, 자신감 결여, 지나친 경계, 무반응, 겁이 많음, 적대적 행위, 충동적 특성, 폭력적 행동, 고집이 셈, 적대적 행위, 충동적 결함이 있는 아동들에 의해 아동학대가 발생한다(중앙아동보호전문기관, 2013).

이러한 아동 요인이 학대를 일으키거나 증가시키는 특징인지 아니면 학대로 인한 결과인지는 정확히 알 수 없다고 본다.

(3) 가정적·사회적 요인

가정적·사회적 요인은 가족관계 및 구조의 문제, 사회전반적인 분위기가 복합적으로 작용하여 미성년가족과 한부모가족, 이혼가족, 재혼가족 등과 같은 가족구조의 특성이 아동학대의 원인이 될 수 있다는 관점이다. 가족 간의 친밀감과 긴밀성의 결여는 학대의 요인이 될 수 있으며, 부모의 양육태도도 중요한데 자녀를 무시하고 경멸하거나, 합리적이지 못한 양육방식과 맞벌이로 인해 부모가 아동에게 관심이 부족하고 소홀하며 가족구성원의 친밀감이 부족한 것도 원인이 될 수 있다(이미현, 2007).

구성원 간의 갈등과 가족 상호작용의 미약, 미성년가족, 한부모가족, 이혼가족, 재혼가족 등 가족구조의 특성으로 인한 양육에 대한 지식의 부족, 높은 스트레스, 가족 간의 긴밀한 상호작용의 결여, 사회적으로 고립, 사회적 지지체계 결여, 신체적인 체벌에 대해 허용적인 문화, 아동을 존중하지 않는 문화, 자녀에 대한 소유 의식, 체벌이나 훈육의 의미가 포함된 폭력은 필요하고 정당하다는 관념에 의해 아동학대가 발생한다(중앙아동보호전문기관, 2013).

(4) 어린이집 요인

① 시설 운영적 요인

교육의 수요자 입장에 있는 부모들의 요구에 따른 보여주기 식의 행사위주의 어린이집 운영, 어린이집 교사의 잦은 이직으로 인한 교사채용의 어려움, 체계적이고 정기적인 교사교육의 부재, 아동학대 문제해결을 위한 관련 전문기관에 대한 정보 부족 및 연계성 미비, 영유아 발달을 고려하지 못한 물리적 환경 등이 있다.

② 교사 요인

교사로서의 기본자질과 인성이 부족한 교사, 교육관련 업무 외 많은 업무의 누적으로 인한 스트레스가 높은 교사, 영유아교사로서의 다양한 직무에 관한 지식의 부족과 미숙한 교수기술로 인한 낮은 자아존중감이 있는 교사, 신체 이상이나 정신질환이 있어서 올바른 교사직무를 수행할 수 없고 자기조절능력이 낮은 교사들이 영유아 교육기관에 임용되어 교사로서 활동하고 있어 심각한 아동학대의 요인이 되고 있다.

3) 아동학대의 유형 및 영향

(1) 신체학대

일반적으로 학대를 말할 때, 주로 신체적 학대를 일컫는 경우가 많은데, 이것은 신체적 학대가 가장 눈에 띄는 손상과 심한 신체적인 상해를 주는 것으로 구타와 동일한 개념으로 사용되기 때문이다. 이런 의미로 신체적 학대를 가장 광범위한 개념으로 인식하고 있으며 가장 쉽게 외적으로 손상과 학대 정도를 발견할 수 있는 학대의 유형이기도 하다(이미현, 2007).

신체학대 행위에 대한 해석은 그 사회의 문화적 특성에 따라 영향을 받는다. 우리 전통사회에서 신체적 학대는 체벌과 뚜렷하게 구별됨에도 불구하고 그 수위가 명확하지 않다. 전통사회에서 체벌은 아동의 잘못된 행동을 수정 및 통제하는 수단으로 '사랑의 매'라는 명칭이 붙여진 도구를 사용하여 가볍게 이루어진다고 인식하는 데 반해, 신체적 학대는 대체로 학대행위자의 신체를 이용해 이루어지거나 학대행위자의 감정과 분노가 수반된다는 점에서 구별된다. 이상은 일반적으로 정의하는 신체학대 행위라면, 영유아를 양육 및 교육하는 부모와 교사가 신체적 학대로 인식하는 정도를 파악하는 일 또한 중요하다(이미훈, 2014).

구체적인 신체학대 행위는 떠밀고 움켜잡는 행위, 뺨을 때리는 행위, 벨트 등 도구를 사용하여 때리는 행위, 발로 차거나 물어뜯고 주먹으로 치는 행위, 팔·다리 등을 심하게 비틀어 쥐어짜는 행위, 뜨거운 물이나 물체, 담뱃불 등으로 화상을 입히는 행위 등을 예로 들 수 있다(김진, 2009).

(2) 정서적 학대

정서적인 학대는 대부분의 아동학대 유형에서 동반되어 나타나는 것으로 가장 기본적이며 오랜 기간 동안 학대의 영향이 지속되어 다른 발달영역에 지속적인 부정적 영향을 주게 된다.

정서적 학대는 아동의 심리와 정서에 폭력을 가하는 것으로 아동의 자아존중감과 정서에 손상을 주는 행위로 정의한다. 또한, 아동의 인격과 존재를 심하게 무시하거나 모욕하는 행위, 잔혹하고 학대적인 부당한 대우, 신체적 혹은 성적 학대에 대한 위협이나 위해행위, 고의적으로 의식주를 제공하지 않으며 아동에게 부당한 노동 강요와 상업적으로 아동을 이용하는 행위로 정의하기도 한다(이배근, 2004).

정서적 학대는 학자에 따라 다양하게 정의되고 있으나 구체적인 행동특성을 분석하여 아동에 대한 정서적 학대 행동의 범주를 제시한 한 연구(Hamarman & Bernet, 2000)에 의하면 영유아의 양육자 및 교육자의 정서학대 행동 범주는 크게 일곱 가지로 분류된다.

그것은 첫째, 거부하기이다. 거부하기는 아동의 가치, 존재, 욕구, 성취 등의 행동을 제지하거나 거부하는 행위를 의미하며, 예를 들면 '영유아의 애정표현을 거부하거나 아동이 행한 성취에 대하여 인정하지 않는 등'의 구체적 행동으로 나타난다.

둘째, 위협하기이다. 위협하기는 언어적인 폭력을 행사하거나 공포분위기를 조성하며, 영유아에게 협박함으로써 안정감과 안전감을 위협하는 행위를 의미한다. 이러한 위협하기 행동은 예를 들면, '매로 때리겠다고 겁을 주거나 큰 소리를 지르는 등'의 구체적 행동으로 나타난다.

셋째, 무시하기이다. 무시하기는 아동에게 필수적인 행동인 자극과 반응을 박탈하는 것을 의미하며, 예를 들면 '애정표현을 하지 않으며, 영유아의 이름을 부르지 않거나, 영유아에게 적절하고 민감한 반응과 자극을 주지 않는 등'의 구체적 행동으로 나타난다.

넷째, 고립시키기이다. 고립시키기는 아동을 사회적 경험으로부터 차단시키는 것을 의미하며, 이러한 고립시키기 행동은 예를 들면 '영유아를 일상에 참여하지 못하게 하거나, 가두어 두거나 또래와 접촉하는 것을 막는 등'의 구체적 행동으로 나타난다.

다섯째, 타락화이다. 타락화는 파괴적이고 반사회적 행동을 하도록 자극하고 조장하는 것을 의미하며, 예를 들면 '영유아의 반사적 행동, 비행 행동, 공격 행동을 조장하거나 좋은 것이 나쁜 것이고 나쁜 것이 좋은 것이라고 가르치는 등'의 구체적인 행동으로 나타난다.

여섯째, 지나치게 억압하기이다. 이는 영유아에 대한 지나친 기대로 지속적으로 압력을 가하는 것을 의미하며, 예를 들면 '학문적, 신체적, 사회적으로 너무 일찍 성취하고 성장하도록 압박하거나 발달이 빠르거나 유능한 또래와 비교하거나 부적절한 비판이나 처벌 등'의 구체적인 행동으로 나타난다.

일곱째, 폭언하기이다. 폭언하기는 계속적인 욕설과 위협, 빈정대는 말로 굴욕감을 주는 행위를 의미하며, 예를 들면, '다른 또래나 다른 사람들 앞에서 영유아를 비하하는 말을 하거나 가치 없음을 말하거나, 경멸적이거나 비하하는 이름으로 부르거나 거친 욕설하기 등'의 구체적인 행동으로 나타난다(이미훈, 2014).

(3) 방임

방임은 보호자가 고의적이고 반복적으로 아동에 대한 양육 및 보호 소홀로 인해 아동의 건강이나 복지를 해치거나 혹은 정상적인 발달을 저해할 수 있는 모든 행위를 말한다(이배근, 2004).

방임은 학대에 비해 더 빈번하게 나타나는 것으로 태만의 문제이며, 신체적 학대가 사건적이며 시간 제한적인 데에 비해 방임은 만성적이며 지속적이라고 하겠다. 또한, 학대가 아동에게 하지 않아야 하는 어떤 행동을 하는 것이라면 방임은 부모나 보호자가 아동에게 해주어야 할 어떤 것을 해주지 않는 것으로 정의하면서 방임의 심각성에 대해 강조하였다(한인영, 2000).

방임은 세 가지 유형으로 구분될 수 있다.

첫째, 물리적 방임이 있다. 이는 아동에게 의식주를 제공하지 않거나 아동을 장시간 위험하고 불결한 주거환경에 그대로 방치하는 것을 의미한다.

둘째, 교육적 방임이 있다. 학교에 무단결석하여도 고의적으로 방치하거나 취학연령이 되었음에도 불구하고 학교에 보내지 않는 행위, 숙제 및 준비물을 챙겨주지 않는 행위가 해당된다.

셋째, 의료적 방임이 있다. 예방접종을 제때에 하지 않거나 필요한 의료적 처치를 소홀히 하는 것을 의미한다(김진, 2009).

〈표 8-4〉 아동학대의 구분

구분	신체적 징후	행동적 징후
신체학대	· 설명하기 어려운 신체적 상흔 · 발생 및 회복에 시간차가 있는 상처 · 비슷한 크기의 반복적으로 긁힌 상처 등	· 어른과의 접촉회피 · 다른 아동이 울 때 공포를 나타냄 · 공격적이거나 위축된 극단적 행동 등
정서학대	· 발달지연 및 성장장애 · 신체발달저하 등	· 특정물건을 계속 빨고 있거나 물어뜯음 · 행동장애(반사회적, 파괴적행동장애) · 신경성 기질장애(놀이장애 등)
성학대	· 학령 전 아동의 성병감염 등	· 나이에 맞지 않는 성적행동 · 위축,환상, 유아적 행동(퇴행행동 등)
방임	· 발달지연 및 성장장애 · 비위생적인 신체상태 등	· 계절에 맞지 않는 부적절한 옷차림 · 음식을 구걸하거나 훔침 등

출처: 한국보육진흥원(2018). 제3차 어린이집 평가인증안내 통합지표, 372.

4) 아동학대의 실태

2010년 보건복지부 전국아동학대 현황보고서에 따르면 피해 아동의 연령은 만 7~12세가 44.7%로 가장 높은 비율을 보였으며 학대 행위자는 부모가 83.2%이며 발생장소는 가정 내가 87.9%로 나타났다. 이를 통해 아동학대는 가정에서 부모로부터 이루어지는 경우가 대부분인 것을 알 수 있다. 따라서 아동학대의 발생빈도는 거의 매일 41%로 나다나 그 정도가 매우 심각하다고 볼 수 있다. 이러한 아동학대는 정서학대, 방임, 신체학대 등 그 유형이 다양하며 중복되어 학대되는 경우가 대부분이다.

이와 같은 아동학대 피해 아동의 초기 조치가 대부분 원가정 보호(72.6%)로 이루어지고 격리보호는 26.5%에 그치고 있어 아직 경제적, 정신적, 신체적으로 독립할 수 없는 아동들은 학대행위자인 부모와의 생활 속에서 재학대가 이루어질 수밖에 없다.

아동학대의 예방을 위한 교육사업으로 2010년 한 해 동안 일반인 및 신고의무자를 대상으로 이루어진 아동학대 예방 교육 횟수는 총 14,170회이며, 교육을 받은 대상자는 총 689,419명으로 파악되고 있다. 이를 통해 아동학대 예방의 중요성 인식과 함께 실천의 의지는 교육사업을 통해 실천되고 있으나 대부분의 학대행위자를 차지하는 부모를 위한 부모교육의 프로그램 개발과 확대 실시가 필요하다. 아울러 영유아를 직접 지도하는 영유아 교육기관의 교사를 대상으로 보다 구체적이고 현실적인 아동학대 신고관련 교육이 요구된다.

3 실종 및 유괴 안전

1) 실종아동의 개념 및 발생 현황

「실종 아동 등의 보호 및 지원에 관한 법률」 제2조(정의)에 의하면 '실종아동 등'은 실종신고 당시 18세 미만의 아동, 「장애인 복지법」 제2조의 장애인 중 지적장애인, 자폐성장애인 또는 정신장애인 및 「치매 관리법」 제2조 제2호의 치매환자 중 하나에 해당되며 약취·유인·유기·사고 또는 가출하거나 길을 잃는 등의 사유로 인하여 보호자로부터 이탈된 아동 등으로 정의하고 있다.

실종아동이 발생하게 되면 부모들은 대부분 관할 경찰서, 경찰청으로 신고하게 된다. 대부분의 실종은 48시간 이내 발견되어 부모에게 인계되고 48시간 이상 미발견된 아동은 장기실종아동으로 분류되고, 보건복지부 위탁 실종아동전문기관과 관련 자료를 공유하게 된다(박상균, 2009). 실종아동의 발생현황 통계를 살펴보면 아래와 같다.

〈표 8-5〉 실종아동 발생현황

사례년도	아동		
	발생 건수	발견 건수(보호자인계)	미발견 건수
2013	23,089	23,084	5
2014	21,591	21,580	11
2015	19,428	19,334	84
2016. 1.	1,207	1,153	54

출처: 실종아동전문기관(2016. 1.).

2) 유괴의 개념 및 발생현황

유괴란 사람을 종래의 생활환경에서 이탈시켜 자기 또는 제3자의 실력적 지배에 두어 그 자유를 침해하는 일이라고 정의한다. 곽대경(2007)에 의하면 그 방법이 폭행·협박을 수단으로 하는 경우를 약취라 하고, 기망 · 유혹을 수단으로 하는 경우를 유인이라고 하였다. 따라서 약취와 유인을 총칭하여 유괴라고 정의하였다. 또한, 이경선(2002)은 아동이 가해자의 요구에 순조롭게 따랐든 아니든 유괴는 아동에게 가해지는 폭력 행위이며, 거리와는 상관없이 아동이 현재 위치한 장소에서 아동이나 보호자의 의도와는 무관하게 옮겨지는 것을 유괴라고 하였다(박혜란, 2009).

아동 유괴를 정의하는 것은 두 가지 이유에서 어려움을 갖고 있다. 첫째는 독립된 단일 개념이 없고, 둘째는 아동 유괴의 유형이 매우 다양하기 때문이다. 우리 나라의 경우 형법상 '아동 유괴범죄'라는 규정이 따로 없어 '미성년자 약취·유인죄'에 해당하는 것으로 볼 수 있으나, 다른 범죄와 경합하여 발생되는 경우가 있어 정확한 통계 자료를 얻기 어렵다. 아동 유괴는 아동이 가해자의 요구에 순조롭게 따랐든 아니든 아동에게 가해지는 폭력행위이며, 거리와는 상관없이 아동이 현재 위치한 장소에서 아동이나 보호자의 의도와는 무관하게 옮겨지는 것이다(이상현, 2008).

대부분 유아를 대상으로 한 유괴범죄에서는 협박이나 폭행 등과 같은 폭력을 행사하지 않고 기망이나 유혹을 수단으로 유인하여 그 의도를 쉽게 알아차리지 못하게 한다. 즉, 이런 유인행동은 유괴로 이어지게 되는데 우리나라에서는 최인섭과 최영신(1996)이 유괴의 목적을 성적 욕구 충족, 몸값 요구, 영리 목적, 협박, 불분명한 목적 등으로 정의하였다. 이 중에서 성적 욕구 충족과 경제적 이익을 위해 몸값 요구를 목적으로 한 유괴가 대표적인 유형으로 나타나고 있다(박혜란, 2009). 이러한 유인행동은 아동유괴로 이어지게 되는데 최인섭과 최영신(1996)의 연구결과를 중심으로 살펴보면 다음의 몇 가지 목적으로 정리해 볼 수 있다(최기은, 2004).

모성욕구에 의한 유괴일 경우 유괴된 아동은 수사과정 중에 90% 이상이 되돌아오는 특징을 가지며, 비교적 유괴한 아동에게 신체적, 정신적 피해를 가하지 않는다는 점에서 다른 어린이 유괴범죄에 비하여 그 위험성이 적은 편이라고 할 수 있다.

성적 욕구에 의한 유괴의 경우에는 대부분 그 피해자가 여자 아동이며, 연령에 있어서도 아주 나이가 어린 유아보다 초등학교 학령기의 아동이 주로 피해자가 된다. 특히 이러한 유괴범죄는 아동에게 심각한 정신적, 육체적 피해를 가져온다는 점에서 주목해야 한다. 통상적으로 성범죄의 특성을 나타내는 범죄의 피해자 신고율이 다른 범죄의 피해자 신고율에 비하여 낮은 것으로 보아, 성적 욕구 충족형의 어린이 유괴범죄는 다른 유형의 어린이 유괴범죄에 비하여 범죄발생에 대한 신고율이 낮을 것이라고 추정할 수 있다.

몸값 요구형 어린이 유괴범죄의 경우 비단 경제적 궁핍에 의한 것으로만 보기보다는 계속되는 경기 불황으로 인한 사회적 빈부격차가 커지는 데 따른 상대적 박탈감에서 비롯되는 현상으로 보아야 할 것이다.

협박 이용형 어린이 유괴범죄는 어린이의 부모를 협박하기 위해 어린이를 약취·유인한다는 특성을 가지며, 사건 발생 이전에 이미 안면이 있는 가까운 사람이 가해자가 된다는 특성이 있다.

영리목적형 어린이 유괴범죄를 살펴보면, 대개의 경우 유흥업소에 여자 미성년자를 매매하는 형태이다. 그러나 13세 이상의 여자 청소년을 대상으로 하므로 어린이 유괴범죄 유형으로는 드러나지 않는다. 영리목적의 어린이 유괴범죄는 어린이를 절도나 구걸에 이용하는 형태로 나타난다.

지금까지 유인행동 유형과 관련 사례들을 정리해 보면, 아동유괴는 피해자인 아동과는 전혀 무관하였고, 가해자의 욕구에 따라 여러 가지 형태로 나타났으며, 가해자의 성별에 따라서도 그 목적이 달라진다는 것을 알 수 있다.

3) 실종 및 유괴 예방 교육의 필요성

아동이 부모와 떨어지게 되는 것은 아동에게 큰 심리적·정서적 충격일 것이다. 그만큼 아동은 상처 입기 쉬운 존재이며 늘 가정과 사회의 보호가 필요하다. 하지만 이러한 필요성에도 불구하고 유괴와 같이 아동을 대상으로 하는 범죄들은 끊임없이 일어나고 있다.

다른 범죄보다 특히 유괴범죄는 의사능력이나 위험에 처했을 때 대처능력이 부족한 아동이 대상이 되기 때문에 성인의 보호에 있지 않은 아동은 쉽게 범죄의 대상으로 지목될 수 있다. 즉 아동들은 범죄의 피해자가 될 확률이 성인에 비해 높은 것으로 나타난다.

또한, 유괴범죄는 의사능력과 대처 능력이 부족한 아동들을 대상으로 하여 피해 아동의 신체와 생명을 위협한다. 이로 인해 한 가정에서는 물론 사회적으로도 문제시되고 있으며, 유괴 대상 연령도 점점 낮아지고 있어 좀 더 어린 시기에 유괴 예방교육의 필요성이 요구되고 있다(박상균, 2009).

유괴사고에 대한 안전교육은 아동을 신체적·정서적·성적 학대의 가능성에서 보호하는 것은 물론 아동 스스로 위험요소를 인지하고 스스로를 지킬 수 있는 대처능력을 키우는 것이 무엇보다 중요하다 하겠다(최기은, 2004).

아동유괴의 경우 억지로 끌고 가기보다는 부드러운 속임수를 쓰거나 친근감을 주어 아동이 그 의도를 쉽게 알아차리지 못하게 하는 형태로 나타난다. 이는 우리 문화가 어른들에 대해 공손하고 예의바르게 대하도록 가르쳐왔기 때문에 자신에게 무엇인가를 요청하거나 해치려고 하는 어른들에게 아동 등이 부정적인 감정을 쉽게 드러내지 못하게 된다. 이렇듯 아동발달 특성상 판단기준과 방어기술이 부족한 아동기에 학부모들과 사회에서 보다 적극적으로 대처하여 유괴에 대한 인식의 확산을 넓혀 가야 할 것이다. 실종아동 발생 실태를 정확히 분석, 연구하여 부모 및 아동대상을 통하여 실종아동 발생 예방을 위한 체계적 교육이 절실한 실정이다. 무엇보다도 실종아동 문제에 국민들이 관심을 가지고 적극적으로 참여할 수 있는 사회적 분위기를 조성해야 할 것이다(박상균, 2009).

4) 유괴 예방교육

유괴 예방교육 프로그램에 대한 외국의 선행연구들의 결과를 종합해보면 유아들에게 위험한 상황에 대한 자기보호 행동을 가르침에 있어 모델링, 행동적 시연, 사회적 강화를 포함한 행동기술훈련이 비디오 시청만 실시하는 상징적 모델링 프로그램보다 효과적인 것으로 나타났다.

국내에서는 박상희(2002)가 유괴를 유아들에게 알려주어야 할 안전교육의 내용으로 접근하여 낯선 사람에 대한 정확한 이해와 다양한 상황에서의 대처법을 유아가 이해할 수 있도록 자세히 설명해 주어야 함을 말하며 다음과 같이 정리하였다(박혜란, 2009).

첫째, 유아들에게 낯선 사람이 길을 물으면 말로만 알려 주고, 절대 따라가지 않도록 한다.
둘째, 어떤 이유라도 낯선 사람의 차는 절대로 타지 않는다. 차에 타고 있으면서 갑자기 차 안으로 유아를 끌어들일 위험이 있으므로, 차 속에서 유아에게 길을 묻는 사람을 경계해야 함을 가르쳐 준다. 따라서 낯선 사람의 차 옆에 설 때는 차의 진행 방향과 반대 방향에서 일정한 거리를 두고 서게 한다.
셋째, 유아에게 낯선 사람과는 함부로 이야기하지 않게 한다. 우리가 사는 사회에는 좋은 사람도 있지만 나쁜 사람도 있음을 알려 주고, 이런 사람들은 유아들을 유인하기 위해 거짓말도 충분히 할 수 있음을 말해 준다.
넷째, 유아에게 나쁜 사람들도 옷을 잘 차려입고, 친절하게 접근할 수 있음을 설명해 준다. 또한, 이런 사람은 남자일 수도, 여자일 수도 있으며 전혀 모르는 사람일 수도 있지만 아는 사람일 수도 있음을 알려 준다. 따라서 교사나 부모의 허락 없이 다른 사람을 따라가지 않도록 한다.
다섯째, 유아가 늦게까지 밖에서 놀지 않도록 하고 귀가시간을 지키도록 한다.
여섯째, 유아가 집에 혼자 있을 때는 문을 잠그게 하고, 문을 함부로 열어주지 않게 한다. 또한, 전화가 걸려 왔을 때 집에 혼자 있음을 상대방에게 말하지 않도록 가르친다.
일곱째, 낯선 사람이 주는 돈이나 과자, 아이스크림 등을 부모의 허락 없이는 받아먹지 않도록 한다.
여덟째, 유아가 외출할 때에는 부모에게 행선지를 알리고, 유치원이나 친구 집에 갈 때에는 안전한 큰 길로 다니게 하며, 혼자 놀지 않도록 한다.
아홉째, 유아에게 자신의 이름과 집 주소, 살고 있는 동네까지 분명하게 외우게 한다. 또한, 집 전화번호와 지역번호도 외우게 한다. 만약 가능하다면 부모의 이름과 직장, 전화번호도 외우게 한다.
열째, 유아들이 비상시에 신고나 도움을 요청하기 위한 전화번호 '119'를 알고 있는지 확인하고 유아에게 공중전화를 걸 수 있는 방법을 알려 준다.
열한째, 나쁜 사람들에 의해 강제로 납치되었을 때 저항하거나 도움을 청하는 법을 가르쳐 준다.

막연히 낯선 사람을 조심하라고만 하는 식의 교육은 정작 어린이가 범죄 상황에 마주쳤을 때는 올바른 대처행동을 하기가 힘들다. 낯선 사람에 대한 막연한 두려움을 가르치기 보다는 아이가 지켜야 할 행동수칙을 평소에 반복적으로 지도해야 한다.

어린이 유괴범죄의 예방과 관련하여 소개되고 있는 부모 · 아동 유괴예방 수칙을 살펴보면 다음과 같다(최기은, 2004).

- **부모안전수칙**
  - 아이와 함께 안전한 상황과 위험한 상황에 대한 역할극을 해 본다.
  - 항상 아이가 있는 곳을 확인한다.
  - 옷이나 가방 등에 아이의 이름을 너무 눈에 띄게 크게 적지 않는다.
  - 공중 화장실에 아이를 혼자 보내지 않는다.
  - 수신자 부담(콜렉트 콜)으로 전화 거는 방법을 알려 준다.
  - 집 주변을 확인해 위험한 곳에는 가지 않도록 지도한다.
  - 어린이에게 화려한 옷을 입히지 않는다.
  - 위험할 때 도움을 청할 수 있는 곳(이웃집, 상점, 공공기관 등)을 알려 준다.
  - 6개월마다 아이의 사진을 찍어 보관한다.
- **어린이안전수칙**
  - 낯선 사람이 주는 돈, 과자, 음료수 등은 받지 않는다.
  - 낯선 사람이 길을 물으면 알려만 주고 따라가지 않는다.
  - 있는 곳을 항상 부모에게 알린다.
  - 친구들과 여럿이 안전한 큰길로 다니고, 혼자 놀지 않는다.
  - 부모 허락 없이 낯선 사람의 자동차를 타지 않는다.
  - 열쇠는 보이지 않는 곳에 휴대한다.
  - 낯선 사람이 끌고 가려고 하면 큰 소리로 도움을 요청한다.
  - 어두워지기 전에 집에 돌아온다.
  - 집에 혼자 있을 때 낯선 사람에게 문을 열어주지 않는다.

유괴 예방교육 프로그램은 유아들에게 일방적으로 가르치기보다는 유아들이 대처행동에 대하여 직접 행동하여 판단하는 것이 무엇보다 중요하다. 유아들은 유인행동에 대해 말로 설명하고 대처행동을 짧은 어구로 나열하기 보다는 역할극을 활용하는 것을 흥미로워했다. 또 동화를 들려줬을 때보다 동화를 듣고 다양한 활동으로 진행했을 때, 유아들의 낯선 사람에 대한 대처능력이 향상되므로 교사들이 유괴 등에 관한 프로그램을 계획할 때 동화를 들려주고, 동화 내용에 대해 충분히 이야기 나누며, 연계활동을 함께하는 등 다양한 통합 활동을 실시하는 것이 더욱 효과적일 것으로 사료된다. 즉, 동화라는 매개와 함께 유아들의 사고력을 향상시킬 수 있도록 교사(성인)가 적절하게 개입한다면 유아들의 대처능력이 향상될 수 있으므로 더욱 효율적인 방법이 될 수 있을 것이다(박혜란, 2009).

또한, 유아에게 적합한 유괴예방 안전교육 프로그램의 구성은 크게 지식, 기술, 태도의 측면으로 나누어 구성해 볼 수 있다.

첫째, 위험상황에 대한 올바른 인식으로 세상에는 아동들에게 호의적이고 도움을 줄 수 있는 사람들이 많지만 일단 낯선 사람에 대해서는 주의를 기울여야 한다는 것과 아동을 유인하기 위해 접근하는 어른들의 특성, 유인행동의 위험성을 알아차리는 데 중요한 요인이 될 만한 것들에는 어떤 것들이 있는지 다루어 보아야 할 것이다.

둘째, 기술적 측면은 위험 상황 발생 시 도움을 요청할 수 있는 여러 가지 방법들에 대해 알아보고, 이와 더불어 자신의 감정을 솔직히 표현하는 훈련도 함께 이루어져야 할 것이다.

셋째, 문제발생 시 올바른 부모 대처요령과 범죄 상황을 조직적으로 기억해 낼 수 있는 훈련이 필요하겠고, 평소 생활에서, 특징을 찾아 기억하는 습관을 지도하는 것도 바람직할 것이다(최기은, 2004).

Chapter
09

재난안전

1 재난안전의 개념 및 필요성

급격한 산업화와 도시화, 기후 변화에 따른 지구 온난화 현상으로 자연적 재난이 날로 다양화, 대형화되어 급증하고 있으며 그 피해도 막대하다. 2016년에도 일본과 에콰도르의 대지진으로 수많은 사상자가 발생하였고, 여전히 많은 사람들이 외상 후 스트레스 장애를 겪으며 힘들게 살아가고 있다.

한국재난안전기술원(2014)은 '재난'을 자연적이거나 인위적인 원인으로 생활환경이 급격하게 변화하거나 그로인해 인간의 생명과 재산에 단기간 동안 많은 피해를 주는 현상'으로 정의하고 있다. 「재난 및 안전관리 기본법」 제3조에서 '재난'이란 국민의 생명·신체·재산과 국가에 피해를 주거나 줄 수 있는 것으로서 자연재난과 사회재난으로 구분한다. 자연재난은 태풍, 홍수, 호우, 강풍, 풍랑, 해일, 대설, 가뭄, 지진, 황사, 적조 그 밖에 이에 준하는 자연현상으로 인하여 발생하는 재해를 말하며, 사회재난은 화재, 붕괴, 폭발, 교통사고(항공사고 및 해상사고를 포함한다), 화생방사고, 환경오염사고 등으로 인하여 발생하는 대통령령으로 정하는 규모이상의 피해와 에너지, 통신, 교통, 금융, 의료, 수도 등 국가기반체계의 마비, 「감염병의 예방 및 관리에 관한 법률」에 따른 감염병 또는 「가축전염병예방법」에 따른 가축전염병의 확산 등으로 인한 피해를 말한다.

재난은 발생률이 높지 않더라도 그 피해의 정도가 상당히 심각하기 때문에 영유아기부터 여러 가지 재난에 대비하고 대처할 수 있는 지식, 기술, 태도를 익힘으로써 재난 중에 자신을 지킬 수 있도록 지도해야 한다.

2 재난안전의 실태 및 유형

1) 황사와 미세먼지

황사가 중국 몽골의 건조지대에서 강한 바람에 의해 높은 대기로 불어 올라간 미세한 모래먼지가 대기 중에 퍼져서 하늘을 덮었다가 바람을 타고 이동해 지상으로 떨어지는 자연현상인 반면, 미세먼지는 지름 10㎛ 이하인 먼지를 말하며 자동차·공장·가정 등에서 사용하는 화석연료 사용으로 배출된 인위적 오염물질이 주요 원인이 되므로 황산염, 질산염, 암모니아 등의 이온 성분과 금속화합물, 탄소화합물 등 유해물질로 이뤄져 있다(환경부, 에어코리아 홈페이지).

최근 중국 북부의 사막화가 급속히 진행되면서 90년대에는 연평균 황사발생 빈도가 3.3회 정도였으나, 2000년 이후 평균 8.6회로 황사의 발생횟수와 강한 황사현상의 증가 추세를 나타내었다.

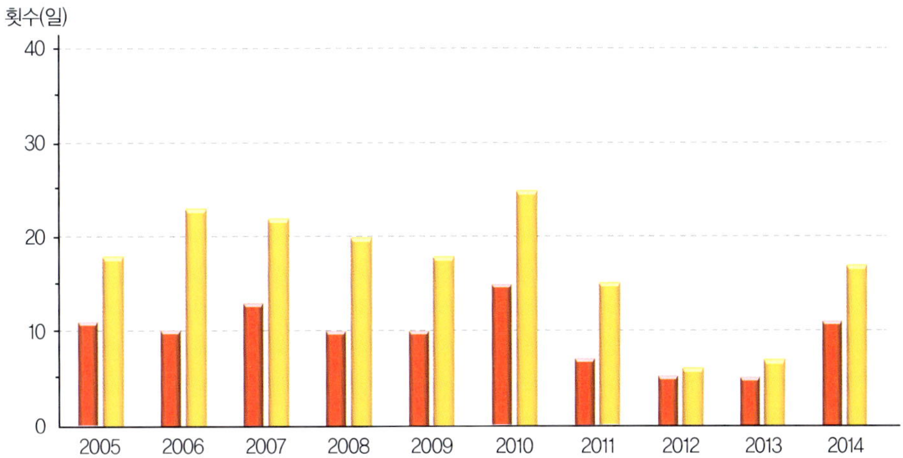

출처: 기상청 국가기후데이터센터 통계분석시스템.

[그림 9-1] 연도별 황사발생 횟수와 지속일수

황사로 1시간 평균 미세먼지(PM10) 농도 800㎍/㎥ 이상 2시간 이상 지속될 것으로 예상될 때는 황사 경보, 황사로 1시간 평균 미세먼지(PM10) 농도 400㎍/㎥이상 2시간 이상 지속될 것으로 예상될 때는 황사 주의보를 발령한다.

2016년 6월 경제협력기구 OECD에서 발표한 '대기오염의 경제적 결과' 보고서에 따르면 40여 년 뒤인 2060년에 대한민국이 32개 회원국 중 대기오염으로 인한 조기사망률과 경제손실이 가장 클 것으로 전망했다. OECD 비회원국 중에서는 인도와 중국이 2060년 조기 사망자 수가 가장 큰 폭으로 증가할 것으로 예측되었다. 2060년 한국의 조기사망자는 2010년에 비해 3.1배가 급증할 것이며 중국은 3배 이상, 인도는 4배에 이를 것으로 전망되었다(동아일보, 2016.6.11.).

2)지진

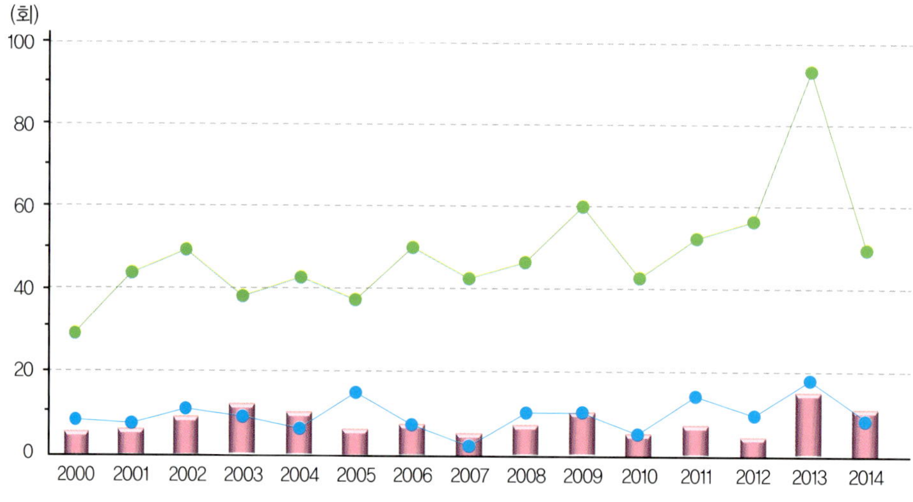

출처: 기상청 국가 지진 정보시스템.

[그림 9-2] 연도별 지진발생 횟수

지진은 지구내부의 활동과 두꺼운 암석판의 운동으로 인해 지구내부에 장시간 축적된 에너지가 돌발적으로 방출되면서 그 일부가 파동의 형태로 사방으로 전파되어 지표에 도달하여 지반이 흔들리는 자연현상이다.

우리나라는 지진대에 속해 있지 않아서 지진 발생률이 상대적으로 적은 편이었으나, 2013년에 93건의 지진이 발생하였고, 2016년에는 일본과 에콰도르 등에서 대지진이 발생하여 엄청난 사상자와 재산 피해를 입었다. 세계는 지금 크고 작은 지진들로 그 피해가 극심하며 우리나라 역시 더 이상 지진 안전국이 아니므로 지진에 대한 대비와 대처를 위한 안전교육이 필요하다.

지진 규모에 따라 자연, 사람에게 미치는 영향은 다음과 같다.

〈표 9-1〉 지진의 규모에 따른 영향

지진 규모	구조물, 자연계에 대한 영향	인체에 대한 영향
2.5 미만	· 극소수의 사람만 감지 · 지진계에서만 기록	· 극소수의 사람만을 제외하고는 거의 느낄 수 없음
3.0	· 정지하고 있는 사람, 특히 감각이 민감한 사람이 다소 흔들린다고 느낌 · 모든 사람이 느낄 정도로 창문이 다소 흔들림	· 민감한 사람이 느낌
3.5	· 건물 위층에 있는 소수의 사람만 느낌 · 정차하고 있는 차가 약간 흔들리며 트럭이 지나가는 듯한 진동	· 약간 놀라고, 밤에 자다가 깸
4.0	· 건물의 흔들림이 심하고 불안정하게 놓인 꽃병이 넘어지며 그릇의 물이 넘침	· 매우 놀라고, 밤에 자다가 깨서 나옴
5.0	· 벽에 금이 가고 비석이 넘어짐 · 굴뚝, 축대 등이 파손됨	· 서 있기 곤란하고 심한 공포를 느낌
6.0	· 건물 파괴 30% 이상 · 산사태가 나고 땅에 금이 감	· 도움 없이 자력으로 걸을 수 없음
7.0	· 건물 파괴 30% 이상 · 산사태가 나고 땅이 갈라짐	· 이성 상실
8.0 이상	· 건물이 완전히 파괴됨 · 철로가 휘고 자연에 단층현상 발생	· 대공황

출처: 국가재난정보센터, 전남련 외(2010).

3) 폭염

폭염(暴炎)이란 매우 심한 더위를 말하며 통상 30도 이상의 불볕더위가 계속되는 현상을 말한다. 최근 우리나라는 지구온난화와 북태평양 고기압의 영향으로 여름철 폭염 빈도와 환자수가 증가하고 있다. 일 최고기온이 33도 이상인 상태가 2일 이상 지속될 것으로 예상될 때는 폭염주의보, 일 최고기온이 35도 이상인 상태가 2일 이상 지속될 것으로 예상될 때는 폭염경보를 발령한다. 1994년에는 무려 3,384명이 폭염으로 사망했고 보험관리공단 조사에 따르면 2003년에는 온열질환자 수가 29,477명이었으나 2012년에는 102,240명으로 3배나 급증하였다. 그러나 폭염으로 인한 온열질환 감시체계 운영 결과 2013년에는 폭염일 수 18.5일, 온열질환자 수는 1,189명, 사망자 14명, 2014년 폭염일 수 5.4일, 온열질환자 수는 556명, 사망자 1명으로 크게 감소하였다.

3 재난안전의 예방과 안전교육

교육부 학교안전교육 7대 표준안 유치원용(2016)에서 제시한 재난안전교육 내용은 다음과 같다.

〈표 9-2〉 재난안전교육 내용

영역	중분류	소분류	활동요소	유치원(18개 활동)
재난 안전	화재	화재발생	· 화재의 개념 · 화재의 주요 발생 장소 · 화재의 발생 원인 · 화재의 주요 피해 사례	· 불의 이로움에 대해 알아보아요. · 불은 위험해요. · 불이야! 불이야! 〈2차시〉 · 숨지 마세요. 〈2차시〉
		화재발생 시 안전수칙	· 화재발생 시 대피 방법 · 화재발생 시 대피 장소 · 화재발생 시 신고 방법 · 화재발생 시 전파 방법 · 화재유형별 대처 요령	· 비상구의 위치를 알아보아요. · 안전하게 대피해요. 〈2차시〉 · 연기를 피해요. · 멈춰요. 엎드려요. 뒹굴어요. · 119에 신고해요.
		소화기 사용 및 대처방법	· 초기진화의 중요성 · 소화기의 종류 및 작동 원리 · 소화기의 사용 방법 · 옥내 소화전의 사용 방법	
	사회 재난	폭발 및 붕괴의 원인과 대처방법	· 폭발과 붕괴사고 원인 · 폭발과 붕괴사고 사례 · 폭발 및 붕괴사고 시 대처 요령 · 폭발 및 붕괴사고 시 대피 장소	· 꽝! 폭발은 무서워.
		각종 테러사고 발생 시 대처요령	· 폭탄 폭발 시 대피요령 · 인질상황 시 대응요령 · 생화학테러·방사능사고 발생 시 대응 방법 · 테러유형과 피해 사례	
	자연 재난	홍수 및 태풍 발생 시 대처요령	· 홍수와 태풍의 발생 원인과 특징 · 홍수 및 태풍발생 예보 청취 및 학습 · 홍수 및 태풍발생 시 대처 요령	· 비가 너무 많이 와요. · 바람이 너무 세요.
		지진·대설·한파·낙뢰 발생 시 대처요령	· 자연재난 유형별 발생 원인과 특징 · 자연재난 발생 예보 청취와 학습 · 자연재난 발생 시 대처 요령	· 땅이 흔들려요. · 눈이 많이 내리고 날씨가 너무 추워요.

대기오염, 지진, 폭염 시 대처하는 행동요령은 다음과 같다(국민안전처 국민재난안전포털, 어린이집안전공제회, 2015).

1) 황사와 미세먼지

(1) 황사와 미세먼지로 인해 발생하는 질병

미세먼지는 천식과 같은 호흡기계 질병을 악화시키고, 폐 기능의 저하를 초래한다. PM2.5는 입자가 미세하여 코 점막을 통해 걸러지지 않고 흡입 시 폐포까지 직접 침투하여 천식이나 폐질환의 유병률과 조기사망률을 증가시킨다.

〈표 9-3〉 황사와 미세먼지로 인한 질병

부위	질병	초기대처
눈	· 눈이 껄끄럽고 눈물이 난다. · 눈이 충혈되거나 눈곱이 낀다.	· 눈물이 흘러도 눈을 비비지 않는다. · 눈을 편안하게 쉬게 해준다. · 두 손바닥을 맞대고 비벼서 열이 나게 한 후 두 눈에 갖다 댄다.
코	· 코가 간질거리고 재채기가 난다. · 코가 막히거나 콧물이 자꾸 흐른다.	· 코를 엇박자로 눌러 콧물을 빼낸다. · 콧구멍을 한 쪽씩 막고 번갈아 푼다. · 깨끗한 물로 콧속을 세척한다.
목	· 목이 간질거리며 목구멍 답답하거나 가래가 생긴다. · 천식기가 있는 경우 기침이 자주 난다.	· 물수건으로 입을 가리고 천천히 깊게 호흡한다. · 창문을 닫고 물수건을 널어 적당한 습도를 유지한다. · 양치질(혓바닥, 잇몸 포함)을 하고, 깨끗한 물로 목구멍을 헹군다.

출처: 어린이집 안전공제회(2015). 어린이집 안전관리 백과.

(2) 황사와 미세먼지 발생 시 행동요령

〈표 9-4〉 미세먼지 예보에 따른 행동요령

예보내용		미세먼지 PM10, PM2.5 농도별 예보등급 (㎍/㎥)			
		좋음	보통	나쁨	매우 나쁨
예보 물질	미세먼지(PM10)	0~30	31~80	81~150	151 이상
	미세먼지(PM2.5)	0~15	16~50	51~100	101 이상
행동 요령	민감군	–	몸 상태에 따라 유의하여 활동	무리한 실외활동 자제 (특히 호흡기, 심질환자, 노약자)	가급적 실내활동
	일반인	–	–	장시간 무리한 실외 활동 자제	장시간 또는 무리한 실외 활동 자제

* 미세먼지 환경기준 PM10: 24시간 100㎍/㎥, 연간 50㎍/㎥, PM2.5: 24시간 50㎍/㎥, 연간 25㎍/㎥
* 민감군 : 어린이, 노인, 천식 같은 폐질환 및 심장질환을 앓고 있는 어른

출처: 환경부(2016). 우리가족 건강지키는 미세먼지 바로 알기.

〈표 9-5〉 황사 발생 시 행동요령

단계	가정	교육기관
황사 예보	· 텔레비전, 인터넷, 라디오를 통해 기상 정보 확인 · 노약자, 어린이는 가능한 한 외출과 실외 활동 자제 · 귀가 후 손발 깨끗이 씻기 · 채소나 과일 깨끗이 씻기 · 황사가 실내로 들어오지 못하도록 창문 전검 · 실내 공기정화기, 가습기 등 준비 · 외출 시 보호안경, 마스크, 긴소매 의복 등 준비 · 포장되지 않은 식품은 위생용기 등에 보관	· 지역실정에 맞게 휴업 또는 단축수업을 신중히 검토 · 학생들의 비상연락망을 점검, 연락체계 유지 · 휴업 조치 시 맞벌이 부부 자녀는 학교에서 자율학습 실시 · 학생과 학부모에게 황사 피해예방 행동요령을 지도 · 홍보
황사 발생	· 창문을 닫고 가급적 외출 삼가 · 청소를 자주 하고 물걸레로 닦기 · 실내습도는 40~50%를 유지 · 외출 시 황사방지용 마스크 착용 · 외출 시 긴소매 의복 · 보호안경 착용 · 콘택트렌즈 대신 선글라스나 안경 착용 · 외출 후에는 옷 · 신발 · 가방 등 털기 · 귀가 후 손발, 얼굴 등 노출 부위 깨끗이 씻기 · 황사에 노출된 채소, 과일 등 농수산물은 충분히 세척한 후 섭취	· 유치원과 초등학교의 실외 활동 금지 및 수업 단축 또는 휴업
황사 후	· 창문을 열어 실내공기 환기 · 황사에 노출되어 오염된 물품은 충분히 세척 후 사용	· 학교 실내·외를 청소하여 먼지 제거 · 학생 중 감기·안질환자, 가려움증 환자는 쉬게 하거나 조기 귀가 · 황사 후 발생할 수 있는 전염병에 대한 예방접종 및 식당 등 소독

출처: 국민안전처, 질병관리본부 홈페이지 내용 재구성.

마스크는 황사와 같은 미세입자를 걸러내는 기능이 있는 '보건용 마스크'를 구매해야 한다. 보건용 마스크 구매 시 제품 외부 포장에 '의약외품'이라는 문자와 KF80, KF94 표시를 꼭 확인한다. 보건용 마스크는 세탁하면 모양이 변형되어 기능을 유지할 수 없고, 오히려 먼지나 세균에 오염될 수 있으므로 세탁 후에는 재사용하지 않는다. 또 수건이나 휴지 등을 덧댄 후 마스크를 사용하면 밀착력 감소로 미세먼지 차단 효과가 떨어질 수 있으므로 주의한다(식품의약품안전처).

2) 지진

지진 발생 전, 발생 시, 발생 후의 행동 수칙은 다음과 같다(국민안전처 국민재난안전포털, 어린이집안전공제회, 2105).

(1) 지진 발생 전 행동 수칙

- 낙하 위험이 있는 집안의 가구 등을 정리
- 응급처치법을 숙지
- 전열기, 가스기구 등을 단단히 고정
- 전기배선, 가스 등을 점검하고 불안전한 부분을 수리
- 가스·전기·수도를 차단하는 방법을 미리 숙지
- 지진 후 가족을 다시 만날 수 있는 장소를 미리 결정
- 다른 지역에 사는 친지에게 본인의 안전을 알릴 수 있도록 통신수단을 마련
- 집 주위에 대피할 수 있는 공터, 학교, 공원 등도 미리 확인
- 비상시 사용할 약품·비품·장비·식품의 위치와 사용법을 숙지하고 비상시 가족이 취할 사항과 역할을 미리 선정
- 실내의 안전한 위치를 파악
- 건물이 무너질 조짐이나 균열이 있는 것이 발견된 경우에는 전문가에게 문의

(2) 지진 발생 시 장소별 행동 수칙

① 집 안

- 문을 열어서 출구를 확보하고 작은 지진이라도 즉시 가스·전기 등을 차단
- 불이 나면 즉시 소화기 등을 이용하여 진화
  - 지진발생 시 불을 끌 수 있는 기회는 우선 크게 흔들리기 전, 즉 작은 흔들림을 느낀 순간이며, 두 번째는 큰 흔들림이 멈췄을 때이다. 마

지막 기회는 불이 난 직후이며 평소에 소화기 등을 불이 날 수 있는 근처에 항상 비치해 두어야 한다.

- 문을 열어서 출구 확보
- 가구 등이 넘어지거나 떨어져 상처를 입는 일이 없도록 주의
  - 우선 튼튼한 테이블 등의 밑에 들어가 그 다리를 꽉 잡고 몸을 피하고, 테이블 등이 없을 때는 방석 등으로 머리를 보호한다.
- 성급히 밖으로 뛰어 나가지 않기
  - 진동 중에 밖으로 뛰어나가면 유리창이나 간판 등이 떨어지므로 대단히 위험하다. 큰 진동이 멈춘 후 여진 발생 등을 대비하여 공터나 공원 등 넓은 공간으로 대피한다.

② 집 밖

- 되도록 공터나 공원 등의 넓은 공간으로 대피
- 손이나 가방 등으로 머리를 보호하고 위험물로부터 피신
- 번화가나 빌딩가에서 가장 위험한 것은 유리창, 간판 등 낙하물이므로 오히려 건물 안에 들어가는 것이 안전
- 블록담, 자동판매기 등 고정되지 않은 물건 등은 넘어질 우려가 있으므로 멀리 대피

③ 백화점이나 극장, 지하상가 등

- 안내자의 지시에 따라서 행동
- 많은 사람이 모이는 곳에서는 큰 혼란이 발생할 우려
- 연기를 마시지 않도록 자세를 낮추면서 대피

④ 엘리베이터

- 지진이나 화재가 발생할 때는 엘리베이터 사용 금지
- 모든 버튼을 눌러, 신속하게 내린 후 대피
- 갇혔을 때는 인터폰으로 구조를 요청

⑤ 산이나 바다

- 산사태, 절개지의 무너짐, 지진해일에 주의
- 산사태나 절개지 붕괴 위험이 있으므로 안전한 곳으로 대피
- 지진해일 특보 발령 시 안내방송 및 라디오 등의 정보에 따라 신속히 안전한 곳으로 대피

(3) 지진 발생 후 행동 수칙

- 여진에 철저히 대비
- 부상자를 살펴보고 즉시 구조를 요청
- 의식을 잃은 부상자에게는 물은 금지
- 부상자의 호흡이 정지되었으면 심폐소생술(인공호흡)을 실시
- 담요를 이용하여 환자의 체온을 조절
- 불(양초, 성냥, 라이터)은 누출된 가스가 폭발할 위험이 있으므로 안전을 확인하고 사용
- 유리파편 등에 대비하여 견고한 신발 사용
- 위험이 의심된다면 집안으로 들어가기 전에 전문가 확인 필요
- 건물(굴뚝, 담장, 벽체 등)을 점검 시 붕괴 우려하여 주의 필요
- 전선, 가스관, 수도관 등 주요 관로와 가전제품의 피해상황을 파악
- 가스 새는 소리가 나거나 냄새가 나면 창문을 열어 놓고 대피
- 가스가 누출되면 가스 밸브를 잠근 후, 관계 기관 신고
- 전기적인 이상이 있다면 전기차단기를 차단

- 수도관에 피해를 보았다면 집으로 들어오는 밸브를 잠금
- 하수관로의 피해 여부를 확인하기 전까지 수세식 화장실 사용 금지
- 인명의 위험이 있는 경우를 제외하고는 전화사용을 자제
- 긴급사태 관련 뉴스를 주의 깊게 경청
- 소방관, 경찰관, 구조요원의 도움이 있기 전까지는 피해지역으로 접근 금지
- 해안에 거주하는 주민일 경우 해일에 대비

3) 폭염

(1) 폭염 대비 행동요령

① 충분한 수분 섭취

- 육류, 생선, 콩, 잡곡, 신선한 야채 · 과일 등을 골고루 충분히 섭취한다.
  - 단, 한꺼번에 많이 먹는 것은 피한다.
- 탄산 · 알코올 · 카페인이 들어 있는 음료는 피하고 갈증을 느끼지 않아도 규칙적으로 자주 물, 스포츠 음료나 과일 주스를 마신다.

② 시원하게 유지

- 커튼이나 블라인더를 이용하여 집안에 직접적으로 들어오는 햇빛을 최대한 차단한다.
- 하루 동안 여러 번 시원한 물로 얼굴과 목 뒷부분에 뿌린다.
- 에어컨 가동 중에는 창문을 모두 닫는다.
- 밀폐된 공간에서 선풍기 사용은 자제한다.
- 가스렌지나 오븐의 사용은 집안의 온도를 높일 수 있으므로 자제한다.
- 외출 시에는 가볍고 밝은 색 계통의 얇은 옷을 헐렁하게 입고, 챙이 넓은 모자나 양산을 써서 햇볕을 가린다.
- 유아교육기관의 통학버스는 그늘진 곳에 주차한다.

③ 더운 시간대에는 휴식한다.

- 낮 12시부터 오후 5시까지의 가장 더운 시간대에는 휴식을 취한다.
- 시원한 장소(그늘이 있는 곳, 에어컨이 가동되는 공공건물)에서 휴식을 취한다.
- 야외 근무자는 시원한 장소에서 평소보다 자주 휴식을 취한다.
- 창문이 닫힌 차 안에 어린이와 애완동물을 방치해 두지 않는다.
- 유아교육기관에서는 바깥놀이를 하지 않는다.

출처: 질병관리본부, 국민안전처 홈페이지 내용 재구성

(2) 폭염 위험군

폭염은 어떤 사람에게도 영향을 줄 수 있으나 다음과 같은 사람들은 더 취약할 수 있다. 특히 폭염 시에는 혼자 사는 어르신이나 질병이 있는 자 등 주변에 도움을 필요로 하는 연약한 사람들을 방문하거나 전화 등으로 건강 등을 확인하여 도움을 주어야 한다.

- **노인(65세 이상)**: 노화로 인해 땀샘이 감소하여 땀의 배출량이 적어져 체온을 낮출 수 있는 능력이 떨어지고 탈수를 감지하기 어렵다.
- **어린이**: 체온 조절기능이 충분히 발달되지 않아 체온을 낮출 수 있는 능력이 떨어진다.
- **질병이 있는 자**: 고혈압, 심장병, 뇌졸중과 같은 심뇌혈관질환을 가지고 있는 사람들의 증상을 악화시킬 수 있다. 흉통, 두통, 의식 저하, 마비, 감각이상 등이 있는 경우 응급실에 방문하여 의사의 진찰을 받도록 해야 한다.

(3) 폭염 시 발생할 수 있는 질환의 종류 및 주요 증상

〈표 9-6〉 온열질환의 종류 및 주요 증상

종류	증상	응급조치
열사병	· 중추신경 기능장애(의식장애/혼수상태) · 땀이 나지 않아 건조하고 뜨거운 피부(40℃ 초과) · 심한 두통 · 오한 · 빈맥, 빈호흡, 저혈압	· 119에 즉시 신고 · 기다리는 동안 다음과 같은 조치 시행 - 환자를 시원한 장소로 옮김 - 환자의 옷을 시원한 물로 적시고 몸을 선풍기 등으로 바람을 불어줌 ※ 이때 환자의 체온이 너무 떨어지지 않도록 주의 ※ 의식이 없는 환자에게 음료를 마시도록 하는 것은 위험하니 절대 금지
열탈진	· 체온은 정상, 혹은 상승(40℃ 미만) · 땀을 많이 흘림(과도한 발한) · 극심한 무력감과 피로 · 창백함, 근육 경련 · 오심 또는 구토	· 시원한 곳 또는 에어컨 있는 장소에서 휴식 · 스포츠 음료나 주스(투명과즙) 등을 마심 ※ 0.1% 식염수(물 1ℓ에 소금 1 티스푼) 정도 섞어 마심 · 시원한 물로 샤워를 하거나 목욕 · 증상이 한시간 이상 되거나 회복되지 않을 경우는 의료기관진료 병원에서 수액을 통해 수분과 염분을 보충
열경련	· 근육 경련 (어깨, 팔, 다리, 복부, 손가락)	· 서늘한 곳에서 휴식 · 스포츠 음료나 주스(투명과즙) 등을 마심 ※ 0.1% 식염수(물 1ℓ에 소금 1 티스푼) 정도 섞어 마심 · 경련이 일어난 근육을 마사지 ※ 경련이 멈추었다고 해서 바로 다시 일을 시작하면 안 됨 · 바로 응급실에 방문을 해야 하는 경우 · 1시간 넘게 경련이 지속 · 기저질환으로 심장질환이 있는 경우 · 평상시 저염분 식이요법을 한 경우
열 실신	· 실신(일시적 의식소실) · 어지러움증	· 시원한 장소로 옮겨 평평한 곳에 눕힘 · 물, 스포츠 음료나 주스 등을 천천히 마심
열 발진	· 다발성의 가려움증 또는 따끔거리는 증상을 동반한 붉은 뾰루지 또는 소수포 · 얼굴, 목, 가슴 상부, 서혜부(사타구니 부근과 넓적다리 안쪽), 유방 밑, 팔꿈치 안쪽(피부가 접히는 부위)	· 시원하고 건조한 장소로 옮김 · 소수포 등이 난 부위는 건조하게 유지 · 포제(dusting powder) 사용

출처: 어린이집 안전공제회(2015). 어린이집 안전관리 백과.

(4) 온열환자 발견 시 응급조치 수칙

① 119 구급대 요청

- 의식이 없는 경우, 서둘러 의료기관으로 이송하는 것이 최우선이다.
- 의식이 있는 경우, 아래의 응급조치를 우선 실시하고 환자의 회복경과를 살펴본다.

② 시원한 환경으로 이동

- 통풍이 잘되는 그늘이나 에어컨이 작동되는 실내로 이동시킨다.

③ 옷을 벗기고 몸을 시원하게 한다.

- 가능한 빨리 몸을 차게 식힌다.
- 옷을 벗기고 노출된 피부에 물을 뿌리고, 부채나 선풍기 등으로 몸을 식힌다.
- 얼음주머니가 있을 경우 주머니를 목, 겨드랑이 밑, 서혜부(아랫배와 접한 넓적다리의 주변)에 대어 피부 아래에 흐르고 있는 혈액을 차갑게 한다.
- 구급차를 불렀다고 해도, 구급차가 도착하기 직전까지 계속해서 몸을 식힌다.

④ 수분섭취

- 질문을 했을 때 응답을 명료하게 하고, 의식이 뚜렷할 때에만 차가운 물을 먹인다.
- 땀을 많이 흘렸을 경우 스포츠 음료 또는 1% 식염수 (물 1ℓ에 소금 1티스푼)를 먹인다.
- 의식이 없는 경우에는 물이 기도로 흘러들어가 질식사 할 수 있으므로 절대로 물을 먹이지 않는다.
- 술이나 카페인이 있는 음료(커피)는 절대 먹이지 않는다.

4 재난안전의 실제

본 실제편은 교육부 학교안전교육 7대 표준안 유치원용(2016) 교사용 지도서와 누리과정 지도서를 참고하였다.

활동 1

땅이 흔들려요

목표	누리과정 관련요소
· 지진 상황을 이해한다. · 지진 시 어떻게 행동해야 하는지 안다. · 지진 대피 훈련에 안전하게 참가한다. · 자신의 의견을 적절하게 표현한다.	· 신체운동 · 건강 : 안전하게 생활하기 – 비상시 적절하게 대처하기 · 의사소통 : 말하기 – 생각과 느낌 말하기

활동 자료	· 지진 발생 상항의 사진자료 · 지진의 위험 및 대처 방법 동영상(http://125.60.28.184/child/flash/sd04.swf(2분 10초))

활동방법	
도입	· 지진 발생 상황과 피해 사진을 보여 주며 생각을 나눈다. - 땅이 흔들리면 어떤 일이 생기게 될까? - 왜 땅이 흔들릴까? · 유아들의 다양한 발표 내용을 바탕으로 지진의 위험성을 이해하도록 설명한다. · 지진의 위험성 및 대처 방법은 무엇인지 알아보기 위한 활동을 안내한다.
전개	· 지진의 위험성에 대한 동영상을 보여 주고 이야기를 나눈다. - 지진이 나면 우리에게 어떤 어려움이 있을까? - 지진이 왔을 때 다치지 않으려면 어떻게 해야 할까? - 지진이 오기 전에 미리 대비할 수 있는 것은 무엇일까? · 동영상을 보여 주며 지진이 발생했을 때 대처하는 방법에 대해 이야기 나눈다. - http://125.60.28.184/child/flash/sd04.swf – "지진발생 시 행동요령" - 사람들이 어떻게 하고 있니? - 왜 탁자 아래에 있을까? - 왜 쿠션을 머리 위에 올리고 있을까? · 교실에서 지진이 난 상황을 가정하고 실제로 지진대피훈련을 해 본다. - 지진이 오면 우리 주변에 있는 물건들 중에 떨어질 수 있는 것은 어떤 것일까? - 어디로 대피해야 할까?
정리	· 지진의 위험성에 대하여 이야기를 나눈다. · 지진 발생 시 안전한 대처 방법을 정리한다.
평가	지진 발생 시 대처 방법을 알고 실천할 수 있는가?

활동 2

모래바람이 불어요

목표	누리과정 관련요소
· 황사에 대해 이해한다. · 황사로 인해 발생할 수 있는 질병을 안다. · 황사 발생 시 어떻게 행동해야 하는지 안다. · 자신의 의견을 적절하게 표현한다.	· 신체운동 · 건강 : 안전하게 생활하기 – 환경오염의 위험성을 알고 안전하게 생활하는 방법을 실천한다. · 의사소통 : 말하기 – 생각과 느낌 말하기

활동 자료	· 맑은 날과 황사가 있는 날의 비교 사진 · 황사의 위험 및 대처 방법 사진 - 마스크, 긴 옷, 보호안경

활동방법	
도입	· 맑은 날씨와 황사가 있는 날의 사진 자료를 보여 주고 경험을 나눈다. - 하늘의 색깔이 어떻게 보이니? - 황사가 있는 날의 날씨를 본 적이 있니? · 황사가 모래와 함께 나쁜 먼지가 있는 바람임을 설명한다. · 유아들의 다양한 발표 내용을 바탕으로 황사로 인한 위험성을 이해하도록 설명한다. - 더럽고 몸에 좋지 않은 먼지들이 우리 몸 속에 들어가면 어떻게 될까? - 황사가 있는 날 눈이 따갑거나 기침이 나왔던 적 있니? · 황사의 위험성을 알고 올바르게 대처하기 위해 발생할 수 있는 질병과 예방하기 위해 필요한 물건을 알아보는 활동을 안내한다.
전개	· 유아들의 다양한 발표 내용을 바탕으로 황사로 인해 발생할 수 있는 질병을 설명한다. - 눈, 코, 입, 호흡기 질환 · 황사 시 필요한 물건을 관찰하며 황사가 발생했을 때 대처하는 방법에 대해 이야기 나눈다. - 외출 자제, 청결, 위생 등 · 외출 시 착용해야 할 복장에 대해 이야기 나눈다. - 올바른 마스크 착용에 대해 설명하고 실습한다.
정리	· 황사 발생 시 행동요령을 정리한다. · 외출 시 착용해야 하는 복장에 대해 정리한다.
평가	황사 발생 시 대처 방법을 알고 실천할 수 있는가?

Chapter 10

식품안전

1 식품안전의 개념 및 필요성

1) 식품안전의 개념

우리는 식품의 섭취를 통해 즐거움을 느끼면서 영양소를 섭취하고 또 건강을 유지한다. 우리나라의 「식품위생법」 제1조에서는 "이 법은 식품으로 인하여 생기는 위생상의 위해(危害)를 방지하고 식품영양의 질적 향상을 도모하며 식품에 관한 올바른 정보를 제공하여 국민보건의 증진에 이바지함을 목적으로 한다."고 하였고, 제2조에서는 "식품이란 모든 음식물(의약으로 섭취하는 것은 제외한다)을 말한다."라고 명시되어 있다. 또한 '식품위생'이란 식품, 식품첨가물, 기구 또는 용기·포장을 대상으로 하는 음식에 관한 위생을 말한다(식품위생법 제2조 제11항).

즉 우리는 매일 섭취하는 식품을 통하여 생명을 유지하며 건강한 삶을 영위하고 있으므로 식품에 대한 안전과 위생은 너무나도 중요한 문제이다. 더구나 식품을 통해 식중독, 전염병, 기생충 감염, 유해물질 중독 등 건강에 나쁜 영향을 미칠 수 있기 때문에 단체급식에서 식품안전은 매우 중요하며 안전한 식품을 확보하는 것은 단체급식에서 가장 중요한 일이라 할 수 있다.

1995년 우리나라는 식품의 생산에서부터 소비자가 섭취하는 최종 단계까지 식품의 안전성과 건전성·품질을 관리하는 위생관리 시스템인 '해썹(HACCP)'은 HA(Hazard Analysis: 위해 요소분석)와 CCP(Critical Control Point: 중점관리점)시스템을 도입한 이후, 2000년 HACCP 시스템 시범학교 적용을 하여 학교급식은 물론 단체급식에서 집단 환자 발생의 사전예방을 위해 중점관리하고 있다. 즉 해썹 시스템은 '식품위해 요소 중점관리기준'으로서 식품의 원재료 생산에서부터 제조, 가공, 보존, 유통 등 최종 소비자가 섭취하기 전까지의 각 단계에서 발생할 우려가 있는 위해 요소를 규명하고, 이를 중점적으로 관리하기 위한 중요관리점을 결정하여, 자주적이고 체계적이며 효율적인 관리로 식품의 안전성,

건전성 및 품질을 확보하기 위한 과학적인 관리기법이다(학교급식 위생관리지침서, 교육부).

해썹의 3가지 개념은 ① 선행요건관리; 식품의 조리, 제조에 앞서 시설, 사람, 환경등의 위생 및 안전성 점검 ② 위해요소분석; 식품에 유입되어서는 안 되는 위해요소를 구분하여 식품에 유입될 가능성을 파악하고 분석 ③ 중점관리점관리; 분석한 위해 요소를 미리 없애거나 허용 가능한 수준으로 감소시키는 것이다(식품의약품안전처, HACCP교육용홍보동영상).

때문에 식품안전이란 모든 식품의 제조이전 단계에서부터 소비까지 안전성을 가져야 하고 이를 위한 모든 활동까지도 포함하는 개념이다.

식품은 좁은 의미에서는 음식 자체를 의미할 수도 있지만 넓은 의미에서는 아래의 경우도 식품에 포함될 수 있다(「식품위생법」 제2조).

(1) 식품첨가물

식품을 제조·가공 또는 보존하는 과정에서 식품에 넣거나 섞는 물질 또는 식품을 적시는 등에 사용되는 물질을 말하는데, 이 경우 기구·용기·포장을 살균·소독하는 데에 사용되어 간접적으로 식품으로 옮아갈 수 있는 물질을 포함한다.

(2) 화학적 합성품

화학적 수단으로 원소 또는 화합물에 분해 반응 외의 화학 반응을 일으켜서 얻은 물질을 말한다. 이 경우 기구·용기·포장을 살균·소독하는 데에 사용되어 간접적으로 식품으로 옮아갈 수 있는 물질을 포함한다.

(3) 기구

다음 각 목의 어느 하나에 해당하는 것으로서 식품 또는 식품첨가물에 직접 닿는 기계·기구나 그 밖의 물건(농업과 수산업에서 식품을 채취하는 데에 쓰는 기계·기구나 그 밖의 물건은 제외한다)을 말한다.

- 음식을 먹을 때 사용하거나 담는 것
- 식품 또는 식품첨가물을 채취·제조·가공·조리·저장·소분((小分): 완제품을 나누어 유통을 목적으로 재포장하는 것)·운반·진열할 때 사용하는 것

(4) 용기·포장

식품 또는 식품첨가물을 넣거나 싸는 것으로서 식품 또는 식품첨가물을 주고받을 때 함께 건네는 물품을 말한다.

2) 식품안전의 필요성

외식산업의 발달, 집단급식소의 증가, 환경위해 요소의 증가 등과 건강식품에의 관심과 맞물려 식품에 대한 관심이 높아지고 있다. 또 요즈음 TV 프로그램에서 식품의 고발, 건강장수 식품의 소개, 유명 쉐프들의 요리 방송 등은 국민들로 하여금 식품에 높은 관심을 갖게 하고 있다. 그러나 이러한 대중매체를 통한 정보는 자칫 정확도나 과학성이 떨어지는 경우도 있고, 건강식품의 경우는 그 효과가 검증되지 않았거나 일부 개인들에게만 해당되는 경우도 있어 막연히 이 정보들을 받아들이기에는 무리가 따르게 된다. 그래서 정부는 식품의 안전에 대한 홍보를 지속적으로 하고 있지만 아직은 미흡하게 느껴지기도 하고, 특히 영유아들이 정보로 받아들이기에 아직 충분치 못한 현실이다.

식품안전에 있어서 오염된 식재료의 사용, 잔류 농약, 중금속 및 환경오염, 유전자 조작 농산물, 비위생적인 조리법, 조리 후 비위생적인 포장용기의 사용, 유통기한이 지난 식품의 섭취 등 여러 분야에서 우리를 위협하는 위해의 요소가 산재되어 있다.

이러한 위해 요인들은 자칫 영유아의 건강에 심각한 영향을 미칠 수 있다. 영유아들은 성인에 비해 질병에 대한 대항력이 매우 약하며 식품에 포함된 위해 요인에 대해서도 저항력이 약하므로 영유아들이 집단으로 급식을 하게 되는 유치

원이나 어린이집의 경우에는 식품안전관리에 대해 늘 관심을 두고 있어야 한다.

유치원이나 어린이집의 경우에 영유아들을 대상으로 손씻기, 불량식품 등 식품안전에 대한 일부 교육이 이루어지고 있지만 이것만으로는 충분치가 않고, 이들 영유아들과 직접 상호작용하고 있는 교사나 부모들을 대상으로 교육이 이루어지는 것이 더욱 효과적일 수 있다. 왜냐하면 식재료의 선택부터 조리, 급식에 이르기까지 영유아들보다는 자신을 양육하고 교육해 주는 성인들이 식품안전에 대한 실행자, 책임자, 관리자, 감독자의 역할을 해 주기 때문이다.

교육부에서는 학교급식법 제1조 '학교급식의 질을 향상시키고 학생의 건전한 심신의 발달과 국민 식생활 개선에 기여함을 목적으로 한다'의 목적 달성을 위해, 『학교급식 위생관리 지침서』를 제작하여 학교는 물론 유치원에 안전한 급식을 위한 세부지침을 안내하고 있다. 또 보건복지부에서는 「영유아보육법」 제33조 '어린이집의 원장은 영유아에게 균형 있고 위생적이며 안전한 급식을 하여야 한다'를 위해 『보육사업안내』를 제작하여 어린이집에 세부내용을 안내하고 있다.

2 식품안전사고의 실태 및 유형

식품안전사고의 유형을 식중독, 식품첨가물, 농약잔류물, 환경오염 및 기타로 나누어서 그 실태를 살펴본다.

1) 식중독

'식중독'이란 식품 섭취로 인하여 인체에 유해한 미생물 또는 유독물질에 의하여 발생하였거나 발생한 것으로 판단되는 감염성 질환 또는 독소형 질환을 말한다(「식품위생법」 제2조 제14항).

즉 식중독은 음식이 세균, 기생충, 독소, 화학물질 등의 유해물질에 의해 오염된 경우 섭취하였을 때 생리적인 이상이 일어난 질환으로, 〈표 10-1〉과 같이 분류되며, 일반적으로 구토, 설사, 복통, 발열 등의 증상을 나타내지만 원인 물질에 따라 잠복기와 증상의 정도가 다르게 나타난다.

〈표 10-1〉 식중독의 분류

분류		종류
미생물 식중독 (30종)	세균성(18종)	· 감염형/독소형
	바이러스성(7종)	· 공기, 접촉, 물 등의 경로로 전염
	원충성(5종)	· 이질 아메바, 원포자충 등
자연독 식중독		· 독물성, 식물성, 곰팡이
화학적 식중독		· 고의 또는 오용으로 첨가되는 유해물질 · 본의 아니게 잔류, 혼입되는 유해물질 · 제조 · 가공 · 저장 중에 생성되는 유해물질 · 기타물질에 의한 중독 · 조리기구 · 포장에 의한 중독

출처: 식품의약품안전처의 식중독예방 대국민홍보사이트.

(1) 미생물 식중독(식중독 예방홍보, 식품의약품안전처)

① 세균성 식중독

세균성 식중독의 특성은 균에 의한 것 또는 균이 생산하는 독소에 의하여 식중독이 발병하며, 온도, 습도, 영양성분 등이 적정하면 자체로 증식이 가능하다. 일정량(수백~수백만) 이상의 균이 존재하여야 발병이 가능하며, 증상으로는 설사, 구토, 복통, 메스꺼움, 발열, 두통 등이 나타난다. 치료는 항생제 등을 사용하여 치료 가능하며 일부 균은 백신이 개발되기도 하였고, 2차 감염되는 경우는 거의 없다.

가. 감염형 식중독

원인균 및 물질로는 살모넬라, 장염비브리오, 콜레라, 비브리오 불니피쿠스,

리스테리아 모노사이토제네스, 병원성대장균, 바실러스 세레우스, 쉬겔라, 여시니아 엔테로콜리티카, 캠필로박터 제주니, 캠필로박터 콜리가 있다.

a) 살모넬라균

- **특성**
  - 60℃에서 20분 동안 가열하면 사멸하나 토양 및 수중에서는 비교적 오래 생존한다.
  - 균이 생체 내로 침입되면 장내에서 분열 · 증식되어 독소가 생산되나 독성은 비교적 약한 편이다.
- **발병 시기:** 8~48시간(균종에 따라 다양)
- **주요 증상:** 복통, 설사, 구토, 발열
- **원인 식품:** 부적절하게 가열한 동물성 단백질 식품(우유, 유제품, 고기와 그 가공품, 가금류의 알과 그 가공품, 어패류와 그 가공품)과 식물성 단백질 식품, 생선묵, 생선요리와 육류를 포함한 생선 등의 어패류와 불완전하게 조리된 그 가공품, 면류, 야채, 샐러드, 마요네즈, 도시락 등 복합조리식품 등이 원인이다.
- **감염원 및 감염경로:** 사람, 가축, 가금, 개, 고양이, 기타 애완동물, 가축 · 가금류의 식육 및 가금류의 알, 하수와 하천수 등 자연환경 등에 균이 존재하며, 보균자의 손, 발 등 2차 오염에 의한 오염식품을 섭취할 때에도 감염이 될 수 있다.
- **예방 대책**
  - 조리 후 식품을 가능한 한 신속히 섭취하도록 하며 남은 음식은 5℃ 이하 저온 보관한다.
  - 식품을 75℃에서 1분 이상 가열 조리한 후 섭취한다.
  - 조리에 사용된 기구 등은 세척 · 소독하여 2차 오염을 방지한다.

미생물	오염원	증상	예방법
· 토양이나 물에서 장기간 생존 가능 · 건조한 상태에서도 생존	· 사람 · 가축 분변, 곤충 등에 널리 분포 · 계란, 식육류와 그 가공품 · 분변에 직 · 간접적으로 오염된 식품	· 발병 시기 8~48시간 (균종에 따라 다양) · 증상 복통, 설사, 구토, 발열	· 계란, 생육은 5℃ 이하로 저온에서 보관 · 조리에 사용된 기구 등은 세척 · 소독하여 2차 오염 방지 · 육류의 생식을 자제하고 75℃, 1분 이상 가열 조리

[그림 10-1] 살모넬라균의 오염원, 증상, 예방법

b) 장염비브리오균

- **특성**
  - 해수세균의 일종으로 2~4%의 소금물에서 잘 생육하며 해수온도가 15℃ 이상이 되면 급격히 증식한다.
- **발병 시기:** 평균 12시간
- **주요 증상:** 복통, 설사, 구토, 발열
- **원인 식품:** 어패류, 생선회, 수산식품(게장, 생선회, 오징어무침, 꼬막무침 등)이 원인이다.
- **감염원 및 감염경로:** 해수 중에 서식하는 장염비브리오균의 증식이 적합한 하절기에 근해의 오징어, 문어 등 연체동물과 고등어, 아지 등 어류, 조개 등 패류의 체표, 내장과 아가미 등에 부착하여 있다가 근육으로 이행되거나 유통과정 중에 증식하여 식중독을 일으킨다. 특히 어패류의 체표와 내장 및 아가미 등에 부착되어 있다가 이를 조리한 사람의 손과 기구로부터 다른 식품에 2차 오염되어 식중독을 발생시키기도 한다.
- **예방 대책**
  - 어패류는 수돗물로 잘 씻고, 횟감용 칼, 도마는 구분하여 사용하여야 한다.
  - 오염된 조리 기구는 세정, 열탕 처리하여 2차 오염을 방지하여야 한다.
  - 가능한 한 생식을 피하고, 이 균은 60℃에서 5분, 55℃에서 10분의 가열로 쉽게 사멸하므로 반드시 식품을 가열한 후 섭취한다.

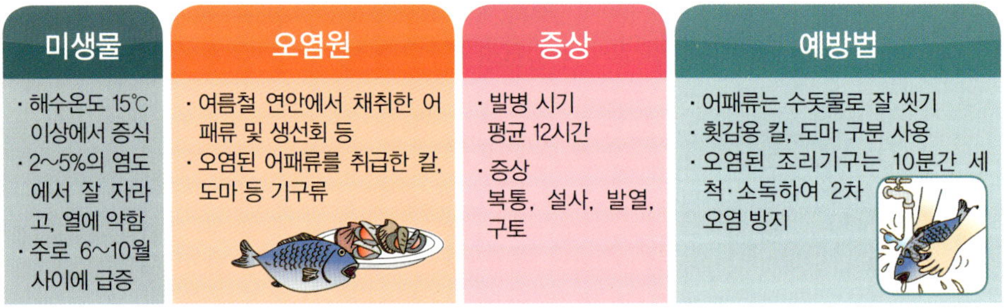

[그림 10-2] 장염비브리오균의 오염원, 증상, 예방법

c) 바실러스 세레우스균

- **특성**
  - 토양세균의 일종으로 사람의 생활환경을 비롯하여 토양, 농장, 산야, 하천, 먼지, 오수 등 자연계에 널리 분포하고 있다.

- 바실러스 세레우스는 135℃에서 4시간의 가열에도 견디는 내열성의 포자를 형성한다.

- **발병 시기:** 구토형(1~5시간), 설사형(8~15시간)
- **주요 증상:** 구토형 증상은 메스꺼움, 구토, 복통, 설사, 설사형은 설사, 복통
- **원인 식품:** 설사형은 향신료 사용 요리, 육류 및 채소의 수프, 푸딩 등이 대표적인 원인 식품이고, 구토형은 주로 쌀밥, 볶음밥 등이 원인이다.
- **감염원 및 감염경로:** 자연계에 널리 분포하며 토양과 밀접한 관계가 있는 식품 원재료와 그 가공조리 식품이 식중독 원인 식품이다.
- **예방 대책**
  - 곡류, 채소류는 세척하여 사용하여야 한다.
  - 조리된 음식은 장기간 실온방치를 금지하고, 5℃ 이하에서 냉장보관 한다.
  - 저온보존이 부적절한 김밥 같은 식품은 조리 후 바로 섭취하여야 한다.

미생물	오염원	증상	예방법
·포자를 형성하는 균으로 가열하여도 생존 가능 ·구토형과 설사형이 있음	·자연계에 널리 분포하여 토양, 곡류, 채소류에 존재 ·구토형: 볶음밥, 파스타류 등 ·설사형: 식육, 수프 등 	·발병 시기 – 구토형: 1~5시간 – 설사형: 8~15시간 ·증상 – 구토형은 황색포도상구균 식중독과 유사 – 설사형은 클로스트리디움 식중독과 유사	·곡류, 채소류는 세척하여 사용 ·조리된 음식은 장시간 실온 방치 금지 ·냉장보관 ·음식물이 남지 않도록 적정량만 조리 급식 

[그림 10-3] 바실러스균의 오염원, 증상, 예방법

d) 병원성 대장균(병원성대장균, 식품의약품안전처, 2010)

사람이나 동물의 대장에 늘 존재하는 대장균(Escherichia coli)은 장관외 감염을 일으킬 경우 화농성 질환등의 원인이 될 수 있지만 식중독 원인이 되지는 않는다. 그러나 유아에게 전염성의 설사증이나 성인에게 급성 장염을 일으키는 대장균이 있는데 이것을 병원성대장균(Pathogenic E. coli)이라 한다.

- **장관출혈성 대장균(enterohemorrhagic E. coli, EHEC)**

이 균에 감염되면 혈변과 심한 복통 등의 증상을 보이며, 발열은 없거나 적다. 감염의 약 2~7%가 혈전성 혈소판감소증 또는 용혈성 요독증후군과 같은 질병을 일으키고 심한 경우 신부전증을 유발하기도 하며 이 경우의 사망률은 3~5% 정도로 매우 높다. 10~1,000개의 적은 균량으로도 발병할 수 있고 이 균에 의한 식중독은 감염형이며 잠복기는 주로 3~8일로 알려져 있다. 대장균 O157:H7은

1982년 미국에서 햄버거에 의한 식중독 사건으로 처음 발견되어 보고된 이후 세계 각국에서 주요 식중독 원인균으로 여기게 되었다. 주요 오염원은 완전히 조리되지 않은 쇠고기 분쇄육이며, 칠면조, 샌드위치, 원유, 사과주스 등에 의해서도 감염된 적이 있다. 또한, 소독되지 않은 물을 음용한 경우나 감염되어 있는 호수에서 수영할 경우에도 감염된 경우도 있다. 이 질병은 사람으로부터 사람으로 감염될 수 있는데, 위생상태나 손을 씻는 습관이 부적절할 때 감염된 환자의 변으로부터 다른 사람에게 전달될 수 있다. 특히 어린아이들 사이에서 쉽게 전염될 수 있으며 가족과 친구들에게 감염될 가능성이 아주 높다. 고기를 분쇄하는 과정에서도 이 균들이 섞일 수 있으므로 고기를 섭취할 때, 특히 소고기 분쇄육을 섭취할 때는 충분히 조리하여야 한다.

• **장관독소원성 대장균**(enterotoxigenic E. coli, ETEC)

장관독소원성 대장균은 콜레라와 유사한 장독소(enterotoxin)를 생산하는데, 이 독소는 60℃에서 10분간 가열했을 때 활성을 잃는 이열성 독소와 100℃에서 30분간 가열해도 내성을 나타내는 내열성 독소로 나눌 수가 있다. 이 균에 감염되면 콜레라의 경우와 유사한 특징을 보이는데, 장염과 여행자 설사증의 원인균으로, 저개발국가의 신생아와 어린이에게 탈수를 동반한 설사증을 일으키며, 오염된 물과 음식물에 의해 집단발병을 일으킬 수도 있다. 증상은 물 같은 설사를 하거나 복통, 구토, 산성증, 피로, 탈수 등이며 열은 없거나 미열이 있다. 증상은 5일 정도 지속되며, 잠복기는 10시간에서 12시간이다.

• **장관침투성 대장균**(enteroinvasive E. coli, EIEC)

발열, 복통을 주증상으로 하며 환자의 10% 정도는 합병증을 일으키고, 혈액과 점액이 섞인 설사로 진행된다. 이 균은 대장점막의 상피세포에 침입해서 감염을 일으키므로 세포의 괴사 등에 의해 궤양이 형성되고 혈액과 점액이 섞인 설사를 일으키며 잠복기는 약 10~18시간이다.

• **장관병원성 대장균**(enteropathogenic E. coli, EPEC)

1세 이하의 신생아에서 주로 발생하고 구토, 복통, 설사, 발열 증상을 나타내며 잠복기는 약 9~12시간이다. 오염된 신생아용 분유와 유아 음식이 원인 식품이지만 이외에도 균에 오염되어 증식된 식품이면 무엇이든 원인이 될 수 있다. 지금까지 보고된 식품은 햄, 치즈, 소시지, 크로켓, 채소 샐러드, 분유, 도시락, 두부, 소간 등이며 유아에서는 오염된 우유가 원인이다. 이 균은 감염된 환자의 변으로부터 위생 상태나 손을 씻는 습관이 부적당할 때 다른 사람에게 전달될 수 있는데, 특히 어린아이들 사이에서는 질병이 회복된 후 1주일이나 2주일 동안 전형적으로 그들의 변에 이 균이 잔존하여 전염될 수 있으며, 이들 어린이들의 가족과 친구들에게 감염될 가능성이 아주 높으므로 주의하여야 한다.

미생물	오염원	증상	예방법
· 소량(10~100마리)으로 식중독 유발 · 베로독소를 생산하여 식중독 유발 · 심한 경우 용혈성 요독증으로 사망 유발	· 환자나 동물의 분변에 직·간접적으로 오염된 식품 · 오염된 칼·도마 등에 의해 다져진 음식물 	· 발병 시기 12~72시간 (균종에 따라 다양) · 증상 설사, 복통, 발열, 구토	· 조리기구(칼·도마 등)를 구분 사용하여 2차 오염 방지 · 생육과 조리된 음식물 구분 보관 · 다진 고기류는 중심부까지 75℃, 1분 이상 가열 

[그림 10-4] 병원성대장균의 오염원, 증상, 예방법

나. 독소형 식중독

원인균 및 물질로는 황색포도상구균, 클로스트리디움 퍼프린젠스, 클로스트리디움 보툴리늄이 있다.

a) 황색포도상구균

- **특성**
  - 균이 식품 중에서 증식하여 생산한 장독소를 함유한 식품을 섭취할 때 일어나는 독소형 식중독균으로 4~5개 정도의 구균이 모여 있는 경우가 많아 포도상구균이라 부른다.
  - 소금농도가 높은 곳에서 증식하며 특히 건조 상태에서 저항성이 강하여 식품이나 가검물 등에서 장기간(수개월) 생존하여 식중독을 유발한다.
  - 78℃에서 1분 혹은 64℃에서 10분의 가열로 균은 거의 사멸되나 식중독 원인물질인 장독소는 내열성이 강하여 100℃에서 60분간 가열하여야 파괴된다.
- **발병 시기:** 1~5시간(평균 3시간)
- **주요 증상:** 구토, 설사, 복통, 오심
- **원인 식품:** 육류 및 그 가공품과 우유, 크림, 버터, 치즈 등과 이들을 재료로 한 과자류와 유제품, 밥, 김밥, 도시락, 두부 등과 복합조리식품과 크림, 소스, 어육 연제품 등이 있다.

- **감염원 및 감염경로:** 토양, 하수 등의 자연계에 널리 분포하며 건강인의 약 30%가 이 균을 보균하고 있으므로 코 안이나 피부에 있는 황색포도상구균이 식품에 혼입될 가능성이 있다.
- **예방 대책**
  - 식품 취급자는 손을 청결히 하며 손에 창상 또는 화농, 신체 다른 부위에 화농이 있으면 식품 취급을 금한다.
  - 식품제조에 필요한 모든 기구와 기기 등을 청결히 유지하여 2차 오염을 방지한다.
  - 식품은 적당량을 조속히 조리한 후 모두 섭취하고, 식품이 남았을 경우에는 실온에 방치하지 말고 5℃ 이하에 냉장 보관한다.

미생물	오염원	증상	예방법
· 독소를 생성하여 식중독 유발 · 독소가 생성되면 가열(100℃)하여도 파괴되지 않음 · 건조한 상태에서도 생존	· 사람 또는 동물의 피부, 점막에 널리 분포 · 화농성 질환자가 취급·준비한 음식물	· 발병 시기 1~5시간(평균 3시간) · 증상 구토, 복통, 설사, 오심	· 개인 위생관리 철저(손씻기) · 화농성 질환자의 음식물 조리나 취급 금지 · 음식물 취급 시 위생장갑 사용 · 위생복, 위생모자 착용 및 청결 유지

[그림 10-5] 황색포도상구균 오염원, 증상, 예방법

b) 클로스트리디움 퍼프리젠스 및 클로스트리디움 보튤리늄

- **클로스트리디움 퍼프리젠스**

  8~24시간의 잠복기를 거쳐 설사, 복통, 간혹 구토와 열을 동반한다.

- **클로스트리디움 보튤리늄**

  12~36시간의 잠복기를 거쳐 구토, 복부경련, 설사, 근무력증, 착시현상, 신경장애, 호흡곤란을 일으킨다.

② 바이러스성 식중독

바이러스에 의해 발병이 되는 것으로서 바이러스는 자체 증식이 불가능하며 반드시 숙주가 존재하여야 증식 가능하다. 공기, 접촉, 물 등의 경로로 전염되는 바이러스는 세균과 달리 미량(10~100)의 개체로도 발병이 가능하며, 증상은 메스꺼움, 구토, 설사, 두통, 발열 등 세균성 식중독과 비슷하다. 일반적 치료법이나 백신이 없고 대부분 2차 감염된다.

종류로는 노로, 로타, 아스트로, 장관아데노, A형간염, E형간염, 사포 바이러스가 있다.

a) 노로 바이러스

- **특성**
  - 김엄자의 분변과 구도물을 통하여 김염된다.
  - 사람의 장관 내에서만 증식할 수 있으며, 동물이나 세포배양으로는 배양되지 않는다.
  - 연중 발생 가능하며 2차 발병률이 높다.
- **발병 시기:** 24～48시간
- **주요 증상:** 오심, 구토, 설사, 복통, 두통
- **원인 식품:** 음식(어패류, 샐러드, 과일, 냉장식품, 샌드위치, 상추, 냉장조리 햄, 빙과류)이나 물에 의해 주로 발생한다. 특히 사람의 분변에 오염된 물이나 식품에 의해 발생된다.
- **예방 대책**
  - 2차 감염을 막기 위하여 감염자의 변, 구토물에 접촉하지 않으며, 접촉한 경우에는 충분히 세척하고 소독을 하여야 한다.
  - 조리자는 용변을 본 후나 조리하기 전에 반드시 손을 잘 씻고 소독을 하여야 한다. 특히 어린이집, 유치원, 사회복지시설 등에서 손씻기를 철저히 실천하는 것이 무엇보다 중요하다.
  - 과일과 채소는 철저히 씻어야 하며, 굴 등의 어패류는 가열하여 먹는다.
  - 질병 발생 후 오염된 표면은 소독제로 철저히 세척, 살균하고 바이러스에 감염된 옷과 이불 등은 즉시 비누를 사용하여 뜨거운 물로 세탁하여야 한다.

[그림 10-6] 노로바이러스의 오염원, 증상, 예방법

b) 로타 바이러스

- **로타 바이러스**

1~3일의 잠복기를 거쳐 통상적으로 구토, 열을 동반하며 물, 비말감염, 대변을 통해 대부분 사람에서 사람으로 직접적으로 전파되지만 분변에 오염된 물이나 음식물을 섭취함으로써 간접적으로 전파되기도 한다. 백신접종을 통해 예방이 가능하다.

③ 원충성 식중독

원충은 원생동물, 단세포 동물을 의미하여 원충성 식중독의 원인균은 이질아메바, 람블편모충, 원포자충 등이 있다. 아메바성 이질은 세균성 이질보다 만성이고 치료하기도 어렵다.

(2) 자연독 식중독

자연산물에 의한 식중독으로서 복어 등에 의한 동물성 식중독과 독버섯·원추리·박새풀 등에 의한 식물성 식중독 그리고 곰팡이 식중독으로 분류된다(식품의약품안전처). 발생 원인은 식물 또는 동물이 원래부터 가지는 성분이거나, 먹이사슬을 통해 동물의 체내에 축적되어 유독물질이 생길 수 있다.

① 동물성

가. 복어

동물성 식중독으로는 복어가 유명한데 수 시간 내 감각 이상, 청각 이상, 호흡마비 등을 초래하며 심할 경우 사망에 이를 수도 있다. 복어의 독인 테트로도톡신(tetrodotoxin)은 열에 강하여 120℃, 1시간 이상 가열해도 파괴되지 않으므로 반드시 전문조리사자격증을 소지한 전문가가 손질한 음식만 섭취해야 하고, 어린이 단체급식에서는 제공하지 않는 것이 좋다.

나. 조개류

패류 독소는 유독성 플랑크톤을 먹은 조개류(패류)의 체내에 축적된 독으로,

심한 경우 근육 마비, 호흡 곤란 등의 증상이 나타날 수 있다. 패류를 가열·조리해도 독소는 파괴되지 않아 '패류채취 금지해역'에서 임의로 패류를 채취해 섭취하는 일이 없도록 주의해야 한다.

② 식물성

가. 독버섯

일반적으로 독버섯은 화려하고, 벌레가 먹지 않는 등의 속설이 있으나 꼭 맞는 것은 아니다. 더구나 전문가라 하더라도 일반버섯과 독버섯의 구별이 쉽지 않으므로 식용으로 정확히 알려진 것 외에는 무분별하게 산에서 채취한 버섯을 먹지 말아야 한다. 버섯을 먹고 현기증, 메스꺼움, 구토, 복통, 설사 등의 증세가 있으면 바로 119를 통해 병원에 가야 하며 남아 있는 버섯이나 조리된 버섯 또는 구토물 등도 함께 병원으로 보내도록 한다.

나. 감자싹

감자의 새싹이나 녹색부분에 솔라닌(solanine)이란 독성물질을 먹으면 복통, 설사, 구토가 난다. 독소는 아린 맛이 나며 가열하여도 잘 파괴되지 않으므로 싹이 나오거나 녹색으로 변한 부위는 잘라내고 조리해야 한다.

③ 곰팡이

공기, 토양 중에 포자 등 여러 형태로 존재하며 25℃~30℃, 상대습도가 60~80% 이상에서 잘 생육한다. 특히 장마철 고온 다습한 날씨에는 곰팡이가 번식하기 쉽다. 땅콩, 옥수수 등에 곰팡이가 생기기 쉽고 곰팡이로 인해 생성된 독소는 물로 씻거나 가열조리 하더라도 독소가 없어지지 않으므로 곰팡이가 핀 식품은 섭취하지 말아야 한다.

(3) 화학적 식중독

여러 가지 유해·유독한 물질의 오남용, 잔류, 혼입 등에 의한 음식물을 섭취함으로써 발생하는 식중독이다. 원인물질로서는 식품첨가물, (잔류)농약, 유해금속 등이 있다.

화학적 식중독을 간단히 분류하면 아래와 같다.

- 고의 또는 오용으로 첨가되는 유해물질: 식품첨가물
- 본의 아니게 잔류, 혼입되는 유해물질: 잔류농약, 유해성 금속화합물
- 제조·가공·저장 중에 생성되는 유해물질: 지질의 산화생성물, 니트로아민
- 기타물질에 의한 중독: 메탄올 등
- 조리기구·포장에 의한 중독: 녹청(구리), 납, 비소

2) 식품첨가물

식품첨가물이란 식품 중에 본래 들어 있는 물질이 아니며 일반적으로 식품을 제조·가공하는 동안에 식품의 품질을 개량하거나 보존성 또는 기호성을 증가시키기 위해 첨가되는 물질을 말한다(김미라, 2004). 또 식품첨가물이란 식품을 제조·가공 또는 보존하는 과정에서 식품에 넣거나 섞는 물질 또는 식품을 적시는 등에 사용되는 물질을 말한다(「식품위생법」 제2조 제2항).

결국 식품첨가물이란 식품을 제조, 가공, 보존하는 과정에서 인위적으로 식품에 첨가하거나 식품을 적시는 물질 및 기구나 용기에 잔존하여 식품에 옮겨질 수 있는 물질까지도 포함한다.

(1) 식품첨가물의 역할(식품첨가물, 식품안전정보포털)

식품첨가물은 가공식품을 제조하는 데 필수불가결하며, 가공식품에서 다음의 역할을 한다.

① 식중독을 방지한다

우선 식품첨가물의 가장 중요한 역할은「식품의 보존성을 향상시켜 식중독을

예방한다」는 것이다. 식품에 포함되어 있는 지방이 산화되면 인체 위해 요소가 될 수 있으며, 또한, 식품 중 미생물은 식품의 변질을 일으킬 뿐 아니라 식중독의 원인이 되므로, 이를 방지하기 위해 산화방지제, 보존료, 살균제 등의 식품첨가물이 사용되고 있다.

② 가공식품을 만든다

식품첨가물은 가공식품의 제조 및 가공을 돕는다. 예를 들면 두부는 두유의 단백질을 응고시킨 것이지만, 응고하기 위해서는 두부응고제가 필요한 것처럼 가공식품은 식품첨가물 없이는 제조할 수 없는 식품이다. 이 역할을 담당하는 식품첨가물에는 두부응고제나 면류첨가 알칼리제 외에도 효소제, 여과 보조제, 추출용제, 탄산가스, 소포제 등이 있다.

③ 영양을 강화한다

가공식품의 제조과정에서 잃게 되는 비타민이나 미네랄을 보충하거나 영양을 강화하기 위해 비타민류, 미네랄 및 아미노산 등의 영양강화제가 사용된다.

④ 식품에 매력을 준다

식품첨가물의 역할은 식품의 기호성이나 품질을 향상시키는 것이다. 가공식품의 원료가 되는 식품은 계절, 기후, 생산지역에 따라 색, 맛, 향, 식감이 다를 수 있기 때문에 착색료·광택제를 이용하여 색을, 향미증진제 · 감미료 · 산미료를 이용하여 맛을, 착향료를 이용하여 향기를, 유화제 · 팽창제 · 증점제를 이용하여 식감을 보정하고, 가공식품의 품질을 일정하게 유지시키고 있다.

(2) 식품첨가물의 안전성

식품의약품안전처에서는 국민의 건강을 위해 안전하다고 입증된 것을 식품첨가물로 사용하도록 하고 있으며 그 규제도 매우 엄격히 하고 있다. 따라서 식품첨가물은 그 효과가 입증이 되어야 하고, 여타 질병은 유발시키지 않으며 우리 몸에 이상을 일으키지 말아야 하는 등 세심하게 관리가 되고 있다. 더구나 국제기구인 식품첨가물전문가위원회(JECFA)에서는 사람이 어떤 물질을 일생동안 매일 먹더라도 유해한 작용을 일으키지 않는 양인 1일 섭취허용량(Acceptable Daily Intake, ADI)을 설정하고 있는데, 식품첨가물의 사용기준은 평생 먹어도 전혀 유해한 작용을 나타내지 않는 양인 1일 섭취허용량보다 훨씬 적은 안전한 양으로 설정되기 때문에 인체에 유해한 영향을 주지 않도록 하고 있다(식품첨가물, 식품안전정보포털).

식품첨가물은 식품의 제조, 가공, 보존에 매우 필요한 물질이나 식품첨가물의 사용방법이나 사용량이 부적당할 경우에는 인체에 위해를 일으킬 우려가 있으므로 식품첨가물에 대해서는 사용기준을 규정하여 사용 대상 식품의 종류, 사용량, 사용방법, 사용목적 등을 제한하여 일정량 이상을 섭취하지 않도록 하고 있다. 식품첨가물은 안전성이 확인된 물질에 한하여 지정되나, 이미 지정되어 사용 중인 첨가물이라 하더라도 지속적으로 안전성을 검토하고 평가하여 안전성을 확보하는 것이 필요하다(김미라, 2004).

소비자의 생활 수준이 향상되고, 건강에의 관심이 높아감에 따라 식품에 대한 관심이 그 어느 때보다 높아지고 있다. 우리가 섭취하는 식품 하나하나에 어떠한 식품첨가물이 있는지, 그 효능과 위해 요소는 무엇인지 지속적으로 관심을 가질 필요가 있다.

3) 농약잔류물

농약의 독성과 잔류성이 문제가 되면서 식품의 안전성에 우려가 커지고 있다. 보통 해충을 방제하고 잡초를 제거하며 농산물의 수확량을 높이기 위해서 사용되는 농약에는 살충제, 살균제, 제초제, 성장촉진제, 발아억제제, 토양소독제 등이 있다(김미라, 2004). 농약은 노동력을 줄이면서 농작물의 수확량을 증가시키는 장점이 있는 반면 농약을 오남용하게 되면 그 독성으로 인해 직접적으로 농약을 사용하는 농민에게 심각한 피해를 줄 수 있고, 농산물에 축적되거나 토양에 잔류되어 그 식품을 섭취하는 소비자에게도 악영향을 미치게 된다.

그러나 여기서 우리가 알아야 할 사항은 농약과 잔류농약은 다르다는 점이다. 농약은 농산물에 사용하기 전에 병에 담겨 있는 그 자체의 약을 의미하고, 잔류농약은 농약을 수천 배 희석하여 사용 후 농산물에 남아 있게 되는 극미량의 농약을 의미한다(잔류물질정보, 식품안전정보포털).

식물에 농약을 뿌리면 잎이나 줄기, 열매에 부착되고 일부는 흡수된다. 표면에 부착된 것은 공기 중의 산소나 수분, 햇빛에 의해 분해되기도 하고, 흡수된 농약도 식물의 체내의 효소에 의해서 분해되고 감소된다. 그래도 남아 있을 수 있는 농약은 껍질벗기기, 씻기, 삶기, 데치기 등의 조리과정에서 대부분 제거 또는 분해된다(잔류물질정보, 식품안전정보포털). 특히 신선 과일·채소류는 흐르는 물로 30초 이상 충분히 씻거나 조리를 할 경우 대부분 농약이 제거되니, 신선 농수산물을 조리·섭취하기 전에 충분히 씻는 것이 좋다.

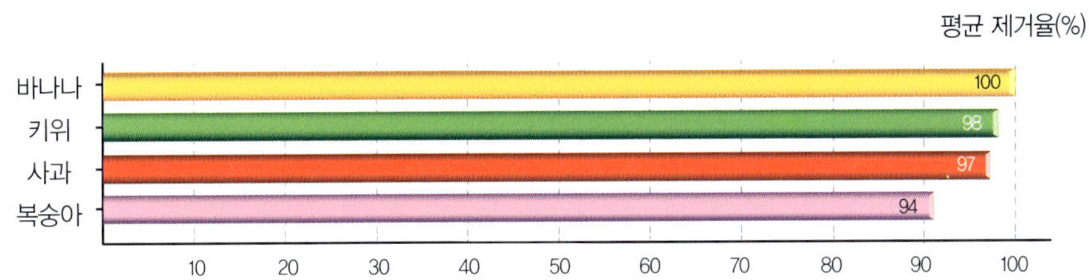

[그림 10-7] 과일의 껍질벗기기에 의한 농약의 제거 효과(잔류물질정보, 식품안전정보포털)

과일별 잔류농약은 아래 〈표 10-2〉와 같이 대부분 물에 씻으면 제거가 되니 크게 염려하지 않아도 된다.

〈표 10-2〉 과일별 효과적인 농약 제거법 (잔류물질정보, 식품의약품안전처)

과일명	농약 제거법
딸기	딸기는 잘 무르기 쉽고 잿빛 곰팡이가 끼는 경우가 많아 곰팡이 방지제를 뿌리게 된다. 딸기를 물에 1분 동안 담근 후 흐르는 물에 30초 정도 씻어 준다. 꼭지부분은 농약 잔류 가능성이 있으므로 먹지 않고 남기는 것이 좋다.
포도	포도 알 사이까지 깨끗이 씻기 어려워 일일이 떼어 내서 씻는 경우도 많지만, 송이째 물에 1분 동안 담갔다가 흐르는 물에 잘 헹궈서 먹는다.
사과	물에 씻거나 헝겊 등으로 잘 닦아서 껍질 째 먹어도 좋다. 단 꼭지 근처 움푹 들어간 부분에 상대적으로 농약이 잔류하므로, 이 부분을 제외하고 섭취한다.
깻잎/상추	잔털이나 주름이 많은 깻잎이나 상추의 경우 농약이 잔류할 가능성이 있으므로 다른 야채보다 충분히 씻는 것이 좋다. 물에 5분 정도 담갔다가 30초 정도 흐르는 물에 씻으면 잔류 농약이 대부분 제거된다.
파	하단 부분에 농약이 많다며 떼어버 리는 경우가 많다. 그러나 실제로는 뿌리보다 잎에 농약이 더 많이 잔류할 수 있으므로, 시든 잎과 함께 외피 한 장을 떼어 내고 물로 세척하는 것이 좋다.
(양)배추	겉잎에 농약이 잔류할 수 있으므로, 겉잎을 2~3장 떼어내고 흐르는 물에 잘 씻으면 안심하고 섭취할 수 있다.
오이	흐르는 물에서 오이 표면을 스펀지 등으로 문질러 씻은 다음 굵은 소금을 뿌려서 문지르고 다시 흐르는 물에 씻으면 된다.
고추	고추는 끝 부분에 농약이 남아 있다고 알려져 있으나 실제로는 그렇지 않다. 물에 일정시간 담갔다가 흐르는 물에 잘 씻어서 섭취하면 된다.

4) 환경오염 및 기타

(1) 유전자 변형식품(유전자 재조합식품, GMO: Genetically Modified Organism(or food))

유전자는 자신의 고유한 형태, 색, 성질 등과 같은 특성에 대한 정보를 담아서 그 특성을 다음 세대에 전하는 물질인데, 유전자 변형생물체는 생물체의 유전자 중 유용한 유전자를 취하여 그 유전자를 갖고 있지 않은 생물체에 삽입하여 유용한 성질을 나타나게 한 것이다. 이와 같은 유전자 재조합기술을 활용하여 재배·육성된 농산물·축산물·수산물·미생물 및 이를 원료로 하여 제조·가공한 식품 중 정부가 안전성을 평가하여 입증이 된 경우에만 식품으로 사용할 수 있으며 이를 유전자 변형식품이라 한다(GMO의 정의, 식품안전정보포털).

예를 들면 제초제에 강한 콩, 병충해에 강한 감자, 냉해에 견디는 농작물, 물러지지 않는 토마토 등 신기한 농작물이 유전자 변형에 의해 만들어질 수 있다. 유전자 변형 농작물은 영양성분 강화, 제초제 내성 획득, 병균에 대한 저항성 획득 등 여러 가지 목적을 위해 원하는 유전자를 전달한 후 유전자가 제대로 들어간 세포를 골라 배양한 것이다(최원상, 2014). 또 유전자 변형기술은 작물이 병충해, 가뭄 등을 잘 이겨내도록 하여 작물의 생산성을 높이는 데 이용된다.

1980년대 들어 농업분야에서 품종개량에 유전자 재조합기술이 응용되고, 실제 품종이 개발됨에 따라 경제개발협력기구(OECD)를 중심으로 선진 각국의 식품규제당국은 이들 유전자 재조합농산물에서 유래하는 식품의 안전성에 대하여 논의하였다. 그 결과 이들 유전자 재조합식품의 안전성기준을 지금까지 먹어온 일반 식품과의 차이점을 비교하여 차이가 없으면 안전한 것으로 간주할 수 있다는 개념을 도입하였다.

많은 나라에서 유전자 재조합식품이 안전한 것으로 인정되어 이용되고 있으나 몇몇 국가에서는 유전자 재조합 농작물의 수입이나 재배를 규제 또는 금지하고 있다. 또 국가에 따라 유전자 재조합식품의 표시제도도 상이하여 유전자 재조합식품의 표시를 의무화한 국가도 있지만, 그렇지 않은 국가도 있다(김미라, 2004).

현재 유전자 재조합 변형 농작물은 콩, 옥수수, 감자, 사탕무, 유채, 면화 등 다양한 작물이 개발되어 있고 그 종류와 양도 증가하고 있다. 유전자 변형 농작물은 단백질성분, 지방성분, 탄수화물성분에 변화가 올 수 있다. 그러나 이 점에서 미국과 유럽은 큰 견해차를 보이고 있다. 미국은 실질적 동등성이라는 개념에 입각하여 원래의 작물과 유전자 변형 농작물 간에 영양분석을 하면 별 차이가 없으므로 사실상 같다는 입장이고, 유럽은 심각한 차이가 있고 유전자 변형 작물은 자연에는 존재할 수 없는 괴물이라는 것이다(최원상, 2014).

유전자 재조합 식품은 그 안전성에 대해 장기적이고 대규모적인 연구도 부족하고 이에 따른 안전성의 문제를 제기하는 학자들도 많이 있다. 예를 들어 알레르기 반응을 일으키는 유전자가 농작물속으로 들어가면 식품 알레르기로 고생하는 사람들이 심각한 위험에 처할 가능성이 있다. 또 원하는 유전자가 성공적으로 이식되었는지를 판단하기 위해 지표 유전자라는 것을 사용하는데, 대부분의 지표 유전자가 항생 물질에 대한 저항성을 갖게 만들기 때문에 항생물질에 대한 저항성이 더 커지게 될 수 있지 않을까 염려하는 목소리도 있다. 이러한 면에서 유전자 재조합 식품은 장기적으로 연구·관리의 대상이지만 이미 우리의 밥상을 점령하고 있는 유전자 재조합 식품을 먹어야 할지 멀리해야 할지는 심각하게 고민해야 할 우리의 몫으로 남아 있다.

한편 식품의약품안전처에서는 유전자변형식품의 사전 안전관리를 위하여 2004년부터 식품위생법 제18조에 따라 안전성 심사를 거쳐 안전성이 입증된 식품만 수입 · 유통되도록 의무화하고 있다. 현재 유전자 변형 농산물의 연간 수입량은 200만 톤 정도이며 브라질, 미국, 파라과이 등 주요재배국에서 수입되고 있다. 우리나라 식품용 유전자 변형 농산물 수입현황은 아래 〈표 10-3〉과 같다,

〈표 10-3〉 식품용 유전자 변형 농산물 수입현황(2017년 12월말 기준)

단위; 만 톤

구분		2013	2014	2015	2016	2017
대두	GMO	78	99	106	98	104
	Non-GMO	31	30	28	29	29
옥수수	GMO	94	110	111	113	118
	Non-GMO	86	101	108	112	126
유채	GMO	5.1	0.02	0.05	0.05	0.03
	Non-GMO	-	-	0.01	0.3	0.4

*대두 Non-GMO에는 콩나물 포함

출처:식품의약품안전처(2018). 식품의약품 안전 백서.

(2) 중금속

금속은 산업의 발달과 함께 다양하게 이용되고 있음은 물론, 환경오염을 일으키는 위해인자로 대두되어 토양과 수질 및 대기를 오염시키며 식품을 오염시키는 원인물질로 작용함으로써 인간의 건강을 위협하기에 이르렀다. 인체에는 여

러 금속이 필요하고 생리적 역할도 하지만 체내에 과량으로 축적되면 위해를 일으키게 된다. 특히 중금속은 분해되기 어렵고 독성이 강하여 우리 몸에 심각한 악영향을 주게 된다. 더구나 자연의 생물체를 음식으로 섭취하는 인간은 생물체에 축적되어 있는 중금속을 섭취하게 되므로 먹이 사슬의 최종 소비자인 인간으로서는 더욱 심각한 문제가 될 수 있다.

식품의 중금속 오염은 식품의 재배, 수확, 가공, 포장, 유통과정을 통해 일어날 수 있는데, 그중에서 오염된 물과 토양에서 재배된 농작물의 오염이 심각하다. 또한, 오염된 담수, 해수에서 서식하는 수산물의 오염도 우려되고 있다(김미라, 2004).

중금속 오염에 대한 심각성을 알리는 중금속에 관한 아래 기사의 제목 몇 가지를 보더라도 이미 중금속은 위해물질로서 우리의 곁에 바짝 다가와 있는 것을 알 수 있다.

① "길거리 은행 먹으면 중금속 먹는 꼴" (헬스조선, 2014. 10. 14.)
② "도로·하천변 등지 봄나물은 중금속 가득한 '독나물'"(아시아경제, 2015. 4. 3.)
③ [미세먼지 주말 습격 ②] "발암덩어리라는데…당신, 무신경족인가요"(헤럴드경제, 2016. 4. 30.)
④ "중국 국토 16% 중금속 오염.. 식품대란 오나"(서울경제, 2014. 4. 18.)
⑤ "중금속 황사와 오염된 실내공기, 한국인을 공격한다" (뉴스투데이, 2016. 4. 24.)

중금속 오염은 수질오염 및 토양오염으로 생각하곤 했지만 이제는 대기오염도 그 심각성을 더해 가고 있다. 한 예로 우리나라는 지난 수년간 연중행사로 봄철이면 황사로 인해 국민 건강에 상당한 위협을 받고 있다. 황사는 중국 북부나 몽골의 모래 먼지가 대기 중에 퍼져서 하늘을 덮었다가 내려오며 발생하는데, 최근 들어 황사 바람이 중국의 산업화된 지역을 지나는 과정에서 납, 규소, 카드

뮴, 니켈, 크롬 등 중금속 농도가 증가해 우리의 건강을 위협하는 위협적인 존재가 됐다. 더구나 황사에 비해 중금속을 다량 포함하고 있는 미세먼지와 초미세먼지가 그 발생빈도를 더하여 호흡기 질병 및 폐질환 등을 유발시키는 원인이 되고 있어서 그 심각성이 더해지고 있다.

3 식품안전의 예방과 안전교육

1) 식품안전의 예방

식중독이 발생하면 개인은 물론, 가정, 국가에 이르기까지 그 손실은 매우 크다. 실례로 식중독으로 인한 병원비, 인건비 등 보이지 않는 비용의 증가는 물론 사회, 경제적 비용은 2조 8천억 원에 이른다(2016 상반기 식중독예방 특별교육(학교장), 식품의약품안전처). 또한, 식중독으로 인한 학사 일정이 차질을 빚는 경우도 발생하고 있는데, 그 예로 ○○고등학교에서 집단 식중독으로 기말고사 연기(2014년 12월), ○○외고 식중독으로 무기 휴업(2015년 6월) 등과 같이 학교와 학생에게 심각한 피해를 주고 있다.

식중독이 어린이집이나 유치원에서 발생하면 그 대상이 영유아들이기 때문에 그 심각성은 더해질 수 있으므로 각별한 주의를 요한다. 유치원이나 어린이집에서 식중독이 발생하면 아래 네 가지 면에서 피해를 가져올 수 있다.

첫째, 유아에게는 건강상 그리고 유치원 및 어린이집에 등원하지 못하는 데에 따른 교(보)육상 피해를 가져온다.

둘째, 유아의 부모들에게는 심리적, 사회적, 경제적 피해를 가져온다.

셋째, 교(보)육기관으로서는 행정기관으로부터 징계를 받을 수 있고 신뢰가 저하된다.

넷째, 사회적으로 불안감이 조성될 수 있다.

아래 〈그림 10-8〉은 최근 5년간 식중독 발생 현황을 나타낸 그래프로서 식중독발생 수에서 2011~2013년은 감소하는 경향을 보이다가 2014년 다시 증가를 하는 등 식중독 발생 건수는 일정한 패턴이 없고, 좀처럼 줄어들지 않고 있음을 알 수 있다.

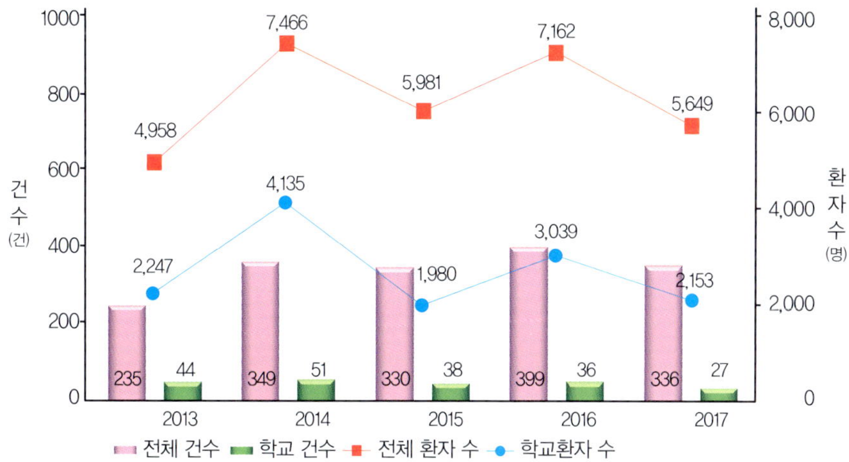

출처: 식품의약품안전처(2018). 2018식품의약품통계연보.

[그림 10-8] 최근 5년간 식중독 발생현황

학교 급식에서 식중독의 주요 요인으로 오염된 식재료, 불충분한 가열 조리, 교차 오염 및 청소상태 불량, 배식온도 미준수 등이 지적되고 있다(2016 상반기 식중독예방 특별교육(학교장), 식품의약품안전처). 따라서 유치원이나 어린이집의 경우도 이에 유념하여 식중독 예방에 만전을 기하여야 한다.

아래 [그림 10-9]는 월별 학교급식 식중독 발생 추이를 나타낸 것으로서 학교급식에서는 더위가 심하고 개학철에 겹친 8월에 식중독 사고가 가장 많이 발생하였고, 3월 개학철과 더위가 시작되는 5, 6월에도 많이 발생하였다.

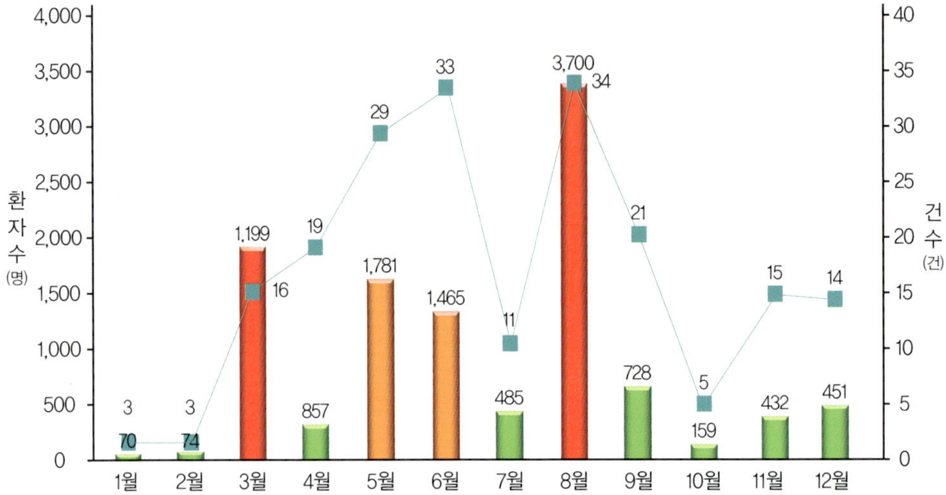

출처: 식품의약품안전처(2018). 2018 학교급식 식중독 예방자료.

[그림 10-9] 최근 5년 학교에서 발생한 식중독 현황

2) 식중독 예방을 위한 학교급식에서 점검사항

식중독 예방을 위한 3대 요령(손씻기, 음식물 익혀먹기, 물 끓여먹기)을 숙지하여 실천함은 물론, 학교 및 영・유아교(보)육기관에서는 개학철과 무더위에 특히 아래 사항(식품의약품안전처, 2016)을 중점적으로 관리하여 식중독 예방에 주의를 기울여야 한다.

- 사전 점검 철저
- 냉채, 생채 등 비가열 식품 가급적 자제(특히 굴무생채)
- 김치는 충분히 숙성 또는 조리(볶음 등)하여 제공
- 채소류는 식중독균 오염 위험이 있으므로 세척・소독 철저 및 충분히 가열
- 납품업체 생산 능력, 위생관리 수준을 꼼꼼히 확인한 후 급식에 이용

또한, 식중독 예방을 위해 주방 설비는 아래와 같이 점검하고 유지한다.

(1) 냉장고

- 주 1회 이상 청소를 한다.
- 내부 용적의 70% 이하로 식품을 보관한다.
- 조명은 라벨을 읽을 수 있을 정도로 한다.
- 온도를 주기적으로 측정, 기록한다.
- 교차오염을 예방하기 위해 식품을 따로 분리 · 보관한다(달걀류, 채소류 등).

(2) 식기세척기

- 온도, 수압 계기판은 잘 보이는 장소에 부착하여 쉽게 확인할 수 있도록 한다.
- 식기세척기는 바닥에서 최소한 15㎝ 이상 위에 설치한다.

(3) 식기, 각종기물

- 더운 물로 깨끗이 씻어내고, 세제를 묻힌 스폰지로 더러움을 제거한다.
- 흐르는 물로 세제를 씻어낸다.
- 완전히 건조한다.

(4) 칼, 도마, 행주

- 청결하고 건조된 상태로 보관한다.
- 자외선 살균 등을 이용할 때 조사(radiation)시간을 충분히 한다.
- 도마는 딱딱한 고무나 아크릴로 만든 것으로 틈이나 금이 없어야 한다.
- 육류, 어류, 채소류를 다루는 도마는 구분해서 사용하여 교차오염을 방지한다.
- 행주는 5분 이상 열탕소독한다.

(5) 식기와 각종 기구의 소독(식품의약품안전처, 2015)

소독방법의 종류에는 자비소독(열탕소독), 건열소독, 자외선소독, 화학소독이 있으며 기구별 소독의 방법은 아래와 같다.

- 식기, 행주: 자비소독 - 열탕에서 77℃에서 30초 이상
- 식기: 건열소독 - 식기 표면 온도 71℃ 이상
- 칼, 도마, 기구: 화학소독 - 용도에 맞는 '기구 등의 균 소독제'를 구입하여 용법, 용량에 맞게 사용

이 외에도 공정별, 설비별로 집단급식 식중독 예방을 위한 점검 항목은 아래와 같다((사)대한영양사협회, 2016).

- 개인위생: 질병, 외상 유무, 위생복, 위생모 착용, 액세서리 등
- 조리설비, 도구: 위생적 조리시설 기준, 보관요령, 교차오염 방지 등
- 조리공정: 냉동식품, 비가열 조리식품, 가열온도, 배식시간 등 관리
- 검수 및 보관공정: 보관창고에서 구분, 밀봉보관, 유통기준 및 기한 준수

(6) 기타 환경 위생관리: 폐기물, 방충방서, 급식시설, 조리장, 위생시설 등

또 「식품위생법」 제88조 제2항은 집단급식소 설치·운영자에 대하여 집단급식소 시설의 유지·관리 등 급식을 위생적으로 관리할 수 있도록 몇 가지 사항을 준수하도록 규정하고 있는데, 그 준수사항에는 "조리·제공한 식품의 매회 1인분 분량을 섭씨 영하 18도 이하로 144시간 이상 보관하는 것(보존식)"이 포함되어 있다. 이러한 보존식 보관의무는 식중독 사고가 발생했을 경우 역학조사에 필요한 사항이기도 하지만 미준수시 과태료가 부과되니 평소 반드시 보존식을 보관하도록 해야 한다.

건강한 급식의 제공은 사람의 마음가짐에서 시작되는 일인만큼 학기가 시작되는 시기에는 방학중 해이해진 태도에 대한 식중독 예방교육은 물론이고, 시설관리, 개인위생, 식재료관리, 작업위생, 배식 및 검식, 세척 및 소독 등에 만전을 기해야 한다.

3) 유아의 식중독 안전교육

[그림 10-10] 식중독예방 3대요령(식품의약품안전처, 2016)

(1) 손 씻기

손은 30초 이상 세정제(비누 등)을 사용하여 손가락, 손등까지 깨끗이 씻고 흐르는 물로 헹군다.

[그림 10-11] 손 씻는 요령

특히 식사 전 손 씻기는 영유아들에게는 건강을 지키는 가장 중요한 요소이므로 바르게 손 씻는 법을 익히도록 한다.

유치원이나 어린이집에서 식당이 별도로 설치되어 있지 않은 곳에서는 교사의 관리 하에 배식 및 식사 지도가 이루어지고 있는데, 이때 특히 유념해야 할 것으로 교사도 손 씻기를 철저히 함은 물론이고 식탁도 청결해야 한다. 그러나 많은 경우 아이들이 활동하는 교구인 탁자를 식탁과 겸용으로 사용하고 있는데 이는 위생상 권장할 만한 것은 못된다. 부득이 이렇게 혼용하여 사용할 경우 교구활동 후, 식사시간에는 테이블을 청결히 한 후 식탁매트를 깔고 개인용 식기를 놓아서 테이블에서의 오염을 차단해야 한다.

(2) 익혀먹기

음식물은 속까지 충분히 익혀서 섭취한다(중심부 온도가 75℃(어패류는 85℃), 1분 이상).

식품의 보관시 세균은 종류에 따라 증식의 최적온도가 서로 다르지만 식중독균, 부패균은 일반적으로 사람의 체온(36~37℃) 범위에서 잘 자라며, 5~57℃의 광범위한 온도에서 증식이 가능하므로 식품 보관시 이 범위를 벗어난 온도에서 보관을 하도록 한다(교육부, 2010).

(3) 끓여먹기

물은 가급적 끓여 마시도록 한다. 특히 지하수를 음용하는 경우 지하수가 노로바이러스에 오염될 가능성이 높으므로 지하수를 사용하는 집단급식소의 경우 물탱크 청소·소독 후 조리 등에 사용하고 개인 위생관리에 철저해야 한다(식품의약품안전처, 2012).

아무리 맛이 있고 영양소가 많이 함유되어 있어도 식품이 그 안전성이 보장되지 못한다면 우리의 몸에서 이상을 일으키게 되게 된다. 특히 그 식품을 섭취하는 대상이 유아들인 경우에는 안전하지 못한 식품의 섭취는 전염병, 기생충 감염, 유해물질 중독 등 건강에 심각한 지장을 초래할 수도 있고, 자칫 생명에도 치명적인 영향을 미칠 수 있기 때문에 유아교(보)육기관에서는 더욱 식품안전에 신경을 써야 한다.

정부에서는 식품의약품안전처의 홈페이지를 통해 식중독예측지도를 서비스하고 있다. 이는 식중독 발생 정보와 기상·환경·진료 정보, 사회관계망서비스(SNS) 빅데이터 등을 통해 지역별 식중독 발생 위험을 지도 형태로 표현한 서비스이다. 식중독 예측 정보는 위험 지수에 따라 '관심', '주의', '경고', '위험' 등 4단계로 구분하고, 단계별로 지켜야 할 위생수칙, 조리·보관법 등 행동요령도 안내한다. 식중독예측지도는 누구나 알기 쉽게 지역별 식중독 발생 위험정보를 시각화해 각 급식소는 물론 가정에서도 식중독 발생 정보를 쉽게 알 수 있도록 하고 있으며, 건강 정보도 알 수 있어서 실생활에 도움이 많이 될 것으로 기대된다.

또 정부는 출산율을 높이고 여성의 사회참여에 도움을 주기 위해 어린이집과 유치원 등 유아관련 기관들에 대해 정부가 여러 가지를 지원하면서 영·유아 취원율 제고를 위해 노력하고 있는 가운데 이들 기관에서의 집단급식에 대한 관심도 매우 높아지고, 영양 및 위생상태의 점검 및 관리가 지속적으로 이루어지고 있음은 이미 주지하고 있는 사실이다. 때문에 식품이 기호성, 저장성, 경제성 등을 두루 갖추어야 하지만 단체급식 특히 유아교육기관에서는 그 무엇보다도 안전한 식품 확보와 제공을 위해 국가는 물론이고 관련기관 모두가 끊임없는 노력을 기울여야 할 것이다.

참고로 급식분야, 안전분야, 차량분야별로 일별, 월별 점검할 수 있는 어린이집통합안전점검표(부록 12-1, 2018보육사업안내, 보건복지부)를 활용하는 것도 분야별로 안전점검에 도움이 될 것이다.

(4) 식품안전교육의 예

아래 안전교육계획은 인천광역시 'ㅎ'유치원의 교육계획을 참고로 제시한 것이다.

① 식중독과 배탈

담당	원장

안전교육계획

교육일자	2016. 5. 16.
활동목표	· 여름철 음식을 먹을 때 조심해야 할 점에 대해 알아 본다. · 식중독과 배탈의 원인을 알아보고, 미리 예방할 수 있으며, 음식의 관리를 철저히 하여 건강한 몸을 유지한다.
교육시간	11:00~11:25
교육장소	초롱별 교실 (만 5세)
교육제목	식중독과 배탈

활동 내용	교육 내용	자료 및 유의점
내용	〈도입〉 · '배가 아파요' 노래를 부르며 주의 집중을 한다. · 손 인형으로 배가 아픈 상황극으로 이야기를 나눈다. 〈전개〉 · 영상을 보며 찬이와 봄이의 이야기를 듣는다. **[배가 아픈 이유는 무엇일까요?]** 1. 찬이와 봄이가 아픈 원인을 예측해 보면서 이야기 나누기	참고 자료: 식중독 영상

<table>
<tr>
<td>내용</td>
<td>
[활동1: 식중독에 대해 알아요.]
2. 식중독의 원인과 나타나는 증상에 대해 알아보고, 식중독에 걸린 경험에 대해 이야기 나누기
- 식중독은 왜 걸리게 되는걸까?
- (식중독 관련 자료를 본 후) 상한 음식을 먹으면 식중독에 걸린다는데 상한 음식인지 아닌지 어떻게 알 수 있을까?(냄새, 모양, 색깔)
- 식중독은 나쁜 세균들이 우리 몸 속에 들어와 배도 아프고, 머리도 아프고 설사도 하고 열도 나고 구토도 하게 되는 질병이란다. 너희들 중에도 식중독에 걸려 본 친구가 있었니?
- 그럴 때는 어떻게 했었니?

[활동2: 배탈에 대해 알아요.]
3. 배탈의 원인과 나타나는 증상에 대해 알아보고, 배탈이 난 경험에 대해 이야기 나누기

[활동3: 식중독과 배탈이 나지 않으려면 어떻게 해야 할까요?]
4. 식중독과 배탈을 대처하는 방법에 대해 알아보고, 여름철 안전하게 음식을 섭취하는 방법에 대해 알아보기
- 음식을 먹기 전 꼭 손을 씻어요.
- 음식을 냉장고에 보관해요.
- 모든 음식물을 익혀서 먹고, 물도 끓여서 먹어요.
- 차가운 음식을 너무 많이 먹지 않아요.
- 유통기한을 확인하고 먹어요.

〈마무리〉
[활동4: 여름철 음식은 조심해야 해요.]
5. 여름철 음식을 안전하게 먹는 방법에 대해 다시 이야기 나누고, 활동지에 글로 표현해보기
</td>
<td></td>
</tr>
<tr>
<td>보완점</td>
<td colspan="2"></td>
</tr>
</table>

② 손을 깨끗이 씻어요

담당	원장

안전교육계획

교육일자	2016. 5. 23.	
활동목표	· 일상 생활 속에서 손을 깨끗이 씻어야 함을 안다. · 손을 바르게 깨끗이 씻는 방법에 대해 안다.	
교육시간	11:00~11:30	
교육장소	푸른별 교실 (만 5세)	
교육제목	손을 깨끗이 씻어요	
구분	**교육 내용**	
내용	〈도입〉 · 바깥놀이 후 오염된 손을 확인한다. · 손을 씻고 온 후 다시 한 번 확인 해본다. 1. 일과 중 손을 씻어야 하는 경우 손 씻기에 관심을 가질 수 있도록 상호 작용을 나눈다. - 바깥에 나가서 무엇을 하고 놀았니? - 바깥놀이를 하고 들어와서 가장 먼저 할 일은 무엇일까? - 왜 손을 먼저 씻어야 하는지 이야기를 들려줄게. **[활동1: 손을 깨끗이 씻어요]** 2. 유아안전[손을 깨끗이 씻어요]를 보면서 손을 씻어야 하는 이유에 대해 이야기를 해 준다. - 조리가 잘못한 일은 무엇일까? - 손을 씻지 않고 음식을 먹으면 어떻게 될까? - 조리 뱃속에 무엇이 있다고 했니?	손 씻기 도구, 슬라이드 자료

내용	**[활동2: 손을 바르게 씻어요]** 3. 손을 바르게 씻는 방법을 보여주고, 영아가 따라서 해 볼 수 있도록 돕는다. - 손을 바르게 씻는 방법에 대해 알아보기 - 손은 어떻게 씻어야 할까? - 같이 씻어보자. 1) 손바닥과 손바닥을 마주 대고 문지른다. 2) 손가락을 마주 잡고 문지른다. 3) 손등과 손바닥을 마주 대고 문지른다. 4) 엄지손가락을 다른 편 손바닥으로 돌려 주며 문지른다. 5) 손바닥을 마주 대고 손깍지를 끼고 문지른다. 6) 손가락을 반대편 손바닥에 놓고 문질러 손톱 밑을 깨끗하게 한다. 4. 손을 씻어야 하는 이유에 대해 다시 한 번 이야기하며 바르게 손 씻는 방법에 대한 챈트를 들려준다. ■ 챈트가사 [엄마] 밥 먹자 손 씻고 오렴 (조리: 귀찮아~ 세균: 낄낄낄) [선생님] 간식 먹어요 손 씻고 오세요(조리: 귀찮아 그냥 먹어야지 세균: 낄낄낄) [조리] 그러다가 배가 아파 병원에 갔어요. 주사도 꾹 맞았어요 이제부터 손을 깨끗이 씻을래요 손을 씻고 밥 먹어요 손을 씻고 간식 먹어요. [바나바나] 그래 그래! 이쪽 저쪽 손을 씻으면 (세균: 으아~ 도망가자) 몸도 튼튼! 맛있게 냠냠~	
평가	손에 세균이 번식하는 그림자료로 세균이 옮겨가는 것을 보고 자주 손씻는 것을 습관화 할 수 있도록 실천함	
보완점		

Chapter 11

약물 오남용 안전

1 약물오남용안전의 개념 및 필요성

1) 약물오남용의 정의

다른 사람이 처방받은 약을 사용하거나(오용) 카페인을 과다섭취(남용)하는 경우 영양불균형의 문제가 발생한다(한국소비자원, 2020).

(1) 약물오용

의도적인 것은 아니지만 적절한 용도로 사용하지 못하고 잘못 사용하여 피해를 보게 되는 것이다. 예를 들면, 소화 불량을 치료하기 위하여 항생제를 사용하여 오히려 증상을 악화시키는 경우가 그 예이다. 약물오용의 결과 질병 및 증상의 악화, 약물 부작용 유발, 시간 및 비용 낭비가 동반된다.

사례로서는 이전 질병에 사용했던 약을 다른 질병에 그대로 사용하는 일, 다른 사람이 처방받은 약을 사용하는 일, 오래된 약(유효기간이 지난 약)을 사용하는 일, 약의 사용방법을 의사의 지시에 따르지 않는 일 등이 있다.

(2) 약물남용

의도적으로 약물을 다른 목적을 위해 사용하는 것으로 원래의 목적이 아닌 부작용을 경험하기 위해 사용하는 것을 말한다. 의학적 상식, 법규, 사회적 관습으로부터 어긋나게 사용하는 것, 뇌를 직접적으로 자극하여 뇌기능을 비정상적으로 흥분, 억제, 마비시키기 위한 목적으로 사용하는 것이다. 예를 들면, 접착제나 본드나 연료인 부탄가스, 감기약 등을 원래의 목적을 위해 사용하는 것이 아니라 일시적으로 기분을 좋게하기 위하여 사용하는 경우들을 말한다. 이런 경우 약물에 대한 내성이 생겨 점차 약물의 양을 늘려 가게 되고 나중에는 이를 끊지 못하고 지속적으로 사용하게 되는 의존의 상태에 빠지게 된다.

약품의 사용법에 대해 설명할 때 유아가 사용법을 알더라도 항상 부모님과 교사가 주는 약만 먹어야 한다는 것을 인지할 수 있도록 한다. 예로서는 다음과 같은 것을 들수 있다.

- 어린이가 커피나, 진통제 등 약국 약을 자주 사용하는 일
- 미성년자(청소년)가 술을 마시거나 담배를 피우는 일
- 법으로 금지된 약물을 사용하는 일
- 법으로 금지된 약물은 아니라도 사용자의 정상적인 생활에 지장을 주고 사용자 본인과 주변사람들에게 피해를 주는 약물을 사용하는 일.

예 성인의 알코올 남용은 학업 및 직장 생활 실패, 기타 사고, 신체 손상 및 질병 유발, 자살 및 자살 시도, 가정 파탄, 경제적 파산, 폭행, 절도, 상해 등 범죄와 연관(어린이 안전학교 http://www.go119.org/)

(3) 약물의존

약물의 노예가 되어 약물이 없이는 지내기가 불편하고 괴로운 상황이 되어 계속 약물을 찾게 되는 상태를 말한다.

(4) 중독

중독(addiction, poisoning; toxication, 中毒)이란 약물이 신체 내에 과도하게 존재하여 여러 가지 부작용을 나타내는 상태로 가벼운 메스꺼움이나 구토, 두통, 복통에서부터 들뜬 기분, 혼동, 착각, 환각 등의 정신병적 상태를 나타내거나 혼수상태와 사망에까지 이르는 상태를 말한다(강릉시육아종합지원센터, 2008).

〈표 11-1〉 약물 오남용에 의한 사고 사례

- **의약품 중독사고:** 2015년 4월 박○○(만 0세, 여)은 할머니의 신경안정제를 실수로 복용하고 약물 중독 발생하여 치료받음
- **청소 및 세탁용품 중독사고:** 2015년 11월 주○○(만 1세, 남)은 락스를 실수로 먹고 소화계통의 중독증상으로 응급실 내원하여 치료받음
- **살충제 · 소독제 중독사고:** 2015년 11월 김○○(만 0세, 여)은 바퀴벌레약을 모르고 삼켜 살충제 중독으로 응급실 통해 내원하여 치료받음

출처: 한국소비자원 위해정보국 위해분석팀(2017). 어린이안전사고 동향분석.

2) 약물오남용 예방 교육의 중요성

유아의 약물오남용사고는 유아의 호기심에서 비롯되기도 하지만 부모나 교사의 부주의로 인해 일어날 수 있다. 유아가 해로운 약물이나 의약품에 쉽게 노출되며 많은 유독물 사고가 어른들이 함께 있을 때 발생하기 때문이다. 따라서 유아가 제대로 관리되지 않은 약물이나 의약품에 노출되지 않도록 환경에 대한 철저한 안전관리 및 약물안전교육이 필요하다.

- 3세, 4세: 대부분의 유아는 글씨를 읽지 못하기 때문에 시각적인 단서를 통해서 유해한 화학제품에 대해 알려주는 것이 필요하다.
- 5세: 다양한 화학제품의 종류에 대해 관심을 가지고 위험성에 대해 주위 사람들에게 알릴 수 있도록 하는 것도 가능하다.

실물 자료를 제공할 때 유아들이 내용물을 만지지 않도록 주의한다.

가정뿐 아니라 유치원에서도 시설관리나 청소를 위해 여러 가지 유독물질이나 화학제품을 사용하는 경우가 있다. 이러한 것은 모든 유아가 하원한 후에 사용하여야 한다. 많은 제품들의 색깔과 포장이 화려해서 유아들이 음식용기와 혼동할 수 있으니 이러한 점도 함께 교육하는 것이 필요하다.

약물의 종류는 다양하고 그 범위 또한 넓기 때문에 어른들뿐만 아니라 아이들에게도 미리 예방교육을 하여 건강하고 안전한 생활을 할 수 있도록 도와주어야

한다. 아이들에게 어렵고 난해한 내용의 교육을 한다는 것은 매우 어렵다. 그러므로 아이들이 볼 수 없었던 이해하기 힘든 내용 보다는 주변에서 흔히 볼 수 있는 내용으로 접근을 하는 것이 중요하다. 예를 들어 부모 중 혹은 할아버지, 할머니, 주변 사람들 가운데에 흡연하시는 분을 쉽사리 볼 수 있을 것이다. 아이들에게 흡연의 피해를 가르쳐 성인이 된 후 흡연을 하지 않도록 예방교육을 시키고 주변사람들과 부모에게 금연을 할 수 있도록 도와주도록 한다.

〈표 11-2〉에서와 같이 아동복지법 제31조는 아동의 안전에 대한 교육사항과 교육계획, 교육대상을 기재하고 있다. 이러한 교육사항에는 '감염병 및 약물의 오남용 예방 등 보건위생관리' 항목이 포함되어 있다. 아동복지시설의 장, 「영유아보육법」에 따른 어린이집의 원장, 「유아교육법」에 따른 유치원의 원장 및 「초·중등교육법」에 따른 학교의 장은 교육대상 아동의 연령을 고려하여 대통령령으로 정하는 바에 따라 매년 보건위생관리에 관한 교육계획을 수립하여 교육을 실시하여야 한다.

〈표 11-2〉 아동복지법 제31조(아동의 안전에 대한 교육)

① 아동복지시설의 장, 「영유아보육법」에 따른 어린이집의 원장, 「유아교육법」에 따른 유치원의 원장 및 「초 · 중등교육법」에 따른 학교의 장은 교육대상 아동의 연령을 고려하여 대통령령으로 정하는 바에 따라 매년 다음 각 호의 사항에 관한 교육계획을 수립하여 교육을 실시하여야 한다. 〈개정 2015. 12. 29.〉

1. 성폭력 및 아동학대 예방
2. 실종 · 유괴의 예방과 방지
3. 감염병 및 약물의 오남용 예방 등 보건위생관리
4. 재난대비 안전
5. 교통안전

② 아동복지시설의 장, 「영유아보육법」에 따른 어린이집의 원장은 제1항에 따른 교육계획 및 교육실시 결과를 관할 시장 · 군수 · 구청장에게 매년 1회 보고하여야 한다.

③ 「유아교육법」에 따른 유치원의 원장 및 「초 · 중등교육법」에 따른 학교의 장은 제1항에 따른 교육계획 및 교육실시 결과를 대통령령으로 정하는 바에 따라 관할 교육감에게 매년 1회 보고하여야 한다. [시행일 : 2016.6.30.]

3) 중독의 위해성

일반적으로 음료수, 식품,분진, 토양 및 장난감 등이 어린이의 잠재적인 유해 중금속 노출원인으로 알려져 있다. 어린이는 손에 잡히는 물건을 입에 가져가거나 피부에 문지르는 등의 행동학적 특성이 있다. 이러한 특성은 어린이 중금속 중독의 직접적인 원인이 된다. 어린이는 신경계, 생식기계, 호흡기계 및 면역계 등이 미숙한 상태이기 때문에 어린이용품에 대해 별도의 중금속 함유량 규제가 필요하다. 성인에 비해 어린이들은 유해중금속에 쉽게 중독될 수 있다. 특히 성장하는 시기에 유해물질에 노출되면 성장발육장애, 학습장애, 생식기 이상 등 평생에 걸쳐 악영향을 받게 된다.

허선혜 · 원종일(2015)의 어린이놀이시설 35곳을 대상으로 합성고무바닥재, 플라스틱 소재의 색상별 유해중금속 함유량을 조사한 결과 플라스틱 소재는 조사된 사료의 약 18%가 유해 중금속에 대한 안전기준을 초과하였다. 어린이 놀이시설에서 납의 안전기준을 초과한 소재가 가장 많았다. 어린이 놀이시설의 유해 중금속의 검출 원인으로는 소재의 색상을 위해 사용된 중금속이 함유된 안료에 기인한 것으로 판단되었다. 연구결과에서 유해중금속이 미함유된 친환경 안료의 개발 및 구체적이고 강화된 안전기준이 필요하다고 했다.

2 약물오남용 실태 및 유형

1) 어린이중독사고 실태

어린이 중독사고는 어린이들이 비교적 쉽게 노출될 수 있는 의약품이나 살충제, 표백제와 같은 화학제품을 의도하지 않은 상태에서 먹거나 흡입 또는 다른 경로를 통해 노출됨으로써 발생하는 중독증상을 의미한다.

- 일반의약품: 의약품의 제형(劑型)과 약리작용상 인체에 미치는 부작용이 비교적 적은 의약품(예: 소화제, 비타민 함유 영양제 등)이다. 일반의약품에서 경구로 투여되는 의약품 중 아스피린, 철, 아세트아미노 펜 등 8가지 성분이 함유된 제품은 약사법에 의해 어린이 보호 포장·용기를 해야 한다.
- 전문의약품: 사람에게 위해를 가할 우려가 있거나 용법 또는 용량에 대한 전문적 지식을 필요로 하는 의약품(예: 당뇨약, 혈압약 등)으로 의사의 처방에 따라 사용하도록 규정되어 있다(어린이 안전사고동향분석, 2017).

〈표 11-3〉 어린이 중독사고 현황

단위: 건

구분	2014년	2015년	2016년	2017년	2018년
중독사고	264	89	62	59	55

출처: 한국소비자원 위해정보국 위해예방팀(2019).

어린이가 약물 등에 중독 작용을 일으킨 위해사례는 2014년 264건에서 2018년 55건으로 큰 폭으로 감소하는 추세를 보인다.

발달단계별로는 걸음마기가 322건으로 60.9%를 차지하였고 이어서 학령기 92건(17.4%), 영아기는 69건(13.0%), 유아기 46건(8.7%)순으로 나타났다.

성별로는 남아가 291건(55.0%), 여아가 238건(45.0%)으로 큰 차이를 보이지 않는다.

위해품목에는 어린이가 '의약품'에 의해 중독증상 발생한 사례는 188건으로 35.5%를 차지해 가장 많았고, '가정용 청소 및 세탁용품'은 61건(11.5%),'의약외품' 50건(9.5%)으로 위 세 가지 품목이 전체의 56.5%를 차지한다. 다음으로 클렌저, 세정제 등 '인체 세정용 화장품'이 13건(2.5%), 주방세제등 '주방용구 및 용품'이 12건(2.3%), 가스, 방향제 등 '가정용 난방 환기용품' 11건(2.1%) 등으로 나타났다(한국소비자원 위해정보국 위해예방팀, 2019).

〈표 11-4〉 발달단계별 중독사고 현황

단위: 건, (%)

구분	영아기 (1세미만)	걸음마기 (1~3세)	유아기 (4~6세)	취학기 (7~14세)	합계
남아	32	182	22	55	291(55.0)
여아	37	140	24	37	238(45.0)
합계	69(13.0)	322(60.9)	46(8.7)	92(17.4)	529(100.0)

출처: 한국소비자원 위해정보국 위해예방팀(2019).

2) 중독사고의 유형

〈표 11-5〉에서 '중독사고'는 415건으로 의약품 33.0%(137건), 청소 및 세탁용품 12.0%(50건), 살충제 · 소독제 11.1%(46건) 등 가정에서 쉽게 접할 수 있는 의약품 및 화학제품에 의해 발생하는 것으로 나타났다. 중독사고를 일으키는 주요 제품으로는 의약품이 137건(33.0%)으로 가장 높은 비율을 차지한다. 의약품 중에서도 감기약, 해열제, 진통제, 안약 등이 다수 발견되어 가정 내에서 약품 보관 및 관리에 각별한 주의가 필요하다. 이밖에 바퀴벌레약, 모기약 등의 살충제 중독사고는 살충제를 거실 바닥이나 좁은 공간 등 영유아 손이 닿기 쉬운 장소에 설치하는 경우 인지 능력이 떨어지는 영유아들이 삼키거나 흡입하여 위험하다([그림 11-1] 참조).

〈표 11-5〉 중독사고 주요 위해 품목

단위: 건, (%)

주요 위해품목	중독사고
의약품	188(35.5)
가정용청소 및 세탁용품	61(11.5)
의약외품	50(9.5)
인체 세정용 화장품	13(2.5)
주방용구 및 용품	12(2.3)
가정용 난방 환기용품	11(2.1)
의료용구	11(2.1)
손발톱용 화장품	10(1.9)
기타식품-기타 조리식품	9(1.7)
외식-양식	9(1.7)

출처: 한국소비자원(2019).

주요 중독사고사례

[의약품] 2018년 9월 최ㅇㅇ(남, 만 2세)은 할아버지의 고혈압약을 잘못 빨아 먹어 약물 오용에 의한 중독으로 치료받음

[가정용 청소 및 세탁용품] 2018년 9월 김ㅇㅇ(여, 만 2세)은 락스를 삼켜 소화계통의 화학물질 중독으로 치료받음

[의약외품] 2017년 1월 권ㅇㅇ(여, 8개월)은 바퀴벌레약을 삼켜 소화계통의 살충제 중독으로 치료받음

3 약물오남용 예방과 안전교육

1) 어린이 약물오남용 예뱡교육의 내용

약물안전이란, 먹을 수 없는 약물 구별하기, 약의 이로움과 해로움 알기, 약을 먹을때의 안전수칙 알기, 독성이 있는 가정용 제품에 대한 안전수칙 알기의 내용으로 설명된다(교육과학기술부, 2012).

〈표 11-6〉 약물안전교육의 내용

약물안전	먹을 수 없는 약물 구별하기
	약의 이로움과 해로움 알기
	약을 먹을 때의 안전수칙 알기
	독성이 있는 가정용 제품에 대한 안전수칙알기

출처: 교육과학기술부(2012).

약물오남용 교육의 내용으로는 약물의 종류 · 중독성 및 오남용의 폐해, 법적 처벌기준, 기타 약물오남용 예방을 위하여 필요한 내용의 교육이어야 하며 교육 방법은 전문가(또는 담당자) 강의, 시청각 교육, 실습교육 또는 현장학습, 수업 내용의 반영, 일상생활을 통한 반복지도 등을 한다.

〈표 11-7〉 어린이 약물오남용 교육의 내용

① 금연교육(흡연의 피해, 담배의 유해성분 등)
② 일반 약들의 오용과 남용(의사의 처방 후 투약, 정확한 용량 투약 등)
③ 장난감들의 유해성(PVC 관련 장난감, 질이 나쁜 재질, 페인트 등의 성분 등)
④ 주변에서 볼 수 있는 위험한 화학 물건들(락스, 세제, 유리세정제, 방향제 등의 위험성 등)
⑤ 생활 속의 카페인(커피, 콜라 등 카페인이 들어간 음료수 및 음식 등)
⑥ 술(음주의 피해, 음주운전의 위험성 등)
⑦ 교구 유해성(본드, 크레파스, 락카 등)

출처: 한국마약퇴치운동본부(http://www.drugfree.or.kr)

아동복지법 시행령 28조 제3항 관련 별표 6 아동의 안전에 대한 교육기준약물의 오남용예방 교육기준 및 교육 내용과 방법은 〈표 11-8〉과 같다.

〈표 11-8〉 아동복지법 시행령 [별표 6] 교육기준

구분	감염병 및 약물의 오용 · 남용 예방 등 보건위생관리 교육
실시 주기(총 시간)	3개월에 1회 이상(연간 10시간 이상)
초등학교 취학 전	1. 감염병 예방을 위한 개인위생 실천 습관 2. 예방접종의 이해 3. 몸에 해로운 약물 위험성 알기 4. 생활 주변의 해로운 약물 · 화학제품 그림으로 구별하기 5. 모르면 먼저 어른에게 물어보기
	6. 가정용 화학제품 만지거나 먹지 않기 7. 어린이 약도 함부로 많이 먹지 않기
교육방법	1. 전문가 또는 담당자 강의 2. 시청각 교육 3. 사례 분석

2) 약물안전교육 예방법

- 모든 가정용품과 약품은 어린이의 눈에 띄지 않고 만질 수 없는 곳에 보관해야 합니다. 독성이 의심되는 가정용품을 사용하는 경우에는 뚜껑을 반드시 닫아 놓아야 합니다.
- 전화기 옆에는 비상사태에 대비하여 응급실 등의 전화번호를 적어둡니다.
- 약을 복용할 때에는 항상 제품설명서를 읽고, 설명서의 지시에 따라 어린이의 체중과 나이에 맞게 약을 먹이고 약과 함께 제공된 계량스푼을 이용해야 합니다.
- 집 안에 납 성분이 포함된 페인트를 사용하였는지 점검합니다. 만약 납 성분이 든 페인트를 사용했다면 봉함제로 덧바르거나 전문가에 의뢰하여 제거하도록 하고 납이 든 먼지의 위험을 감소하기 위해 어린이의 손, 장난감, 고무젖꼭지, 우유병 등을 자주 씻어 주어야 합니다.
- 살충제나 다른 가정용 화학제품을 사용할 때에는 살충성분이 완전히 마르거나 제품표시에서 권장하는 시간동안 어린이나 어린이 장난감, 애완동물을 격리시키도록 합니다.
- 살충제를 어린이가 음식이나 음료로 오인할 수 있는 용기에 절대로 옮겨 담지 말아야 하며 쥐약이나 바퀴벌레 약을 어린 아이가 손댈 수 있는 곳에 설치해서도 안 됩니다.
- 몸에 뿌리는 해충약을 어린이에게 사용할 때에는 지시사항을 먼저 읽어야 하며, 상처나 과민한 피부에 뿌리거나 눈·입·손·얼굴에 직접 사용해서도 안 됩니다. 약품을 사용할 경우에는 피부를 충분히 감싼 뒤나 옷을 입은 뒤 그 위에 뿌리도록 하되 속옷 위에 뿌리지 않도록 합니다.
- 박테리아나 먼지, 농약을 없애기 위해서는 과일이나 야채의 껍질을 벗겨 먹는 것도 하나의 방법입니다.
- 생과일과 야채는 흐르는 물에 씻어 먹어야 합니다. 이는 과일이나 야채표면의 박테리아나 화학물질의 잔여물, 갈라진 틈의 먼지가 씻겨나가는 데 도움을 줍니다. 그러나 흐르는 물에 씻는 것으로 모든 농약이 완전히 제거되지는 않습니다.
- 다양한 종류의 식품을 섭취하여 균형 있는 영양소를 섭취하도록 하고, 동시에 한 종류의 농약에 과다 노출될 수 있는 가능성을 낮춰 줍니다

출처: 한국소비자원어린이안전넷(2020).

3) 어린이 보호포장 제도

어린이 보호포장제도가 시행되면서 어린이 중독사고 발생이 매년 감소되는 추세이긴 하나 여전히 많은 어린이들이 중독사고 피해를 입고 있다. 어린이 중독사고의 대부분은 가정 내에서 발생하고 있으며 이는 보호자의 인식 부족으로 위해제품의 보관 및 관리가 소홀한 데서 기인한다. 중독사고를 유발하는 주요 품목에 대해서는 가정 내에서 보관·관리에 주의를 요한다(한국소비자원, 2015).

어린이 보호포장은 어린이의 중독사고 예방을 위해 '성인이 개봉하기는 어렵지 않지만 만 5세 미만의 어린이가 일정 시간내에 내용물을 꺼내기 어렵게 설계·고안된 포장'을 말한다.

우리나라에서는 어린이 중독사고 예방의 중요성을 인식하고 관련 규정을 제정하여 어린이 보호포장제도를 실시하고 있다.

어린이 보호포장 대상 제품(가정용 화학제품, 의약품, 화장품) 중 가정용 화학제품은 어린이 보호포장을 사용하였음을 나타내는 표시를 의무적으로 제품에 표시하여야 한다.

(1) 안전용기 디자인 KC 마크[1)]

[그림 11-1]에서 KC 마크 Korea Certification mark는 국가통합인증마크로서 2011년부터 활용되고 있다. 어린이 보호포장은 5세 미만의 어린이가 5분 내에 내용물을 꺼내기 어렵게 설계, 고안된 포장으로, 시중에는 눌러서 돌려 열어야

1) 지식경제부, 노동부, 환경부, 방송통신위원회, 소방방재청 등 5개 부처에서 각각 부여하던 13개 법정인증마크를 통합해 2009년 7월 1일부터 단일화한 국가통합인증마크다. 각 부처별 인증기관이 다른 번거로움을 없애고 국제신뢰도 증진을 위해 이전까지 사용되던 안전, 보건, 환경, 품질 등의 법정강제인증제도를 단일화한 것이다.
공산품 안전인증, 공산품자율안전확인, 어린이 보호포장, 승강기부품인증, 전기용품안전인증, 고압가스용기점검, 계량기검정, 에너지소비효율등급 등 지식경제부 소관 8개 인증부터 우선 도입되었고, 이후 차례로 방송통신기기, 정수기 품질검사, 소방용품검점 등 인증은 2011년부터 도입·시행되고 있다.
KC 마크가 도입되는 제품은 자동차, 가전제품, 유모차, 승강기, 조명기기, 저울, 전기계량기, 전화기, 소화기 등 730여 개 품목이다(시사상식편집부, 2014).

하는 안전 마개가 보편화 되어 있다. 어린이 보호 포장표시도 Kc 마크로 통합되어 마크 밑에 번호가 표시되어 있다.

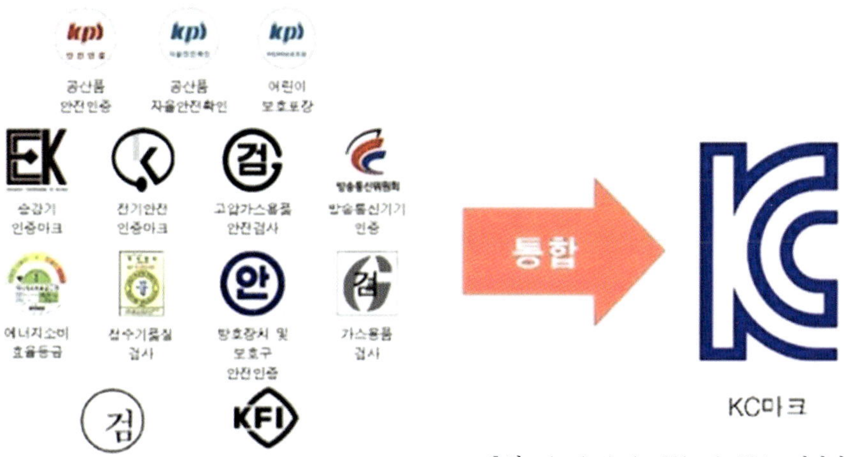

출처: gd.or.kr./upload/data.kc(1).jpg 이미지.

[그림 11-1] KC 마크

(2) 국내 어린이 보호포장 관련 규정

① 화학제품

「화학물질의 등록 및 평가 등에 관한 법률」에 따른 위해우려제품 중 세정제, 코팅제, 접착제, 방향제는 어린이 보호포장 대상이다. '위해우려제품'이란 ① 세정제, 방향제, 접착제, 광택제, 탈취제, 합성세제, 표백제 및 섬유유연제 등 일반 소비자들이 주로 생활용으로 사용하는 제품, ② 방충제, 소독제, 방부제 등과 같이 사람과 동물을 제외한 모든 유해한 생물을 죽이거나 생물의 활용을 방해·저해하는 데 사용하는 제품을 말한다(한국소비자원, 2015)(〈표 11-9〉 참조).

〈표 11-9〉 화학제품의 종류

구분	내용
세정제	가. 액상으로 되어 있는 것으로 다음 각 호의 어느 하나 이상의 물질을 함유하고 있는 것 1) 수산화나트륨 · 수산화칼륨 또는 하이포(차아)염소산염 2%(w/w) 이상 2) 황산 10%(w/w) 이상 3) 터펜유 10%(w/w) 이상 4) 석유정제물 10%(w/w) 이상 5) 메틸알코올 4%(w/w) 이상 6) 탄화수소 또는 탄화수소 혼합물 10%(w/w) 이상 나. 분말 · 알갱이 또는 플레이크 등의 형태로 되어 있는 것으로 수산화나트륨 또는 수산화칼륨 2%(w/w) 이상의 것 다. 다음 각 호의 어느 하나의 것은 제외한다. 1) 에멀션 형태의 것 2) 압축가스로 충전된 분무용기의 것 3) 별도로 어린이 보호기구가 부착되어 있는 펌프 또는 방아쇠로 작동되는 분무용기의 것(용기 캡, 노즐부분 해당) 4) 동점도 19.8~24.2 cSt(40℃) [Saybolt 점도 105(100℉)] 이상의 것 5) 보충용으로 사용할 수 있도록 되어 있는 1회용 포장 6) 실량 15kg 이상의 대용량의 것 7) 변기세정제 중 포장 개봉 후 변기에 넣어 사용하는 것
코팅제	가. 액상으로 되어 있는 것으로 다음 각 호의 어느 하나 이상의 물질을 함유하고 있는 것 1) 터펜유 10%(w/w) 이상 2) 석유정제물 10%(w/w) 이상 3) 탄화수소 및 탄화수소 혼합물 10%(w/w) 이상 나. 다음 각 호의 어느 하나의 것은 제외한다. 1) 에멀전 형태의 것 2) 압축가스로 충전된 분무용기의 것 3) 별도로 어린이 보호기구가 부착되어 있는 펌프 또는 방아쇠로 작동되는 분무용기의 것(용기 캡, 노즐부분 해당) 4) 동점도 19.8~24.2 cSt(40℃) [Saybolt 점도 105(100℉)] 이상의 것
접착제	가. 액상으로 되어 있는 순간접착제로 다음 각 호의 어느 하나 이상의 물질을 함유하고 있는 것 1) 메타크릴산 5%(w/w) 이상 2) 시아노아크릴레이트 10%(w/w) 이상
방향제	가. 액상으로 되어 있는 것으로 다음 각 호의 어느 하나 이상의 물질을 함유하고 있는 것 1) 알코올 10%(w/w) 이상 2) 탄화수소 또는 탄화수소 혼합물 10%(w/w) 이상 나. 다음 각 호의 어느 하나의 것은 제외한다. 1) 에멀션 형태의 것 2) 압축가스로 충전된 분무용기의 것 3) 분무 또는 향기 발산을 위한 거치기구에 별도로 삽입하여야만 사용할 수 있도록 포장된 것(용기 캡, 노즐부분 해당) 4) 별도로 어린이 보호기구가 부착되어 있는 펌프 또는 방아쇠로 작동되는 분무용기의 것 5) 동점도 19.8~24.2 cSt(40℃) [Saybolt 점도 105(100℉)] 이상의 것

출처: 한국소비자원(2015).

② 부동액, 자동차 앞면 유리세정액

「품질경영 및 공산품안전관리법(2014. 6. 3)」에 따른 자율안전확인 대상 공산품 중 부동액, 자동차용 앞유리창 세정액을 어린이 보호포장 대상으로 정한다(어린이 보호포장 대상 공산품의 구체적인 범위 부속서 1). '자율안전확인 대상 공산품'이란 구조 · 재질 및 사용방법 등으로 인하여 소비자의 신체에 위해를 초래할 우려가 있는 공산품 중에서 제품검사만으로도 그 위해를 방지할 수 있다고 인정되는 공산품(「품질경영 및 공산품 안전관리법(2015. 6. 4.)」 제2조 제9항)이다.

③ 의약품

경구로 투여되는 의약품 중 특정 성분을 함유한 의약품을 안전용기·포장 대상 물품으로 정하고 있다(「의약품 등의 안전에 관한 규칙(2016)」 제73조). '의약품'이란 다음 각 목의 어느 하나에 해당하는 물품을 말한다(「약사법」 제2조 제4항)

- 대한민국약전에 실린 물품 중 의약외품이 아닌 것
- 사람이나 동물의 질병을 진단·치료·경감·처치 또는 예방할 목적으로 사용하는 물품 중 기구·기계 또는 장치가 아닌 것
- 사람이나 동물의 구조와 기능에 약리학적 영향을 줄 목적으로 사용하는 물품 중 기구·기계 또는 장치가 아닌 것(한국소비자원, 2015).

④ 화장품

화장품 중 특정 성분 및 함유량에 관한 조건을 정하고 있다(「화장품법 시행규칙」 제18조 제1항). '화장품'이란 인체를 청결·미화하여 매력을 더하고 용모를 밝게 변화시키거나 피부·모발의 건강을 유지 또는 증진하기 위하여 인체에 바르고 문지르거나 뿌리는 등 이와 유사한 방법으로 사용되는 물품으로서 인체에 대한 작용이 경미한 것을 말한다(「화장품법」 제2조 제1호).

- 아세톤을 함유하는 네일 에나멜 리무버 및 네일 폴리시 리무버
- 어린이용 오일 등 개별포장 당 탄화수소류를 10% 이상 함유하고 운동점도

가 21센티스톡스(섭씨 40도 기준) 이하인 비에멀션 타입의 액체상태의 제품

- 개별포장당 메틸 살리실레이트를 5% 이상 함유하는 액체상태의 제품. 다만, 일회용 제품, 용기 입구 부분이 펌프 또는 방아쇠로 작동되는 분무용기 제품, 압축 분무용기 제품(에어로졸 제품 등)은 제외(한국소비자원, 2015).

⑤ 빙초산(氷醋酸, Clacial Acetic Acid)

석유를 정제하여 제조한 아세트산(초산)의 화학적 합성품을 말한다. 최근 3년간 소비자 위해 감시시스템(CISS)에 수집된 빙초산 안전사고는 총 44건이었고, 그중 11건이 만 14세 이하의 어린이 안전사고였으며 특히 만 5세 미만의 어린이 사고가 9건을 차지했다. 어린이가 방치된 빙초산을 마시거나 엎지르면서 피부에 닿아 화상을 입은 사례가 대부분이다(〈표 11-10〉 참조).

빙초산을 삼킬 경우 심한 궤양괴사를 초래하고 식도협착이나 천공까지 일으킬 수 있다. 빙초산이 피부에 노출될 경우 화상을 동반할 수 있고, 눈에 튈 경우 시력 상실까지 초래할 수 있다.

〈표 11-10〉 빙초산 안전사고

사례 1	2012년 2월 서울에서 만 3세 남자 어린이가 빙초산으로 인해 팔, 다리에 2도 화상을 입고 병원 치료
사례 2	2013년 4월 서울에서 만 1세 남자 어린이가 빙초산을 왼쪽 허벅지와 뺨에 흘려 신체 표면의 10% 미만의 화상을 입고 병원 치료
사례 3	2013년 12월 경기 지역에서 만 2세 남자 어린이가 빙초산을 마셔 소화관 부분의 이물 발생하여 병원 치료

출처: 한국소비자원(2015).

⑥ 구강청결제

구강청결제는 구강 세척을 통해 입안의 청량감을 유지시키고 충치와 잇몸질환 예방 등 구강위생 관리에 사용되는 제품이다. 의약외품 범위지정에서는 구중청량제로 명칭한다. 최근 3년간 소비자위해감시시스템(CISS)에 수집된 구강청결제 어린이 안전사고는 총 2건이었다(한국소비자원, 2015). 국내 규정 구강청결제는 「약사법」 제2조 제7호 나목에 따른 의약외품에 해당한다.

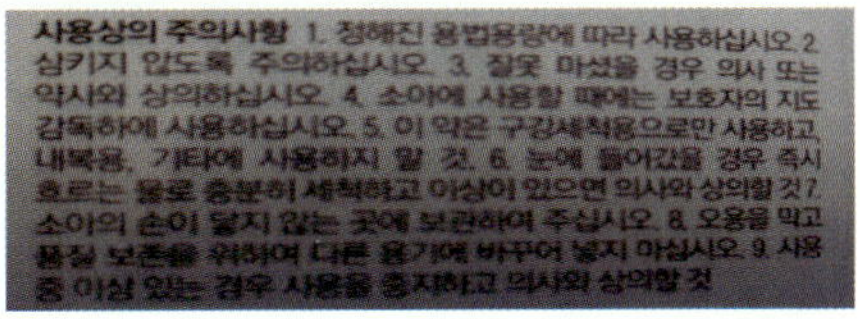

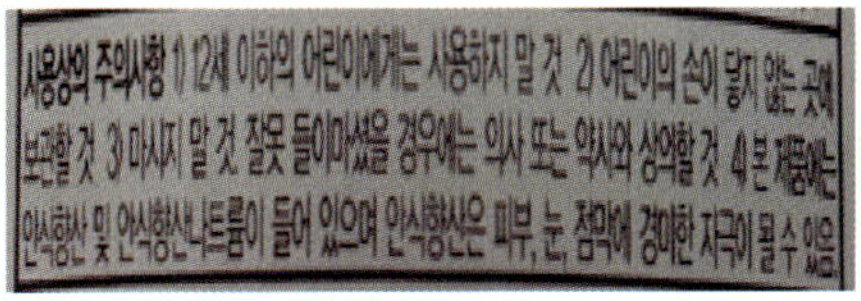

[그림 11-2] 구강청결제 제품에 기재되어 있는 사용상 주의사항 표시

어린이 보호 조치가 없는 일반용기 사용 제품

사업자가 자율적으로 어린이 보호포장용기를
사용하고 있는 제품
(뚜껑 하부를 누르고 돌려야 함)

출처: 한국소비자원 소비자 안전국 위해 정보팀(2015).

[그림 11-3] 구강청결제 제품의 어린이 보호포장용기

4 약물오남용 교육계획안 실제(금천구 기독어린이집, 2016)

<table>
<tr><td colspan="4" rowspan="2">2016년 4월 12일 작성자 : 정**</td><td>담 당</td><td>원 장</td></tr>
<tr><td>정**</td><td></td></tr>
<tr><td>안전 영역</td><td>약물오남용</td><td>참가대상</td><td>만 3~5세 원아 및 교사
(영아반은 각 교실에서 교육함)</td><td>활동시간</td><td>10:30 ~
11:00</td></tr>
<tr><td>주제</td><td>약을 먹을 때는
정해진 규칙이 있어요.</td><td>목표</td><td colspan="3">① 약은 설명서에 따라 꼭 필요할 때 사용해야 함을 안다.
② 약은 반드시 처방대로 먹어야 한다는 것을 알고 지킨다.</td></tr>
<tr><td>준비물</td><td colspan="5">부모님과 약국에 간 모습, 부모님과 약을 먹는 모습 안전교육자료, 약 봉투, 약병, 처방전, '약을 먹을 때는 정해진 규칙이 있어요' 플래시</td></tr>
<tr><td>활동
방법</td><td colspan="5">〈도입〉
① '약국에 가면' 말 놀이를 통해 약에 대한 관심을 유발한다.
- "약국에 가면 약도 있고, 약국에 가면 약사 선생님도 있고, 약국에 가면 처방전도 있네~!"
〈전개〉
① 부모님과 약국에 간 모습 안전교육자료를 보며 약국에 가본 경험을 이야기 나눈다.

- 병원에 가본 적이 있나요?
- 병원에서 진료를 받고 나면 주는 종이에 무엇이 쓰여 있는지 알고 있나요?
- 그 종이의 이름을 무엇이라고 부를까요? (처방전) / 처방전은 왜 필요할까요?
- 처방전을 약국에 주면 약사 선생님은 여러분에게 무엇을 주나요?
② 처방전, 약 봉투, 약병 등의 실물을 이용하여 이야기 나눈다.
- (약 봉투를 보여주며) 약을 언제 얼마큼 먹어야 하는지 무엇을 보고 알 수 있을까요?
- 약 봉투에는 어떤 것이 쓰여 있을까요? / (약병을 살펴보며) 약병에는 뭐라고 쓰여 있을까요?
- (약병의 용량과 용법을 보면서) 이건 무슨 뜻일까요?
- 약 봉투에 쓰인 대로 먹지 않으면 어떻게 될까요? / 약이 맛있다고 많이 먹으면 어떻게 될까요?
③ 부모님과 약을 먹는 모습 안전교육자료를 보며 이야기 나눈다.
- 어떤 모습이 보이나요? / 약을 먹을 때는 누구와 함께 먹어야 하나요? / 왜 어른과 함께 약을 먹어야 할까요?
④ '약을 먹을 때는 정해진 규칙이 있어요' 플래시를 시청하며 약을 함부로 먹지 않기로 약속한다.
- 구급상자에 어떤 약들이 들어 있나요? / 달콤한 향기가 난다고 아무거나 먹어도 될까요?
- 상처 부위에 아무거나 발라도 될까요? / 몸이 아프거나 상처가 났을 때는 어른께 약을 달라고 해야 해요.
〈마무리〉
① 약을 먹거나 바를 때는 정해진 규칙에 따라야 하며 어른과 먹거나 바르기로 약속한다.
- 약을 먹을 때는 어떻게 해야 하나요? / 약병이나 약 봉투에 쓰인 방법에 따라 먹어야 해요.
- 여러분은 아직 어리므로 꼭 어른과 함께 먹어야 해요. / 연고를 바를 때는 어떻게 해야 하나요?
- 연고를 바를 때도 정해진 규칙이 있어요.
- 약을 먹거나 바를 때는 꼭 어른과 함께 정해진 방법에 따르기로 해요.</td></tr>
<tr><td>참고 사항</td><td colspan="5"></td></tr>
<tr><td>평가</td><td colspan="5"></td></tr>
</table>

Chapter 12

응급처치

1 응급처치의 개념 및 필요성

1) 응급처치의 개념

응급처치란 돌발적인 사고나 질병이 발생했을 때 병원에서 전문적인 치료를 받기 전까지 행해지는 즉각적이고 임시적인 처치로서 인명구조, 고통경감, 상처나 질병의 악화방지, 심리적인 안정을 목적으로 한다. 특히 유아들은 판단능력과 신체조절능력이 미숙하여 영유아를 보육하는 과정에서 예기치 않은 사고나 긴급상황이 일어날 가능성이 매우 높다. 응급상황에서 교사가 대처방법 및 순서를 알고 익숙하게 처리할 수 있다면, 유아의 생명을 구할 수도 있고 사고의 후유증도 크게 줄일 수 있다 (정아란, 2013).

즉 응급처치란 응급환자에게 전문적인 의료 서비스를 받기 전까지 적절한 조치를 해 줌으로써 환자의 생명을 지켜줌은 물론 환자의 고통도 덜어 줄 수 있는 의료행위를 말한다. 응급처치는 응급으로 이루어지는 단순한 조치일지라도 의학적인 지식에 근거하여 증세에 맞는 조치를 취해야 한다.

2) 응급처치의 필요성

영유아 교육기관에서는 언제나 응급한 상황이 발생할 수 있다. 이러한 응급상황에 대처하는 처치자의 신속 · 정확한 행동 여부에 따라 부상자의 삶과 죽음이 좌우되거나, 회복기간이 단축되기도 할 수 있으며, 사고로 인한 장애가 일시적이냐 영구적이냐를 결정할 수 있다(한국생활안전연합, 2011). 따라서 영유아 교육기관의 교사 및 부모는 응급처치의 일반원칙을 이해하고 사전에 준비해 두어야 한다. 사전준비에 있어서 모든 교사들은 응급상황에 대처할 수 있는 능력을 가질 수 있도록 응급처치에 대한 정확한 지식과 더불어 실제 연습이 함께 이루어져야 한다(최혜순 외, 2013).

2 응급처치의 기본사항(응급처치개요, 응급의료포털 E-Gen)

1) 응급상황 시 고려할 점

주변에 기름이나 가스같은 위험물질이 있는지 확인하고, 자기 자신을 위험한 상황에 노출시키지 않으며, 혼자서 너무 많은 것을 하려고 하지 않는다.

2) 응급상황 시 우선순위

- 현장 상황 및 주변 환경이 안전한지 파악한다.
- 환자 상태를 확인한다.
- 응급한 문제에 대하여 도움을 제공한다.
- 다른 사람에게 도움을 요청한다.

3) 위급상황 시 행동원칙

① 위험

어떠한 잠재적인 위험이라도 해가 될 수 있으므로 위험요소를 먼저 확인해야 한다.

- 주변에 위험한 요소는 없는지, 구조자가 위험에 노출되지 않도록 한다.
- 지나가는 사람도 위험에 노출되지 않도록 한다.
- 위험요소의 제거가 안전하게 이루어질 수 있다면 즉시 제거한다.
- 화재 현장 같은 위험한 상황이 아니면 환자를 옮기지 않는다.

② 반응

환자가 의식이 없거나 혼미한 경우에는 환자에게 크게 소리쳐서 반응을 확인한다.

예 "제 말 들리세요?"

만약에 크게 불러도 반응이 없다면 양 어깨를 두드린다. 영아(1세 미만)의 경우는 발바닥을 때려 확인한다.

③ 도움 요청

만약 반응이 없으면 지나가는 사람이나 동료에게 소리쳐서 신고를 위한 도움을 요청해야 한다. 가능하면 여러 사람에 소리쳐 도움을 청하기보다 아는 사람을 지목하여 신고하도록 요청하며, 눈을 맞추어 이해했는지 확인해야 한다.

④ 기도

기도(입부터 허파까지의 호흡을 위한 길)가 적절한 호흡을 위하여 문제가 없는지 확인해야 한다. 입을 열고 기도를 막고 있는 물질이 있다면 제거해야 한다.

⑤ 호흡

환자가 호흡을 하고 있는지 확인하고 호흡이 없다면 보조한다.

- 가슴이 오르락내리락 하는지 확인한다.
- 귀를 환자의 입 가까이 갖다 대어 호흡음을 들어 본다.
- 뺨이나 귀를 환자의 얼굴에 갖다 대어 호흡이 느껴지는지 확인한다.
- 다른 생명의 증거를 확인한다.

  예 몸의 자발적 움직임, 침
- 2회의 인공호흡을 시행한다.

⑥ 순환의 증거

순환이 있는지 확인한다.

- 호흡, 기침 혹은 어떤 움직임이 있는지 확인한다.
- 순환의 증거가 없으면 흉부 압박을 시행한다(흉부 압박 등을 하려면 기초적인 교육을 받아야 한다).

⑦ 전화로 도움 요청

119로 전화를 하여 응급상황 발생을 알린 후 도움을 요청한다. 이때 알려줘야 하는 정보는 다음과 같다.

- 전화 건 사람의 이름 (응급상황에서 도움을 주려는 사람이라고 밝힌다.)
- 전화 건 사람의 전화번호
- 상황발생 장소 (주소나 거리 이름, 눈에 잘 띄는 대표적인 유명한 장소를 기준으로 설명)
- 상황의 종류
  예 "교통사고인데, 두 차가 충돌하였고, 도로는 막혔으며, 세 명이 차 안에 있음"
- 희생자들의 수, 성별 및 대략의 나이와 기타 희생자들의 상황에 대한 가능한 정보
- 위험물질에 대한 자세한 정보
  예 가스 유무, 현장의 기후 정보(안개, 얼음 등)

4) 응급처치의 기본원칙(중앙보육정보센터, 2008)

① 아무리 긴박한 상황일지라도 처치자 자신의 안전과 현장상황의 안전을 확보할 것
② 전문가가 판단하기 전까지 환자나 부상자의 생사를 판단하지 말 것
③ 전문가에 의해 정확한 진단이 내려지기 전까지는 의약품 사용은 금할 것
④ 응급환자의 구강을 통한 음식물 섭취는 기도폐쇄의 가능성이 있고 응급수술이나 중요한 검사의 지연을 초래할 수 있으므로 제공하지 말 것
⑤ 긴급한 문제부터 해결할 것
⑥ 119나 의료기관에 도움을 요청할 경우 정확한 환자상태 및 응급처치 내용을 알릴 것

⑦ 현장에서 응급처치로 의식이 회복되었더라도 전문 의료인에게 반드시 인계할 것

5) 응급의료 체계 신고요령(중앙보육정보센터, 2008)

① 119로 전화하면 응급처치 지도를 받을 수 있다.

② 응급 환아가 발생하면 그 즉시 119에 신고한다.

③ 119에 환아의 상태를 설명한다.

④ 전화를 끊지 않고 119의 응급처치 요령을 전달받는다.

⑤ 119 구급대가 현장에 도착하기 전까지 교사는 환아에게 응급처치를 실시한다.

〈표 12-1〉 응급의료 체계 신고요령의 예

질문		답변
당신의 주소는?	⇨	ㅇㅇ구 ㅇㅇ동 ㅇㅇ번지(또는 ㅇㅇ구 ㅇㅇ로 ㅇㅇ) ㅇㅇ어린이집
주변 건물은?	⇨	가까운 거리에 있는 큰 건물(빌딩, 은행, 관공서 등)
어떤 상태입니까?	⇨	질병 또는 사고 상태 등
전화번호는?	⇨	☎ ㅇㅇㅇ-ㅇㅇㅇㅇ (경우에 따라 핸드폰)

6) 응급상황을 위한 준비(중앙보육정보센터, 2008)

① 모든 교사는 기도확보와 심폐소생술 등의 응급처치법과 상해예방, 전염성 질병 예방에 관해 훈련받는다.

② 손이 쉽게 닿는 곳에 필요한 물품이 갖추어진 구급상자가 있어야 한다.

③ 영유아의 비상연락망, 응급 시 도움을 요청할 수 있는 기관의 전화번호 등 응급절차과정 목록이 비치되어야 한다(응급절차과정은 어린이집 벽면에 붙여 둔다).

④ 야외학습을 나갈 때 교사는 휴대용 구급상자 및 비상연락망을 준비한다.

⑤ 응급상황 발생 시 조치에 대한 부모 동의서를 상시 준비한다.

⑥ 사고보고서를 준비하여 사고 발생 시 작성한다.

7) 구급상자(중앙보육정보센터, 2008)

모든 영유아 교(보)육기관에서는 영유아들의 안전사고에 적절한 치료행위를 하기 위해 구급상자를 준비하고 관리하고 있다. 구급상자를 사용 후에는 필요시 사용이 가능하도록 반드시 원래 위치에 갖다 놓아야 하며, 직사광선이 닿지 않고 건조하며 영유아의 손이 닿지 않는 곳에 보관한다. 매년 한 번씩은 내용물을 점검하여 보충하고 날짜를 기록해 둔다(권혜진 외, 2014). 구급상자에는 구급약품 외에도 응급전화번호, 약품의 사용요령, 구입날짜 및 유통기한 등을 기입해 두면 관리가 용이하다.

〈표 12-2〉 구급상자에 갖추어야 할 내용물

구분	내용물
의료용 재료	체온계, 붕대, 거즈, 소독솜, 삼각붕대, 탄력붕대, 칼, 가위, 핀셋, 반창고, 일회용 장갑, 일회용 반창고, 부목류(부피가 큰 것은 별도 보관)
외용제	과산화수소수, 베타딘, 항생제 외용 연고, 근육용 마사지 연고, 화상용 바세린 거즈, 생리 식염수, 벌레 물린 데 바르는 연고
주의사항	보(교)육시설에서의 의약품 사용은 반드시 전문의사의 진료와 처방에 의해 이루어지도록 해야 한다.

사고나 질병으로 이상이 발생한 영유아가 상태가 응급상황이라고 인식되어 즉시 병원이나 응급실로 가야 하는 경우는 다음과 같다(중앙보육정보센터, 2008).

- 열이 날 때
  - 3개월 이하의 영아가 열이 날 때
  - 매우 아파 보이고 점점 심해진다고 판단될 때
  - 의식이 없거나 점점 나빠질 때
  - 다리를 절거나 움직이지 못할 때

- 빠르게 숨을 쉬거나 숨쉬기 힘들어서 잘 먹지 못하거나 놀지 못할 때
- 목이 뻣뻣하거나 경련을 할 때

• 토할 때
  - 반복적으로 심하게 토할 때
  - 배가 평소보다 부푼 듯이 보일 때
  - 배를 움켜잡고 소리지를 정도로 심한 복통을 동반하는 경우
  - 3일 이내에 머리를 다친 적이 있는 경우
  - 탈수 현상(소변량이 줄고 혀가 말라 있는 등)이 있는 경우
  - 녹색 혹은 피 색깔의 구토를 하는 경우
• 기타
  - 처음으로 경기를 할 때
  - 검은색 변을 보거나 피가 섞인 변을 볼 때
  - 머리를 다친 후 의식이 흐리거나 자려고만 할 때

3 영유아를 위한 심폐소생술

1) 기본심폐소생술

(1) 심폐소생술이란

심폐소생술은 심장마비가 발생했을 때 인공적으로 혈액을 순환시키고 호흡을 돕는 응급치료법이다. 심폐소생술은 심장이 마비된 상태에서도 혈액을 순환시켜, 뇌의 손상을 지연시키고 심장이 마비 상태로부터 회복하는 데 결정적인 도움을 준다. 심장은 온몸으로 혈액을 내뿜는 우리 몸의 펌프와도 같은데, 심장

마비는 심장의 펌프 기능이 중단된 상태를 말한다. 심장마비가 발생하면 온몸으로의 혈액 순환이 중단되기 때문에, 바로 조치를 취하지 않으면 사망하거나 심각한 뇌손상이 일어날 수 있다(CPR이란, 대한심폐소생협회).

(2) 심폐소생술의 중요성

심정지가 발생하면 그 순간부터 시간이 경과하면서 매분마다 사망률이 증가한다. 5분 이상이 경과되면 뇌손상이 시작되고 10분 이상 경과되면 소생가능성이 희박하다. 그러므로 어린이집에서 심정지가 발생하는 것을 목격한 사람이 심폐소생술을 즉시 실시하면 소생가능성을 2~3배 늘릴 수 있다. 특히 어린이 심정지는 호흡의 문제로 인해 뇌나 심장으로 충분한 산소가 전달되지 못해 발생하는 경우가 대부분이므로 초기에 효과적인 심폐소생술을 시행하는 것이 무엇보다도 중요하다.

(3) 심폐소생술 기본구성

- 심폐소생술 = 흉부압박 (30회) + 인공호흡 (2회)
- 환자가 움직일 때까지 또는 119가 도착할 때까지 심폐소생술을 반복 시행합니다.

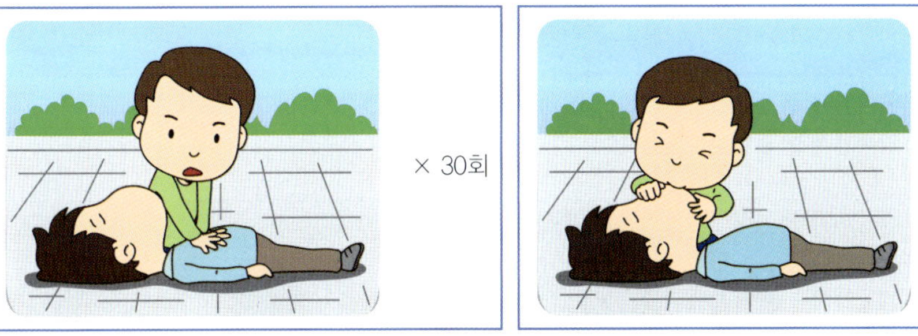

*심폐소생술의 기본 원칙은 위 그림과 같이 흉부압박 30회, 인공호흡 2회이다.

출처: 한국응급처치교육센터. 심폐소생술, 응급처치상식

[그림 12-1] 심폐소생술 구성도

(4) 심폐소생술의 단계

기본심폐소생술은 의료장비 없이도 일반인들(어린이집 시설장, 교사 등)이 응급처치 교육을 통해서 위급한 상황이 발생한 환아 등에게 시행이 가능한 응급 구조 활동이다.

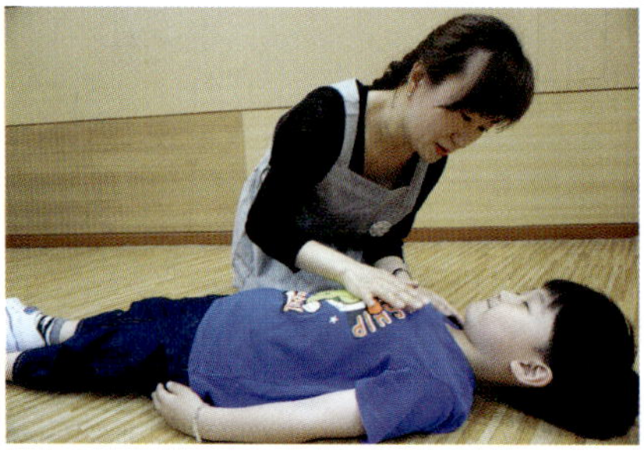

① **환아발견 및 의식확인**
환아의 양쪽 어깨를 가볍게 두드리며 의식상태를 확인한다.

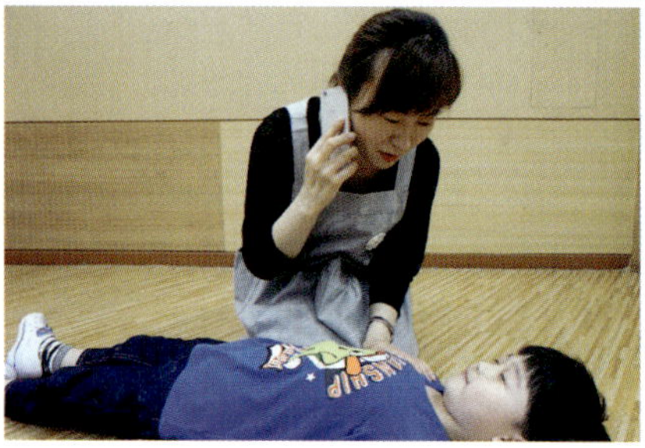

② **도움요청:** "119에 연락해 주세요"
직접 신고하거나 주변 사람들에게 도움을 요청한다.

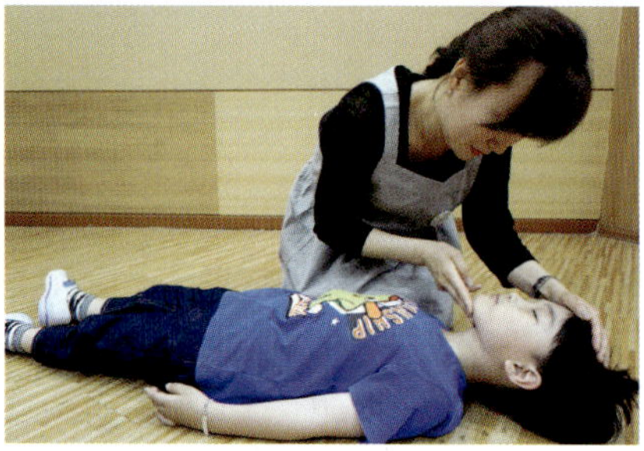

③ **기도열기:** 두부후굴 하악거상법
머리를 젖히고 턱을 들어 올린다(입안의 이물질 제거).

④ **호흡확인:** 보고, 듣고, 느끼고 5~10초

⑤ **2회 인공호흡:** 1초씩 2회 불어넣기
구강 대 구강법, 호흡:흡기=50:50

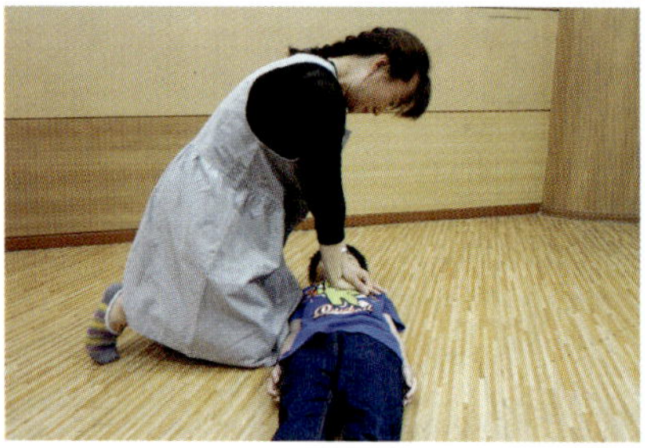

⑥ **심폐소생술:** 분당 100회 속도로 30회 압박

(5) 영유아의 심폐소생방법

① 유아 및 소아(1~8세)의 심폐소생술

심폐소생술은 심정지의 상태에서는 생명을 구할 수 있는 유일한 방법이다. 심폐소생술을 실시하는 과정에서 심장에 자극이 갈 정도로 압박을 가하면 자칫 늑골(갈비뼈)에 손상이 갈 수도 있다. 하지만 이는 어쩔 수 없는 과정임을 인식해야 한다. 왜냐하면 늑골이 부러져도 생명을 살리는 편이 훨씬 낫기 때문이다. 또한, 심폐소생술을 실시한 경우 실시한 사람이 법적, 도덕적 책임을 지게 될 것이라는 두려움이 생길 수 있으므로, 응급의료에 관한 법률에 면책조항(응급의료에 관한 법률)이 있다는 사실을 이해시킨다.

① **의식확인:** "ㅇㅇ아! 괜찮니?", "눈 좀 떠볼래?"
환아의 어깨를 가볍게 두드리거나 흔들면서 괜찮은지 소리쳐 의식 상태를 확인한다.

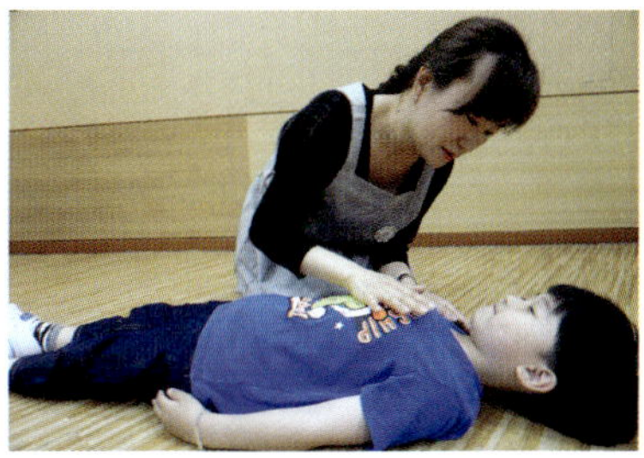

② **도움요청:** "119에 신고해 주세요."
주변에 있는 교사에게 119에 전화해 달라고 부탁한다. 주변에 아무도 없으면 직접 전화한다. 자동제세동기가 설치되어 있는 경우에는 자동제세동기를 요청한다.

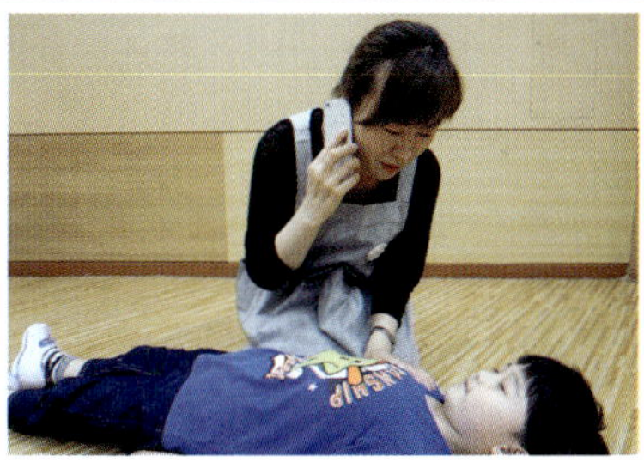

③ **자세 바로잡기:** 통나무 굴리기법
인공호흡이나 흉부압박을 하기 위해서는 환아를 바로 눕혀야 한다. 외상이 의심된다면 더욱 더 주의하여 영유아의 머리와 목, 그리고 몸을 동시에 통나무 굴리듯 바르게 눕힌다.

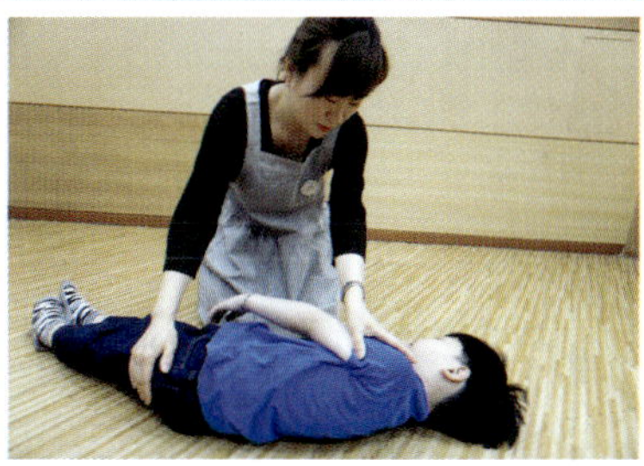

④ **기도열기 :** 머리 젖히고 턱 들어 올리기법

- 머리를 뒤로 젖히고 턱을 들어 올린다.
- 환아의 입이 닫히지 않도록 한다.
- 입안에 이물질이 보이면 손가락으로 이물질을 꺼낸다.

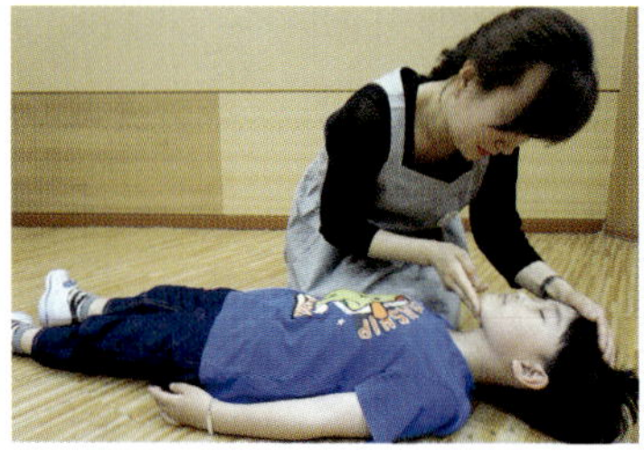

⑤ **호흡확인 :** 보고, 듣고, 느끼고(5~10초간)

환아의 얼굴에 귀를 대고 눈은 환아의 가슴을 쳐다보면서

- 보고 → 눈으로 가슴의 움직임을 본다.
- 듣고 → 귀로는 호흡음을 듣는다.
- 느낀다 → 뺨으로 숨결을 느낀다.

⑥ **인공호흡 :** 구강 대 구강법

1) 기도 개방을 확실하게 한다.
2) 환아의 코를 엄지와 검지로 막는다.
3) 구조자의 입을 환아의 입에 밀착시킨다.
4) 1초간 공기를 부드럽게 불어 넣는다.
5) 코를 잡았던 손을 놓아 환아의 숨이 나오게 한다.
6) 같은 방법으로 한 번 더 불어 넣는다.
   이때, 너무 빨리, 세게 불어 넣게 되면 위장 속으로 공기가 들어가 내용물이 역류되어 오히려 기도가 막힐 수 있으므로 조심스럽게 천천히 불어 넣도록 한다.

⑦ **심폐소생술의 시행**

- **흉부 압박부위**
  - 양쪽 유두를 이은 가상선 바로 밑 흉골의 중심부를 압박한다(유아의 경우 한 손으로 압박하며, 명치를 누르지 않도록 한다).
- **압박방법**

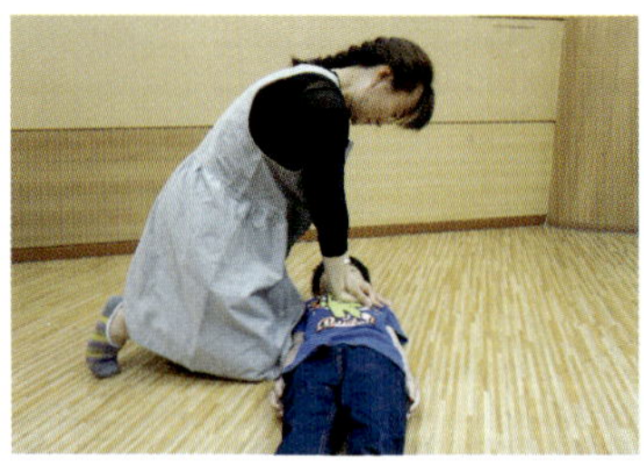

- 양손은 평행하게 깍지를 끼고 손꿈치를 압박점에 댄다.
- 압박과 이완 시 힘의 비율은 50:50으로 한다.
  - 팔꿈치는 곧게 뻗은 상태로 어깨 힘이 압박점에 수직으로 실리도록 한다.
  - 압박속도는 분당 100회, 압박의 깊이는 흉곽의 1/3~1/2이 들어갈 정도로 한 손 혹은 두 손으로 압박한다.
  - 하나, 둘, 셋하고 횟수를 세어가면서 시행하며, 이때 압박을 멈추거나, 환자 가슴에서 양손을 떼어서는 안 된다.
- 흉부압박과 인공호흡의 비율은 30:2로 한다.

② 자동제세동기(AED : Automated External Defibrillator)

심장 기능이 정지하거나 호흡이 멈추었을 때 심장 박동을 정상화하기 위해 쓰는 의료 장비를 자동제세동기라고 한다. 갑작스런 심정지로 인해서 사람이 쓰러지는 경우 빠르게 적절한 조치를 받으면 살아날 확률이 매우 높지만, 이러한 조치를 받지 못하고 안타깝게도 목숨을 잃는 경우가 너무나 많이 있다. 바로 근처에 병원이나 119센터가 있어서 재빠르게 전문가의 조치를 받을 수 있으면 좋겠지만 그렇지 못한 경우가 대부분이다(한국소방안전협회). 이럴 경우 자동제세동기를 이용하여 심장박동을 정상화 시킬 수 있다면 소중한 생명을 살릴 수도 있다.

공공(의료)기관, 선박, 여객기, 다중이용시설 등에 자동제세동기 설치가 의무화되면서 우리 주변 곳곳에 자동제세동기가 설치되어 있다. 자동제세동기가 설치되어 있는 경우 119구조 요청 시 주위 사람에게 자동제세동기를 갖다 줄 것을 요청하고 응급처치를 한다. 물론 자동제세동기가 오기 전까지 심폐소생 순서에 따라 환자의 기도 확보를 한 후, 흉부압박 30회, 인공호흡 2회를 반복하여 시행한다. 자동제세동기가 오면 사용방법에 따라 패드 두 장 중 한 장은 오른쪽 빗장뼈 아래에 부착하고, 다른 한 장은 왼쪽 젖꼭지 앞 겨드랑이에 부착한 후 자동제세동기를 가동한다.

③ 영아(1세 이하)의 심폐소생술

a) 의식확인

발바닥을 자극하여 영아의 반응을 보아 의식을 확인한다.

b) 도움요청

119에 연락한다.

c) 기도열기

영아의 목은 매우 유연하므로 머리 젖히기와 턱 들어올리기는 부드럽게 하며 너무 많이 젖히지 않도록 한다.

d) 호흡확인

보고, 듣고, 느끼는 방법으로 호흡이 있는지 확인한다.

e) 인공호흡

- 코와 입을 한꺼번에 처치자의 입으로 덮고 호흡을 불어 넣는다.
- 호흡의 양은 아주 적은 양으로 흉부의 상승을 확인하며 불어 넣는다.

f) 흉부압박법

- 영아를 딱딱한 바닥에 눕힌다.
- 양측 유두를 이은 가상의 선 바로 아래의 흉골 위치에 두 손가락을 댄 후
- 분당 100회의 속도로 흉곽의 1/3~1/2 깊이로 압박한다.
- 인공호흡과 흉부압박은 30:2의 비율로(단, 두 사람 이상의 응급의료종사자나 심폐소생술 교육을 받은 사람의 경우 15:2의 비율로) 119구급대가 도착할 때까지 실시한다.

④ 심폐소생술 및 AED 사용순서

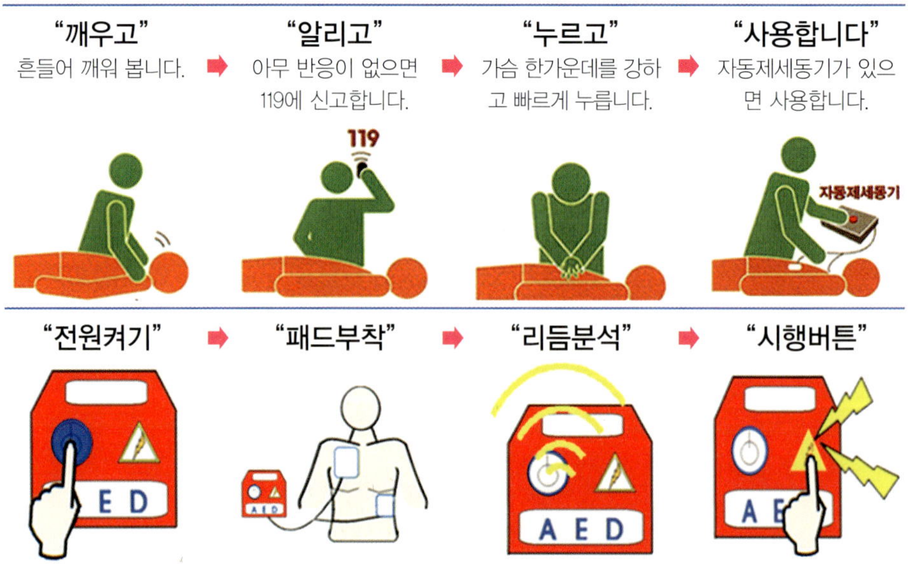

출처: 심폐소생술 국민운동본부. 표준심폐소생술.

[그림 12-2] 심폐소생술 및 AED사용순서

심정지 환자가 소생되기 위해서는 '생존사슬'이 즉시, 그리고 쉼 없이 이어져야 한다. 이 중에서 '효과적 전문소생술과 심정지 후 치료'를 제외한 앞의 네 가지 사슬은 심정지가 발생한 현장에서 목격자에 의해 시행되므로, 심정지 환자의 생존은 이를 발견한 목격자에 의해 좌우된다고 말할 수 있다.

- 생존사슬의 단계(대한심폐소생협회. CPR에 대해)
  ① 첫 번째 사슬(심정지 예방과 조기 발견): 일단 심정지가 발생되면 사망의 가능성이 매우 높기 때문에 누구나 심정지의 위험성을 인지하고 예방하기 위해 노력한다. 아울러 심정지가 발생된 경우에는 목격자가 신속하게 심정지 상태를 인지할 수 있어야 한다.
  ② 두 번째 사슬(신속한 신고): 심정지를 인지한 목격자가 심정지 환자가 발생하였음을 119에 신고한다.
  ③ 세 번째 사슬(신속한 심폐소생술): 심정지 환자를 발견한 목격자가 신속하게 심폐소생술을 실시해야 한다.
  ④ 네 번째 사슬(신속한 제세동): 심정지 환자가 발생한 현장 주변에 비치되어 있는 자동제세동기(자동심장충격기)나 119 구급차에 비치된 자동제세동기를 이용하여 현장에서 처치를 신속하게 실시한다.
  ⑤ 다섯 번째 사슬(효과적인 전문소생술 및 심정지 후 치료): 심정지 환자가 의료기관에 도착한 뒤에는 의료진에 의한 효과적인 전문 소생술이 시행되어야 하며, 심정지 환자의 심장박동이 회복된 뒤에는 전문 의료기관에서 전문적인 치료가 시행되어야 한다.

생존사슬을 간략히 그림으로 나타내면 아래 [그림 12-3]과 같다.

출처: 대한심폐소생협회. CPR에 대해.

[그림 12-3] 생존사슬

⑤ 자동제세동기(AED) 사용방법(대한심폐소생협회. CPR이란)

a) 전원켜기

자동제세동기(심장충격기)는 반응과 정상적인 호흡이 없는 심정지 환자에게만 사용해야 하며, 심폐소생술 시행 중에 자동제세동기가 도착하면 지체 없이 적용해야 한다. 먼저 자동제세동기를 심폐소생술에 방해가 되지 않는 위치에 놓은 뒤에 전원 버튼을 누른다.

b) 두 개의 패드 부착

패드 1은 오른쪽 빗장뼈 아래, 패드 2는 왼쪽 젖꼭지 아래의 중간 겨드랑선에 붙인다. 패드 부착 부위에 이물질이 있다면 제거하며, 패드와 자동제세동기 본체가 분리되어 있는 경우에는 연결한다.

c) 심장리듬 분석

"분석 중…"이라는 음성 지시가 나오면, 심폐소생술을 멈추고 환자에게서 손을 뗀다. 제세동(심장충격)이 필요한 경우라면 "제세동(심장충격)이 필요합니다."라는 음성 지시와 함께 자동제세동기 스스로 설정된 에너지로 충전을 시작한다. 자동제세동기의 충전은 수초 이상 소요되므로 가능한 가슴압박을 시행한다. 심장충격이 필요 없는 경우에는 "환자의 상태를 확인하고, 심폐소생술을 계속 하십시오."라는 음성 지시가 나오며, 이 경우에는 즉시 심폐소생술을 시작한다.

d) 심장충격(제세동) 시행

제세동이 필요한 경우에만 제세동 버튼이 깜박이기 시작한다. 깜박이는 버튼을 눌러 제세동을 시행한다.

e) 즉시 심폐소생술 다시 시행

제세동을 실시한 뒤에는 즉시 가슴압박과 인공호흡을 30:2로 다시 시작한다. 자동제세동기는 2분마다 심장리듬을 반복해서 분석하며, 이러한 자동제세동기의 사용 및 심폐소생술의 시행은 119 구급대가 현장에 도착할 때까지 지속되어야 한다.

4 상황별 응급처치 실제

유아교육기관에서 응급처치의 상황의 경우를 대비해 학기초에 부모들로부터 응급처치 동의서를 받도록 한다. 교육이나 면담 등을 통해서 위급상황에서 영유아의 생명을 살리는 유일한 경우임을 알리고 응급처치동의서(부록 10-1)를 받는다. 또 유치원이나 어린이집에서는 사고발생 시 사고보고서(부록 10-2)를 작성하여 사고의 관리는 물론, 사고의 재발 방지를 위한 교육에 자료로 활용하는 것도 바람직할 것이다.

심장이 정지된 환자에게 현장에서 즉시 심폐소생술을 하면서 구급차를 불러 전문소생술을 실시한다면 30~40%가 살아날 수 있다. 즉시 신고, 심폐소생술, 제세동술에 이어 전문소생술의 4가지 과정이 잘 연계되면 환자는 최대의 생존확률을 가질 수 있다. 이때 만일 아무런 처치도 하지 않는다면 100%가 사망하게 된다. 이 4가지 과정을 응급처치에서 가장 중요한 개념으로 소생의 고리(Chain of survival), 혹은 생존의 사슬 등으로 부른다.

1) 시민정신의 중요성

응급환자가 살 수 있는 방법은 현장에서 즉시 응급처치가 이루어지면서 신속히 전문적 처치와 연계되어야 한다. 그러나 사람이 살아가다 보면 어느 상황에서나 응급상황을 겪을 수 있는데, 이러한 경우 주위의 사람이 응급처치와 신고를 해 주어야 한다. 따라서 여기에 필요한 것은 응급처치 교육이라는 기본적 지식 및 능력의 배양과 타인을 응급상황에서 구해 주고자 하는 시민정신이다. 선진국에서는 선한 사마리아인법이라고 하여 응급상황에 처한 사람에 대한 응급처치를 시행하면 일반인이 하여도 그 결과에 대하여 면책 받을 수 있도록 응급처치자에 대하여 법적 보호가 되어 있다. 우리나라도 응급의료에 관한 법률(일명 선한 사마리아인법)이 제정된 만큼 위급상황에서 골든타임을 놓쳐서 환자를 사망에 이르게 하는 일이 없도록 평소 응급처치 훈련에 적극 참여함은 물론, 응급처치를 요하는 환자에게는 적극적으로 응급처치를 하여서 소중한 생명을 구할 수 있어야 할 것이다.

2) 응급의료에 관한 법률(일명 선한 사마리아인법)

> **제5조 (응급환자에 대한 신고 및 협조 의무)**
> ① 누구든지 응급환자를 발견하면 즉시 응급의료기관 등에 신고하여야 한다.
> ② 응급의료종사자가 응급의료를 위하여 필요한 협조를 요청하면 누구든지 적극 협조하여야 한다.
>
> **제5조의 2 (선의의 응급의료에 대한 면책)**
> 생명이 위급한 응급환자에게 다음 각 호의 어느 하나에 해당하는 응급의료 또는 응급치치를 제공하여 발생한 재산상 손해와 사상(死傷)에 대하여 고의 또는 중대한 과실이 없는 경우 그 행위자는 민사책임과 상해에 대한 형사책임을 지지 아니하며 사망에 대한 형사책임은 감면한다.

즉 국가에서도 응급환자에 대해서는 초기 골든타임 내에 적극적인 응급조치의 협조를 구하고 있다. 응급상황에서 적극적인 조치는 한 사람의 생명을 구하는 것과 같으므로 내 눈앞에서 안타깝게 골든타임을 놓치는 일이 없도록 하여야 할 것이다. 더구나 교사의 경우, 소속되어 있는 유치원(어린이집)에서 응급상황이 발생할 가능성도 있으니 평소 심폐소생술을 비롯한 응급처치에 관심과 적극적인 배움의 자세를 가져야 할 것이다.

3) 안전교육

유아교육기관에서 원장 및 교직원들이 가장 우려하고 염려하는 부분 중 하나가 안전사고 일 것이다. 사실 유아교육기관에서는 크고 작은 사고들이 늘 일어난다고 해도 과언이 아니다. 아이들끼리의 장난에서 오는 사고, 스스로 넘어져 다치는 사고, 기물에 부딪쳐 일어나는 사고, 음식물 섭취로 인한 사고, 약물로 인한 사고, 뜨거운 물로 인한 사고 등 유아들에겐 항상 사고의 위험이 상존해 있다.

한편 어린이집의 안전관리(보건복지부, 2018)에서 어린이집 원장은 영 · 유아의 생명 · 안전보호 및 위험 방지를 위하여 주의 의무를 다함은 물론 보육교직원 및 부모와 함께 영유아의 안전사고예방을 위해 성실하게 노력하고 안전교육을 실시하여야 한다고 명시하였고, 어린이집 보육교직원은 영유아의 실내·외 활동 시 안전을 위해 영유아를 보호·감독해야 하고 원장은 영유아에 대한 물리적 환경과 인적 환경에 대한 안전확보를 위해 시설 및 환경을 조성하고 관리해야 한다 등 안전관리 원칙을 제시하고 있다. 이에 따라 원장은 물리적 환경에 대한 안전관리로서 「어린이집 통합안전점검표」에 따라 매일, 매월 시설안전점검을 실시하여 화재·상해 등 위험발생 요인을 사전에 제거하여야 한다.

인적 환경에 대한 안전관리로서 어린이집 보육교직원은 안전점검방법 및 안전점검표의 활용법, 영유아의 발달단계 특성을 고려한 보호 및 안전교육 방법에 대해 숙지함은 물론 영유아의 안전을 위해 영유아의 보호자와 상호 협력하여야 한다. 또 어린이집에서는 영·유아와 부모 및 모든 보육교직원에 대해 안전교육을 실시하고, 관련 기관 등에서 전문적인 안전교육을 받을 수 있도록 조치한다고 하였다.

영유아에 대한 안전교육은 영유아 스스로가 자신의 안전을 보호할 수 있는 능력과 기술을 가지도록 교육해야 하고 어린이집의 원장은 비상대응계획을 작성하고, 소방대피·지진 대피·폭설 대비 훈련을 포함한 다양한 유형의 재난 대비 훈련을 월 1회 이상 실시한다(〈표 12-3〉 안전교육기준). 어린이집의 원장은 보육대상 아동의 연령을 고려하여 아동복지법령의 안전교육 기준에 따라 매년 안전교육계획을 수립하여 교육을 실시하고, 계획 및 교육 실시 결과를 관할 시장·군수·구청장에게 매년 1회 보고하여야 한다. 보육교직원은 안전교육지침 등을 숙지하여야 하며 부모들이 안전교육에 참여할 수 있도록 해야 한다.

〈표 12-3〉 안전교육 기준

구분	교통안전교육	실종·유괴의 예방·방지교육	감염병 및 약물의 오용, 남용, 예방 등 보건위생관리교육	재난대비 안전교육	성폭력·아동 학대 예방교육
실시주기 (총시간)	2개월에 1회 이상 (연간 10시간 이상)	3개월에 1회 이상 (연간 10시간 이상)	3개월에 1회 이상 (연간 10시간 이상)	6개월에 1회 이상 (연간 6시간 이상)	6개월에 1회 이상 (연간 8시간 이상)

출처: 보건복지부(2018). 2018 보육사업안내.

한편 교육부에서는 유치원을 비롯하여 학교별로 학교 안전교육을 실시하도록 하고 있는데 아래 표와 같이 생활안전교육, 교통안전교육, 폭력예방 및 신변보호교육, 약물 및 사이버 중독교육, 재난 안전교육, 작업 안전교육, 응급처치교육 등 7개 영역에서 안전교육을 실시하도록 하고 있다. 이 중 응급처치 교육은 2차시 수업을 권장하고 있다. 응급처치 교육의 내용에는 응급상황 알기 및 도움청하기, 119 신고와 주변에 알리기, 손 씻기와 소독하기 등 청결 유지하기, 상황별 응급처치 방법 알기로 구성되어 있다. 교육방법으로는 전문가 또는 담당자 강의, 시청각교육, 실습교육 또는 현장학습, 사례분석이 있다.

〈표 12-4〉 학생안전교육의 시간 및 횟수

단위: 단위활동

구분	생활안전 교육	교통안전 교육	폭력예방 및 신변보호교육	약물 및 사이버 중독 예방 교육	재난안전 교육	직업안전 교육	응급처치 교육
유치원	13	10	8	10	6	2	2
횟수	학기당 2회 이상	학기당 3회 이상	학기당 2회 이상	학기당 2회 이상	학기당 2회 이상	학기당 1회 이상	학기당 1회 이상

출처: 교육부(2016).

- 안전교육 실시 시간의 단위는 교육과정 고시에 따른 단위활동이다.
- 안전교육 시간은 연령별 실시해야 할 시간을 말하며, 횟수는 영역별 안전교육 시간을 학기당 제시된 횟수 이상으로 분산 실시해야 함을 말한다.

이러한 교육의 각 분야는 어느 하나 소홀히 할 수 없지만 특히 교통안전교육은 자동차와 관련된 부분이어서 어린이통학버스 사고는 자칫하면 대형사고로 이어질 수 있는 만큼 철저히 진행되어야 한다. 얼마 전 폭염 속에 유아를 차안에 방치하여 숨지는 사고 발생 소식은 온 국민으로 하여금 놀라움과 안타까움을 자아내게 하였다. 몇 시간씩 차 안에 유아가 혼자 있었다는 것이 상식적으로도 이해가 가지 않는 사고인데 영유아 교육기관에서는 차량운행시 일어날 수 있는 사고이므로 운전기사는 물론, 탑승교사 및 원장까지도 차량안전사고에 신경을 써야 한다. 그래서 뒤늦은 감은 있지만 운전자나 탑승교사에게 안전관리 교육이 철저히 이루어지고 있고, 또한 유아들에게 차량에 혼자 남겨져있을 경우에 '울지 않고 침착히 혼자 안전띠 풀기', '손 또는 엉덩이로 위험을 알리는 경적울리기' 등의 교육이 이루어지고 있음은 그나마 다행한 일이다. 어떠한 일이 있어도 차 안에 유아 혼자 남겨져 있는 상황이 발생해서는 안 된다. 최근 어린이통학차량에 슬리핑차일드체크시스템(잠자는 아이 확인 장치; 통학차량 탑승자들의 안전을 확보하기 위한 제도로 운전자가 통학차량 맨 뒤에 설치된 버튼을 눌러야 차량 시동을 끄고 문을 닫을 수 있도록 하는 장치)를 의무적으로 도입하도록 한 것은 다행스러운 일이다.

4) 이물질에 의한 기도 폐쇄

(1) 원인과 증상

① 원인

기도를 막을 수 있는 이물질로는 음식물(고깃덩어리, 떡, 땅콩 등), 놀잇감, 사탕, 풍선 등이 있다.

② 증상

- 두 손으로 목 부분을 쥐면서 기침을 하려고 한다.
- 목 부분에서 심한 천명음('쌕-쌕'소리)이 들릴 수 있다.
- 얼굴이 파랗게(청색증) 변한다.

③ 주의사항

- 기도가 완전히 폐쇄된 경우에는 3~4분 이내에 의식을 잃게 되고 4~6분이 경과하면 뇌세포의 영구적인 손상이 발생하여 생명이 위험에 빠질 수 있으므로 빠른 시간 내 응급처치(심폐소생술)를 시행한다.

(2) 응급처치(하임리히법 - 1세 이상의 소아에서만 사용)

① 환아가 일어선 상태 - 환아의 의식이 있는 상태

- 말을 할 수 있는 경우: 기침을 유도한다. 지속적으로 기침을 해도 이물질이 배출되지 않을 때는 즉시 119로 연락한다.
- 말을 할 수 없는 경우: 119, 1339 신고 및 하임리히법을 실시한다.
- 조금이라도 말을 할 수 있다면 기침을 유도하는 것이 가장 바람직하다.
- 임산부나 비만환자는 상복부가 아닌 흉부를 압박한다.

① 환자의 등 뒤에서 양팔로 허리를 감싼다.

② 주먹 쥔 손을 배꼽과 명치 사이의 복부에 위치시킨다.

③ 반대 손으로 감싸 안는다.

④ 후상방향으로 강하게 밀어 올린다.

⑤ 이물질이 밖으로 나올 때까지 계속한다.

[그림 12-4] 유아 하임리히법

② 영유아가 반응은 있으나 일어설 수 없는 경우

평편한 바닥에 환자를 눕히고 환자의 위로 걸터앉아서 두 손을 깍지 낀 상태로 배꼽과 명치 사이 부분을 강하게 위로 친다. 이물질이 나올 때까지 계속 시행하고 중간에 반응이 없어지면 심폐소생술을 시행한다.

③ 영아(1세 이하)의 경우

- 1세 이하의 영아는 하임리히법을 사용하지 않는다.

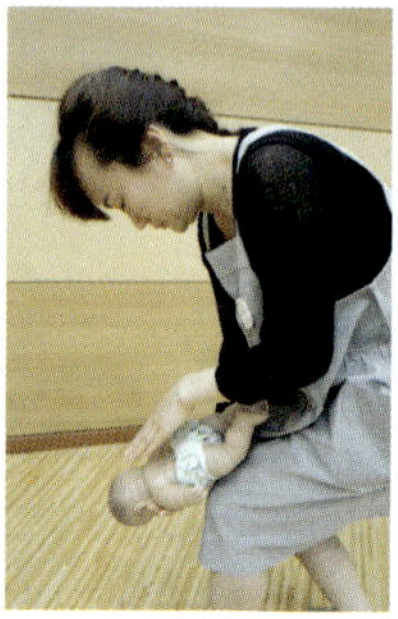

① 영아의 머리를 아랫방향으로 향한 후 등을 5회 두드린다.

② 흉부압박법을 5회 반복한다.

③ 입안의 이물질이 확인되면 제거한다.

④ 흉부압박 후 의식이 없으면 심폐소생술을 실시한다.

[그림 12-5] 영아의 경우 이물질 제거 방법

- 의식이 없을 시에 심폐소생술을 실시하는데 인공호흡과 흉부압박은 30:2 비율로(단, 두 사람 이상의 응급의료종사자나 심폐소생술 교육을 받은 사람의 경우 15:2의 비율로) 119 구급대가 도착할 때까지 실시한다.

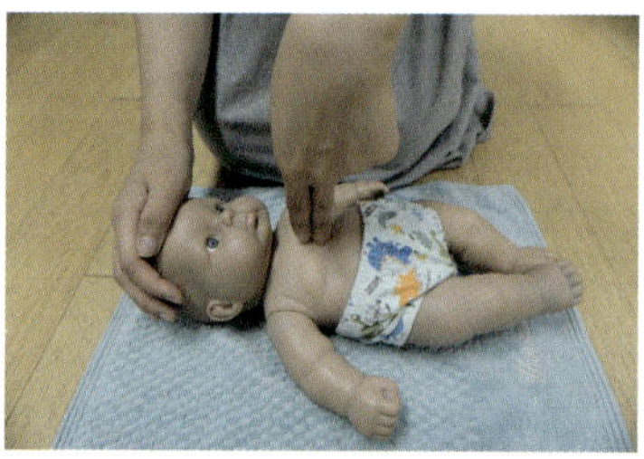

구조자가 한 사람인 경우

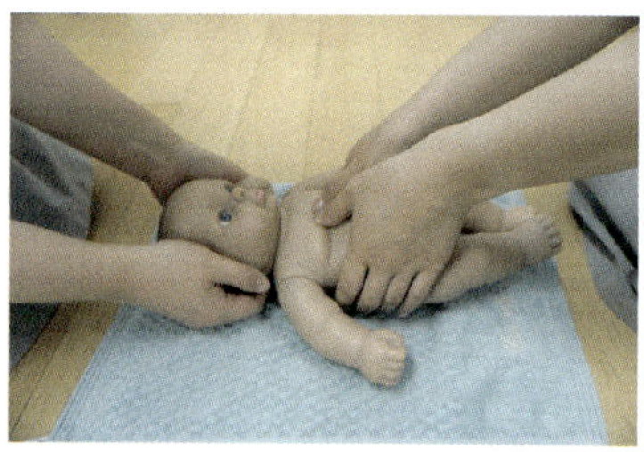

구조자가 두 사람인 경우

[그림 12-6] 영아의 흉부압박

5) 회복자세

환아의 호흡이 있고 외상의 흔적이 없으면서 의식이 혼미한 경우 구토나 분비물로부터 기도가 폐쇄되는 것을 막기 위해 회복자세를 취한다.

[그림 12-7] 회복자세

가장 이상적인 회복자세는 환아의 한쪽 팔을 환아의 머리 아래에 넣고 환아의 다리를 굽혀주어 호흡을 방해할 수 있는 압력이 가슴에 가해지지 않도록 환아가 옆으로 누운 상태의 자세를 유지하는 것이다. 회복자세에서 주의할 점은 구강 내 분비물이 자연스럽게 나올 수 있도록 해야 하고 30분 이상 회복자세를 취해야 하는 경우에는 반대편으로 자세를 바꿔줘야 한다.

6) 생활응급처치

(1) 열성경련

영유아 경련의 가장 흔한 원인은 발열이다. 경련의 증상은 통제할 수 없는 몸움직임, 눈이 뒤로 넘어감, 입에서 거품이 남, 대소변 조절 능력 상실, 의식상실이다. 대부분의 경련은 5~10분 이내에 멈추지만, 경련이 10분 이상 계속된다면 119에 전화하여 도움을 요청한다(권혜진, 2014). 경련을 멈추면 회복자세를 취하도록 한다.

① 열성경련의 특징

- 5세 이하의 유아에게서 고열이 나면서 경련을 일으킬 수 있다.
- 열만 떨어져도 대부분 경련을 멈춘다.
- 담요나 옷을 벗기고 시원하게 해 준다.
- 전신을 골고루 미지근한 물로 닦아 준다.

② 분노경련

호흡정지발작이라고도 하는데 영유아가 심하게 울다가 파랗게 변하면서 경련을 일으킬 수 있으나 경련을 멈추면 대부분 이상은 없다.

(2) 출혈

출혈이란 혈액이 동맥, 모세혈관, 정맥으로부터 외부로 유출되는 것을 의미하며 출혈 부위에 따라 외부 및 내부 출혈로 구분된다. 출혈의 처치로는 직접압박지혈, 동맥점 압박지혈, 지혈대 이용 지혈이 있다.

① 직접 압박지혈

가장 보편화된 방법이고 대부분의 상처는 직접 압박법으로 지혈이 된다.

- 출혈이 있는 상처부위를 압박한다.
- 출혈이 멈춘 후에는 소독거즈를 덮고 압박붕대로 감아준다.
- 출혈이 멈추지 않으면 더 강하게 압박해 본다.
- 사지에서 출혈이 있는 경우 출혈부위를 심장보다 높여준다.

② 동맥점 압박 지혈

팔이나 다리에서의 출혈이 직접 압박으로 지혈되지 않으면 동맥의 근위부를 압박한다. 상지의 출혈은 상완동맥을 압박하고 하지의 출혈은 대퇴동맥을 압박하지만 상지나 하지는 여러 동맥에 의해 혈액이 공급되므로 압박점을 이용하여 지혈하는 것은 쉬운 일이 아니다.

③ 지혈대 이용 지혈

지혈대는 다른 방법으로도 출혈을 멈출 수가 없을 때에 사용되는 방법이다. 신경이나 혈관에 손상을 줄 수 있으며 팔이나 다리에 괴사(생체 세포 · 조직의 일부가 죽거나 죽어가는 상태)를 초래할 수 있으므로 시간마다 지혈대를 풀어서 괴사를 방지하는 것이 중요하다.

(3) 코의 출혈(코피)

머리와 얼굴에 충격이 가해졌을 때 발생한다. 앉은 자세를 유지하고 머리를 약간 앞으로 숙이게 해서 혈액이 목으로 넘어가지 않고 코의 앞부분을 통해 흘러나올 수 있게 한다. 목 뒤로 넘어가게 되면 질식하거나 메스꺼움, 구토 등을 일으킨다.

- 엄지와 다른 두 손가락으로 코를 쥐고 5분간 서서히 압박한다.
- 코와 뺨 주위에 얼음 물주머니를 올려 지혈을 돕는다.
- 병원으로 가야 하는 경우는 다음과 같다.
  - 코피가 나면서 몸의 다른 곳에서도 출혈이 있을 때
  - 얼굴이 창백해질 때
  - 의식이 흐려질 때
  - 입으로 피를 토할 때
  - 너무 많은 피를 흘렸을 때
  - 식은 땀을 흘릴 때
  - 코가 자주 막히면서 코피가 자주 날 때
  - 머리를 부딪친 후에 코피를 흘릴 때

(4) 두부 및 척추손상

각종 외상에 의해 발생된 두부 및 척추손상은 단순하게 다량의 출혈을 유발시키는 두피열상도 있지만 뇌손상에 의한 사망, 척추손상에 의한 전신 마비까지 다양한 양상을 보인다.

두부나 척추손상을 입은 환아에게 제공할 수 있는 최상의 처치는 두부 및 척추를 고정하는 것이다. 응급처치 시 주의할 점은 아래와 같다.

- 119 신고 후 기도-호흡-순환을 점검한다.
- 두피에 출혈이 있는 경우는 소독된 드레싱으로 상처 부위를 감싼다.
- 부상자의 목을 고정시켜 움직이지 않게 한다.
- 영유아를 함부로 옮기거나 들어 올리지 않는다.

(5) 절단

절단은 손상으로 인해 신체의 정상 조직과 그 일부분이 완전히 분리된 상태를 말한다. 응급처치 방법은 아래와 같다.

- 상처 부위는 직접 압박 또는 압박점을 찾아서 지혈하고, 실패할 경우 지혈대를 사용한다.
- 절단된 부위는 생리식염수로 적신 거즈에 감싼 후 비닐봉지에 담아 얼음물에 띄운다.
- 비닐봉지는 얼음물과 같은 차가운 용기에 넣어서 조직의 괴사가 발생하지 않도록 한다.
- 절단 부위가 직접 얼음에 닿지 않도록 하며 분리된 부분은 환자와 함께 병원으로 이송한다.

(6) 화상

화상은 불, 뜨거운 증기, 기름, 물, 주방기구 또는 물질과의 마찰로 인해 신체

조직이 손상된 상태를 말한다. 화상의 정도는 부상의 정도에 따라 3개로 구분하는데 1도 화상은 피부가 빨개지고 물집이 없는 상태를, 2도 화상은 물집이 생긴 상태, 3도 화상은 피부가 하얗고 손상 부위를 눌러도 통증을 느끼지 못하는 경우도 있는 상태를 말한다.

- 화상 환자가 발생한 경우
  - 환자를 안전한 곳으로 옮긴다.
  - 화상 부위의 옷, 반지, 팔찌 등을 제거한다. 단, 불에 탄 옷이 피부에 붙어 있으면 억지로 옷을 떼지 않도록 하고 나머지 부분은 잘라서 제거한다.
  - 화상부위가 적을 경우에는 깨끗한 수돗물로 냉각시켜 통증을 감소시킨다.
  - 소독거즈가 있는 경우 화상부위를 덮어 준다.
  - 피부에 물집이 생겼을 경우 터뜨리지 않도록 한다.

(7) 일사병

일사병은 햇볕에 심하게 노출된 경우를 말하며 다음과 같이 처치한다.

- 바람이 잘 통하고 그늘진 곳으로 빨리 옮긴다.
- 눕힌 후 옷을 벗기거나 풀어주고 미지근한 물수건으로 몸을 닦아준다.
- 의식이 회복되면 차가운 이온음료수를 자주 준다. 맹물만 줄 경우 근육 경련이 일어날 수 있다.
- 의식이 없는 상태에서 고열이 계속 될 경우 병원으로 데리고 간다.
- 의식이 혼미한 상태의 환자에게 음료수를 줄 경우 기도폐쇄로 인한 응급 상황에 빠질 수 있다.

(8) 골절

골절은 크게 폐쇄성 골절, 개방성 골절 두 가지로 나눌 수 있는데 폐쇄성 골절은 피부가 손상되지 않고 골절부위 근처에 전혀 상처가 없는 상태이고 개방성 골절은 뼈가 피부 밖으로 빠져 나오거나 골절 시 피부에 가해진 직접적인 충격으로 상처가 있는 상태이다. 개방성 골절이라고 하더라도 당장 생명이 위험한 경우는 드물다. 응급처치는 아래와 같이 한다.

- 즉시 119에 신고한 후 주위가 위험한 상황이 아니면 환자를 가급적 움직이지 않는다.
- 다친 곳의 옷은 조심스럽게 벗긴다. 필요시 옷을 잘라내야 한다.
- 발가락이나 손가락을 가볍게 만져 감각이 있는지 물어본다.
- 감각이 없다면 신경계나 척추 손상의 우려가 높으므로 주의한다.
- 부러진 곳을 부목으로 고정시킨다.
- 환자를 완전하게 고정시킨다.

(9) 중독

중독은 저독성 물질섭취(흙, 풀, 크레용 등), 위험물 중독(강산, 강알카리 등), 흡입에 의한 중독(일산화 탄소 등), 피부를 통한 중독이 있다.

① 증상

중독 환자는 구토, 호흡곤란, 복통, 발한, 의식장애, 경련 등의 증상이 나타날 수 있다.

② 응급처치

- 의식을 확인하고 기도를 유지한다.
- 만일 환자가 의식이 없으면 호흡과 맥박을 확인한다.
- 단, 환자가 의식이 없거나 경련이 있을 경우에는 구토를 시키지 않도록 한다.

- 피부가 위험 물질에 노출 되었을 때는 흐르는 물로 깨끗이 씻어야 한다.
- 중독 가능성이 있는 약물, 화학물질, 약병 등을 수거하여 비닐 팩에 담아 병원으로 가져간다.

③ 구토를 유발시키지 말아야 하는 경우

독성 물질을 무조건 토하도록 유도하는 것은 더욱 큰 문제를 일으킬 수 있다. 일단 1339에 응급정보센터 등에 문의하고 지도에 따르는 것이 좋다. 절대로 구토를 유발시키지 말아야 하는 경우는 다음과 같다.

- 의식이 혼미한 경우
- 경련 중인 환자
- 강산, 강알칼리 등 부식성 물질을 복용한 환자
- 입 주위나 입속에 복용 물질에 의한 화상의 흔적이 있는 환자
  - 구토를 유도시킬 경우 2차 화학 화상을 초래할 수 있다.
- 경유, 가구세척제 등 석유 화학 물질을 복용한 환자
  - 폐로 흡입될 경우 화학성 폐렴을 초래할 수 있다.
- 구토반사가 손실된 경우
  - 구토물이 기도로 유입되어 기도 폐쇄의 가능성이 있다.

(10) 식중독

상한 음식물을 먹음으로써 생기는 중독 상태 즉 발열, 구토, 설사, 복통, 발진 등의 증상이 나타난다.

- 식중독의 발병 여부는 섭취된 세균의 독성과 수에 달려 있고 일반적으로 소화기 질환에 의한 증상과 식중독에 의한 증상의 구별이 어렵다.
- 따라서 119 신고 등 환사를 신속히 병원으로 이송하는 것이 좋다.
- 환자가 섭취하다가 남은 음식물은 병원으로 반드시 가져가도록 한다.

(11) 벌에 쏘였을 때

독을 가진 여러 종류의 벌레는 사람을 쏘거나 물어버림으로써 심한 증상을 유발시킬 수 있기에 어린이집에서는 실외활동 시 더욱 주의하여야 한다.

① 벌 쏘임 예방 및 대응방법

- 산책 시 벌을 자극하는 향수와 화장품, 밝은 색 계통의 옷은 피한다.
- 실수로 벌집을 건드렸을 경우 가능한 낮은 자세(엎드린 자세)를 취하여 스스로 물러갈 때까지 기다린다.
- 침이 박힌 피부주위를 핀셋이나 집게를 이용하여 벌침을 제거하지 말고 신용카드 등으로 피부를 밀어 벌침을 뺀다. 핀셋이나 집게로 벌침을 제거할 경우 벌독을 짜는 효과가 있다.
- 통증을 해소하고 부기를 막기 위해서 얼음찜질을 하고 안정을 취한다.
- 통증, 부기, 구토, 어지러움증이 계속되거나 가슴이 답답하면 즉시 응급처치를 받는다.
- 보호 장구를 착용하지 않은 채 벌집제거를 시도하지 않는다.

② 벌레가 귀에 들어갔다면

- 귓구멍 속에서 돌아 나올 수 있는 정도의 작은 벌레가 아니라면, 계속 고막쪽으로 파고 들 수 있기 때문에 바로 병원으로 간다.
- 핀셋이나 면봉으로 벌레를 제거하려고 시도하는 것은 자칫 벌레를 더 자극할 수 있기 때문에 하지 않는다.

(12) 개나 고양이 등 동물에 물렸을 때

- 개나 고양이는 입 안에 각종 세균이 많으므로 상처를 흐르는 물로 씻고 깨끗한 천으로 덮은 후 병원으로 이송한다.
- 개에 물렸다면 광견병 접종 여부를 확인해야 한다.
- 만약 접종 여부가 확인되지 않는다면 개를 가두고 개의 상태를 관찰해야 한다.

부록

(부록10-1)

응 급 처 치 동 의 서

반명		생년월일	
성별	남 / 여	성명	

ㅇ ㅇ 에게 응급상황 발생 시 다음의 절차에 따라 응급처치를 하는 것에 동의합니다.

20　　.　　.

부모: ㅇㅇㅇ (서명 또는 인)

〈응급처치 절차〉

1. 사고 발생 시 가장 먼저 부모님께 연락합니다.

(시간/기간)　　　　　　(전화번호)

어머니와는__________________동안에__________________로 연락됩니다.
__________________동안에__________________로 연락됩니다.
아버지와는__________________동안에__________________로 연락됩니다.
__________________동안에__________________로 연락됩니다.

2. 부모님과 신속하게 연락되지 않을 경우, 부모님이 정해주신 다음의 연락처로 연락드립니다.

(이름)　　　　　　(전화번호)

①________________는__________________로 연락할 수 있습니다.
아동과의 관계__________________
②________________는__________________로 연락할 수 있습니다.
아동과의 관계__________________

3. 필요한 경우 119 구조대에 연락할 것이며(어린이집에서 지정하는 의료기관이나, 부모님이 정하신 의료기관)으로 응급수송 할 것입니다.

4. 의료기관 수송 후에는 다음의 건강보험 관련 정보를 주어 신속하게 치료받을 수 있도록 합니다.

건강보험　종류____________________
번호____________________
기관____________________

(부록 10-2)

사 고 보 고 서

어린이집명				인가일	최초: 년 월 일 변경: 년 월 일
주소				연락처	
어린이집현황	정원( )명, 현원( )명, 보육교직원( )명				
반별 현황	0세반( )명 1세반( )명 2세반( )명 3세반( )명 4세반( )명 5세반( )명 시간제( )명 방과후( )명 시간연장( )명 24시간( )명				
사고아동명		성명	남 / 여	생년월일	년 월 일
사고일자	년 월 일	목격자명		사고기간	오전/오후
사고당시 원장 및 담임교사 근무상황					
부모연락사항					
연락시간	오전 / 오후			□안함 □신고함(오전/오후 시)	
사고발생장소	□수송중 □화장실 □교사실	□견학중 □복도 □식당		□실외놀이장 □주방 □계단	□실내놀이실 □대근육활동실 (유희실) □기타( )
사고당시 활동 내용	□목욕 및 배변시간 □실내자유놀이 □계획된 실외놀이 □견학	□교실활동 □점심/간식/수유시간 □놀이시설 설비 □낮잠		□계단오르내리기 □실외자유놀이 □물놀이 □기타( )	
상해를 입은 시설설비	□오르기 시설 □장애설비 □회전대 □미끄럼틀 □바퀴달린 장난감	□평균대 □현관문/교실문 □놀이집 □그네 □잘 모르겠음		□크롤(기어나가는 시설) □실외고정물 □시소 □바퀴달린 탈 것 □기타( )	
상해의 유형	□화상 □찢어짐 □베임 □식중독	□쇼크/질식 □뼈가 부러지거나 탈구 □찰과상(벗겨짐) □기타 중독		□추락/강타 □압박, 눌림 □삠 □호흡곤란	□물체에 끼임 □물림 □찔림 □기타( )

<table>
<tr><td colspan="3">상해를 입은 다른 아동이 있는가?</td><td colspan="2">□ 예 □ 아니오</td></tr>
<tr><td rowspan="2">사고 원인</td><td colspan="4">□ 바닥으로 떨어짐(떨어진 높이 약 m / 바닥의 형태:)</td></tr>
<tr><td colspan="2">□ 뛰거나 발을 헛디뎌 넘어짐
□ 다른 유아에게 맞거나 밀림
□ 물체에 의해 다침
□ 곤충에 물리거나 쏘임
□ 열, 추위에 노출</td><td colspan="2">□ 다른 유아에게 물림
□ 바퀴달린 탈것(인라인스케이트 등)
□ 음식물에 의한 질식
□ 동물에게 물림
□ 기타( )</td></tr>
<tr><td>다친 부위
(좌, 우 표시)</td><td>□ 머리
□ 목
□ 생식기
□ 발(좌, 우)</td><td>□ 눈(좌, 우)
□ 목
□ 팔(좌, 우)
□ 다리(좌, 우)</td><td>□ 귀(좌, 우)
□ 가슴
□ 손(좌, 우)</td><td>□ 코
□ 등
□ 엉덩이(좌, 우)</td></tr>
<tr><td>사고 관련
특이사항</td><td colspan="4"></td></tr>
<tr><td colspan="5">보육기관에서 행해진 응급처치(상술 예: 압박붕대, 세척, 붕대, 위로 등)</td></tr>
<tr><td colspan="5"></td></tr>
<tr><td colspan="5">상해·배상보험 가입 현황</td></tr>
<tr><td colspan="5">□상해 □배상 □기타( ) 보험금 최고한도 인당( )만원 건강( )만원</td></tr>
<tr><td>응급처치자</td><td></td><td>의료기관 진료여부</td><td colspan="2"></td></tr>
<tr><td>의료기관
진료를 한 경우</td><td colspan="4">□ 외래 진료를 받음(예: 진료실, 응급실)
□ 입원(시간/일)</td></tr>
<tr><td colspan="2">기타 사후 처리 상황
(경찰조사, 피해합의 등)</td><td colspan="3"></td></tr>
<tr><td colspan="2">사고아동 보호(치료)를 위한 추후 계획</td><td colspan="3"></td></tr>
<tr><td colspan="2">재발 방지를 위한 조치사항</td><td colspan="3"></td></tr>
<tr><td>직원 서명</td><td colspan="4">(인) 날짜: . . 오전/오후</td></tr>
<tr><td>부모 서명</td><td colspan="4">(인) 날짜: . . 오전/오후</td></tr>
</table>

참고문헌

참고문헌

강릉시육아종합지원센터(2008). 어린이 약물오남용 교육의 필요성. 08. 5. 29.

강성희(2003). 가정 내 영유아 안전사고 분석을 통한 부모안전교육 프로그램 개발연구. 숙명여자대학교 대학원 박사학위논문.

강은영(2000). 아동성학대의 실태 및 대책. 한국형사정책연구원 연구보고서, 00-13.

_____(2007). 친족간 아동성폭력과 피해 아동보호. 한국여성정책연구원 이슈 브리프 Vol, 07(10), 2-7.

곽은복(2004). 삶의 질 향상을 위한 조건: 유아 안전관리의 의미 탐색. 아동교육, 13(2), 111-123.

_____(2000). 유아 안전교육 프로그램 구성 및 효과에 관한 연구. 중앙대학교 대학원 박사학위논문.

곽은복(2001). 영유아를 위한 안전교육 프로그램. 서울: 창지사.

교육과학기술부(2012). 유치원교육과정 운영지원을 위한 유아재난대비 생활안전교육프로그램.

교육부(2016). 유치원 시설관리 매뉴얼.

_____(2010). 학교급식위생관리 지침서.

_____(2015). 유치원교육과정. 교육부 고시 제 2015 - 61호, 2015. 2.24.

_____(2016). 학교안전교육 7대 표준안 유치원용.

_____(2016). 학교안전교육 실시 기준 등에 관한 고시(교육부 고시 2016-90호).

_____(2016). 건강안전갈라잡이.

_____(2017). 4주기 유치원평가 중앙연수.

_____(2018). 유치원물놀이 안전교육 생존수영과 만나다. 교육부 보도자료. 2018.7.16.1-4.

교육부·보건복지부(2019). 2019 개정 누리과정 해설서.

교육인적자원부(2006). 유아 성교육 프로그램.

구경선·김태임·서영희·홍은숙(2015). 아동안전관리. 경기: 정민사.

국립국어연구원(1999). 새국어생활. 9권 1호

국립재난안전연구원(2014). 초등학생 대상 재난안전교육 콘텐츠 개발 재난안전교육용 콘텐츠 개발 기획 연구. 서울: 국립재난안전연구원.

국민안전처(2015). 어린이놀이시설의 시설기준 및 기술기준. 2015. 12. 24.

_________(2016). 2015년도 하반기어린이놀이시설 안전사고 분석. 2016. 2. 16.

국민안전처 생활안전정책관실(2016. 2. 15.). 2015년도 하반기 어린이놀이시설 안전사고 분석결과.

권덕수·김애란·김지영·우민정·한진원(2014). 아동안전관리. 경기: 정민사.

권준수(2011). 가정 내 아동 안전사고 예방 및 응급처지 교육의 효과. 인제대학교 보건대학원 보건학석사학위논문.

권혜진 외(2014). 아동안전관리. 서울: 창지사.

권혜진·김혜라·전숙영·정윤주·채진영·한유진(2014). 아동안전관리. 서울: 창지사.

김남정(2000).컴퓨터 성교육 프로그램이 고등학생의 성지식과 태도에 미치는 영향. 연세대학교 교육대학원 석사학위논문.
김미라(2004). 식품의 안전성. 서울: 신정.
김미희·박정희(2007). 목포시 아동시설의 실내환경 안전실태에 관한 연구. 한국청소년시설환경학회지, 5(4), 101-109.
김상원(2008). 성교육·성상담의 이론과 실제. 서울: 교육출판사.
김영실·유진주·김정주(2013). 영유아안전관리. 경기: 공동체.
__________(2015). 영유아안전관리. 경기: 공동체.
김인정(2012). 보육시설안전교육, 안전사고실태와 담임교사들의 안전교육 범위와 방법인식에 대한 실증적 연구. 대한안전경영과학회지, 14(4), 125-136.
김일옥·이정은·박현정(2015). 아동안전관리. 경기: 양서원.
김일옥·이정은(2009). 아동안전관리. 경기: 양서원.
__________(2012). 아동안전관리. 경기: 양서원.
김정훈(2010). 국공립 민간 보육시설 안전사고 실태에 대한 차이 분석. 보육행정학회지, 14(3), 177-194.
김진(2009). 아동이 지각한 학대유형과 자아분화 및 학교적응과의 관계. 전주대학교 상담대학원 석사학위논문.
김현자·신지현(2009). 아동을 위한 안전교육의 이론과 실제. 서울: 동문사.
김혜금·김명순(2007). 영유아 부모를 위한 가정안전교육 프로그램 개발과 효과. 대한가정학회지, 45(2), 33-50.
내일신문(2008). "2008 교통사고 반으로 줄이자" 당신 차에는 유아용 카시트 있나요?
노미정(2003). 성교육 프로그램이 아동의 성지식 및 성태도 향상에 미치는 효과. 공주대학교 교육대학원 석사학위논문.
대한심폐소생협회. CPR이란.
대한영양사협회(2016). 영양사 식품위생교육.
동아일보(2016.6.11.). "한국 이대로 가면… 2060년 대기오염 사망률 OECD 1위".
매일경제. 2010-7, 2010년 7월 1일 ~ 7월 31일.
문혁준·권희경·김명애·김정희·김혜금·김혜연·서소정·안효진·이윤경·정지나·조혜정·천희영(2009). 아동안전관리. 서울: 창지사.
문화일보(2003). 아동사고사망률 OECD 1위. 2003. 9. 20.
박상균(2009). 아동실종예방을 위한 안전교육 실태조사. 용인대학교 대학원 석사학위논문.
박선미(2004). 유아 성교육 현황 및 유아 성교육에 대한 교사의 인식 조사. 이화여자대학교 대학원 석사학위논문.
박혜란(2009). 유아유괴예방 프로그램 효과 연구. 성균관대학교 대학원 석사학위논문.
박혜숙(2002). 어린이 질식사고 현황과 예방 대책. 제3회 SAFE KIDS Forum, Safe Kids Korea.
백영애·심성경·최대훈·박주희(2005). 보육시설 평가인증제에 대한 교사의 인식 및 실태. 영유아교육학회, 8, 203-218.

보건복지부(2013). 제3차 어린이집 표준보육과정 교사용 지침서. 2013.9.

_________(2014). 보도자료 "황사가 오면 알아야 할 건강수칙, 꼭 지키세요!".

_________(2016). 2016년도 보육사업안내

_________(2018). 2018 보육사업안내

보건복지부 · 육아정책연구소(2013). 제3차 어린이집 표준보육과정 해설서. 2013.12.

보건복지부 · 인구보건복지협회(2011). 보육교사를 위한 유아성교육 매뉴얼. 보건복지부.

보건복지부 · 한국보육진흥원(2018). 제3차 어린이집 평가인증안내. 통합지표. 2018.9 개정판.

전민영(2016). 어린이 완구 · 교구, 안전기준 부적합한 제품 많아. - 불법 · 불량 승용완구 등 18개 제품 리콜 -제품시장관리과. 산업통상자원부 보도자료(2016.1.27.).

서울특별시(2004). 안전한 보육환경 조성을 위한 안전교육 프로그램.

서정아(1997). 아동성폭력의 법적장치와 대책: 미국과의 비교를 중심으로. 대구효성카톨릭대학교 대학원 석사학위논문.

성미영 · 민미희 · 정현심(2013). 아동안전관리. 서울: 학지사.

_______________(2014). 아동안전관리. 서울: 학지사.

세이프키즈 코리아. 놀이터안전.

소방방재청, 한국생활안전연합(2008). 어린이 안전교육프로그램 개발연구. 소방방재청 연구보고서.

소방방재청(2009). 용어사전. http://www.nema.go.kr. 2009. 2. 20. 출력

소비자안전국 생활안전팀.

소비자안전센터(2014). 어린이 안전사고 사례분석. 2014. 4.

__________(2015). 어린이 안전사고 동향분석. 2015. 6.

소비자안전센터 소비자안전국 위해정보팀(2015). 어린이 안전사고 동향분석.

송윤정(2006). 우리나라 아동성폭력에 대한 고찰. 한세대학교 대학원 석사학위논문.

식품안전정보포털. GMO의 정의.

식품의약품 안전처(2012). 지하수 노로바이러스 오염 주의하세요.

____________(2010). 병원성대장균

____________(2015). 식생활 안전수칙. 식품안전정보포털.

____________(2016) 상반기 식중독 예방 특별교육(학교장). 식중독예방홍보.

____________(2018). 2018 식품의약품안전백서.

____________(2018). 2018 식품의약품 통계연보.

____________(2018). HACCP 교육용 홍보동영상.

식품의약품안전처 의약품정책과, 식품의약품안전평가원 순환계약품과(2013). 의약품 안전사용 매뉴얼 - 어린이 감기약 올바로 먹이기. 2013. 10.

신동주(2005). 유아교육기관의실외놀이활동 · 환경평가척도개발 및 적용 연구. 유아교육학논집, 9(2), 151-167.

신동주 · 이상은 · 김현경 · 박영선(2015). 영 · 유아 안전관리. 경기: 정민사.

신현정(1997).유아 성적 예방 교육에 대한 유치원 교사의 인식 및 현황 연구. 이화여자대학교 교육대학원 석사학위논문.

신현정 · 신동주(2007). 생활 안전에 대한 유아의 지식, 행동, 위험요소 예측능력에 관한 연구. 한국유아교육학회, 27(6), 273-294.

심영희(1998). 위험사회와 성폭력. 경기: 나남.

어린이놀이시설 안전관리법.

어린이안전국.

어린이집 안전공제회(2013). 아동안전종합대책.

____________(2015). 어린이집 안전관리 백과.

____________(2018). 2018 보육교직원 안전교육.

여성가족부(2007). 보육시설 안전심층조사연구, 한국생활안전연합.

오정옥(2008). 유아교육기관의 화재안전교육 실태. 덕성여자대학교 대학원 석사학위논문.

우민정(2010). 유아 성교육 프로그램의 구성 및 적용효과.중앙대학교 대학원 박사학위논문.

유가효 · 남정림(1995). 우리의 아이들을 성폭력으로부터 지키기위하여. 경기: 나남.

윤덕경 · 정명희(2004). 성폭력피해 아동 보호대책에 관한 연구. 한국여성개발원.

윤선화(2002). 유아교사의 화재안전실천에 관한 연구. 한국안전교육학회지, 15(1),99-113.

응급의료포털 E-Gen. 응급처치개요.

이경주(2011). 아동성폭력 예방 코칭프로그램이 성지식과 성폭력 대처능력에 미치는 영향. 남서울대학교 대학원.

이기숙 · 장영희 · 정미라 · 배소연 · 박희숙(1997). 영유아를 위한 안전교육과 응급처치. 경기: 양서원.

__________________(2008). 영유아를 위한 안전교육과 응급조치. 경기: 양서원.

이기숙 · 장영희 · 정미라 · 윤선화(2011). 영유아 안전교육. 경기: 양서원.

이드보라(2013). 아동성폭력 예방교육 활동이 만 4세 유아의 성폭력 인식에 미치는 효과. 공주대학교 대학원 석사학위논문.

이명조 · 차승환 · 우정순 · 김영옥 · 김란옥 · 배진희(2015). 아동안전관리. 서울: 태영출판사.

이명환 · 김은숙(2009). 영유아를 위한 안전교육의 이론과 실제. 서울: 교육아카데미.

이미현(2007). 아동학대의 자아존중감에 대한 영향. 광운대학교 정보복지대학원 석사학위논문.

이미훈(2014). 아동학대에 대한 어린이집의 부모와 교사의 인식. 한국교통대학교 대학원 석사학위논문.

이배근(2004). 아동학대의 이론과 실제. 서울: 신흥메드싸이언스.

이상현(2008). 유아의 유괴 · 성폭력 안전교육에 대한 부모의 요구 및 참여도 분석. 아주대학교 교육대학원 석사학위논문.

이소희 · 도미향 · 김민정 · 서우경(2002). 그것은 아동 학대이다. 서울: 동문사.

이영란(2007). 유아 성학대 예방을 위한 교사연수 프로그램 개발 기초연구. 부산대학교 대학원 석사학위논문.

이영환 · 고선옥 · 김경신 · 김정희, 이수재(2016). 아동안전관리. 서울: 창지사.

이용주 · 오선영(2009). 유아부모의 화재안전인식에 관한 연구. 열린유아교육연구, 14(6). 421-444.

이윤경 · 문혁준 · 권희경 · 김명애 · 김혜금 · 김혜연 · 서소정 · 안효진 · 정지나 · 조혜정 · 천희영(2013). 아동안전관리. 서울: 창지사.

이인실 · 최민수 · 한국선(2006). 아동안전관리. 서울: 형설출판사.

이재연 · 윤선화(2001). 우리나라 1-14세 아동의 상해사망 실태분석. 아동권리. 연구, 5(1), 35-47.

이화영 · 신동주(2006). 실외놀이시설 놀이안전규칙에 대한 유아의 인식및행동. 한국영유아보육학 47, 2006.12, 133-150.

임지선(2001). 유아기 자녀를 둔 어머니의 안전지식 및 실천에 관한 연구. 숙명여자대학교 대학원 석사학위논문.

장영희, 정미라, 배소연(1997). 유아교육기관의 안전교육 실태. 유아교육연구, 17(1), 23-44.

전남련 · 김진혜 · 권경미 · 권순남 · 강은숙 · 홍은미(2010). 유아 건강 안전교육. 경기: 정민사.

전남련 · 한혜선 · 황연옥 · 백향기 · 김경신 · 홍은미 · 권인양 · 장유정(2014). 아동안전관리. 경기: 정민사.

정미라 · 배소연(1999). 유아교사의 안전지식의 정도에 관한 연구. 유아교육연구, 19(1), 189-205.

정아란(2013). 아동안전관리. 경기: 공동체.

정재경 · 김형숙 · 김형재 · 이순애 · 최지현 · 현혜정(2015). 아동안전관리. 서울: 동문사

조경자 · 이현숙(2010). 아동건강교육. 서울: 학지사.

조화현(2005). 유아 성교육에 대한 아버지의 인식 및 실태 연구. 성균관대학교 교육대학원 석사학위논문.

조희연 · 조경자 · 김진선 · 정동희(2011). 아동안전관리. 서울: 동문사.

__________________(2012). 아동안전관리. 서울: 동문사.

중앙보육정보센터(2008). 보육시설 응급처치 매뉴얼.

중앙육아종합지원센터(2017). 16년 어린이집 통합 안전점검표. 문서자료실.

지추련(2005). 아동성폭력 예방교육의 현황 및 방향에 대한 보육교사의 인식. 신라대학교 사회복지대학원 석사학위논문.

질병관리본부 KCDC(2018). 어린이손상예방을 위한 안전가이드라인 물놀이안전. 2018. 7. 17.

채규만(2001). 성피해 심리치료. 서울: 학지사.

채혜선 · 임미혜 · 김종배 · 이순자 · 안경일(2014). 아동안전관리. 경기: 양서원.

최기은(2004). 유괴예방을 위한 유아 안전교육 프로그램 연구. 동국대학교 교육대학원 석사학위논문.

최원상(2014). 착한식품. 서울: 홍릉과학출판사.

최유경(2001).유아교육기관의 아동 성학대 예방교육 프로그램에 대한 현황 연구.단국대학교 행정법무대학원 석사학위논문.

최유정(2008). 아동성폭력 실태 및 유아교사의 성폭력 인식에 대한 연구. 동덕여자대학교 대학원 석사학위논문.

최혜순 외(2013). 영유아안전교육. 서울: 신정.

통계청(2018. 5. 3.). 사고에 의한 어린이사망분석.
한국산업안전공단(1996). 유아교사용 안전교육 지도서. 인천: 한국산업안전관리공단.
_______________(2000). 안전교육 시범학교 운영결과 모음집. 인천: 한국산업안전관리공단.
한국소방안전협회. 심폐소생술, 누구라도 할 수 있습니다.
한국소비자보호원(1997). 아파트 및 단독주택 현관문의 어린이 손가락 끼임 사고위험 실태조사 결과. 서울: 한국소비자 보호원.
한국소비자보호원(2001). 소비자피해보상규정: 2001.12.4.
_______________(2003). 가정 내 어린이 안전사고 현황 및 개선방안 보고서.
한국소비자원(2007). 소비자 위해실태 및 안전의식조사.
___________(2013). 일부 동물모형완구 삼킴·흡입사고 위험 높아- 36개월 이상 유아에 대한 경고 표시 의무화 시급·한국소비자원보도자료.
___________(2015). 어린이안전사고 동향분석.
___________(2015). 소비자 안전국 위해정보팀.
___________(2015). 소비자안전주의보 어린이 안전사고 3년 연속 증가.
___________(2015). 어린이 중독사고 위해사례동향분석. 한국소비자원소비자안전국 위해정보팀. 2015.5.
___________(2015). 어린이안전사고 동향분석.
___________(2016). 소비자 주의사항(방안). 소비자안전주의보.
___________(2016). 어린이 안전사고, 가정 내에서 가장 많이 발생. 보도자료.
___________(2018). 어린이 안전사고 예방가이드.
한국소비자원(2019.5.). 위해정보국 위해예방팀(2019). 2018년 어린이 안전사고 동향 분석.
한국안전생활교육회(1996). 화재발생의 원인과 초기진화. 안전과 건강, 겨울호, 15-19.
한국응급처치교육센터. 심폐소생술. 응급처치 상식.
한연숙(2007). 아동학대 신고 활성화 방안에 관한 연구: 신고의무자 인식을 중심으로. 명지대학교.
한인영(2000).아동학대 예방과 치료를 위한 아동보호서비스수행 방안 모색. 한국복지재단, 92, 5-51.
행정안전부(2012). 고시 제2012-12호, 어린이놀이시설 시설기준 및 기술수준.
_________(2012). 안전생활 길잡이 지도서.
허선혜·원종일(2015). 어린이 놀이시설의 소재 색상에 따른 유해중금속 분석연구. 한국안전학회지, 30(2), 14-20.
홍길희(2009). 유아교사를 위한 화재안전교육의 실태와 인식. 논문집 동남보건대학, 27(1). 27-42.
홍명희·정영숙·장혜자(2004). 유아안전을 위한 부모교육의 경험 및 부모의 인식도. 한국 생활과 학회지, 741-749.
홍초롱(2015). 영유아교육기관의 안전교육 실태 및 안전사고에 따른 대처방법에 대한 교사의 인식. 인천대학교 교육대학원 유아교육전공 석사학위논문

CISS(2015). 한국소비자원.
YTN(2015). 서울시민 행복 점수 72점… "그래도 우울하다". 2015. 5. 18

교육부. www.moe.go.kr
교육부 학교안전 정보센터. http://www.schoolsafe.kr
국민안전처. http://www.mpss.go.kr
국민재난안전포털. http://www.safekorea.go.kr
국민안전처 국가화재정보센터. http://www.nfds.go.kr
도로교통공단. http://cyedu.koroad.or.kr
법제처. http://www.moleg.go.kr
소비자위해정보감시시스템. www.ciss.go.kr
식품의약품 안전처. www.mfds.go.kr
식품안전정보포털, 식품의약품 안전처. www.foodsafetykorea.go.kr
어린이놀이시설 안전관리시스템. http://cpf.go.kr
어린이놀이시설 안전관리지원기관. www.ikap.co.kr
어린이 안전학교. http://www.go119.org
어린이집 안전공제회. www.csia.or.kr
중앙아동보호전문기관 http://korea1391.org
질병관리본부. http://www.cdc.go.kr
통계청. http://kostat.go.kr
한국소비자원. www.kca.go.kr
한국소비자원. 어린이안전넷. http://www.isafe.go.kr
한국소비자원 소비자위해감시시스템 www.ciss.go.kr/
환경부 한국환경공단. http://www.airkorea.or.kr

Allshouse & Eichelberger(1993). Childhood injury: A current perspective. *Pediatric Emergency Care 1993; 9*(3): 159-164.

Chalmer, D. J., & Langlegy, J. D.(1999). New Zealand's injury prevention research unit: helping shape injury prevention policy and practice. *Injury prevention, 5*, 72-75.

Foodsafety, WHO. www.who.int/topics/food safety

Heindrick, S. C.,& Smith, C. J.(1993). Transforming health curriculum. In S. Bredekamp & T. Rosegant(Eds.), *Reaching Potentials; Transforming Early chilhood Curriculum and Assessment*. NAEYC.

Heinrich, H. W.(1980). *Industrial accident prevention*(5th ed). New York: Mcgrow Hill Book Co. p. 22.

Hendricks,C.M., & Reichert, A.(1996). Parents self reported behaviors related to healthand safety of very young children. *Journal of School Health, 66*: 247-251.

Kendrick, A. S., Kaufmann, R., & Messenger, K. P.(Eds.).(1995). *Healthy young children: A manual for programs*. Washington, DC: NAEYC.

Mackenzie, B., & Rachel T. K.(1982). Neighborhood context and immigrant children's physical activity. *Social science & medicine, Vol. 116*, pp. 1-9.

Marland, S. K., James, A. E., Ralph, B. C., & John, E. R.(1973). *Fundamentals of safety education*(2en ed). New York: Macmillan.

Maslow, A. H.(1987). *Motivation and Personality*. Haper Collins.

Morrison, A, tone, D. H., & the EURORISC working group(1999). Unintentional childhood injury mortality in Eirope 1984-93: A report from the EURORISC working Group. *Injury Prevention, 5*, 171-176.

NAEYC(2006). NAEYCA Academy for early childhood program accrediation. DC: NAEYC. National Resource Center for Health and safety performance standards.

National Safe Kids Campaign(1990). Childhood injury fact sheet. Washington, D. C: National Safe Kids Campaign, Children's National Medical Center.

Rice, D. P., Mackenzie, D. J., & Associates(1989). *Cost of injury in the United States: A report to congress*. San Francisco: Institute for Health and Aging, University of California and Injury Prevention Center, The Johns Hopkins University.

Robertson, C.(2002). *Safety, nutrition & healthy in child care*. New York: Delmar.

Spiegel, C. N., & Lindaman, F.C.(1977). Children can't fly: A program to prevent childhood morbidity and mortality from window falls. *American Journal of Public Health, 67*, 1143-1147.

Tower, E., & Wars, H.(1998). Prevention of injuries to children and young people: the way a head for the UK. *Injury Prevention, 4*, 17-25.

저자소개

이성한 고신대학교 아동복지학과 교수

김경승 전) 부천대학교 사회복지과 겸임교수

김미진 강동대학교 유아교육과 교수

변수정 전) 동주대학교 유아교육과 교수

이윤정 부산경상대학교 사회복지·아동복지보육계열 교수

하연희 고신대학교 유아교육과 교수

제2판

아동안전관리

초　판 1쇄 발행 2016년 8월 31일
초　판 2쇄 발행 2017년 8월 21일
제 2 판 1쇄 발행 2020년 3월 2일

지 은 이 | 이성한 · 김경승 · 김미진 · 변수정 · 이윤정 · 하연희
펴 낸 이 | 김기섭
편 집 인 | 이초롱
펴 낸 곳 | 창지사 www.changjisa.com
08589 서울시 금천구 가산디지털 1로 83 파트너스타워1차 9층
전화 (02) 719-2211~3
팩스 (02) 701-9386
등　록 | 1977년 4월 28일 · 제1-421호

ISBN 978-89-426-1304-5 (93370)

값 24,000원